LIVROS QUE
CONSTROEM

Coleção "GNOSE" — 17

Volumes publicados:

1. *As Grandes Religiões* — Félicien Challaye
2. *As Sociedades Secretas* — Herman & Georg Schreiber
3. *Fenômenos Ocultos* — Zsolt Aradi
4. *O Poder da Meditação Transcendental* — Anthony Norvell
5. *O Poder das Forças Ocultas* — Anthony Norvell
6. *A Bíblia Estava Certa* — H. J. Schonfeld
7. *O Ensino das Mahatmas (Teosofia)* — Alberto Lyra
8. *Mistérios Cósmicos do Universo* — Adrian Clark
9. *A Evolução Divina da Esfinge ao Cristo* — Édouard Schuré
10. *Raízes do Oculto — A Verdadeira História de Madame H. P. Blavatsky* — Henry S. Olcott
11. *O Budismo do Buda* — Alexandra David-Neel
12. *Diálogos de Confúcio*
13. *A Sugestão Mental* — J. Ochorowicz
14. *A Magia e o Diabo no Século XX* — Alberto Lyra
15. *Catecismo Budista* — Henry S. Olcott
16. *Além da Razão — O Fenômeno da Sugestão* — Jean Lerède
17. *Os Grandes Iniciados* — Édouard Schuré
18. *A Arca da Aliança* — Michel Coquel
19. *Os Caminhos do Graal* — Patrik Rivière
20. *Os Mistérios da Rosa-Cruz* — Christopher McIntosh
21. *Zoroastro — Religião e Filosofia* — Paul du Breuil
22. *Qabalah — A Doutrina Secreta dos Judeus numa Perspectiva Ocidental* — Alberto Lyra
23. *A Alquimia e Seus Mistérios* — Cherry Gilchrist
24. *O Poder da Magia* — Israel Regardie
25. *Reencarnação e Imortalidade* — Alexandra David-Neel
26. *A Religião Astral dos Pitagóricos* — Louis Rougier
27. *Tao Te King / I Ching — O Caminho do Sábio* — Sérgio B. de Brito
28. *A Franco-Maçonaria* — Robert Ambelain
29. *A Ciência Sagrada dos Números* — Tuball Kahan
30. *O Mistério de Jesus* — Vamberto Morais
31. *A Meditação pela Ioga* — Vamberto Morais
32. *Retorno ao Centro* — Bede Griffiths
33. *O Pensamento Védico* — Carlos Alberto Tinôco
34. *A Primeira Comunidade Cristã e a Religião do Futuro* — Vamberto Morais
35. *Psicologia Oriental — Os Sete Raios* — Padma Patra
36. *O Tarô Esotérico — O Livro de Toth* — Julio Peradjordi
37. *O Sobrenatural Através dos Tempos* — Marc André R. Keppe
38. *Os Cátaros e o Catarismo* — Lucienne Julien
39. *Santa Verônica e o Sudário* — Ewa Kuryluk
40. *O Sentido da Vida* — Vamberto Morais
41. *O Povo do Segredo* — Ernst Scott
42. *Meditação ao Alcance de Todos* — Henepola Gunarátana
43. *A Deusa da Compaixão e do Amor* — John Blofeld
44. *A Religião do Terceiro Milênio* — Vamberto Morais
45. *O Poder do Som* — Padma Patra
46. *Tratado da Pedra Filosofal de Lambsprinch* — Arysio N. Santos
47. *O Ocultismo Sem Mistérios* — Lorena de Manthéia
48. *As Upanishads* — Carlos Alberto Tinôco
49. *Parábolas para Nosso Tempo* — Vamberto Morais

OS
GRANDES
INICIADOS

CIP-Brasil. Catalogação-na-Publicação
Câmara Brasileira do Livro, SP

S42g
    Schuré, Edouard, 1841-1929.
      Os grandes iniciados : esboço da história
secreta das religiões / Édouard Schuré ; tradução de Augusta Garcia Dorea. -- São Paulo :
IBRASA, 1985.   (Coleção gnose ; 17)

    Bibliografia.

    1. Mistérios religiosos 2. Religiões 3. Ritos
iniciáticos - Aspectos religiosos I. Título.
II. Título: Esboço da história secreta das religiões.

85-0333

CDD-290
-135.4

Índices para catálogo sistemático:
1. Esoterismo : Ocultismo 135.4
2. Iniciação religiosa : Religiões 290
3. Mistérios religiosos : Esoterismo : Ocultismo
    135.4
4. Religiões 290
5. Tradições esotéricas : Ocultismo 135.4

Édouard Schuré

8ª EDIÇÃO

OS GRANDES INICIADOS

Esboço da
História Secreta das Religiões

Rama — Krishna — Hermes — Moisés —
Orfeu — Pitágoras — Platão — Jesus

Tradução de
Augusta Garcia Dorea

IBRASA
INSTITUIÇÃO BRASILEIRA DE DIFUSÃO CULTURAL LTDA.
SÃO PAULO

Título do original francês:
LES GRANDS INITIÉS

Ilustração de capa:
Platão, pormenor do afresco
A Escola de Atenas, por Rafael (Vaticano)

Direitos desta
edição reservados à
I B R A S A
INSTITUIÇÃO BRASILEIRA DE DIFUSÃO CULTURAL LTDA.

Rua 13 de Maio, 446
Tel. 3284-8382
01327-000 - São Paulo - SP

Nenhuma parte desta obra poderá ser reproduzida, por qualquer meio, sem prévio consentimento, por escrito, dos editores brasileiros.

IMPRESSO NO BRASIL – PRINTED IN BRAZIL

*A alma
é a chave
do Universo*

BIBLIOGRAFIA DE ÉDOUARD SCHURÉ

História, Estética, Filosofia

Les Grands Initiés. Rama, Krishna, Hermes, Moisés, Orfeu, Pitágoras, Platão, Jesus (110ª edição).
L'Évolution Divine, du Sphinx au Christ (26ª edição).
Sanctuaires d'Orient—Egito, Grécia, Palestina (22ª edição).
Histoire du Drame Musical (18ª edição).
Richard Wagner. Sua vida e sua obra (22ª edição).
Les Prophètes de la Renaissance—Dante, Leonardo da Vinci, Rafael, Miguel Ângelo, Corrégio (13ª edição).
Précurseurs et Révoltés (15ª edição).
Femmes Inspiratrices (18ª edição).
L'Alsace Française (6ª edição).
Les Grandes Légendes de France, (28ª edição).
L'Âme Celtique et le Génie de la France à travers les Ages.
La Genèse de la Tragédie, precedida de uma história do Teatro iniciador.

Poesias

La Vie Mystique (nova edição)
L'Âme des temps Nouveaux (nova edição).
La Légende de l'Alsace (Fasquelle).

Romances

L'Ange et la Sphinge (2ª edição).
Le Double (2ª edição).
La Prêtresse d'Isis, (4ª edição).

Teatro

Les Enfants de Lucifer (2ª edição).
La Soeur Gardienne (2ª edição).
Léonard de Vinci (2ª edição).
La Druidesse (2ª edição).

Diversos

Le Corrège, Sa vie et son Oeuvre, por Marguérite Albana, precedido de um ensaio biográfico sobre M.A., por Édouard Schuré.
Les Mystères Antiques et le Mystère Chrétien, por Rudolf Steiner, tradução e prefácio de Edouard Schuré.
L'Oeuvre de Édouard Schuré, por Alphonse Poux e Robert Veyssié.
Un Celte d'Alsace. La Vie et la Pensée de Edouard Schuré, por Jean Dornis.
Lettres à un Combattant, de Ed. Schuré, publicadas com uma introdução e notas por Alphonse Roux.
Esquisse d'une Cosmogonie Psychologique, conforme conferências realizadas por Rudolf Steiner.

À Memória
de
Margherita Albana Mignaty

Sem ti, oh! grande alma querida!, este livro não teria existido. Tu o trouxeste incubado com tua chama poderosa, alimentaste-o com tua dor, abençoaste-o com uma divina esperança. Tinhas a Inteligência que vê o Belo e o Verdadeiro muito além das realidades efêmeras; tinhas a Fé que move montanhas; tinhas o Amor que desperta e que cria almas; teu entusiasmo queimava como um fogo resplandecente.
Então, tu te apagaste e desapareceste. Com uma asa sombria, a Morte te levou para o grande Desconhecido... Mas se meu olhar não pode mais atingir-te, mesmo assim sei que estás mais viva do que nunca! Liberta das cadeias terrestres, do seio da luz celeste onde te sacias, não deixaste de acompanhar minha obra e eu senti teu reflexo fiel velar sobre sua eclosão predestinada até o fim.
Se algo de mim deve sobreviver entre nossos irmãos, neste mundo onde tudo não faz nada senão passar, eu quereria que fosse este livro testemunha de uma fé conquistada e partilhada. Como uma tocha de Elêusis, ornado de negro cipreste e de narciso estrelado eu o consagro à Alma alada d'Aquela que me conduziu até o fundo dos Mistérios, para que ele propague o fogo sagrado e que anuncie a Aurora da grande Luz!

ÍNDICE

DEDICATÓRIA 11
PREFÁCIO 17
INTRODUÇÃO — Estado presente do espírito humano. Conflito entre Religião e Ciência. Falsa idéia da Verdade e do Progresso. A Teosofia antiga e a Ciência moderna. Antigüidade, continuidade, unidade da doutrina dos Mistérios. Seus princípios essenciais. Marcha inconsciente das Ciências modernas para a Teosofia. Possibilidade e necessidade de uma reconciliação entre Ciência e Religião no terreno esotérico. Objetivos deste Livro 19

LIVRO I

RAMA

O Ciclo ariano

I.	As raças humanas e as origens da religião.	35
II.	A missão de Rama.	45
III.	O êxodo e a conquista.	50
IV.	O testamento do grande Ancestral.	54
V.	A Religião védica.	57

LIVRO II

KRISHNA

A Índia e a Iniciação brâmane

I.	A Índia heróica. Os filhos do Sol e os filhos da Lua.	65
II.	O rei de Madura.	69
III.	A virgem Devaci.	73
IV.	A juventude de Krishna.	77

V. Iniciação.	83
VI. A doutrina dos iniciados.	90
VII. O triunfo e a morte.	94
VIII. Irradiação do verbo solar.	103

LIVRO III

HERMES

Os Mistérios do Egito

I. A Esfinge.	109
II. Hermes.	113
III. Ísis. A Iniciação. As provas.	118
IV. Osíris. A morte e a ressurreição.	125
V. A visão de Hermes.	129

LIVRO IV

MOISÉS

A Missão de Israel

I. A tradição monoteísta e os patriarcas do deserto.	139
II. Iniciação de Moisés no Egito. Sua fuga para a casa de Jetro.	145
III. O Séfer Bereschit.	152
IV. A visão do Sinai.	164
V. O êxodo. O deserto. Magia e teurgia.	167
VI. A morte de Moisés.	176

LIVRO V

ORFEU

Os Mistérios de Dionísio

I. A Grécia pré-histórica. As Bacantes. Aparição de Orfeu.	181
II. O templo de Júpiter.	188
III. Festa dionisíaca no vale de Tempe.	193
IV. Evocação.	198
V. A morte de Orfeu.	203

LIVRO VI

PITÁGORAS

Os Mistérios de Delfos

I. A Grécia no século XVI. — 213
II. Os anos de viagem. Samos, Mênfis, Babilônia. — 217
III. O templo de Delfos. A ciência apolínea.
    A teoria da adivinhação. A Pitonisa Teocléia. — 226
IV. A ordem e a doutrina. — 240
    1. O instituto pitagórico. As provas.
    2. Preparação. Condução da juventude para uma vida melhor.
    3. Purificação. A Teogonia ou a ciência dos Números sagrados.
    4. Perfeição. A Cosmogonia. A ciência da alma.
       História terrestre e celeste de Psiquê.
    5. Visão do Alto. A doutrina resumida. O mago realizado.
V. Casamento de Pitágoras. Revolução em Crotona. O fim do mestre.
   A dispersão da escola. Seu destino. — 284

LIVRO VII

PLATÃO

Os Mistérios de Elêusis

I. A juventude de Platão e a morte de Sócrates. — 296
II. A iniciação de Platão e a filosofia platônica. — 303
III. Os Mistérios de Elêusis. — 309

LIVRO VIII

JESUS

A Missão de Cristo

I. A situação do mundo na época do nascimento de Jesus. — 323
II. Maria. Primeiro desenvolvimento de Jesus. — 333
III. Os Essênios. João Batista. A tentação. — 340
IV. O ensinamento popular e o ensinamento esotérico.
    As curas. Os apóstolos e as mulheres. — 351
V. Luta com os fariseus. A fuga para Cesaréia. A Transfiguração. — 360
VI. Última viagem a Jerusalém. A promessa. A Ceia. O processo, a morte
    e a Ressureição. — 368
VII. A realização da promessa. O Templo. — 387

PREFÁCIO

Os Grandes Iniciados teve um destino estranho. A primeira edição do livro remonta a 1889. Foi acolhido então pelo silêncio glacial da imprensa. Entretanto, decorrido pouco tempo, as edições subseqüentes se multiplicaram e vieram num crescendo de ano para ano. Suas idéias pareceram, a princípio, surpreendentes para a maioria dos leitores. Elas excitavam igualmente a desconfiança da Universidade e da Igreja. A frieza e o desprezo que lhe testemunhavam entre nós os mais autorizados juízes não impediu, entretanto, seu sucesso europeu.

O livro o obtivera por suas próprias forças e prosseguia modesta, mas firmemente, seu caminho na obscuridade. Tive a prova disto por meio das mensagens de simpatia que me chegavam de todos os cantos do mundo: e eu as recebi dos cinco continentes. Este movimento teve seu refluxo na França. Durante a guerra de 1914 a 1918, inúmeras cartas de felicitação e de interrogação se acumularam em minha casa. As mais sérias vinham da frente do combate. Desde então, houve tal aceleração no consumo da obra, que meu distinto e sensato amigo, André Bellessort, pôde me dizer um dia: "Você conquistou não somente o *seu* público, mas *o* público."

Os Grandes Iniciados chega hoje à sua 91ª edição. Ora, estando gastos os clichês que serviram para todas as reimpressões, a Livraria Perrin teve que recompor a obra, tendo em vista uma edição revista e corrigida. Aproveito esta ocasião para homenagear a memória de M. Paul Perrin, o engenhoso literato possuidor de um julgamento tão penetrante e tão seguro que foi o primeiro editor deste livro e seu defensor entusiasta. Devo também calorosos agradecimentos a meus amigos, Alphonse Roux e Robert Veyssié, que foram os primeiros a fazer um estudo aprofundado do conjunto de minha obra[1]; e à senhora Jean Dornis, cujo brilhante volume, *Un Celte d'Alsace*, forneceu um bosquejo genial de meu esforço literário e poético[2].

Visto que *Os Grandes Iniciados* prosseguiu em sua marcha ascendente e superou todos os obstáculos, malgrado os preconceitos tradicionais, devo concluir que existe uma força vital em seu pensamento mestre. Este pensamento não é outro senão uma aproximação lúcida e resoluta entre Ciência e Religião, cujo dualismo minou as bases de nossa civilização e nos ameaça com as piores catástrofes.

Esta reconciliação só poderá se operar por uma nova contemplação sintética do mundo visível e invisível, por meio da Intuição intelectual e da Vidência psíquica. Só a certeza da Alma imortal pode vir a ser uma base sólida da vida terrestre — e somente a compreensão das grandes Religiões, para um retorno à sua fonte comum de inspiração, pode assegurar a fraternidade entre os povos e o futuro da humanidade.

E. S.

---

1. *Édouard Schuré, son oeuvre et sa pensée*, por Alphonse Roux e Robert Veyssié. (Perrin). 1914.
2. *Un Celte d'Alsace, la vie et la pensée d'Édouard Schuré*, por Jean Dornis. (Perrin). 1923.

Introdução
sobre a
DOUTRINA ESOTÉRICA

> *Estou persuadido de que chegará um dia em que o fisiologista, o poeta e o filósofo falarão a mesma língua e todos se entenderão.*
>
> Claude Bernard.

O maior mal de nosso tempo é que a Ciência e a Religião aparecem como duas forças inimigas e irredutíveis. Mal intelectual tanto mais pernicioso porque vem do alto e se infiltra surda, mas seguramente, em todos os espíritos, como um veneno sutil que se respira no ar. Ora, todo o mal da inteligência se torna, a longo prazo, um mal da alma, e em conseqüência, um mal social.

Enquanto o cristianismo nada mais fez que afirmar ingenuamente a fé cristã em meio a uma Europa ainda semibárbara, durante a Idade Média, ele foi a maior das forças morais; formou a alma do homem moderno. — Enquanto a ciência experimental, abertamente reconstituída no século XVI, não fez senão reivindicar os legítimos direitos da razão e sua liberdade ilimitada, ela foi a maior das forças intelectuais; ela renovou a face do mundo, libertou o homem de cadeias seculares e forneceu ao espírito humano bases indestrutíveis.

Mas, desde que a Igreja, não podendo mais provar seu dogma primário em face das objeções da ciência, nele se encerrou como numa casa sem janelas, opondo a fé à razão como um mandamento absoluto e indiscutível; desde que a Ciência, inebriada com suas descobertas no mundo físico, abstraindo o mundo psíquico e intelectual, tornou-se agnóstica em seu método, materialista tanto em seus princípios como em seu fim; desde que a Filosofia, desorientada e impotente entre as duas, de certa maneira abdicou de seus direitos para cair num ceticismo transcendente, uma cisão profunda se fez na alma da sociedade e na dos indivíduos. Este conflito, a princípio necessário e útil, pois que estabeleceu os direitos da Razão e da Ciência, acabou por tornar-se uma causa de fraqueza e de insensibilidade. A Religião responde às necessidades do coração, daí sua eterna magia; a Ciência às necessidades do Espírito, daí sua força invencível. Entretanto, há muito tempo estas potências não sabem mais se entender. A Religião sem prova e a Ciência sem esperança estão em pé, uma em face da outra, e se desafiam sem poder se vencerem.

Daí uma contradição profunda, uma guerra oculta, não somente entre o Estado e a Igreja, mas ainda na própria Ciência, no seio de todas as Igrejas e até na consciência de todos os indivíduos pensantes. Pois, sejamos nós quem formos, pertençamos nós a qualquer escola filosófica, estética e social, trazemos em nós estes dois mundos inimigos, na aparência irreconciliáveis, que nascem de duas necessidades indestrutíveis do homem: a necessidade científica e a necessidade religiosa. Esta situação, que dura há mais de cem anos, não tem, certamente, contribuído pouco para o desenvolvimento das faculdades humanas, dirigindo umas contra as outras. Ela inspirou em poesia e música notas patéticas e de uma grandiosidade inaudita. Mas, hoje, a tensão prolongada e superaguda produziu efeito contrário. Como o abatimento sucede à febre num doente, ela se transformou em marasmo, em desgosto, em fraqueza. A Ciência só se ocupa com o mundo físico e material; a Filosofia moral perdeu a direção das inteligências; a Religião governa ainda, em uma certa medida, as massas, mas não reina mais sobre as elites sociais; sempre grande pela caridade, ela não brilha mais pela fé. Os guias intelectuais de nosso tempo são incrédulos ou céticos perfeitamente sinceros e leais. Mas eles duvidam de sua arte e se olham sorrindo como os áugures romanos. Em público, em particular, eles predizem catástrofes sociais sem indicar o remédio, ou envolvem de eufemismos prudentes seus sombrios oráculos. Sob tais presságios, a literatura e a arte perderam o sentido do divino. Desacostumada aos horizontes eternos, uma grande parte da juventude caiu no que seus mestres novos chamam de naturalismo, degradando assim o belo nome de Natureza. Pois, o que eles apenas cultivam deste vocábulo é só a apologia dos baixos instintos, a lama do vício ou a pintura complacente de nossas vulgaridades sociais, em uma palavra, a negação sistemática da alma e da inteligência. E a pobre Psiquê, tendo perdido suas asas, geme e suspira estranhamente no âmago daqueles mesmos que a insultam e negam.

Graças ao materialismo, ao positivismo e ao ceticismo, este fim de século chegou a uma falsa idéia da Verdade e do Progresso.

Nossos sábios, que praticam o método experimental de Bacon para o estudo do Universo visível, com uma precisão maravilhosa e admiráveis resultados, fazem da Verdade uma idéia inteiramente exterior e material. Eles pensam que dela se aproximam à medida que se acumula cada vez mais um maior número de fatos. Em seu domínio, eles têm razão. O que há de grave nisto é que nossos filósofos e nossos moralistas acabaram por pensar da mesma maneira. Desse modo, é certo que as causas primeiras e os fins últimos ficarão para sempre impenetráveis ao espírito humano. Pois supondes que saibamos exatamente o que se passa, materialmente falando, em todos os planetas do sistema solar, o que, diga-se de passagem, seria uma magnífica base de indução; supondes mesmo que saibamos que espécie de habitantes existe nos satélites de Sírius e nas várias estrelas da Via Láctea. Por certo seria maravilhoso ter ciência de tudo isto, mas saberíamos mais sobre a totalidade de nosso aglomerado estelar, sem falar da nebulosa de Andrômeda e da nebulosa de Magellan? — Isto faz com que nosso tempo conceba o desenvolvimento da humanidade como a marcha eterna em direção a uma verdade indefinida, indefinível e para sempre inacessível.

Eis a concepção da filosofia positiva de Augusto Comte e de Herbert Spencer que prevaleceu em nossos dias.

Ora, a Verdade era uma coisa inteiramente diferente para os sábios e os teosofistas do Oriente e da Grécia. Eles sabiam, sem dúvida, que não se pode abrangê-la e equilibrá-la, sem um conhecimento sumário do mundo físico, mas sabiam também que ela reside, antes de tudo, em nós mesmos, nos princípios intelectuais e na vida espiritual da alma. Para eles, a alma era a única, a divina realidade e a chave do Universo. Nela concentrando sua vontade, desenvolvendo suas faculdades latentes, eles atingiam o foco vivo que chamavam de Deus, cuja luz dá a entender os homens e os seres. Para eles, aquilo que chamamos Progresso, ou seja, história do mundo e dos homens, era somente a evolução, no tempo e no espaço, da Causa central e do Fim último. — E vós acreditais, talvez, que estes teosofistas foram puros contemplativos, sonhadores inaptos, faquires reclinados em seus leitos? Errado. Jamais o mundo conheceu maiores homens de ação, no sentido mais fecundo, mais incalculável da palavra. Eles brilham como estrelas de primeira grandeza no céu das almas. Seus nomes são: Krishna, Buda, Zoroastro, Hermes, Moisés, Pitágoras, Jesus, e foram poderosos modeladores de espíritos, formidáveis despertadores de almas, salutares organizadores de sociedades. Vivendo só para sua idéia, sempre preparados para morrer, e sabendo que a morte pela Verdade é ação eficaz e suprema, eles criaram as ciências e as religiões, em conseqüência as letras e as artes, cujo sumo ainda nos alimenta e nos faz viver. E o que estão produzindo o positivismo e o ceticismo de nossos dias? Uma geração estéril, sem ideal, sem luz e sem fé, que não crê nem na alma, nem em Deus, nem no futuro da humanidade nem nesta vida nem na outra; sem força de vontade, duvidando de si mesmo e da liberdade humana.

"É por seus frutos que vós os julgareis", disse Jesus. Esta sentença do Mestre dos mestres se aplica tanto às doutrinas como aos homens. Sim, este pensamento se impõe: ou a verdade é para todo o sempre inacessível ao homem, ou em grande escala a possuíram os maiores sábios e os primeiros iniciados da Terra. Ela se encontra, pois, no fundo de todas as grandes religiões e nos livros sagrados de todos os povos. É preciso, somente, saber encontrá-la aí e separá-la de tudo o mais.

Se observamos a história das religiões com olhos atentos para esta verdade central que somente a iniciação interior pode oferecer, ficamos cada vez mais surpresos e maravilhados. O que se percebe então não se assemelha quase nada ao que ensina a Igreja, a qual limita a revelação ao cristianismo e só a admite em seu sentido primário. Mas isto se assemelha também muito pouco com o que ensina a ciência puramente naturalista em nossa Universidade. Esta, entretanto, se coloca de um ponto de vista mais amplo. Situa todas as religiões no mesmo plano e lhes aplica um único método de investigação. Sua erudição é profunda, admirável o seu zelo, mas ela ainda não se elevou *ao ponto de vista do esoterismo comparado,* que mostra a história das religiões e da humanidade sob um aspecto inteiramente novo. A esta altura, eis o que se compreende:

Todas as religiões têm uma história exterior e uma história interior; uma aparente, outra oculta. Por história exterior entendo os dogmas e os mitos ensinados publicamente nos templos e nas escolas, reconhecidos no culto e as superstições populares. Por história interior, entendo a ciência profunda, a doutrina secreta, a ação oculta dos grandes iniciados, profetas ou reformadores que criaram, sustentaram, propagaram estas mesmas religiões. A primeira, a história oficial, aquela que se lê por toda parte e circula às claras; entretanto, ela é obscura, confusa, contraditória. A segunda, que chamo de tradição esotérica ou doutrina dos Mistérios, é bastante difícil de discernir, pois ela se passa no fundo dos templos, nas confrarias secretas, e seus dramas mais surpreendentes se desenrolam inteiramente no mais profundo das almas dos grandes profetas, os quais não confiaram suas crises supremas ou seus êxtases divinos a nenhum pergaminho e também a nenhum de seus discípulos. É preciso adivinhá-la. Todavia, uma vez que se consegue vislumbrá-la, ela aparece luminosa, orgânica, sempre em harmonia consigo mesma. Poder-se-ia também designá-la como história da religião eterna e universal. Nela se mostra o íntimo das coisas, o âmago da consciência humana, cuja história oferece simplesmente o avesso complicado. Aí colhemos o ponto gerador da Religião e da Filosofia, que se reúnem à outra extremidade da elipse pela ciência integral. Este é o ponto correspondente às verdades transcendentais. Nela encontramos a causa, a origem e o fim do prodigioso trabalho dos séculos. Esta história é a única com a qual me ocupo neste livro.

Para a raça ariana, o germe e o núcleo se encontram nos Vedas. Sua primeira cristalização histórica aparece na doutrina trinitária de Krishna, que dá ao bramanismo seu poder, à religião da Índia seu cunho indelével. Buda, que segundo a cronologia dos brâmanes seria posterior a Krishna cerca de dois mil e quatrocentos anos, não fez senão revelar uma outra face da doutrina oculta, a da metamorfose e da série das existências encadeadas pela lei do Carma. Ainda que o budismo tenha sido uma revolução democrática, social e moral contra o bramanismo aristocrático e sacerdotal, seu fundo metafísico é o mesmo, embora menos completo.

A antigüidade da doutrina sagrada não é menos impressionante no Egito, cujas tradições remontam a uma civilização muito anterior à aparição da raça ariana no cenário da história. Há muito pouco tempo ainda, podia-se supor que o monismo trinitário, exposto nos livros gregos de Hermes Trimegisto, seria uma compilação da escola de Alexandria sob a dupla influência judaico-cristã e neoplatônica. De comum acordo, crentes ou incrédulos, historiadores e teólogos, até recentemente, sempre defenderam essa teoria. Hoje, entretanto, ela sucumbe diante das descobertas da epigrafia egípcia. A autenticidade fundamental dos livros de Hermes, como documentos da antiga sabedoria do Egito, ressalta triunfante dos hieróglifos explicados. As inscrições das colunas de Tebas e de Mênfis não somente confirmam toda a cronologia de Maneton, mas também demonstram que os sacerdotes de Âmon-Rá professavam a alta metafísica, que se ensinava de outras maneiras às margens do Ganges[3]. Pode-se dizer aqui, com o profeta hebreu, que "a pedra fala e o muro lança seu grito". Pois, semelhante ao "sol da meia-noite" que reluzia nos Mistérios de Ísis e de Osíris, o pensamento de Hermes, a antiga doutrina do verbo solar se reacendeu nos túmulos dos Reis e brilha até nos papiros do *Livro dos Mortos*, guardados pelas múmias de quatro mil anos.

Na Grécia, o pensamento esotérico é, ao mesmo tempo, mais visível e mais oculto do que em qualquer outro lugar; mais visível porque se reflete através de uma mitologia humana e encantadora; porque corre como um sangue ambrosiano nas veias desta civilização e jorra por todos os poros de seus Deuses como um perfume e um orvalho celeste. Por outro lado, o pensamento profundo e científico, que presidiu à concepção de todos estes mitos, muitas vezes é mais difícil de se penetrar por causa de sua própria sedução e dos ornamentos a ele acrescentados pelos poetas. Mas os princípios sublimes da teosofia dórica e da sabedoria délfica estão gravados com letras de ouro nos fragmentos órficos e na síntese pitagórica, não menos do que na vulgarização dialética e um pouco fantasista de Platão. A escola de

---

3. Ver os belos trabalhos de François Lenormant e de M. Maspero.

Alexandria, por fim, nos forneceu os meios para conhecê-lo. Pois foi ela a primeira a publicar em parte e a comentar o sentido dos mistérios, na transição do relaxamento da religião grega e em face do Cristianismo que crescia.

A tradição oculta de Israel, que procede ao mesmo tempo do Egito, da Caldéia e da Pérsia, nos foi conservada sob formas bizarras e obscuras, mas em toda sua profundidade e extensão pela *Kabala* ou tradição oral, depois pelo *Sohar* e o *Sépher Jézirah*, atribuído a Simon Ben Jochai, inclusive comentários de Maimonides. Misteriosamente oculta no Gênese e no simbolismo dos profetas, ela sobressai de maneira assustadora no admirável trabalho de Fabre d'Olivet sobre *a língua hebraica restituída*, que tende a reconstruir a verdadeira cosmogonia de Moisés, conforme o método egípcio, de acordo com o tríplice sentido de cada versículo e quase de cada palavra dos dez primeiros capítulos do Gênese.

Quanto ao esoterismo cristão, ele brilha por si mesmo nos Evangelhos iluminados pelas tradições essenianas e gnósticas. Ele jorra como uma fonte viva da palavra de Cristo, de suas parábolas, do mais profundo daquela alma incomparável e verdadeiramente divina. Ao mesmo tempo, o Evangelho de São João nos dá as chaves do ensinamento íntimo e superior de Jesus, com o sentido e o alcance de sua promessa. Encontramos aí a doutrina da Trindade e do Verbo divino, já ensinada há milênios nos templos do Egito e da Índia, porém reforçada, personificada pelo príncipe dos iniciados, pelo maior dos filhos de Deus.

A aplicação do método que denominei esoterismo comparado na história das religiões nos conduz, pois, a um resultado de relevante importância, que se resume assim: a antigüidade, a continuidade e a unidade essencial da doutrina esotérica. É preciso reconhecer que isto é um fato notável. Pois dele podemos deduzir que os sábios e os profetas dos mais diversos tempos chegaram a conclusões idênticas quanto ao fundo, ainda que diferentes na forma, sobre as verdades primeiras e últimas — e sempre pelo mesmo processo da iniciação interior e da meditação. Além disso tudo, estes sábios e profetas foram os maiores benfeitores da humanidade, os salvadores, cuja força redentora arrancou os homens do abismo da natureza inferior e da negação.

Após essas ponderações, não seria possível dizer, segundo expressão de Leibnitz, que existe uma espécie de filosofia eterna, *perennis quaedam philosophia,* que constitui o liame primordial entre a ciência e a religião e sua unidade final?

A teosofia antiga, professada na Índia, no Egito e na Grécia, constituía uma verdadeira enciclopédia, dividida geralmente em quatro categorias:

1. A *Teogonia* ou ciência dos princípios absolutos, idêntica à *ciência dos Números* aplicada ao Universo, ou a matemática sagrada;

2. A *Cosmogonia*, realização dos princípios eternos no espaço e no tempo, ou *involução* do espírito na matéria; períodos do mundo;

3. A *Psicologia;* constituição do homem; *evolução* da alma através da cadeia das existências;
4. A *Física,* ciência dos reinos da natureza terrestre e de suas propriedades.

O método indutivo e o método experimental se combinavam e se controlavam reciprocamente nessas diversas ordens de ciências, e a cada uma delas correspondia uma arte. Tomando-as em ordem inversa, e começando pelas ciências físicas, eram elas:

1. Uma *Medicina especial,* fundada no conhecimento das propriedades ocultas dos minerais, das plantas e dos animais; a *Alquimia* ou transmutação dos metais, desintegração e reintegração da matéria pelo agente universal, arte praticada no antigo Egito, segundo Olimpiodoro, e denominada por ele de *crisopéia* e *argiropéia,* fabricação do ouro e da prata;
2. As *Artes psicúrgicas,* que correspondem às forças da alma: magia e adivinhação;
3. A *Genetlíaca Celeste* ou astrologia, ou a arte de descobrir a relação entre os destinos dos povos ou dos indivíduos e os movimentos do Universo, marcados pelas revoluções dos astros;
4. A *Teurgia,* a arte suprema do mago, tão rara quanto perigosa e difícil, pois é a que coloca a alma em relação consciente com as diversas ordens de espíritos e age sobre eles.

Vê-se então que, ciências e artes, tudo se englobava nesta teosofia e provinha de um mesmo princípio, o qual chamarei, em linguagem moderna, de *o monismo intelectual, espiritualismo evolutivo e transcendente.* Pode-se formular os princípios essenciais da doutrina esotérica da seguinte maneira:

— O espírito é a única realidade. A matéria não passa de sua expressão inferior, inconstante, efêmera, seu dinamismo no tempo e no espaço.

— A criação é eterna e contínua como a vida.

— O microcosmo-homem é, por sua constituição ternária (espírito, alma e corpo), a imagem e o espelho do macrocosmo-Universo (mundo divino, humano e natural), que é propriamente o órgão do Deus inefável, do Espírito absoluto, o qual é, por sua natureza, Pai, Mãe e Filho (essência, substância e vida).

— Eis por que o homem, imagem de Deus, pode tornar-se seu verbo vivo. A gnose ou a mística racional de todos os tempos é a arte de encontrar Deus em si, desenvolvendo as profundezas ocultas, as faculdades latentes da consciência.

— A alma humana, a individualidade é imortal por essência. Seu desenvolvimento se processa em um plano alternadamente descendente e ascendente, por meio das existências espirituais e corporais que se revezam.

— A reencarnação é a lei da evolução. Atingindo sua perfeição, a alma se liberta e volta ao Espírito puro, a Deus, na plenitude de sua consciência. Assim como a alma se eleva acima da lei do combate pela vida quando toma consciência de sua humanidade, também se eleva acima da lei da reencarnação quando toma consciência de sua divindade.

As perspectivas que se abrem no limiar da teosofia são imensas, sobretudo quando comparadas ao estreito e desolador horizonte onde o materialismo encerra o homem, ou então aos dados infantis e inaceitáveis da teologia clerical. Percebendo-se pela primeira vez, experimenta-se um deslumbramento, um tremor do infinito. Os abismos do Inconsciente desenvolvem-se em nós mesmos, mostram-nos o precipício de onde saímos, as alturas vertiginosas às quais aspiramos. Encantados com esta imensidade, mas também apavorados diante da viagem a ser realizada, nós desejamos não mais existir e fazemos um apelo ao *Nirvana!* Depois, nós nos apercebemos de que esta fraqueza nada mais é do que o cansaço do marinheiro prestes a abandonar o remo no meio da borrasca. Alguém disse: o homem nasceu no fundo de uma onda e nada sabe do imenso oceano que se estende atrás e adiante. Isto é verdade; mas a mística transcendente impele nosso barco sobre a crista de uma onda, e ali, sempre sacudidos pela fúria da tempestade, percebemos seu ritmo grandioso; e nosso olhar, medindo a abóbada celeste, repousa na calma do azul.

Contudo, a surpresa aumenta quando, chegando às ciências modernas, constatamos que desde Bacon e Descartes elas tendem involuntariamente, mas com mais firmeza, a voltar aos dados da antiga teosofia. Sem abandonar a hipótese dos átomos, a física moderna chegou insensivelmente a identificar a idéia de matéria com a idéia de força, o que é um passo em direção ao dinamismo espiritualista. Para explicar a luz, o magnetismo, a eletricidade, os sábios tiveram que admitir uma matéria sutil e absolutamente imponderável, que preenche o espaço e penetra todos os corpos, matéria que eles denominaram éter, o que é um passo rumo à antiga idéia teosófica da *alma do mundo*. Quanto à sensibilidade, à inteligente docilidade desta matéria, ela ressalta de uma recente experiência que prova a transmissão do som pela luz[4].

De todas as ciências, as que parecem ter mais compromisso com o espiritualismo são a zoologia comparada e a antropologia. Na realidade, elas o terão favorecido, mostrando a lei e o modo da intervenção do mundo inteligível no mundo animal. Darwin pôs fim à idéia infantil da criação segundo a teologia primária. Sob este aspecto, ele não fez senão voltar às idéias da antiga teosofia. Pitágoras já havia dito: "o homem é parente do animal". Darwin mostrou as leis às quais a natureza obedece para executar o plano

---

4. Experiência de Bell. — Deixa-se cair um raio de luz sobre uma placa de selênio, que o remete à distância sobre outra placa do mesmo metal. Esta se comunica com uma pilha galvânica, à qual se adapta um telefone. As palavras pronunciadas atrás da primeira placa se ouvem distintamente no telefone, que está ligado à segunda placa. O raio de luz então serviu de fio telefônico. As ondas sonoras se transformaram em ondas luminosas, estas em ondas galvânicas, as quais voltaram a ser ondas sonoras.

divino, leis instrumentais que são: a luta pela vida, a hereditariedade e a seleção natural. Provou a variabilidade das espécies, reduziu seu número e estabeleceu sua estiagem. Entretanto, seus discípulos, os teóricos do transformismo absoluto, insatisfeitos com a teoria segundo a qual todas as espécies provêm de um único protótipo, defenderam a tese exclusiva da influência do meio-ambiente, forçando os fatos em favor de uma concepção puramente externa e materialista da natureza. Não, não explica as espécies, assim como as leis físicas não explicam as leis químicas; nem a química explica o princípio evolutivo do vegetal, como também este não explica o princípio evolutivo dos animais. Quanto às grandes famílias de animais, elas correspondem aos tipos eternos da vida, rubricas do Espírito que marcam a escala da consciência. O aparecimento dos mamíferos depois dos répteis e dos pássaros não tem sua razão de ser em uma mudança do meio terrestre; este é apenas a condição. Ela supõe uma embriogenia nova; por conseguinte, uma nova força intelectual e anímica agindo por dentro e no fundo da natureza, que chamamos além em relação à percepção dos sentidos. Sem esta força intelectual e anímica não se explicaria nem mesmo o aparecimento de uma célula organizada no mundo inorgânico. Enfim, o Homem, que resume e coroa a série dos seres, revela todo o pensamento divino pela harmonia dos órgãos e perfeição da forma, efígie viva da Alma universal, da Inteligência ativa. Condensando todas as leis da evolução e toda a natureza em seu corpo, ele a domina e se eleva acima dela, para entrar, pela consciência e pela liberdade, no reino infinito do Espírito.

A psicologia experimental apoiada na fisiologia, que tende desde o começo do século a tornar-se uma ciência, conduziu os sábios contemporâneos até o limiar de um outro mundo, o mundo próprio da alma, onde, sem que cessem as analogias, reinam novas leis. Pretendo falar dos estudos e das constatações medicinais deste século sobre o magnetismo animal, sobre o sonambulismo e sobre todos os estados da alma diferentes da vigília, desde o sono lúcido, através da dupla visão, até o êxtase. A ciência moderna não tem feito ainda senão tatear neste domínio, no qual a ciência dos tempos antigos soube se orientar porque possuía os princípios e as chaves necessárias. É bem verdade que ela aí descobriu toda uma ordem de fatos que lhe pareceram surpreendentes, maravilhosos e inexplicáveis, porque contradizem nitidamente as teorias materialistas, sob o domínio das quais ela se habituou a pensar e a experimentar. Nada é mais instrutivo do que a incredulidade indignada de alguns sábios materialistas diante de todos os fenômenos que tendem a provar a existência de um mundo invisível e espiritual. Hoje, qualquer um que se atreva a provar a existência da alma escandaliza a ortodoxia do ateísmo, tanto quanto se escandalizava outrora a ortodoxia da Igreja com a negação de Deus. Não se arrisca mais a vida, é verdade, mas arrisca-se a reputação. Sem dúvida, o que ressalta do mais simples fenômeno de sugestão mental à distância e pelo pensamento puro, fenômeno mil vezes constatado nos anais do magnetismo[5], é um modo de ação do espírito e da vontade, independente das leis físicas e do mundo visível. Abre-se, portanto, a porta do Invisível. Nos altos fenômenos do sonambulismo, este mundo se patenteia completamente. Todavia, aqui me limitarei ao que foi constatado pela ciência oficial.

Se passarmos da psicologia experimental e objetiva à psicologia íntima e subjetiva de nosso tempo, que se manifesta na poesia, na música e na literatura, descobriremos que elas estão impregnadas de um imenso alento de esoterismo inconsciente. Jamais a aspiração à vida espiritual, ao mundo invisível, repelida pelas teorias materialistas dos cientistas e pela opinião mundana, foi tão séria e tão real. Esta aspiração se encontra nas lamentações, nas dúvidas, nas melancolias sombrias e até nas blasfêmias de nossos romancistas naturalistas e de nossos poetas decadentes. Jamais a alma humana teve um sentimento mais profundo da insuficiência, da miséria, do irreal de sua vida presente, jamais ela aspirou tão ardentemente ao além invisível, sem, entretanto, conseguir crer nele. Algumas vezes até sua intuição chega a formular verdades transcendentes que absolutamente não fazem parte do sistema admitido por sua razão, que contradizem suas opiniões superficiais e que são involuntários clarões de sua consciência oculta. Como prova disto citarei a passagem de um raro pensador que experimentou toda a amargura e toda a solidão moral dos tempos presentes. "Cada esfera do ser, diz Frédéric Amiel, tende a uma esfera mais elevada e dela já possui revelações e pressentimentos. O ideal, sob todas as suas formas, é a antecipação, a visão profética dessa existência superior à sua, à qual cada ser sempre aspira. Esta existência superior em dignidade é mais interior por sua natureza, isto é, mais espiritual. Assim como os vulcões nos trazem os segredos do interior do globo, o entusiasmo e o êxtase são explosões passageiras desse mundo interior da alma, e a vida humana não é senão a preparação e o advento para a vida espiritual. Os degraus da iniciação são inumeráveis. Assim, vigia, oh! discípulo da vida, crisálida de um anjo! Trabalha para tua futura eclosão, pois a Odisséia divina é apenas uma série de metamorfoses cada vez mais etéreas, onde cada forma, conseqüência das precedentes, é a condição das subseqüentes. A vida divina é uma série de mortes sucessivas, em que o espírito rejeita suas imperfeições e seus símbolos e cede à atração crescente do centro de gravitação inefável, do sol da inteligência e do amor". Habitualmente, Amiel era apenas um hegeliano muito inteligente, reforçado por um moralismo superior. No dia em que escreveu estas linhas inspiradas, ele foi profundamente teosófico. Pois não se poderia exprimir de maneira mais tocante e mais luminosa a própria essência da verdade esotérica.

---

5. Ver o belo livro de M. Ochorowitz, sobre a sugestão mental. Edição IBRASA.

Essas observações são suficientes para demonstrar que a ciência e o espírito moderno se preparam, sem o saber e sem o querer, para uma reconstituição da antiga Teosofia com instrumentos mais precisos e numa base mais sólida. Segundo Lamartine, a humanidade é um tecelão que trabalha por trás na trama dos tempos. Chegará um dia em que, passando para o outro lado da tela, ela contemplará o quadro magnífico e grandioso que terá urdido durante séculos com suas próprias mãos, sem ter percebido, antes, nada além da confusão dos fios emaranhados no avesso. Neste dia, então, ela saudará a Providência em si mesma. E terão se confirmado as palavras de um texto hermético contemporâneo, que não parecerão muito audazes àqueles que penetraram, profundamente, nas tradições ocultas para imaginar sua maravilhosa unidade: "A doutrina esotérica não é somente uma ciência, uma filosofia, uma moral, uma religião. Ela é *a* ciência, *a* filosofia, *a* moral e *a* religião, das quais todas as outras nada mais são do que preparações ou degenerescências, expressões parciais ou falsas, conforme se encaminham para ela ou dela se afastam"[6].

Longe de mim a pretensão da haver conseguido uma demonstração completa desta ciência das ciências. Para isso seria preciso nada menos que a reordenação das ciências conhecidas e desconhecidas, reconstituídas em seu quadro hierárquico e reorganizadas no espírito do esoterismo. Tudo o que espero ter provado é que a doutrina dos Mistérios está na origem de nossa civilização; que ela criou as grandes religiões, tanto as arianas quanto as semíticas; que a ela o cristianismo conduz inteiramente o gênero humano por sua reserva esotérica, e que a ciência moderna também para ela se dirige providencialmente pela totalidade de sua marcha; que, enfim, eles aí devem se encontrar como em um porto de junção e achar sua síntese.

Pode-se dizer que em toda parte onde se encontra algum fragmento da doutrina esotérica, ela existe virtualmente em seu todo. Pois, cada uma de suas partes pressupõe ou engendra as outras. Os grandes sábios, os verdadeiros profetas, todos a possuíram, e os do futuro também a possuirão como os do passado. A luz pode ser mais ou menos intensa, mas é sempre a mesma luz. A forma, os detalhes, as aplicações podem variar ao infinito; o fundo, quer dizer, os princípios e o fim, jamais. Não se deixará de encontrar neste livro uma espécie de desenvolvimento gradual, de revelação sucessiva da doutrina em suas diversas partes. E isso através dos grandes iniciados, cada um dos quais representa uma das grandes religiões que contribuíram para a constituição da humanidade atual, e cuja seqüência marca a linha da evolução descrita por ela no presente ciclo, desde o antigo Egito e os primeiros tempos arianos. Vê-la-emos, pois, surgir, não de uma exposição abstrata e escolástica, mas da alma em fusão dos grandes inspirados e da ação viva da história.

---

6. *The perfect way of finding Christ*, por Anna Kingsford e Maitland. Londres, 1882.

Nesta série, Rama apresenta apenas o acesso ao templo. Krishna e Hermes nos dão a chave. Moisés, Orfeu e Pitágoras mostram o seu interior. E Jesus Cristo representa o seu santuário.

Este livro brotou inteiramente de uma sede ardente da verdade superior, total, eterna, sem a qual todas as outras verdades parciais não passam de um engodo. Compreender-me-ão aqueles que, como eu, têm a consciência de que o momento presente da história, apesar de suas riquezas materiais, não é senão um triste deserto, do ponto de vista da alma e de suas imortais aspirações. A hora é das mais graves e as conseqüências extremas do agnosticismo começam a se fazer sentir pela desorganização social. Trata-se, tanto para a França como para a Europa, de ser ou não ser. Trata-se, ainda, de assentar sobre suas bases indestrutíveis as verdades centrais, ou, então, tombar definitivamente no abismo do materialismo e na anarquia.

A Ciência e a Religião, as guardiãs da civilização, perderam, uma e outra, seu dom supremo, sua magia, aquela da grande e forte educação. Os templos da Índia e do Egito produziram os maiores sábios da terra. Os templos gregos moldaram heróis e poetas. Os apóstolos de Cristo foram mártires sublimes e geraram milhares de outros. A Igreja da Idade Média, apesar de sua teologia primária, fez santos e cavaleiros, porque tinha fé e porque, com todos os abalos, o espírito de Cristo nela se sobressaía. Hoje, nem a Igreja aprisionada em seu dogma, nem a Ciência encerrada na matéria sabem mais construir homens completos. A arte de criar e formar almas está perdida e só será reencontrada quando a Ciência e a Religião, refundidas em uma força viva, a isso se aplicarem juntas e de comum acordo, para o bem e a salvação da humanidade. Para isto, a Ciência não teria de mudar o método, mas de estender seu domínio. Nem o cristianismo teria de abdicar de sua tradição, mas de compreender suas origens, seu espírito e seu alcance.

O tempo de regeneração intelectual e de transformação social chegará, estamos certos disto. Vários presságios já o anunciam. Quando a Ciência souber e a Religião puder, o Homem agirá com nova energia. A Arte da vida e todas as artes só poderão renascer por meio de sua harmonia.

Mas enquanto esperamos, o que fazer neste fim de século que se assemelha à queda num precipício, num crepúsculo ameaçador, enquanto seu início havia preparado a escalada em direção dos livres pináculos, sob uma brilhante aurora? A fé, disse um grande douto, é a coragem do espírito que se arremessa para diante, certo de encontrar a verdade. Esta mesma fé não é inimiga da razão, mas sua chama; é a fé de Cristóvão Colombo e de Galileu, que quer a prova e a contraprova, *provando e reprovando,* e é a única possível hoje.

Para aqueles que irrevogavelmente a perderam, e eles são muitos — pois o exemplo veio de cima — a estrada é fácil e está toda traçada: seguir a corrente do dia, submeter-se ao século em vez de lutar contra ele, se resignar à dúvida ou à negação, se consolar de todas as misérias humanas e dos próximos cataclismos por meio de um sorriso de desdém, e encobrir o profundo nada das coisas — no qual unicamente se acredita — com um véu brilhante que se enfeita com o belo nome de ideal — acreditando que não passa de uma quimera útil.

Quanto a nós, pobres crianças perdidas, que cremos que o Ideal é a única Realidade e a única Verdade no meio de um mundo inconstante e fugitivo; que acreditamos na sanção e no cumprimento de suas promessas, na história da humanidade como na vida futura; que sabemos que esta sanção é necessária, que ela é a recompensa da fraternidade humana, como a razão do Universo e a lógica de Deus; — para nós, repito, que temos esta convicção, não há senão uma única decisão a tomar: — Afirmemos esta verdade sem temor e tão alto quanto possível; lancemo-nos por ela e com ela na arena do combate, e acima dessa mistura confusa procuremos penetrar, através da meditação e da iniciação individual, no Templo das Idéias imutáveis, para ali nos armarmos dos Princípios infrangíveis.

Isto foi o que tentei fazer neste livro, esperando que outros venham depois de mim e o façam melhor do que eu.

LIVRO I

RAMA

O Ciclo Ariano

> Zoroastro perguntou a Ormuz, o grande Criador: Qual o primeiro homem a quem falaste?
> Ormuz respondeu: Ao belo Yima, aquele que estava à frente dos Corajosos.
> Eu lhe disse para velar sobre os mundos que me pertencem e lhe dei um gládio de ouro, uma espada para a vitória.
> E Yima avançou no caminho do sol e reuniu os homens corajosos no célebre Airyana-Vaéja, criado puro.
>
> ZEND AVESTA (Vendidad-Sadé, 2ª
>
> Fargard).

> Oh! Agni! Fogo sagrado! Fogo purificador! Tu que dormes na lenha e sobes em chamas brilhantes sobre o altar, tu és o coração do sacrifício, o vôo ousado na prece, a centelha divina oculta em todas as coisas e a alma gloriosa do sol.
>
> Hino Védico.

O Ciclo Ariano

I

AS RAÇAS HUMANAS E AS ORIGENS DA RELIGIÃO

"*O Céu é meu Pai*, ele me gerou. Tenho por família toda esta corte celeste. *Minha Mãe* é a *grande Terra*. A parte mais alta de sua superfície é sua matriz; lá *o Pai fecunda o seio daquela que é sua esposa e sua filha*".

Eis o que cantava o poeta védico, há quatro ou cinco mil anos, diante de um altar feito de terra, onde ardia um fogo de ervas secas. Um vaticínio profundo, uma consciência grandiosa transpira nestas palavras estranhas. Elas encerram o segredo da dupla origem da humanidade. Anterior e superior à Terra é o tipo divino do homem; celeste é a origem de sua alma. Seu corpo, entretanto, é o produto dos elementos terrestres fecundados por uma essência cósmica. Na linguagem dos Mistérios, os amplexos de Urano e da grande Mãe significam chuvas de almas ou de mônadas espirituais que vêm fecundar os germes terrestres; os princípios organizadores sem os quais a matéria não passaria de massa inerte e difusa. A parte mais alta da superfície terrestre, que o poeta védico chama de matriz da Terra, designa os continentes e as montanhas, berços das raças humanas. Quanto ao Céu — *Varuna*, o Urano dos gregos —, ele representa a ordem invisível, hiperfísica, eterna e intelectual, e abrange todo o Infinito do Espaço e do Tempo.

Neste capítulo, apenas consideraremos as origens terrestres da humanidade, segundo as tradições esotéricas confirmadas pela ciência antropológica e etnológica de nossos dias.

As quatro raças que atualmente partilham o globo são filhas de terras e de zonas diversas. Criações sucessivas, lentas elaborações da Terra em movimento se deram, e os continentes emergiram dos mares, em intervalos de

35

tempos consideráveis, que os antigos sacerdotes da Índia denominavam ciclos interdiluvianos. Através de milhares de anos, cada continente produziu sua flora e sua fauna, coroada por uma raça humana de cor diferente.

O continente austral, submergido no último grande dilúvio, foi o berço da primitiva raça vermelha, da qual os índios da América são apenas os resquícios provindos de trogloditas que atingiram o cimo das montanhas quando seu continente se desmoronou. A África é a mãe da raça negra, chamada etíope pelos gregos. A Ásia trouxe à luz a raça amarela, que se mantém nos chineses. A última a surgir, a raça branca, saiu das florestas da Europa, entre as tempestades do Atlântico e os sorrisos do Mediterrâneo. Todas as variedades humanas resultam das misturas, das combinações, das degenerescências ou das seleções destas quatro raças. Nos ciclos precedentes, a raça vermelha e a raça negra reinaram sucessivamente, por meio de poderosas civilizações, que deixaram traços nas construções ciclópicas como na arquitetura do México. Os templos da Índia e do Egito conservavam cifras e tradições sumárias destas civilizações desaparecidas. Em nosso ciclo, é a raça branca que domina e se avaliarmos a provável antigüidade da Índia e do Egito, poderemos deduzir que sua preponderância data de sete ou oito mil anos[1].

Segundo as tradições brâmanes, a civilização teria começado na Terra com a raça vermelha, no continente austral, há cinqüenta mil anos, quando toda a Europa e uma parte da Ásia ainda estavam submersas. Estas mitologias falam também de uma raça anterior, de gigantes. Em algumas cavernas do Tibete foram encontrados ossos humanos gigantescos, cuja formação se assemelha muito mais ao macaco do que ao homem. Eles se relacionam a uma humanidade primitiva, intermediária, ainda vizinha da animalidade, que não possuía linguagem articulada, nem organização social, nem religião. Pois estas três coisas brotam sempre ao mesmo tempo; eis aí o sentido desta notável tríade bárdica que diz: "Três coisas são primitivamente contemporâneas — Deus, a luz e a liberdade". Com o primeiro balbucio da palavra nasce a sociedade e a vaga suspeita de uma ordem divina. É o sopro de Jeová na boca de Adão, o verbo de Hermes, a lei do primeiro Manu, o fogo de Prometeu. Um Deus estremece no fauno humano. A raça vermelha, como dissemos, ocupava o continente austral hoje submerso, chamado Atlântida por Platão, segundo as tradições egípcias. Um grande cataclismo o destruiu em parte e dispersou seus destroços. Várias raças polinésias,

---

1. Esta divisão da humanidade em quatro raças sucessivas e originais era admitida pelos mais antigos sacerdotes do Egito. Elas estão representadas por quatro figuras de tipos e cores diferentes, nas pinturas do túmulo de Seti I, em Tebas. A raça vermelha traz o nome de *Rot;* a raça asiática, de cor amarela, o nome de *Amon;* a raça africana, de cor negra, o de *Halásio;* a raça líbio-européia, de cor branca, cabelos loiros, o de *Tamahu.* — Lenormant, *Histoire des peuples d'Orient,* I.

assim como os indígenas da América do Norte e os astecas, que Pizarro encontrou no México, são sobreviventes dessa raça vermelha cuja civilização, para sempre perdida, teve seus dias de glória e de esplendor material. Todos esses pobres retardatários carregám na alma a melancolia incurável das velhas raças que definham sem esperança.

Depois da raça vermelha foi a raça negra que dominou o globo. É preciso procurar o tipo superior não no negro degenerado, mas no abissínio e no núbio, nos quais se conserva o molde desta raça que um dia atingiu o apogeu. Em tempos pré-históricos, os negros conquistaram o sul da Europa, tendo sido depois rechaçados pelos brancos. Sua lembrança foi completamente apagada de nossas tradições populares. Entretanto, ali deixaram duas marcas indeléveis: o horror ao dragão, o emblema de seus reis, e a idéia de que o diabo é negro. Os negros devolveram o insulto à raça rival fazendo branco o seu próprio diabo. No tempo de sua soberania, os negros tiveram centros religiosos no Alto-Egito e na Índia. Suas cidades ciclópicas guarneciam as montanhas da África, do Cáucaso e da Ásia central. Sua organização social consistia em uma teocracia absoluta. No ápice, sacerdotes temidos como deuses; embaixo, tribos inquietas, sem família reconhecida, as mulheres escravas. Esses sacerdotes tinham conhecimentos profundos, o princípio da unidade divina do Universo e o culto dos astros que, sob o nome de *sabeísmo,* se infiltrou entre os povos brancos[2]. Mas, entre a ciência dos sacerdotes negros e o fetichismo grosseiro das massas, não havia absolutamente intermediário, nem arte idealista nem mitologia sugestiva. De resto, uma indústria já adiantada, sobretudo a arte de manejar massas de pedras colossais, por meio da balística, e de fundir metais nas imensas fornalhas, nas quais trabalhavam os prisioneiros de guerra. Nessa raça poderosa pela resistência física, pela energia passional e pela capacidade de dedicação, a religião foi, entretanto, o reinado da força pelo terror. A Natureza e Deus quase não se mostram à consciência desses povos infantis, a não ser sob a forma do dragão, o terrível animal antediluviano que os reis mandavam pintar em suas bandeiras e que os sacerdotes esculpiam no alto da porta de seus templos.

Se o sol da África fomentou a raça negra, dir-se-ia que os gelos do pólo ártico viram a eclosão da raça branca. São os hiperbóreos de que fala a mitologia grega. Estes homens de cabelos ruivos, olhos azuis, vieram do Norte através das florestas iluminadas por clarões boreais, acompanhados por cães e renas, comandados por chefes intrépidos e conduzidos por mulheres videntes. Cabeleiras de ouro e olhos azuis, cores predestinadas. Esta raça

---

2. Ver os historiadores árabes, assim como *Aboul-Ghazi,* história genealógica dos tártaros e Mohammed-Moshen, historiador dos persas. — William Jones, *Asiatic Researches,* I. Discurso sobre os Tártaros e os Persas.

iria inventar o culto do sol e do fogo sagrado, e trazer ao mundo a nostalgia do céu. Ora se revoltaria contra ele até querer assaltá-lo, ora se prosternaria diante de seus esplendores em uma adoração absoluta.

Como as outras raças, a raça branca também teve que se livrar do estado selvagem, para depois tomar consciência de si mesma. Suas características distintivas são o gosto pela liberdade individual, a sensibilidade meditada que gera o poder da simpatia, e a predominância do intelecto que atribui à imaginação uma aparência idealista e simbólica. A sensibilidade anímica motivou a dedicação, a preferência do homem por uma única mulher; daí a tendência dessa raça à monogamia, o princípio conjugal e a família. A necessidade de liberdade, somada à sociabilidade, originou o clã com seu princípio eletivo. A imaginação ideal criou o culto dos ancestrais, que constitui a raiz e o centro da religião dos povos brancos.

O princípio social e político se manifesta no dia em que alguns homens semi-selgavens, perseguidos por um populacho inimigo, se reúnem instintivamente e escolhem o mais forte e o mais inteligente dentre eles, para os defender e comandar. Nesse dia nasceu a sociedade. O chefe é um rei em potencial, seus companheiros, os futuros nobres; os velhos que deliberavam, mas eram incapazes de marchar, formam já uma espécie de senado ou assembléia dos anciãos.

E como nasceu a religião? Dizem que foi do temor do homem primitivo diante da natureza. Mas o temor nada tem de comum com o respeito e o amor. Ele não liga o fato à idéia, o visível ao invisível, o homem a Deus. Enquanto o homem não fez senão tremer diante da natureza, ele não foi homem. Tornou-se homem no dia em que percebeu o liame que o prendia ao passado e ao futuro, a algo de superior e benigno e passou a adorar esse mistério desconhecido. Todavia, de que maneira ele o adorou pela primeira vez?

Fabre d'Olivet levantou uma hipótese genial e sugestiva sobre a forma como deve ter-se estabelecido o culto dos ancestrais na raça branca[3]. Em um clã belicoso, dois guerreiros rivais discutem. Furiosos, eles vão se bater; e já estão atracados, quando uma mulher desgrenhada se atira entre eles e os separa. É a irmã de um deles e esposa do outro. Seus olhos lançam chispas, sua voz tem a tônica do comando. Ela grita com palavras ofegantes, incisivas, que vira na floresta o Ancestral da raça; o guerreiro vitorioso de outrora, o herói lhe aparecera. Ele não quer que dois guerreiros irmãos briguem entre si, mas que se unam contra o inimigo comum. "É a sombra do grande Ancestral, é o herói que me disse — clama a mulher exaltada — ele me falou! Eu vi!" E ela acredita no que diz. Convencida, ela convence.

---

3. *Histoire philosophique du genre humain*, tomo I.

Emudecidos, assombrados e como que aterrados por uma força invencível, os adversários se dão as mãos, reconciliados, e olham para a mulher inspirada, como se ela fosse uma espécie de divindade.

Tais sugestões seguidas de bruscas mudanças devem ter sido numerosas e das mais diversas formas na vida pré-histórica da raça branca.

Entre os povos bárbaros, é a mulher quem, por sua sensibilidade nervosa, logo pressente o oculto, afirma o invisível. Procuremos agora vislumbrar as conseqüências inesperadas e prodigiosas de um tal acontecimento. No clã, na povoação, todo mundo fala do fato maravilhoso. O carvalho, onde a mulher inspirada viu o Ancestral, torna-se uma árvore sagrada. Para lá a reconduzem e, sob a influência magnética da Lua, que a mergulha num estado visionário, ela continua a profetizar em nome do grande Ancestral. Logo, esta mulher e outras semelhantes, de pé sobre os rochedos, em meio às clareiras, ao ruído do vento e do Oceano longínquo, evovocarão as almas diáfanas dos ancestrais diante das multidões palpitantes, que os verão ou acreditarão vê-los, seduzidas pelos mágicos sortilégios das brumas flutuantes de transparências lunares. O último dos grandes Celtas, Ossian, evocará Fingal e seus companheiros reunidos nas nuvens. Assim foi, na própria origem da vida social, que se estabeleceu o culto dos antepassados na raça branca. O grande Ancestral torna-se o Deus da coletividade. Eis o começo da religião.

Mas, isto não é tudo. Em torno da profetisa se reúnem os velhos, que a observam durante seus sonos lúcidos e seus êxtases proféticos. Estudam seus diversos estados, controlam suas revelações e interpretam seus oráculos. Observam que quando ela profetiza no estado visionário, sua fisionomia se transfigura, sua palavra se torna rítmica, sua voz se eleva e profere seus oráculos cantando numa melopéia grave e significativa[4]. Daí o verso, a estrofe, a poesia e a música, cuja origem é considerada divina entre todos

---

4. Todos que já viram uma verdadeira sonâmbula ficaram impressionados com a singular exaltação intelectual que se manifesta durante o sono lúcido. Para aqueles que não testemunharam semelhantes fenômenos e que deles duvidariam, citaremos uma passagem do célebre David Strauss, que não é suspeito de superstição. Ele viu em casa de seu amigo, o doutor Justinus Kerner, a célebre "vidente de Prévost" e assim a descreveu: "Pouco depois, a visionária caiu em um sono magnético. Presenciei assim pela primeira vez o espetáculo desse estado maravilhoso, e, posso dizê-lo, na sua mais pura e mais bela manifestação. Sua fisionomia mostrava uma expressão sofredora, mas elevada e terna, como que inundada por uma irradiação celeste; *uma linguagem pura, medida, solene, musical, uma espécie de recitativo;* uma abundância de sentimentos que transbordavam e que se poderia comparar a um bando de nuvens, ora luminosas, ora sombrias, deslizando acima da alma, ou então *a brisas melancólicas e serenas perdendo-se nas cordas de uma maravilhosa harpa eólia*". (Trad. R. Lindau, *Bibliographie générale*, art. Kerner).

os povos da raça ariana. A idéia da revelação só poderia surgir a propósito de fatos dessa ordem. Assim também vemos brotar a religião e o culto, os sacerdotes e a poesia.

Na Ásia, no Irã e na Índia, onde os povos de raça branca fundaram as primeiras civilizações arianas misturando-se a povos de cores diversas, os homens rapidamente sobrepujaram as mulheres quanto à inspiração religiosa. Aí só ouvimos falar de sábios, de *richis*, de profetas. A mulher repelida, submissa, é sacerdotisa apenas no lar. Mas, na Europa, a característica do papel preponderante da mulher é reencontrada nos povos da mesma origem, que permaneceram bárbaros durante milhares de anos. Isto se manifesta na pitonisa escandinava, na Voluspa de Edda, nas druidisas célticas, nas mulheres adivinhas que acompanhavam os exércitos germânicos e decidiam o dia das batalhas[5], e até nas bacantes da Trácia que subsistem na lenda de Orfeu. A vidente pré-histórica continua na Pítia de Delfos.

As primitivas profetisas da raça branca se organizam em colégios de druidisas, sob a supervisão dos velhos instruídos ou druidas, os homens do carvalho. No início elas apenas faziam o bem. Por sua intuição, sua capacidade de adivinhar e seu entusiasmo, elas impulsionaram intensamente a raça que apenas começava a luta com os negros, que duraria séculos. Mas foram inevitáveis a rápida corrupção e os enormes abusos desta instituição. Sentindo-se donas dos destinos dos povos, as druidisas quiseram dominá-los a todo custo. Faltando-lhes a inspiração, elas tentaram reinar pelo terror. Exigiram sacrifícios humanos e fizeram deles o elemento essencial de seu culto. Nisso, favoreciam-nas os instintos heróicos de sua raça. Os brancos eram corajosos. Seus guerreiros desprezavam a morte e, ao primeiro apelo, vinham espontaneamente e por bravata se lançar sob o cutelo das sacerdotisas sangüinárias. Durante as hecatombes humanas, os vivos eram despachados para a casa dos mortos como mensageiros, e se acreditava assim obter os favores dos ancestrais. Essa ameaça perpétua, pairando sobre a cabeça dos primeiros chefes pela boca das profetisas e das druidisas, tornou-se em suas mãos um formidável instrumento de domínio.

Eis o primeiro exemplo de perversão que fatalmente sofrem os mais nobres instintos da natureza humana, quando não são orientados por uma autoridade sábia ou dirigidos para o bem por uma consciência superior. Abandonada à contingência da ambição e da paixão pessoal, a inspiração degenera em superstição, a coragem em ferocidade, a idéia sublime do sacrifício em instrumento de tirania, em exploração pérfida e cruel.

Entretanto, a raça branca estava apenas no início de sua violência e loucura. Apaixonada na esfera anímica, ela deveria atravessar muitas outras crises e mais sangrentas. Acabava de ser sacudida pelos ataques da raça ne-

---

5. Ver a última batalha entre Ariovisto e César nos *Comentários* deste.

gra que começava a invadir o sul da Europa. Luta desigual no início. Os brancos, ainda semi-selvagens, saindo de suas florestas e habitações lacustres, não tinham outros recursos a não ser suas lanças e flechas com pontas de pedra. Os negros possuíam armas de ferro, armaduras de bronze, todos os recursos próprios de uma civilização industriosa em cidades ciclópicas. Esmagados no primeiro embate, os brancos, levados para o cativeiro, se tornaram escravos dos negros, que os obrigaram a trabalhar na pedra e a transportar minério para seus fornos. No entanto, prisioneiros evadidos levaram para suas pátrias os costumes, as artes e os fragmentos de ciência de seus vencedores. Aprenderam dos negros duas coisas capitais: a fundição dos metais e a escritura sagrada, isto é, a arte de fixar certas idéias, por meio de sinais misteriosos e hieróglifos em peles de animais, na pedra ou na casca de árvore. Daí provêm as runas dos celtas. O metal fundido e forjado foi o instrumento da guerra; a escritura sagrada foi a origem da ciência e da tradição religiosa. A luta entre a raça branca e a negra oscilou, durante longos séculos, dos Pirineus ao Cáucaso e do Cáucaso ao Himalaia. A salvação dos brancos foram suas florestas, onde como feras eles podiam se esconder para saltar no momento propício. Ousados, aguerridos, a cada século mais bem armados, eles enfim se vingaram, arrasando as cidades dos negros, expulsando-os das costas da Europa e invadindo por sua vez o norte da África e o centro da Ásia ocupado pelos povos melaninos.

O cruzamento das duas raças se operou de duas maneiras diferentes, seja pela colonização pacífica, seja pela conquista belicosa. Fabre d'Olivet, o maravilhoso vidente do passado pré-histórico da humanidade, parte dessa idéia para emitir uma opinião luminosa sobre a origem dos povos chamados semitas e dos povos arianos. Nas regiões onde os colonos brancos se submeteram aos povos negros, aceitando seu domínio e recebendo de seus sacerdotes a iniciação religiosa, originaram-se os povos semitas, tais como os egípcios, antes de Menes, os árabes, os fenícios, os caldeus e os judeus. As civilizações arianas, ao contrário, se teriam originado nas regiões onde os brancos dominaram os negros por meio da guerra ou da conquista, ou seja, os iranianos, os gregos, os hindus e os etruscos. Quando falamos em povos arianos, incluímos também todos os brancos que permaneceram no estado bárbaro e nômade na Antiguidade, tais como os citas, os getos, os sármatos, os celtas e, mais tarde, os germanos. Dessa maneira se explicaria a diversidade fundamental das religiões e também da escrita existente nas duas grandes categorias de nações. Entre os semitas, onde a intelectualidade da raça negra dominou primitivamente, nota-se, acima da idolatria popular, uma tendência ao monoteísmo — o princípio da unidade de Deus oculto, absoluto e sem forma, que foi um dos dogmas essenciais dos sacerdotes da raça negra e de sua iniciação secreta. Entre os brancos vencedores ou que permaneceram puros, nota-se, ao contrário, a tendência ao politeísmo, à mitologia, à personificação da divindade, que provém de seu amor pela natureza e do culto apaixonado pelos ancestrais.

A diferença principal entre a maneira de escrever dos semitas e a dos arianos também se explicaria pela mesma causa. Por que todos os povos semíticos escrevem da direita para a esquerda, e por que todos os povos arianos escrevem da esquerda para a direita? A razão que Fabre d'Olivet encontra para isso é tão curiosa quanto original. Ela nos dá uma verdadeira visão desse passado perdido.

Todo mundo sabe que nos tempos pré-históricos não havia absolutamente a escrita vulgar. O uso somente se propagou com a escrita fonética ou arte de representar o som das palavras por meio de letras. Entretanto, a escrita hieroglífica ou arte de representar coisas por meio de alguns sinais é tão velha quanto a civilização humana. E, naqueles tempos primitivos, ela sempre foi privilégio do sacerdote, considerada coisa sagrada, função religiosa e, primitivamente, de inspiração divina. Quando, no hemisfério austral, os sacerdotes da raça negra ou sudanesa traçavam sinais misteriosos em peles de animais ou em blocos de pedra, eles tinham o hábito de se voltar para o pólo sul; sua mão se dirigia para o Oriente, fonte da luz. Escreviam, portanto, da direita para a esquerda. Os sacerdotes da raça branca ou nórdica, tendo aprendido com os sacerdotes negros, começaram a escrever como estes. Todavia, quando o sentimento de sua origem foi se desenvolvendo, com a consciência nacional e o orgulho da raça, inventaram seus próprios sinais e, em lugar de se voltarem para o Sul, o país dos negros, puseram-se de frente para o Norte, pátria dos Ancestrais, continuando, porém, a escrever em direção do Oriente. Seus caracteres então iam da esquerda para a direita. Daí o sentido das runas célticas, do zen, do sânscrito, do grego, do latim e de todas as escritas das raças arianas. Elas se dirigem para o Sol, fonte da vida terrestre; mas olham o Norte, pátria dos ancestrais e fonte misteriosa das auroras celestes.

A corrente semítica e a ariana, eis os dois rios por onde vieram todas as nossas idéias, mitologias e religiões, artes, ciências e filosofias. Cada uma dessas correntes traz consigo uma concepção oposta da vida, cuja reconciliação e equilíbrio seriam a própria verdade. A corrente semítica contém os princípios absolutos e superiores: a idéia da unidade e da universalidade em nome de um princípio supremo que, na aplicação, conduz à unificação da família humana. A corrente ariana encerra a idéia da evolução ascendente, em todos os reinos terrestres e supraterrestres e, na aplicação, conduz à diversidade infinita dos desenvolvimentos, em nome da riqueza da natureza e das múltiplas aspirações da alma. O gênio semítico desce de Deus para os homens; o gênio ariano sobe do homem para Deus. Um é representado pelo arcanjo justiceiro, que desce sobre a Terra armado do gládio e do raio; o outro, por Prometeu, que empunha o fogo roubado do céu, e percorre o Olimpo com o olhar.

Esses dois gênios, nós os trazemos dentro de nós mesmos. Pensamos e agimos alternadamente sob o império de um e de outro. Todavia, eles estão ligados em nossa intelectualidade, e não fundidos. Contradizem-se e se combatem em nossos mais íntimos sentimentos e pensamentos sutis, como na vida social e em nossas instituições. Ocultos sob múltiplas formas, que se poderiam resumir sob os nomes genéricos de espiritualismo e naturalismo, dominam nossas discussões e nossas lutas. Inconciliáveis e invencíveis os dois, quem os unirá? Entretanto, o progresso e a salvação da humanidade dependem de sua conciliação e de sua síntese. Eis por que, neste livro, procuramos voltar à fonte das duas correntes, ao nascimento dos dois gênios. Para além das revoluções históricas, guerras dos cultos e contradições dos textos sagrados, entraremos na própria consciência dos fundadores e dos profetas que deram às religiões seu movimento inicial. Eles tiveram a intuição profunda e a inspiração que vêm de cima, a luz viva que produz a ação fecunda. Sim, neles pré-existia a síntese. O raio divino empalideceu e turvou-se em seus sucessores; mas reaparece e brilha, cada vez que, em qualquer época da história, um profeta, um herói ou um vidente se volta para sua origem. Pois somente do ponto de partida se percebe o fim; do sol resplandecente, o curso dos planetas.

Tal é a revelação da história, contínua, graduada, multiforme como a natureza — mas idêntica em sua origem, una como a verdade, imutável como Deus.

Remontando à corrente semítica, por meio de Moisés chegamos ao Egito, cujos templos possuíam, segundo Maneton, uma tradição de trinta mil anos. E pela corrente ariana atingimos a Índia, onde se desenvolveu a primeira grande civilização que resultou de uma conquista da raça branca. A Índia e o Egito foram as duas grandes matrizes das religiões. Possuíram o segredo da grande iniciação. Entraremos em seus santuários.

Suas tradições, contudo, nos levam ainda muito mais além, a uma época anterior, na qual os dois gênios opostos sobre os quais falamos nos aparecem unidos numa inocência primária e numa maravilhosa harmonia. É a época ariana primitiva, que, hoje, graças aos admiráveis trabalhos da ciência moderna, à filologia, à mitologia e à etnologia comparada, nos é permitido entrever. Ela se mostra através dos hinos védicos, que nada mais são que seu reflexo, com uma simplicidade patriarcal e uma grandiosa pureza de linhas. Idade viril e grave que não se assemelha a nada menos do que à idade de ouro idealizada pelos poetas. Aí, a dor e a luta absolutamente não estão ausentes; entretanto, existe nos homens uma confiança, uma força, uma serenidade que a humanidade não reencontrou depois.

Na Índia, o pensamento se aprofundará, os sentimentos se refinarão. Na Grécia, as paixões e as idéias se cercarão do prestígio da arte e da roupagem mágica da beleza. Mas nenhuma poesia supera alguns dos hinos védicos em elevação moral, em altitude e amplidão intelectual. Neles exite o sentimento do divino na natureza, do invisível que a envolve e da grande unidade que penetra o todo.

Como terá nascido tal civilização? Como terá se desenvolvido uma tão alta intelectualidade em meio às guerras das raças e à luta contra a natureza? Aqui se interrompem as investigações e as conjecturas da ciência contemporânea. Entretanto, as tradições religiosas dos povos, interpretadas em

43

seu sentido esotérico, vão mais longe. E nos permitem adivinhar que a primeira concentração do núcleo ariano no Irã se fez por uma espécie de seleção operada no próprio seio da raça branca, sob a direção de um conquistador legislador, que deu a seu povo uma religião e uma lei conformes ao gênio da raça branca.

Com efeito, o livro sagrado dos Persas, o *Zend-Avesta*, fala do antigo legislador sob o nome de Yima, e Zoroastro, fundando uma nova religião, se refere a esse predecessor como o primeiro homem ao qual se dirigiu Ormuz, o Deus vivo, assim como Jesus Cristo se refere a Moisés. O poeta persa Firdusi denomina este mesmo legislador de Djem, o conquistador dos negros.

Na epopéia hindu, no *Ramayana*, ele aparece sob o nome de Rama, vestido como rei indiano, cercado dos esplendores de uma civilização avançada; mas aí ele conserva suas duas características distintas: conquistador renovador e iniciado.

Nas tradições egípcias, a época de Rama é designada pelo reinado de Osíris, o senhor da luz, que precede o reinado de Ísis, a rainha dos mistérios.

Enfim, na Grécia o antigo herói semideus era honrado sob o nome de Dionísio, que vem do sânscrito *Deva Nahousha*, o divino renovador. Orfeu assim também denominou a Inteligência divina e o poeta Nonus cantou a conquista da Índia por Dionísio, conforme as tradições de Eléusis.

Como os raios de uma mesma circunferência, todas essas tradições indicam um centro comum. A ele podemos chegar se acompanharmos a direção designada pelos raios. Então, além da Índia dos Vedas, além do Irã de Zoroastro, na aurora crepuscular da raça branca, vê-se surgir das florestas da antiga Cítia o primeiro criador da religião ariana, cingido com sua dupla tiara, de conquistador e de iniciado, empunhando o fogo místico, o fogo sagrado que iluminará todas as raças.

Cabe a Fabre d'Olivet a honra de reencontrar este personagem[6]. Foi aberta, assim, a vereda luminosa que até ele nos conduz e seguindo-a procurarei, por minha vez, evocá-lo.

---

6. *Histoire philosophique du genre humain*, tomo I.

II

A MISSÃO DE RAMA

Quatro ou cinco mil anos antes de nossa era, espessas florestas recobriam ainda a antiga Cítia, que se estendia do oceano Atlântico aos mares polares. Os negros tinham chamado esse continente, o qual viram nascer ilha por ilha, de "a terra emergida das ondas". Como contrastava com seu solo branco, abrasado pelo sol, esta Europa de costas verdes, de baías úmidas e profundas, com seus rios melancólicos, seus lagos sombrios e brumas eternamente suspensas nos flancos das montanhas! Em suas planícies cobertas de relvas rústicas, imensas como os pampas, ouvia-se apenas o grito dos animais, o mugido dos búfalos e o galope indomado das grandes manadas de cavalos selvagens, de crina se agitando ao vento!

O homem branco que habitava essas florestas não era mais o homem das cavernas. Podia já dizer-se senhor de sua terra. Havia inventado as facas e os machados de sílex, o arco e a flecha, a funda e o laço. Havia também encontrado dois companheiros de luta, dois amigos excelentes, incomparáveis e devotados até à morte: o cão e o cavalo. O cão doméstico, transformado em guarda fiel de sua habitação de madeira, lhe proporcionava a segurança do lar. E domando o cavalo ele havia conquistado a terra, submetido os outros animais, tornando-se o rei do espaço. Montados em cavalos fulvos, aqueles homens ruivos rodopiavam como relâmpagos. Abatiam o urso, o lobo, o auroque, amedrontavam a pantera e o leão, que então habitavam as florestas.

A civilização tinha-se iniciado: a família rudimentar, o clã, a coletividade já existiam. Por toda parte, os citas, filhos dos hiperbóreos, erguiam menires monstruosos em honra de seus avós.

Quando um chefe morria, enterravam com ele suas armas e seu cavalo, a fim de que, diziam, o guerreiro pudesse cavalgar as nuvens e caçar o dragão de fogo no outro mundo. Provém daí o costume do sacrifício do cavalo, o qual desempenha tão grande papel nos Vedas e entre os escandinavos. A religião começava, assim, pelo culto dos antepassados.

Os semitas encontraram o Deus único, o Espírito universal no deserto, no cume das montanhas, na imensidão dos espaços estelares. Os citas e os celtas encontraram os Deuses, os espíritos múltiplos, no fundo de seus bosques. Lá eles ouviram vozes, lá tiveram os primeiros arrepios do Invisível, as visões do Além. Eis por que a floresta encantadora ou terrível sempre foi amada pela raça branca. Atraída pela música das folhas e pela magia lunar, ela para aí se volta constantemente, no decorrer das eras, como à sua fonte de Juventude, ao templo da grande mãe Herta. Lá dormem seus deuses, seus amores, seus mistérios perdidos.

Desde os tempos mais longínquos, mulheres visionárias profetizavam sob as árvores. Cada povoação possuía sua grande profetisa, como a Voluspa dos escandinavos, com seu colégio de druidisas. Entretanto, estas mulheres, inicialmente nobremente inspiradas, tornaram-se ambiciosas e cruéis. De boas profetisas transformaram-se em malvadas feiticeiras. Elas instituíram os sacrifícios humanos e o sangue dos heróis corria continuamente sobre os dólmens, sob os cantos sinistros dos sacerdotes e aclamações dos citas ferozes.

Entre os sacerdotes, encontrava-se um jovem na flor da idade chamado Ram, também destinado ao sacerdócio; mas, sua alma meditativa e o profundo espírito se revoltavam contra aquele culto sangüinário. O jovem druida era doce e grave. Muito cedo demonstrara uma singular aptidão para o conhecimento das plantas — das maravilhosas virtudes de seus sucos destinados e preparados —, tanto quanto no estudo dos astros e de suas influências. Ele parecia adivinhar e ver as coisas longínquas. Daí advém sua autoridade precoce sobre os druidas mais velhos. Emanava-lhe das palavras e de todo o ser uma grandeza afável. Sua sabedoria contrastava com a loucura das druidisas que clamavam maldições e proferiam oráculos nefastos nas convulsões do delírio. Os druidas denominavam-no "aquele que sabe", e o povo o chamava de "o inspirado da paz".

Entretanto, Ram, que aspirava à ciência divina, viajara por toda a Cítia e pelos países do Sul. Seduzidos por seu saber e sua modéstia, os sacerdotes dos negros transmitiram-lhe parte de seus conhecimentos secretos. Voltando à região do Norte, Ram se horrorizou ao ver a intensificação dos sacrifícios humanos entre os seus. Viu nisso a perdição de sua raça. Todavia, como combater um costume propagado pelo orgulho das druidisas, pela ambição dos druidas e pela superstição do povo? Então, outro flagelo se abateu sobre os brancos, no qual Ram acreditou ver um castigo celeste pelo culto sacrílego. De suas incursões no país do Sul e de seu contato com os negros, os brancos contraíram uma horrível doença, uma espécie de peste, que corrompia o homem pelo sangue, pelas fontes da vida. O corpo inteiro se cobria de manchas negras, o hálito tornava-se infecto, os membros inchados e corroídos de úlceras se deformavam e o doente expirava com dores atrozes. O hálito dos vivos e o odor dos mortos espalhavam o flagelo. Assim os brancos, pasmados, tombavam e estertoravam aos milhares pelas florestas, abandonadas até mesmo pelas aves de rapina. Ram, atormentado, procurava inutilmente um meio de salvação.

Tinha ele o hábito de meditar sob um carvalho, em uma clareira. Uma tarde, adormeceu ao pé da árvore, após haver refletido longamente sobre os males de sua raça. Durante o sono pareceu-lhe ouvir uma voz forte que o chamava pelo nome e ele acreditou ter despertado. Viu então, diante de si, um homem de talhe majestoso, vestido, como ele próprio, com a roupa branca dos druidas. O homem carregava uma vareta, à qual se entrelaçava uma serpente. Ram, admirado, ia perguntar ao desconhecido o significado daquilo. Mas o desconhecido, tomando-o pela mão, fê-lo levantar-se e mostrou-lhe, na própria árvore sob a qual ele estava deitado, um belíssimo ramo de visgo. "Oh! Ram! disse-lhe, eis o remédio que procuras!" Depois, tirou do seio uma pequena foice de ouro, cortou um pedaço do ramo e lhe deu. Murmurou ainda algumas palavras sobre a maneira de preparar o visgo e desapareceu.

Então, Ram despertou completamente e se sentiu bastante reconfortado. Uma voz interior lhe dizia que havia encontrado a salvação. Ele não deixou de preparar o visgo segundo os conselhos do amigo divino da foicezinha de ouro. Deu a poção num licor fermentado a um doente, e este se curou. As curas maravilhosas que assim operou tornaram-no célebre em toda a Cítia. Em toda parte era chamado para curar. Consultado pelos druidas de sua aldeia ele lhes participou sua descoberta, acrescentando que ela deveria permanecer como segredo da casta sacerdotal, a fim de assegurar sua autoridade. Os discípulos de Ram, viajando por toda a Cítia com os ramos de visgo, foram considerados mensageiros divinos, e seu mestre, um semideus.

Esse acontecimento foi a origem de um novo culto. Desde então, o visgo tornou-se uma planta sagrada. Ram consagrou sua memória instituindo a festa de Natal, ou da nova salvação, que ele colocou no começo do ano e chamou de a Noite-Mãe (do novo sol) ou a grande renovação. Quanto ao ser misterioso que Ram vira em sonho e que lhe mostrara o visgo, foi denominado, na tradição esotérica dos brancos da Europa, *Aesc-heyl-hopa*, que significa: "a esperança de salvação está na floresta". Os gregos fizeram dele Esculápio, o gênio da medicina que sustenta a vareta mágica sob a forma de bastão.

Entretanto, Ram, "o inspirado da paz", tinha objetivos mais amplos. Ele queria curar seu povo de uma chaga moral mais nefasta do que a peste. Eleito chefe dos sacerdotes de sua coletividade, ordenou a todos os colégios de druidas e druidisas que cessassem com os sacrifícios humanos. A novidade correu até as margens do oceano, saudada com efusões de alegria por uns, e como sacrilégio atentatório por outros. As druidisas, ameaçadas em seu poder, puseram-se a amaldiçoar aquele audacioso, a fulminá-lo com sentenças de morte. Ao lado delas se colocaram muitos dos druidas que viam nos sacrifícios humanos a única maneira de reinar. Ram, exaltado por um grande partido, foi, no entanto, abominado por outro. Mas, longe de recuar diante da luta, intensificou-a, arvorando um novo símbolo.

Cada tribo branca possuía, então, um signo próprio de sua união, sob a forma do animal que simbolizava suas qualidades preferidas. Entre os chefes havia o costume de fixar, na fachada de seus palácios de madeira, figuras de grous, águias, abutres ou cabeças de javalis e de búfalos, origem primeira do brasão. O estandarte preferido dos Citas era o Touro, denominado Thor, o signo da força bruta e da violência. Ao Touro, Ram opôs o Carneiro, o chefe corajoso e pacífico do rebanho, e dele fez o símbolo que distinguiria todos os seus partidários. Erguido no centro da Cítia, esse estandarte tornou-se o sinal de um tumulto geral e de uma verdadeira revolução nos espíritos.

Os povos brancos se dividiram em dois campos. A própria alma da raça se separava em duas para se resgatar da animalidade rugidora e iniciar a marcha para o santuário invisível que conduz à humanidade divina. "Morte ao Carneiro!" gritavam os partidários de Thor. "Guerra ao Touro!" gritavam os amigos de Ram. Uma tremenda guerra era iminente.

Diante dessa eventualidade, Ram hesitou. Desencadear semelhante guerra não seria agravar o mal e forçar sua raça a se autodestruir? E teve, então, outro sonho.

O céu tempestuoso estava carregado de nuvens sombrias que cavalgavam as montanhas e arrasavam com seu vôo os cumes agitados das florestas. De pé sobre um rochedo, uma mulher desgrenhada estava prestes a abater um soberbo guerreiro, amarrado a seus pés. "Em nome dos antepassados, pára!" gritou Ram, lançando-se sobre ela. A druidisa, ameaçando o adversário, dardejou-lhe um olhar agudo como um golpe de cutelo. Mas um trovão rufou nas nuvens e, em meio a um clarão, apareceu uma deslumbrante figura. A floresta empalideceu, a druidisa caiu como que fulminada, os grilhões do cativo se romperam e este olhou para o gigante luminoso com um gesto de desafio. Ram não se perturbou, pois, nos traços dessa aparição, reconheceu o ser divino que uma vez já lhe havia falado sob o carvalho. Desta vez, porém, pareceu-lhe mais belo, porque todo seu corpo resplandecia de luz. E Ram percebeu que se encontrava em um templo aberto, de largas colunas. No lugar da pedra do sacrifício, erguia-se um altar. Junto, permanecia ainda o guerreiro, cujo olhar desafiava sempre a morte. A mulher, deitada sobre a laje, parecia morta. O Gênio celeste carregava na mão direita uma tocha, na mão esquerda uma taça. Sorriu com benevolência e disse: — "Ram, estou contente contigo. Vês este facho? É o fogo sagrado do Espírito divino. Vês esta taça? É a taça da Vida e do Amor. Dá a tocha ao homem e a taça à mulher". Ram fez o que lhe foi ordenado pelo Gênio. Assim que a tocha foi colocada nas mãos do homem e a taça nas mãos da mulher, o fogo se acendeu por si mesmo no altar, e todos os dois resplandeceram transfigurados ao clarão, como o Esposo e a Esposa divina. Ao mesmo tempo, o templo se alargou; suas colunas subiram até o céu; sua abóbada transformou-se no firmamento. Então, Ram, levado por seu sonho, se viu transportado para o cume de uma montanha, sob o céu estrelado. De pé, diante dele, o Gênio explicava-lhe o sentido das constelações e o fazia ler, nos sinais chamejantes do zodíaco, os destinos da humanidade.

— "Espírito maravilhoso, quem és tu?" perguntou Ram ao Gênio. E este respondeu: — "Chamam-me Deva Nahusha, a Inteligência divina. Tu espalharás minha luz sobre a terra, e sempre virei a teu apelo. Agora, segue teu caminho. Vai!" E, erguendo a mão, o Gênio indicou-lhe o Oriente.

III

O ÊXODO E A CONQUISTA

Naquele sonho, como sob uma luz fulgurante, Ram viu sua missão e o imenso destino de sua raça. Desde então não teve mais dúvidas. Em vez de incentivar a guerra entre as tribos da Europa, ele resolveu conduzir a elite de sua raça ao coração da Ásia. Anunciou aos seus que instituiria o culto do fogo sagrado, o qual proporcionaria a felicidade dos homens; que os sacrifícios humanos seriam para sempre abolidos; que os Ancestrais seriam invocados, não mais por sacerdotisas sangüinárias sobre rochedos selvagens gotejantes de sangue humano, mas em cada lar, pelo esposo ou pela esposa, unidos numa mesma prece e em um hino de adoração, junto do fogo que purifica. Sim, o fogo visível do altar, símbolo e condutor do fogo celeste invisível, uniria a família, o clã, a tribo e todos os povos, como o centro do Deus vivo sobre a Terra. Mas, para colher esta seara, era preciso separar o joio do trigo; era preciso que todos os corajosos se preparassem para deixar a Europa, a fim de conquistar uma terra nova, uma terra virgem. Lá ele estabeleceria sua lei; lá ele fundaria o culto do fogo renovador.

Esta proposição foi acolhida com entusiasmo por um povo jovem e ávido de aventuras. Fogueiras mantidas acesas durante vários meses, nas montanhas, foram o sinal da emigração em massa de todos aqueles que queriam seguir o Carneiro. A formidável emigração, conduzida pelo grande pastor dos povos, se movimentou lentamente e se dirigiu para o centro da Ásia. Ao lado do Cáucaso, ela foi se apoderando de várias fortalezas ciclópicas dos negros. Mais tarde, como lembrança dessas vitórias, as colônias brancas esculpiram gigantescas cabeças de carneiro naqueles rochedos.

Ram mostrou-se digno da alta missão. Ele aplainava as dificuldades, penetrava nos pensamentos, previa o futuro, curava os doentes, apaziguava os revoltados, exaltava a coragem. Como as forças celestes que denominamos Providência desejavam o domínio da raça boreal sobre a Terra, por meio do gênio de Ram lançavam raios luminosos por seu caminho. Essa raça já tivera seus inspirados de segunda ordem para arrancá-la do estado selvagem. Entretanto, Ram, o primeiro que concebeu a lei social como uma expressão da lei divina, foi um inspirado direto e de primeira ordem.

Ele fez amizade com os turanianos, velhas tribos cíticas cruzadas de sangue amarelo que ocupavam o alto da Ásia, e os levou consigo para a conquista do Irã, de onde repeliu completamente os negros. Seu sonho era que um povo de raça branca ocupasse o centro da Ásia e se tornasse um foco de luz para todos os outros. Ele ali fundou a cidade de Ver, admirável cidade, disse Zoroastro. Ensinou a lavrar e a semear a terra, foi o pai do trigo e da vinha. Criou castas de acordo com as ocupações e dividiu o povo em sacerdotes, guerreiros, lavradores, artesãos. Originariamente, as castas não foram rivais; o privilégio hereditário, fonte de ódio e de ciúme, introduziu-se somente mais tarde. Proibiu a escravidão tanto quanto o homicídio, afirmando que a sujeição do homem pelo homem era a fonte de todos os males. Quanto ao clã, o primitivo agrupamento da raça branca, ele o conservou inalterado, e lhe permitiu eleger seus chefes e seus juízes.

A obra-prima de Ram, o instrumento civilizador por excelência criado por ele, foi a nova função que atribuiu à mulher. Até então, o homem conhecera a mulher somente de duas formas: ou a escrava miserável de sua choça, que ele esmagava e maltratava brutalmente, ou a perturbadora sacerdotisa do carvalho e do rochedo, cujos favores ele buscava, e que o dominava irresistivelmente; mágica fascinante e terrível, cujos oráculos ele temia e diante da qual tremia sua alma supersticiosa. O sacrifício humano era a desforra da mulher contra o homem, quando ela cravava o cutelo no coração de seu feroz tirano. Abolindo este culto indigno e reabilitando a mulher diante do homem, em suas funções divinas de esposa e mãe, Ram a transformou na sacerdotisa do lar, guardiã do fogo sagrado, igual ao esposo, invocando com ele a alma dos antepassados.

Como todos os grandes legisladores, Ram não fez nada mais do que desenvolver, organizando-os, os próprios instintos superiores de sua raça. A fim de ornar e embelezar a vida, Ram determinou quatro grandes festas durante o ano. A primeira foi a da primavera ou das gerações, consagrada ao amor entre os esposos. A festa do verão ou das messes pertencia aos moços e moças, que ofereciam aos pais as colheitas resultantes de seu trabalho. A festa do outono celebrava os pais e as mães, que, em sinal de regozijo, ofereciam frutos às crianças. A mais santa e mais misteriosa das festas era a de Natal ou das grandes sementeiras. Ram a consagrou, ao mesmo tempo, aos recém-nascidos, frutos do amor concebidos na primavera, e às almas dos mortos, aos antepassados. Ponto de conjunção entre o visível e o invisível, esta solenidade religiosa era o adeus às almas desaparecidas, como também a saudação mística àquelas que voltam para se encarnar nas mães e renascer nas crianças. Nessa noite santa, os antigos árias se reuniam nos santuários de Airiana-Vaéia, como outrora o tinham feito em suas florestas. Com fogueiras e cânticos, eles celebravam o reinício do ano terrestre e solar, a germinação da natureza no coração do inverno, o estremecimento da vida no fundo da morte. Cantavam o beijo universal entre o céu e a Terra, e o parto triunfal do novo Sol pela grande Noite-Mãe.

Ram, assim, ligava a vida humana ao ciclo das estações, às revoluções astronômicas e, ao mesmo tempo, ressaltava-lhe o sentido divino. Foi por ter fundado tão fecundas instituições que Zoroastro o chama de "chefe dos povos, o muito afortunado monarca". Por isso, também, o poeta hindu Valmiki, embora situando o antigo herói em uma época muito mais recente e no luxo de uma civilização mais avançada, conserva-lhe os traços de um elevado ideal. Diz Valmiki: "Rama, com olhos de lótus azul, era o senhor do mundo, o senhor de sua alma, o amor dos homens, pai e mãe de seus súditos. *Ele soube dar a todos os seres o grilhão do amor."*

Estabelecida no Irã, às portas do Himalaia, a raça branca ainda não era senhora do mundo. Era preciso que sua vanguarda penetrasse na Índia, principal centro dos negros, os antigos vencedores da raça vermelha e da amarela. O Zend-Avesta descreve essa marcha de Rama para a Índia[1]. A epopéia hindu fez dela um de seus temas favoritos. Rama foi o conquistador da terra que cerca o Himalaia, a terra dos elefantes, dos tigres e das gazelas. Ordenou o primeiro combate e conduziu o primeiro ímpeto daquela

---

1. É digno de nota o fato de o *Zend-Avesta,* livro sagrado dos persas, considerando Zoroastro como o inspirado de Ormuz, o profeta da lei de Deus, fazer dele o continuador de um profeta muito mais antigo. Sob o simbolismo dos templos antigos, percebe-se o fio da grande revelação da humanidade, religando entre si os verdadeiros iniciados. Eis uma passagem importante:

1-Zaratustra *(Zoroastro)* perguntou para Ahura-Mazda *(Ormuz,* o Deus da luz): Ahura-Mazda, tu, santo, sacratíssimo criador de todos os seres corporais e puríssimos;
2-Qual foi o primeiro homem com o qual falaste, tu que és Ahura-Mazda?
4-. . .Então, Ahura-Mazda respondeu: "Foi com o belo Yima, aquele que estava na direção de um grupo digno de elogios, oh! puro Zaratustra";
13-. . . E eu lhe disse: "Vela sobre os mundos que me pertencem, torna-os férteis com tua qualidade de protetor".
17-. . . E eu lhe trouxe as armas da vitória, eu que sou Ahura-Mazda.
18- Uma lança de ouro e uma espada de ouro.
31-. . . Então Yima se elevou até as estrelas na direção do sul, seguindo o caminho do sol.
37-. . . Ele marchou sobre a terra que ele tornara fértil. E ela tinha ficado um terço maior do que anteriormente.
43-. . . E o brilhante Yima reuniu a assembléia dos homens mais virtuosos da célebre Airyana-Vaéja, criada pura. *(Vendidad-Sadé,* 2º *Fargard* – Tradução de Anquetil Duperron)

luta gigantesca, em que duas raças, inconscientemente, disputavam o cetro do mundo. A tradição poética da Índia, enriquecendo as tradições ocultas dos templos, transformou-a na luta da magia branca com a magia negra. Em sua guerra contra os povos e os reis do país dos Djambus, como então era denominado, Ram ou Rama, como o chamaram os orientais, utilizou-se de meios aparentemente miraculosos, porque acima das faculdades comuns da humanidade, os quais os grandes iniciados devem ao conhecimento e à manipulação das forças ocultas da natureza. A tradição representa-o aqui fazendo brotar fontes de água num deserto; lá, encontrando recursos inesperados, numa espécie de maná cuja utilização ele ensinou; algures, extinguindo uma epidemia com uma planta denominada *hom*, o *amonos* dos gregos, a *perséa* dos egípcios, da qual extraía um suco salutar. Essa planta tornou-se sagrada entre seus seguidores e substituiu o visgo do carvalho, conservado pelos celtas da Europa.

Contra seus inimigos, Rama se utilizava de toda espécie de sedução. Os sacerdotes dos negros não reinavam mais a não ser por meio de um culto baixo. Eles tinham o hábito de alimentar, em seus templos, enormes serpentes ou pterodátilos, raros sobreviventes de animais antediluvianos, que amendrontavam a multidão, que era obrigada a adorá-los como se fossem deuses. Essas serpentes se alimentavam com a carne dos prisioneiros. Algumas vezes, Rama, imprevistamente, apareceu nos templos, armado de tochas, enxotando, aterrorizando e subjugando as serpentes e os sacerdotes. Outras vezes ele penetrava no campo inimigo, expondo-se sem defesa àqueles que buscavam sua morte e tornava a partir sem que ninguém ousasse tocá-lo. Quando se interrogava aqueles que o tinham deixado escapar, eles respondiam que tinham se sentido petrificados ao encontrar-lhe o olhar; ou então que, enquanto Rama falava, uma montanha se erguera entre eles, impossibilitando-os de vê-lo.

Enfim, como coroamento de sua obra, a tradição épica da Índia atribui a Rama a conquista de Ceilão, derradeiro refúgio do mago negro Ravana, sobre o qual o mago branco faz chover granizo de fogo, após limpar uma ponte sobre um braço de mar, com um exército de macacos, muito semelhante a qualquer horda primitiva de bímanos selvagens, encantada e entusiasmada pelo grande sedutor de nações.

IV

O TESTAMENTO DO GRANDE ANCESTRAL

Dizem os livros sagrados do Oriente que Rama, por sua força, seu gênio e sua bondade, tornara-se senhor da Índia e rei espiritual da Terra. Sacerdotes, reis e povos diante dele se inclinavam como diante de um benfeitor celeste. Sob o signo do carneiro, seus emissários divulgaram ao longe a lei ariana, que proclamava a igualdade entre os vencedores e vencidos, a abolição dos sacrifícios humanos e da escravidão, o respeito pela mulher no lar, o culto dos antepassados e a instituição do fogo sagrado, símbolo visível do Deus inominado.

Rama envelhecera. Sua barba estava branca, mas o vigor ainda não abandonara seu corpo e em sua fronte repousava a majestade dos pontífices da verdade. Os reis e os embaixadores de outros povos lhe ofereceram o poder supremo. Ele pediu um ano para refletir, e de novo teve um sonho. Durante o sono, fala com ele o mesmo Gênio que sempre o inspirou.

Ele se reviu nas florestas de sua juventude. Voltara a ser jovem e trazia a túnica de linho dos druidas. A Lua brilhava. Era a noite-santa, a Noite-Mãe, na qual os povos esperam o renascimento do Sol e do ano. Rama caminhava sob os carvalhos, atento, como outrora, às vozes evocadoras da floresta. Então, veio até ele uma bela mulher, ostentando uma magnífica coroa. Sua cabeleira ruiva tinha a cor do ouro, a cútis a brancura da neve, e os olhos o brilho profundo do azul celeste após a tempestade. Disse-lhe ela: "Eu era a Druidisa selvagem; por ti me transformei na Esposa resplandecente. Agora me chamo Sita. Sou a mulher glorificada por ti, sou a raça branca, sou tua esposa. Oh! meu senhor e meu rei! Não foi por mim que transpuseste os rios, encantaste os povos e derrubaste os reis? Eis a recompensa. Toma esta coroa de minha mão, coloca-a sobre tua cabeça e reina comigo sobre o mundo!". A mulher estava ajoelhada numa atitude humilde e submissa, oferecendo a coroa da Terra, cujas pedras preciosas lançavam milhares de fagulhas; e a embriaguez do amor sorria em seus olhos. A alma do grande Rama, do pastor dos povos, se enterneceu. Mas, de pé sobre o cume das florestas, apareceu-lhe Deva Nahusha, seu Gênio, que lhe diz: "Se colocardes essa coroa em tua cabeça, a Inteligência divina te deixará, e tu não mais me verás. Se apertares esta mulher em teus braços, ela morrerá por tua felicidade. Se, porém, renunciares a possuí-la, ela viverá feliz e livre sobre a Terra e teu espírito invisível sobre ela reinará. Escolhe: ou atendê-la ou seguir-me".

Sita, sempre de joelhos, olhava seu mestre com olhos perdidos de amor, e, suplicante, aguardava a resposta. Rama conservou-se em silêncio um instante. Seu olhar, mergulhado nos olhos de Sita, avaliava o abismo que separa a posse completa do adeus eterno. E sentindo que o amor supremo é uma suprema renúncia, pousou sua mão libertadora sobre a fronte da mulher branca, abençoou-a e lhe disse: "Adeus! Sê livre e não me esqueças!".
A mulher logo desapareceu como um fantasma lunar. A jovem Aurora ergueu sua varinha mágica sobre a velha floresta. O rei voltara a ser velho. Um orvalho de lágrimas banhava sua barba branca e do fundo dos bosques uma voz triste chamava: "Rama! Rama!"

Então, Deva Nahusha, o Gênio resplandecente de luz, exclamou: "A mim!" E o Espírito divino levou Rama para uma montanha ao norte do Himalaia.

Após este sonho, que lhe indicava o fim de sua missão, Rama reuniu os reis e os mensageiros dos povos e lhes disse: "Não quero o poder supremo que me ofereceis. Guardai vossas coroas e observai minha lei. Minha tarefa terminou. Com meus irmãos iniciados, retiro-me para uma montanha do Airyana-Vaéia. De lá velarei sobre vós. Vigiai o fogo divino! Se ele chegar a se extinguir, reaparecerei entre vós como juiz e terrível vingador!"

Afinal, retirou-se com os seus para o monte Albori, entre Balk e Bamyas, num retiro conhecido somente pelos iniciados. Lá, ele transmitiu aos discípulos tudo o que sabia dos segredos da Terra e do grande Ser. Estes levaram para longe, do Egito à Ocitânia, o fogo sagrado, símbolo da unidade divina das coisas, e os chifres do carneiro, emblema da religião ariana. Esses chifres tornaram-se as insígnias da iniciação e, em seguida, do poder sacerdotal e real[1].

De longe, Rama continuava a velar sobre seus povos e sobre a sua querida raça branca. Nos últimos anos de sua vida, dedicou-se a estabelecer o ca-

---

1. Encontram-se chifres de carneiro na cabeça de muitos personagens dos monumentos egípcios. Esse ornato dos reis e dos grandes sacerdotes é o signo da iniciação sacerdotal e real. Os dois cornos da tiara papal provêm daí.

lendário dos árias. É a ele que devemos os signos do zodíaco. E este foi o testamento do patriarca dos iniciados. Estranho livro, escrito à luz das estrelas, com hieróglifos celestes, no firmamento sem fundo e sem limites, pelo Ancião de nossa raça. Fixando os doze signos do zodíaco, Rama lhes atribuiu um triplo sentido. O primeiro se referia às influências do Sol sobre doze meses do ano; o segundo relatava, de certa maneira, sua própria história; o terceiro mostrava os meios ocultos, dos quais ele se servira para atingir seu fim. Eis por que esses signos, lidos na ordem inversa, tornaram-se mais tarde os emblemas secretos da iniciação graduada[2].

Ordenou aos discípulos mais íntimos que ocultassem sua morte e que continuassem sua obra, perpetuando a fraternidade. Durante séculos, os povos acreditaram que Rama, sustentando a tiara de cornos de carneiro, continuava vivo em sua montanha santa. Nos tempos védicos, o Grande-Ancestral tornou-se Yima, o juiz dos mortos, o Hermes psicopompa dos hindus.

---

2. Eis como os signos do zodíaco representam a história de Ram, segundo Fabre d'Olivet, o pensador de gênio que soube interpretar os símbolos do passado conforme a tradição esotérica:
1. *O Carneiro*, que foge com a cabeça voltada para trás, indica a situação de Ram abandonando sua pátria, com o olhar fixado no país que ele deixa. — 2.*O Touro furioso* se opõe à sua marcha, mas a metade de seu corpo mergulhada no lodo o impede de executar seu desígnio; cai de joelhos. São os celtas designados por seu próprio símbolo, que, apesar de todos os esforços, acabam sendo submetidos. — 3. *Os Gêmeos* exprimem a aliança de Ram com os turanianos. — 4. *O Câncer*, suas meditações e introversões. — 5. *O Leão*, os combates contra seus inimigos. — 6. *A Virgem alada*, a vitória. — 7. *A Balança*, a igualdade entre os vencedores e os vencidos. — 8. *O Escorpião* a revolta e a traição. — 9. *O Sagitário*, a vingança. — 10. *O Capricórnio*. — 11. *O Aquário* e — 12. *Os Peixes*, têm relação com a parte moral de sua história.
Pode-se considerar essa explicação do zodíaco tão ousada quanto estranha. No entanto, jamais algum astrônomo ou mitólogo explicou, mesmo que longinquamente, a origem ou o sentido desses sinais misteriosos da carta celeste, adotados e venerados pelos povos, desde a origem de nosso ciclo ariano. A hipótese de Fabre d'Olivet teve pelo menos o mérito de abrir ao espírito novas e imensas perspectivas. Já disse que estes signos, lidos na ordem inversa, marcaram mais tarde, no Oriente e na Grécia, os diversos degraus que era preciso subir para alcançar a iniciação suprema. Lembremos somente os mais célebres desses emblemas: *a Virgem alada* significa castidade que dá a vitória; *o Leão*, a força moral; *os Gêmeos*, a união entre um homem e um espírito divino que juntos formam dois lutadores invencíveis; *o Touro* subjugado, o domínio sobre a natureza; *O Carneiro*, o asterismo do Fogo ou do Espírito universal que confere a iniciação suprema pelo conhecimento da Verdade.

V

A RELIGIÃO VÉDICA

Por seu gênio organizador, o grande iniciador dos árias criara no centro da Ásia, no Irã, um povo, uma sociedade, um turbilhão de vida que deveria resplandecer em todos os sentidos.

As colônias dos árias primitivos se difundiram na Ásia, na Europa, levando consigo seus costumes, seus cultos e seus deuses. Mas, de todas elas, o ramo dos árias da Índia é o que mais se aproxima dos árias primitivos.

Os livros sagrados dos hindus, os Vedas, têm para nós um triplo valor. Primeiramente, nos conduzem ao centro da antiga e pura religião ariana, da qual os hinos védicos são brilhantes irradiações. Em seguida, nos fornecem a chave da Índia. E, finalmente, nos revelam uma primeira cristalização das idéias-mães da doutrina esotérica e de todas as religiões arianas[1].

Limitar-nos-emos a uma breve exposição da exterioridade e do sentido da religião védica.

---

1. Os brâmanes consideram os Vedas seu livro sagrado por excelência. Aí encontram a ciência das ciências. A própria palavra *Véda* significa *saber*. Os sábios da Europa foram justamente atraídos para esses textos por uma espécie de fascinação. Primeiramente, viram neles apenas uma poesia patriarcal; depois, descobriram não somente a origem dos grandes mitos indo-europeus e de nossos deuses clássicos, mas ainda um culto sabiamente organizado, um profundo sistema religioso e metafísico (Ver Bergaigne, *La Réligion des Védas*, assim como o belo e luminoso trabalho de M. Augusto e Barth, *Les réligions de l'Inde)*. O futuro lhes reserva, talvez, uma última surpresa, que será a de encontrar nos Vedas a definição das forças ocultas da natureza, que a ciência moderna está prestes a descobrir.

Nada mais simples nem maior do que essa religião, onde um profundo naturalismo se mistura com um espiritualismo transcendente. Antes de romper o dia, um homem, um chefe de' família já está de pé diante de um altar de terra no qual arde o fogo aceso com dois pedaços de madeira. Em sua função, o chefe é ao mesmo tempo pai, sacerdote e rei do sacrifício. Enquanto vem a aurora, diz um poeta védico, "como uma mulher que sai do banho e que teceu a mais bela das telas", o chefe pronuncia uma oração, uma invocação a Usha (a Aurora), a Savitri (o Sol), aos Asuras (espíritos da vida). A mãe e os filhos vertem no *Agni*, o fogo, o líquido fermentado do asclépia, o *soma*. E a chama que se ergue leva aos deuses invisíveis a oração purificada que sai dos lábios do patriarca e do coração da família.

O estado de espírito do poeta védico está também afastado do sensualismo helênico (falo dos cultos populares da Grécia, não da doutrina dos iniciados gregos), que representa os deuses cósmicos com belos corpos humanos, e do monoteísmo judaico que adora o Eterno sem forma, onipresente. Para o poeta védico a natureza é como um véu transparente, atrás do qual se movem forças imponderáveis e divinas. São essas forças que ele invoca, adora e personifica sem, entretanto, se deixar iludir por suas metáforas. Para ele, Savitri é menos o Sol do que Vivasvat, a potência criadora de vida que o anima e que gira o sistema solar. Indra, o guerreiro divino que com seu carro dourado percorre o céu, lança o raio e rompe as nuvens, personifica o poder desse mesmo Sol, na vida atmosférica, na "grande transparência dos ares". Quando invocam Varuna (o Urano dos Gregos), o deus do céu imenso e luminoso que envolve todas as coisas, os poetas védicos se elevam muito mais ainda. "Se Indra representa a vida ativa e militante do céu, Varuna representa sua majestade imutável. Nada se iguala em magnificência, nas descrições que dele fazem os Hinos. O Sol é seu olho, o céu sua vestimenta, o furacão seu sopro. Foi ele que fixou o céu e a Terra em bases inabaláveis e que os mantém separados. Ele tudo fez e tudo conserva. Nada poderia causar dano às obras de Varuna. Ninguém o compreende; mas ele sim, ele sabe tudo e vê tudo que é e será. Dos pináculos do céu onde reside, num palácio de mil portas, ele distingue o traçado dos pássaros no ar e o dos navios sobre as ondas. É de lá, do alto de seu trono de ouro em bases de bronze, que ele contempla e julga as ações dos homens. Ele é o mantenedor da ordem no Universo e na sociedade; pune o culpado e é misericordioso com quem se arrepende. É também para ele que se ergue o grito angustiado do remorso. Perante ele é que o pecador vem descarregar o peso de sua falta. Às vezes, a religião védica é ritualista, às vezes altamente especulativa. Com Varuna, ela desce às profundezas da consciência e realiza a noção da santidade".[2] Acrescentamos que ela se eleva à pura noção de um Deus único, que penetra e domina o grande Todo.

---

2. A. Barth. *Les réligions de L'Inde.*

No entanto, as imagens grandiosas que os hinos derramam em largas ondas, como generosos rios, nos oferecem apenas o invólucro dos Vedas. Com a noção de Agni, o fogo divino, tocamos o âmago da doutrina, seu fundo esotérico e transcendental. Com efeito, Agni é o agente cósmico, o princípio universal por excelência. "Ele não é somente o fogo terrestre do relâmpago e do Sol. Sua verdadeira pátria é o céu invisível, místico, morada da eterna luz e dos primeiros princípios de todas as coisas. Suas nascentes são infinitas, seja quando jorra da madeira onde dorme, como o embrião na matriz, seja quando, "Filho das Ondas", se arremessa, com o estrépito do trovão, das torrentes celestes, onde os Acvins (os cavaleiros celestes) engendraram-no com raias de ouro. Ele é *o primogênito dos deuses*, soberano tanto no céu como na Terra, e oficiou na morada de Vivasvat (o céu ou o Sol) muito antes de Matarisva (o relâmpago) tê-lo trazido aos mortais, e de Atarvã e os Angiras, antigos sacrificadores, terem-no instituído aqui embaixo como protetor, hóspede e amigo dos homens. Senhor e gerador do sacrifício, Agni tornou-se o portador de todas as especulações místicas cujo objeto é o sacrifício. *Ele engendra os deuses*, organiza o mundo, produz e conserva a vida universal; em uma palavra, *ele é potência cosmogônica.*

"Soma é o pingente de Agni. Na realidade é a beberagem de uma planta fermentada, vertida em libação aos deuses durante o sacrifício. Mas, como Agni, ele tem uma existência mística. Sua residência suprema é nas profundezas do terceiro céu, onde Surya, a filha do sol, filtrou-o; onde o encontrou Pushan, o deus nutridor. Foi de lá que o Falcão, um símbolo do relâmpago, ou o próprio Agni, raptaram-no do Arqueiro celeste, Gandarva, seu guardião, e trouxeram-no para os homens. Os deuses beberam-no e se tornaram imortais; os homens, por sua vez, também se tornarão imortais quando dele beberem na morada de Yama, mansão dos felizes. Enquanto esperam, ele lhes dá, aqui embaixo, o vigor e a plenitude dos dias; ele é a ambrosia e a água de juventude. Ele nutre, penetra nas plantas, vivifica o sêmen dos animais, inspira o poeta e confere elã à oração. *Alma do céu e da terra, de Indra e de Visnu, ele forma com Agni um par inseparável; o par que acendeu o sol e as estrelas*[3]."

A noção de Agni e de Soma contém os dois princípios essenciais do Universo, segundo a doutrina esotérica e toda a filosofia viva. Agni é o *Eterno-Masculino*, o Intelecto criador, o Espírito puro; Soma é o *Eterno-Feminino*, a Alma do mundo ou substância etérea, matriz de todos os mundos vi-

---

3. Barth. *Les réligions de l'Inde.*

síveis e invisíveis aos olhos da carne; enfim, é a Natureza ou a matéria sutil em suas infinitas transformações[4]. Ora, a união perfeita desses dois seres constitui o Ser supremo, a essência de Deus.

Dessas duas idéias capitais decorre uma terceira, não menos fecunda. Os Vedas fazem do *ato cosmogônico um sacrifício perpétuo*. Para produzir tudo o que existe, o Ser supremo imola a si mesmo, divide-se para sair de sua unidade. Esse sacrifício é, pois, considerado o ponto vital de todas as funções da natureza. Esta idéia, surpreendente ao primeiro contato, bastante profunda quando sobre ela se reflete, contém, em germe, toda a doutrina teosófica da evolução de Deus no mundo, a síntese esotérica do politeísmo e do monoteísmo. Ela conceberá a doutrina dionisíaca da queda e da redenção das almas, que se desenvolverá com Hermes e Orfeu. Daí surgirá a doutrina do Verbo divino proclamada por Krishna e concluída por Jesus Cristo.

O sacrifício do fogo, com suas cerimônias e suas orações, centro imutável do culto védico, torna-se, assim, a imagem desse grande ato cosmogônico. Os Vedas atribuem uma importância capital à oração, à fórmula de invocação que acompanha o sacrifício. Por isso fazem da oração uma deusa — Bramanaspati. A fé no poder evocador da palavra humana acompanhada do poderoso movimento da alma, ou de uma intensa projeção da vontade, é a fonte de todos os cultos, e a razão da doutrina egípcia e caldéia da magia. Para o padre védico e bramânico, os Asuras, senhores invisíveis, e os Pitris ou almas dos ancestrais, supostamente, sentam-se na relva durante o sacrifício, atraídos pelo fogo, pelos cânticos e a oração. A ciência relacionada a essa vertente do culto é a da hierarquia dos espíritos de todas as categorias.

Quanto à imortalidade da alma, os Vedas afirmam tão aberta quanto claramente possível: "A alma é uma parte imortal do homem. A ela, oh! Agni, é preciso aquecer com teus raios, inflamar com tuas chamas. Oh! Jatadevas, no corpo glorioso formado por ti, transporta-a para o mundo dos piedosos!" Os poetas védicos não somente revelam o destino da alma, como também se peocupam com sua origem: "De onde provêm as almas? É certo que elas vêm de lá até nós e para lá retornam, que vêm novamente e tornam a ir". Eis já, em duas palavras, a doutrina da reencarnação, que representará o papel mais importante no bramanismo e no budismo, entre os egípcios e os órficos, na filosofia de Pitágoras e de Platão, o mistério dos mistérios, o arcano dos arcanos.

Como, depois disto, deixar de reconhecer nos Vedas as grandes linhas de um sistema religioso orgânico, de uma concepção filosófica do Univer-

---

4. O que prova indubitavelmente que *Soma* representava o princípio feminino absoluto é que os brâmanes o identificaram mais tarde com a Lua. Ora, a Lua simboliza o princípio feminino em todas as religiões antigas, como o Sol simboliza o princípio masculino.

so? Não há neles somente a intuição profunda das verdades intelectuais anteriores e superiores à observação, há também mais unidade e largueza de visão na compreensão da natureza, na coordenação de seus fenômenos. Como um belo cristal de rocha, a consciência do poeta védico reflete o Sol da eterna verdade, e nesse prisma brilhante já se movimentam todos os raios da teosofia universal. Os princípios da doutrina permanente aí são até mais visíveis do que nos outros livros sagrados da Índia e nas outras religiões semíticas ou arianas, devido à singular franqueza dos poetas védicos e da transparência dessa religião primitiva, tão elevada e tão pura. Naquela época não existia distinção entre os mistérios e o culto popular. Todavia, lendo-se atentamente os Vedas percebe-se já, por trás do pai de família ou do poeta oficiante dos hinos, um outro personagem mais importante: o richi, o sábio, o iniciado, de quem aqueles receberam a verdade. Vê-se também que esta verdade se transmitiu por uma tradição ininterrupta, que remonta às origens da raça ariana.

Eis, pois, o povo ariano arrojado em sua carreira conquistadora e civilizadora, ao longo do Indo e do Ganges. Domina-a Deva Nahusha, o gênio invisível de Rama, a inteligência das coisas divinas. Circula em suas veias o fogo sagrado, Agni. Uma aurora rósea envolve essa idade de juventude, de força, de virilidade. A família foi constituída e a mulher passou a ser respeitada. Sacerdotisa do lar, às vezes ela compõe os hinos, e ela mesma os canta. "Que o marido desta mulher viva cem anos", diz um poeta. Ama-se a vida, mas também se acredita no seu Além. O rei mora em um castelo sobre a colina que domina a aldeia. Na guerra, montado em um carro brilhante, revestido de armas reluzentes, e coroado com uma tiara, ele resplandece como o deus Indra.

Mais tarde, quando os brâmanes tiverem estabelecido sua autoridade, irá se erguer, perto do esplêndido palácio do *Maharaja* ou do grande rei, o pagode de pedra. Daí sairão as artes, a poesia e o drama dos deuses, representado por gestos e cantado pelas dançarinas sagradas. Naquele tempo já existiam as castas, mas sem grande rigor e sem uma barreira absoluta. O guerreiro é sacerdote, o sacerdote é guerreiro, e muito freqüentemente servidor oficial do chefe ou do rei.

Eis, entretanto, um personagem de aspecto pobre mas de futuro rico. Cabelos e barba incultos, seminu, coberto de andrajos vermelhos. Esse *muni*, esse solitário, reside perto dos lagos sagrados, nas solidões selvagens, onde se entrega à meditação e à vida ascética. De tempos em tempos, ele vem admoestar o chefe ou o rei. Muitas vezes é repelido e desobedecido. Mas é respeitado e temido. Já exerce um poder tremendo.

Entre esse rei, em seu carro dourado, cercado de guerreiros, esse *muni* quase nu, que não tem outras armas além de seu pensamento, sua palavra e seu olhar, haverá uma luta. E o grande vencedor não será o rei; será o solitário, o mendigo descarnado, porque ele possui a erudição e a vontade.

A história dessa luta é a própria história do bramanismo, como será mais tarde a do budismo, e nela se resume quase toda a história da Índia.

LIVRO II

KRISHNA

A Índia e a iniciação brâmane

> *Aquele que cria incessantemente os mundos é tríplice. É Brama, o Pai; é Maya, a Mãe; é Visnu, o Filho. Essência, Substância e Vida. Cada um traz em si os dois outros e todos os três são um no Inefável.*
>
> Doctrine brahamanique. *UPANISHADS.*

> *Trazes em ti mesmo um amigo sublime que não conheces. Pois Deus reside no interior de todo homem, mas poucos sabem encontrá-lo. O homem que oferece seus desejos e suas obras, em sacrifício, ao Ser de onde procedem os princípios de todas as coisas e por quem o Universo foi formado, obtém a perfeição. Porque aquele que encontra em si mesmo sua felicidade e sua alegria, e também sua luz, é uno com Deus. Ora, sabe tu: a alma que encontrou Deus está livre do renascimento e da morte, da velhice e da dor, e bebe a água da imortalidade.*
>
> *BAGHAVADGITA.*

KRISHNA

A Índia e a Iniciação Brâmane

I

A ÍNDIA HERÓICA
OS FILHOS DO SOL E OS FILHOS DA LUA

Da conquista da Índia pelos árias surgiu uma das mais brilhantes civilizações de que se tem conhecimento sobre a Terra. O Ganges e seus afluentes viram nascer grandes impérios e imensas capitais, como Aiodiá, Hastinapura e Indrapecita. As narrativas épicas do *Mahabharata,* e as cosmogonias populares dos *Puranas* que contêm as mais velhas tradições históricas da Índia, falam com deslumbramento da opulência real, da grandeza heróica e do espírito cavalheiresco daquelas eras remotas. Nada mais altivo nem mais nobre do que um daqueles reis arianos da Índia, de pé em seu carro de guerra, comandando exércitos de elefantes, cavalos e soldados. Um sacerdote védico assim consagra seu rei diante da multidão: "Eu te trouxe para o meio de nós. Todo o povo te deseja. O céu é firme, a Terra é firme; essas montanhas são firmes; que o rei das famílias seja firme também!" Num código de leis posterior, o Manava-Dharma-Sastra, pode-se ler: "Os senhores do mundo que, desejosos de vencer, empregam todo seu vigor na batalha, sem jamais recuarem, sobem diretamente ao céu após a morte". De fato, eles se dizem descendentes dos deuses, consideram-se seus rivais, dispostos a se tornarem deuses também. A obediência filial, a coragem militar com um sentimento de generosa proteção para com todos, eis o ideal do homem. Quanto à mulher, humilde serva dos brâmanes, a epopéia hindu sempre nos mostra sob os traços de esposa fiel. Nem a Grécia, nem os povos do Norte imaginaram em seus poemas esposas tão delicadas, tão nobres, tão exaltadas quanto a apaixonada Sita ou a terna Damaianti.

O que a epopéia hindu não nos revela é o profundo mistério da mistura das raças e a lenta fermentação das idéias religiosas, que trouxeram profundas mudanças para a organização social da Índia védica. Os árias, conquistadores de raça pura, viam-se diante de raças muito misturadas e bastante inferiores, onde o tipo amarelo e vermelho se cruzavam sobre um fundo negro de múltiplas nuances. A civilização hindu assim nos aparece como uma formidável montanha, trazendo na base uma raça melanina, nos flancos, os sangue-mesclados, e no vértice, os puros arianos. A separação das castas, na época primitiva, não era muito rigorosa, e grandes misturas ocorreram entre esses povos. A pureza da raça conquistadora se alterou cada vez mais com o decorrer dos séculos. Mas, até hoje, nota-se a predominância do tipo ariano nas altas classes e do tipo melanino nas classes inferiores. Ora, da turva escória da sociedade hindu sempre se elevou, como os miasmas da jângal misturados ao odor das feras, um sopro ardente de paixões, uma mistura de langor e de ferocidade. O sangue negro, superabundante, deu ao hindu sua cor especial. Afinou e efeminou a raça. O prodígio foi que, apesar dessa mestiçagem, as idéias dominantes na raça branca conseguiram se manter no vértice dessa civilização, através de tantas revoluções.

Aí está, pois, bem definida, a base étnica da Índia: de um lado, o gênio da raça branca com seu sentido moral e suas sublimes aspirações metafísicas; de outro, o gênio da raça negra com suas energias passionais e sua força dissolvente. E como se traduz na antiga história religiosa da Índia essa duplicidade espiritual? As mais antigas tradições falam de uma dinastia solar e outra lunar. Os reis da dinastia solar pretendiam descender do Sol; os outros se diziam filhos da Lua. Mas esta linguagem simbólica encobria duas concepções religiosas opostas, e significava que as duas categorias de soberanos se ligavam a dois cultos diferentes. O culto solar emprestava ao Deus do Universo o sexo masculino. E em torno dele se agrupava tudo o que havia de mais puro na tradição védica: a ciência do fogo sagrado e da oração, a noção esotérica do Deus supremo, o respeito à mulher, o culto dos antepassados, a realeza eletiva e patriarcal. O culto lunar atribuía à divindade o sexo feminino, sob cujo signo as religiões do ciclo ariano sempre adoraram a natureza, uma natureza cega, inconsciente, em suas manifestações violentas e terríveis. Esse culto tendia para a idolatria e a magia negra, favorecia a poligamia e a tirania apoiadas nas paixões populares. A luta entre os filhos do Sol e os filhos da Lua, entre os Pandavas e os Curavas, forma o tema da grande epopéia hindu, o *Mahabharata,* uma espécie de compêndio em perspectiva da história da Índia ariana, antes da constituição definitiva do bramanismo. Nessa luta abundam os combates encarniçados, as aventuras estranhas e intermináveis. No meio da gigantesca epopéia, os Curavas, reis lunares, saem vencedores. Os Pandavas, os nobres filhos do Sol, guardiães dos ritos puros, são destronados e banidos. Exilados, ocultam-se nas florestas, refugiam-se entre os anacoretas, vestidos de casca de árvore e sustentando bastões de eremita.

Triunfarão os baixos instintos? As potências das trevas, representadas na epopéia hindu pelos *Rakchasas* negros, vencerão os Devas luminosos? A tirania esmagará a elite sob seu carro de guerra ou o ciclone das más paixões destruirá o altar védico, extinguindo o fogo sagrado dos antepassados? Não, pois a Índia estava apenas no início de sua evolução religiosa. Ela iria desenvolver seu gênio metafísico e organizador na instituição do bramanismo. Os sacerdotes que serviam os reis e os chefes sob o nome de *pirohitas* (encarregados do sacrifício do fogo) já se haviam tornado seus conselheiros e ministros. Possuíam grandes riquezas e uma considerável influência. Mas não teriam podido dar à sua casta a autoridade suprema, a posição inatacável acima do próprio poder real, sem o apoio de outra classe de homens que personificava o espírito da Índia, no que ele tem de mais original e mais profundo. Trata-se dos anacoretas.

Desde tempos imemoriais, esses ascetas habitavam eremitérios no fundo das florestas, à margem dos rios ou em montanhas, perto dos lagos sagrados. Eram vistos sozinhos ou reunidos em confrarias, mas sempre unidos pelo mesmo espírito e reconhecidos como os reis espirituais, os verdadeiros senhores da Índia. Herdeiros dos antigos sábios, dos richis, somente eles possuíam a interpretação secreta dos Vedas. Neles vivia o gênio do ascetismo, da ciência oculta, dos poderes transcendentais. Para atingir esta ciência e este poder, eles enfrentam tudo, a fome, o frio, o sol ardente e o horror da jângal. Indefesos em suas cabanas de madeira, vivem de oração e de meditação. Chamam ou afugentam as serpentes, amansam os leões e os tigres com a voz ou com o olhar. Feliz de quem obtiver sua bênção, pois terá os Devas como amigos! Infeliz daquele que os maltrata ou os mata, pois, dizem os poetas, sua maldição persegue o culpado até a terceira encarnação. Os reis tremem diante de suas ameaças e, coisa curiosa, esses ascetas amedrontam até os próprios deuses. No *Ramaiana*, Viçvamitra, um rei que se fez asceta, adquire tal poder por sua austeridade e suas meditações que os deuses tremem ante sua existência. Então, Indra lhe envia a mais encantadora das Apsaras, que vem banhar-se no lago, diante da cabana do santo. O anacoreta é seduzido pela ninfa celeste, e dessa união nasce um herói. Assim, por alguns milênios, está garantida a existência do Universo. Sob tais exageros poéticos, adivinha-se o poder real e superior dos anacoretas da raça branca, os quais, com um profundo vaticínio e uma vontade intensa, do fundo de suas florestas governam a alma tempestuosa da Índia.

E do seio da confraria desses anacoretas é que sairia a revolução sacerdotal que fez da Índia a mais formidável das teocracias. A vitória do poder espiritual sobre o poder temporal, do anacoreta sobre o rei, que deu origem ao poder do bramanismo, foi obra de um reformador de primeira ordem. Reconciliando os dois gênios em luta, o da raça branca e o da raça negra, os cultos solares e os lunares, esse homem divino foi o verdadeiro criador da religião nacional da Índia. Além disso, através de sua doutrina, esse poderoso espírito lançou no mundo uma idéia nova, de imenso alcance: a do verbo divino ou da divindade encarnada ou manifestada no homem. Esse primeiro messias, o filho mais velho de Deus, foi Krishna.

Sua lenda é sumamente importante, pois resume e dramatiza toda a doutrina brâmane. Só que ela permanece como que dispersa e flutuante na tradição, pela simples razão de que falta força plástica ao gênio hindu. A narrativa confusa e mítica do *Visnu-Purana* encerra, porém, dados históricos sobre Krishna, com características individuais e engenhosas. Por outro lado, o *Bhagavadgita*, o maravilhoso episódio inserido no grande poema *Mahabharata,* que os brâmanes consideram um de seus livros mais sagrados, contém em toda a sua pureza a doutrina que lhe é atribuída.

Foi lendo esses dois livros que a figura do grande iniciador religioso da Índia me apareceu com toda a persuasão dos seres vivos. Narrarei, pois, a história de Krishna, inspirando-me nessas fontes, uma das quais representa a tradição popular e a outra, a tradição dos iniciados.

II

O REI DE MADURA

Nos primórdios da era do Cali-Iuga, por volta do ano 3.000 antes de nossa era (segundo a cronologia dos brâmanes), a sede do ouro e do poder invadiu o mundo. Durante vários séculos, dizem os antigos sábios, Agni, o fogo celeste que forma o corpo glorioso dos Devas e purifica a alma dos homens, havia espalhado sobre a Terra seus eflúvios etéreos. Porém, o sopro ardente de Cali, a deusa do Desejo e da Morte, que evola dos abismos da Terra como um hálito abrasador, insuflava, então, todos os corações. A justiça havia reinado com os nobres filhos de Pandu, os reis solares que obedecem à voz dos sábios. Vencedores, eles perdoavam aos vencidos e os tratavam como iguais. Mas desde que os filhos do Sol foram exterminados ou banidos de seus tronos e que seus raros descendentes se escondiam entre os anacoretas, a injustiça, a ambição e o ódio passaram a predominar. Volúveis e falsos como o astro noturno, que assumiram como símbolo, os reis lunares guerreavam-se sem piedade. Um deles, entretanto, conseguira dominar todos os outros, por meio do terror de estranhos feitiços.

No norte da Índia, às margens de um grande rio, resplandecia uma cidade poderosa. Possuía ela doze pagodes, dez palácios, cem portas flanqueadas de torres. Estandartes multicores tremulavam sobre os altos muros, como serpentes aladas. Era a altiva Madura, invencível como a fortaleza de Indra. Lá reinava Cansa, de coração tortuoso e alma insaciável. Ele só admitia escravos ao seu redor, e só acreditava possuir o que ele próprio houvesse derrubado. E o que já possuía não lhe parecia nada diante do que restava para conquistar. Todos os reis que reconheciam os cultos lunares lhe prestavam homenagem. Mas Cansa sonhava em submeter toda a Índia, de Lanca até o Himavat. Para realizar seus desígnios, ele se aliou a Calaieni, senhor dos montes Víndia, o poderoso rei dos Iavanas, os homens de face amarela. Sectário da deusa Cali, Calaieni se dedicara às artes tenebrosas da magia negra. Chamavam-no de amigo dos Rakchasas, os demônios notívagos, e rei das serpentes, porque delas se servia para aterrorizar o povo e seus inimigos. No fundo de uma floresta espessa ficava o templo da deusa Cali, escavado numa montanha; imensa caverna negra, cuja profundidade se ignorava e cuja entrada era guardada por estátuas colossais com cabeças de animais, talhadas na rocha. Para lá se dirigiam aqueles que desejavam render homenagem a Calaieni, para dele obter algum poder secreto. Ele aparecia à entrada do templo, em meio a uma multidão de serpentes monstruosas que se enrodilhavam em seu corpo e que se erguiam ao comando de seu cetro. Forçava seus tributários a se prostrarem diante dos animais, cujas cabeças emaranhadas pendiam da sua. Ao mesmo tempo, murmurava uma fórmula misteriosa. Aqueles que cumprissem esse rito e adorassem as serpentes obtinham, segundo diziam, imensos favores e tudo o que eles desejassem. Mas caíam irrevogavelmente sob o poder de Calaieni. Perto ou longe, seriam seus escravos. Acreditavam que se tentassem desobedecê-lo ou escapar ao seu domínio, veriam erguer-se diante de si o terrível mago cercado de seus répteis, cujas cabeças sibilantes os envolveriam, paralisando-os com seus olhos fascinadores. Cansa pediu a Calieni uma aliança. O rei dos Iavanas prometeu-lhe o império da Terra, sob a condição de que desposasse sua filha.

Arrogante como um antílope e flexível como uma serpente era a filha do rei mago, a bela Nisumba, de pingentes de ouro e seios de ébano. Sua face se assemelhava a uma nuvem sombria matizada de reflexos azulados da lua; os olhos, a dois relâmpagos; e a boca ávida, à polpa de uma fruta vermelha com sementes brancas. Dir-se-ia que ela era a própria Cali, a deusa do Desejo. Logo ela reinou como senhora no coração de Cansa e, insuflando todas as suas paixões, fez crescer nele um ardente braseiro. Cansa tinha um palácio cheio de mulheres de todas as cores, mas só ouvia a Nisumba.

— Que eu tenha de ti um filho, disse-lhe ele, e o farei meu herdeiro. Serei então o senhor da Terra e não temerei mais ninguém.

No entanto, Nisumba não concebia, e seu coração se irritava. Invejava as outras mulheres de Cansa, cujos amores haviam sido fecundados. Ela induzia o pai a multiplicar os sacrifícios a Cali, mas seu seio continuava estéril como a areia de um solo tórrido. Então, o rei de Madura ordenou que, diante de toda a cidade, se realizasse o grande sacrifício do fogo e que se invocassem todos os Devas. As mulheres de Cansa e toda a população compareceram em grande pompa. Prosternados diante do fogo, os sacerdotes, com seus cânticos, invocavam o grande Varuna, Indra, os Asvins e os Marutes.

A rainha Nisumba se aproximou e lançou no fogo um punhado de perfumes, num gesto de desafio, pronunciando uma fórmula mágica numa língua desconhecida. A fumaça se condensou, as chamas rodopiaram, e os sacerdotes, espantados, exclamaram:

— Oh! rainha, não foram os Devas, mas os Rakchasas que passaram sobre o fogo. Teu seio permanecerá estéril.

Cansa se aproximou do fogo por sua vez e perguntou ao sacerdote:

— Então dize-me de qual das minhas mulheres nascerá o senhor do mundo?

Neste momento, Devac, a irmã do rei, acercou-se do fogo. Era uma virgem de coração simples e puro que passara a infância a fiar e a tecer, e que vivia como em um sonho. Seu corpo estava na terra, mas sua alma parecia sempre no céu. Devac ajoelhou-se humildemente, implorando aos Devas que concedessem um filho ao seu irmão e à bela Nisumba. O sacerdote olhou, alternadamente, o fogo e a virgem. De repente, exclamou cheio de espanto:

— Oh! rei de Madura, nenhum de teus filhos será o senhor do mundo! Ele nascerá do seio da tua irmã que aqui está.

Foi grande a consternação de Cansa e a cólera de Nisumba ao ouvirem estas palavras. Quando a rainha ficou a sós com o rei, disse-lhe:

— Devac deve morrer incontinenti.

— Como poderei, respondeu Cansa, matar minha irmã? Se os Devas a protegem, sua vingança recairá sobre mim.

— Então, declarou Nisumba, cheia de furor, que ela reine em meu lugar e que tua irmã ponha no mundo aquele que te fará perecer vergonhosamente. Eu, porém, não quero mais reinar ao lado de um covarde que tem medo dos Devas. Volto para a casa de meu pai, Calaieni.

Os olhos de Nisumba lançaram chispas, os pingentes se agitavam sobre seu colo negro e reluzente. Ela rolou por terra e seu belo corpo se retorcia como uma serpente enfurecida. Cansa, ameaçado de perdê-la e tomado de uma terrível volúpia, teve medo e, corroído por um novo desejo, declarou:

— Pois bem! Devac morrerá! Mas não me deixes!

Um clarão de triunfo brilhou nos olhos de Nisumba, uma onda de sangue ruborizou sua face negra. Depois, roçando-o com seus seios de ébano, de onde exalavam perfumes capitosos, e tocando-os com os lábios ardentes, murmurou em voz baixa:

— Nós ofereceremos um sacrifício a Cali, a deusa do Desejo e da Morte, e ela nos dará um filho que será o senhor do mundo!

Todavia, naquela mesma noite, o Pirohita, chefe do sacrifício, viu em sonho o rei Cansa tirando a espada contra sua irmã. Dirigiu-se logo para os aposentos da virgem Devac, anunciou-lhe que um perigo de morte a ameaçava e ordenou-lhe que, sem demora, se refugiasse entre os anacoretas. Devac, instruída pelo sacerdote do fogo, disfarçou-se em penitente e saiu do palácio de Cansa, deixando a cidade de Madura sem que ninguém percebesse. Pela manhã, bem cedo, os soldados a procuraram para matá-la, mas encontraram o quarto vazio. O rei interrogou os guardas da cidade, obtendo a resposta de que as portas permaneceram fechadas durante toda a noite. Entretanto, disseram eles que, enquanto dormiam, tinham visto os muros sombrios da fortaleza se partirem sob um raio de luz e uma mulher sair da cidade, seguindo-o.

Cansa compreendeu que um poder invencível protegia Devac. Desde então o pavor penetrou em sua alma e ele passou a odiar mortalmente a irmã.

III

A VIRGEM DEVAC

Quando Devac, envolta numa vestimenta de casca de árvore que escondia sua beleza, penetrou nas vastas solidões dos bosques gigantes, ela cambaleava, exaurida pela fome e pela fadiga. Mas assim que se protegeu nas sombras das árvores frondosas, comeu de seus frutos e respirou a frescura de uma fonte de água, se reanimou como uma flor que apenas estivesse esmorecida. Ela logo penetrou sob abóbadas enormes, formadas por troncos maciços, cujos galhos se replantavam mais adiante no solo, multiplicando ao infinito suas arcadas. Durante longo tempo ela caminhou ao abrigo do sol, como se estivesse num pagode sombrio e sem saída. O zumbido das abelhas, o grito dos pavões amorosos, o canto dos coquilas e de mil pássaros a impeliam sempre mais adiante. E sempre mais imensas se tornavam as árvores, a floresta sempre mais profunda e mais emaranhada. Troncos se comprimiam atrás de troncos, folhagens se curvavam sobre folhagens em cúpulas ou pilares grandiosos. Ora Devac deslizava em corredores de vegetação onde o sol lançava avalanches de luz e onde jaziam os troncos derrubados pela tempestade, ora se detinha sob caramanchões formados por mangueiras e assocás, de onde pendiam guirlandas de plantas trepadeiras e chuvas de flores. Gamos e panteras saltavam nas forragens; às vezes, também, os búfalos faziam os ramos estalarem, ou então bandos de macacos pulavam nas folhagens aos gritos. Devac caminhou assim todo o dia. Ao cair da tarde, além de um bosque de bambus, ela percebeu a cabeça imóvel de um elefante. Ele olhou a virgem com um ar inteligente e protetor, e ergueu a trompa como que para saudá-la. Então, a floresta iluminou-se, e Devac viu uma paisagem que transmitia uma paz profunda, um encanto celeste e paradisíaco.

Diante dela se estendia um lago semeado de lótus e de ninfáceas azuis: sua superfície azulada se abria na grande floresta frondosa como se fosse um outro céu. Castas cegonhas sonhavam imóveis às suas margens, e duas gazelas bebiam em suas ondas. Na outra extremidade, o eremitério dos anacoretas sorria, ao abrigo das palmeiras. Uma luz rósea e tranqüila banhava o lago, os bosques e a morada dos santos richis. No horizonte, o cume branco do monte Meru dominava o oceano das florestas. O murmúrio de um rio invisível animava as plantas, e o troar de uma catarata longínqua vagueava na brisa como uma carícia ou uma melodia.

À margem do lago, Devac viu uma barca. Junto dela, de pé, um homem de idade madura, um anacoreta, parecia esperar. Silenciosamente, ele fez sinal à virgem para entrar e tomou os remos. Enquanto o bote avançava roçando as ninfáceas, Devac vê um cisne fêmea nadando. Num vôo ousado, um cisne macho corta os ares e se põe a descrever grandes círculos ao redor da fêmea; depois desce sobre a água, junto da companheira, tremulando sua plumagem de neve. Diante desta cena, Devac estremeceu profundamente sem saber por quê. Mas a barca logo tocou a margem oposta e a virgem de olhos de lótus se viu diante do rei dos anacoretas: Vasichita.

Sentado numa pele de gazela e vestido em uma pele de antílope negro, ele tinha um ar venerável, como se fosse um deus e não um homem. Desde os sessenta anos só se alimentava de frutos silvestres. Sua cabeleira e sua barba eram brancas como os cumes do Himavat, sua pele transparente, seu olhar voltado para o interior, pela meditação. Ao ver Devac, ele se levantou e a saudou com estas palavras: "Devac, irmã do ilustre Cansa, sejas bem-vinda entre nós. Guiada por Mahadeva, o senhor supremo, deixaste o mundo das misérias pelo mundo das delícias. Aqui estás, junto dos santos richis, senhores de seus sentidos, felizes com seu destino e desejosos de trilhar o caminho do céu. Há muito tempo nós te esperávamos, como a noite espera a aurora. Como somos os olhos dos Devas fixados sobre o mundo, vivemos no mais recôndito das florestas. Os homens não nos vêem, mas nós os vemos e acompanhamos suas ações. A idade sombria do desejo, do sangue e do crime causou estragos na terra. Então, nós te elegemos para a obra de libertação, e foram os Devas quem te escolheram por nós. Pois é no seio de uma mulher que o raio do esplendor divino deverá receber a forma humana".

Naquela hora, os richis sempre saíam do eremitério para a oração da tarde. E nesse dia o velho Vasichita lhes ordenou que se inclinassem até o chão diante de Devac. Enquanto eles se curvavam, Vasichita falou: "Esta será a mãe de todos nós. Pois dela nascerá o espírito que deve nos regenerar". Depois, voltando-se para ela: "Vai, minha filha, os richis te conduzirão ao próximo lago, em cujas margens moram as irmãs penitentes. Entre elas viverás e os mistérios se cumprirão".

Devac passou a viver no eremitério cercado de plantas trepadeiras, entre mulheres piedosas que alimentavam gazelas domesticadas, dedicando-se às abluções e orações. Devac tomava parte em seus sacrifícios e uma mulher mais velha lhe transmitia instruções secretas. As penitentes haviam recebido ordem de vesti-la como uma rainha, com tecidos delicados e perfumados, e de deixá-la vagar sozinha em plena floresta. E a floresta, cheia de perfumes, de vozes e de mistérios, atraía a jovem. Às vezes ela encontrava cortejos de velhos anacoretas que voltavam do rio. Ao vê-la, eles se ajoelhavam e depois retomavam seu caminho. Um dia, perto de uma fonte coberta de lótus róseos, ela reparou em um jovem anacoreta mergulhado na oração. À sua aproximação, ele se levantou, lançou-lhe um olhar triste e profundo e se afastou em silêncio. Desde então, as figuras graves dos velhos, a imagem dos dois cisnes no lago e o olhar do jovem anacoreta apareciam freqüentemente à virgem em seus sonhos. Junto da fonte havia uma árvore de idade imemorial, com amplos galhos, chamada "a árvore da vida" pelos santos richis, a cuja sombra Devac se comprazia em sentar. Muitas vezes ali adormecia, tendo visões estranhas. Vozes cantavam por trás das folhagens: "Glória a ti, Devac! Ele virá coroado de luz, o puro fluido emanado da grande alma, e as estrelas empalidecerão diante de seu esplendor! Ele virá, e a vida desafiará a morte, e ele rejuvenescerá o sangue de todos os seres! — Ele virá mais doce que o mel e a ambrosia, mais puro que o cordeiro sem mácula e os lábios de uma virgem! E todos os corações serão arrebatados de amor! — Glória, glória, glória a ti, Devac!"[1] Seriam os anacoretas? Seriam os Devas cantando assim? Às vezes ela tinha a impressão de que uma influência distante ou uma presença misteriosa, como se fora uma mão invisível estendida sobre ela, forçava-a a dormir. Caía então num sono profundo, suave, inexplicável, do qual despertava confusa e perturbada. Virava-se procurando alguém por perto, mas não via ninguém. De vez em quando acontecia de encontrar rosas semeadas sobre seu leito de folhas ou uma coroa de lótus entre as mãos.

Certo dia, Devac mergulhou num êxtase mais profundo, e ouviu uma música celestial, como se fosse uma infinidade de harpas acompanhando vozes divinas. De repente, o céu se abriu em abismos de luz. Milhares de seres resplandecentes a olhavam e, ao clarão de um raio fulgurante, o sol dos sóis, Mahadeva, apareceu-lhe sob forma humana. Então, tendo sido envolta em sombra pelo Espírito dos mundos, ela perdeu a consciência e, num esquecimento do mundo, numa felicidade sem limites, ela concebeu a criança divina[2].

---

1. Atharva-Véda.
2. É indispensável uma observação sobre o sentido simbólico da lenda e sobre a real origem daqueles que, na história, foram chamados *filhos de Deus*.

Depois que sete luas descreveram seus círculos mágicos em torno da floresta sagrada, o chefe dos anacoretas mandou chamar Devac, dizendo-lhe:
— "A vontade dos Devas se cumpriu. Concebeste na pureza do coração e no amor divino. Nós te saudamos, virgem e mãe! Nascerá de ti um filho que será o salvador do mundo. Mas teu irmão Cansa te procura para te matar com o tenro fruto que trazes no ventre. É necessário escapar-lhe. Nossos irmãos guiar-te-ão até os pastores que moram ao pé do Monte Meru, sob cedros perfumados, no ar puro do Himavat. Lá darás à luz teu filho divino e o chamarás Krishna, o sagrado. Mas ele deve ignorar sua própria origem e a tua: nada lhe revelarás, jamais. Agora, vai sem temor, pois nós velaremos por ti".

E Devac se dirigiu para junto dos pastores do monte Meru.

Segundo a doutrina secreta da Índia, que foi também a dos iniciados do Egito e da Grécia, a alma humana é filha do céu, visto que, antes de nascer na terra, ela já teve uma série de existências corporais e espirituais. O pai e a mãe geram apenas o corpo da criança. A alma vem do além. Esta lei universal se impõe a todos. Nem os maiores profetas, mesmo aqueles pelos quais o Verbo divino falou, poderiam dela escapar. E, com efeito, no momento em que se admite a preexistência da alma, torna-se secundária a questão de saber-se quem foi o pai. O que importa é acreditar que o profeta vem de um mundo divino. E isto, os verdadeiros filhos de Deus o provam por sua vida e sua morte. Entretanto, os iniciados antigos achavam que não deviam revelar estas coisas ao povo. Alguns daqueles que apareceram no mundo como emissários divinos foram filhos de iniciados, e suas mães freqüentavam os templos, a fim de conceber os eleitos.

IV

A JUVENTUDE DE KRISHNA

Ao pé do monte Meru se estendia um fresco vale coberto de pastagens e dominado por imensas florestas de cedro, onde sopravam os ventos puros do Himavat. Naquele distante vale habitava uma tribo de pastores, sobre a qual reinava o patriarca Nanda, amigo dos anacoretas. Foi ali que Devac encontrou refúgio contra as perseguições do tirano de Madura; e foi ali, na morada de Nanda, que pôs no mundo seu filho Krishna. Excetuando Nanda, ninguém sabia quem era a estrangeira e nem a origem de seu filho. As mulheres da região diziam simplesmente: "É um filho dos Gandarvas.[1] Os músicos de Indra devem ter presidido aos amores desta mulher, que se assemelha a uma ninfa celeste, a uma Apsara".

O prodigioso filho da mulher desconhecida cresceu entre rebanhos e pastores, sob a vigilância da mãe. Os pastores chamaram-no "o Radiante", porque somente sua presença, seu sorriso e seus olhos profundos tinham o dom de espalhar alegria. Animais, crianças, mulheres, homens, todo o mundo o amava, e ele parecia amar a todo o mundo, sorrindo para a mãe, brincando com as ovelhas e as crianças de sua idade, ou conversando com os

---

1. Gênios que, em toda a poesia hindu, são tidos como executores dos casamentos de amor.

velhos. O menino Krishna era destemido, cheio de audácia e de ações surpreendentes. Algumas vezes encontravam-no nos bosques, deitado na relva, abraçando pequenas panteras e mantendo-lhes a boca aberta sem que elas ousassem mordê-lo. Ele vivia também momentos súbitos de imobilidade, de profundos espantos e estranhas tristezas. Então se mantinha isolado, sério, absorto, com o olhar vago como se nada visse. Mas, acima de todas as coisas e de todos os seres, Krishna adorava sua jovem mãe, tão bela, tão radiosa, que lhe falava do céu dos Devas, de combates heróicos e das maravilhas que aprendera com os anacoretas. E os pastores que conduziam seus rebanhos sob os cedros do monte Meru diziam: "Quem será esta mãe e este filho? Ainda que vestida como nossas mulheres, ela parece uma rainha. O filho, maravilhoso, é educado com os nossos, e, entretanto, não se assemelha a eles. Será um gênio? Será um deus? Seja ele quem for, só nos trará felicidade".

Quando Krishna completou quinze anos, Devac foi chamada pelo chefe dos anacoretas. Um dia, ela desapareceu sem dizer adeus ao filho. Krishna, não a vendo, procurou o patriarca Nanda, perguntando-lhe:

— Onde está minha mãe?

Nanda respondeu, abaixando a cabeça:

— Meu filho, não me interrogues. Tua mãe partiu para uma longa viagem. Voltou para a região de onde veio, e não sei quando voltará.

Krishna nada respondeu, mas caiu num devaneio tão profundo que todas as crianças se afastavam dele, dominadas por um temor supersticioso. Krishna abandonou os companheiros, as brincadeiras e, perdido em seus pensamentos, foi sozinho para o monte Meru. Vagou assim por várias semanas. Certa manhã, subiu em um pico arborizado, cuja vista se estendia por toda a cadeia do Himavat. De repente, à luz matinal, percebeu junto de si um ancião com roupa branca de anacoreta, de pé sob os cedros gigantes. Parecia um velho de cem anos. Sua barba branca como neve e sua fronte calva fulguravam de majestade. O menino cheio de vida e o centenário olharam-se por longo tempo. Os olhos do velho pousavam com complacência sobre Krishna, que, de tão maravilhado ao vê-lo, ficou mudo de admiração. Embora o visse pela primeira vez, parecia conhecê-lo.

— Quem procuras? perguntou enfim o velho.
— Minha mãe.
— Ela não está mais aqui.
— Onde poderei encontrá-la?
— Junto d'Aquele que não muda jamais.
— E como irei encontrá-lo?
— Procura.
— E tu, tornarei a ver-te?
— Sim. Quando a filha da Serpente impelir o filho do Touro ao crime, tu me verás de novo em uma aurora purpúrea. Então, degolarás o Touro e esmagarás a cabeça da Serpente. Filho de Maadeva, fica sabendo que tu e eu formamos um só com Ele! Procura-O! Procura, procura sempre!

Então o velho estendeu as mãos abençoando-o. Depois voltou-se e caminhou sob os altos cedros na direção do Himavat. Repentinamente pareceu a Krishna que aquela forma majestosa se tornava transparente e depois, tremulando, desapareceu sob o brilho das ramagens pontiagudas, numa vibração luminosa[2].

Quando Krishna desceu do monte Meru parecia transformado. Uma nova energia irradiava de todo o seu ser. Reuniu os companheiros e lhes disse: "Vamos lutar contra os touros e as serpentes; vamos defender os bons e abater os maus!" Com o arco nas mãos e espada na cinta, Krishna e seus companheiros, os filhos dos pastores transformados em guerreiros, puseram-se a percorrer as florestas lutando contra as feras. No fundo dos bosques, ouviam-se uivos de hienas, de chacais e de tigres e os gritos de triunfo dos jovens diante dos animais abatidos. Krishna matou e subjugou leões; lutou contra reis e libertou tribos oprimidas. A tristeza, porém, permanecia no fundo do seu coração, onde existia somente um desejo profundo, misterioso e inconfessado: reencontrar sua mãe e rever o estranho, aquele sublime ancião. Recordava-se das palavras dele e dizia consigo: "Não me prometeu ele que eu o tornaria a ver, quando esmagasse a cabeça da serpente? Não me disse ele que eu reencontraria minha mãe junto d'Aquele que não muda jamais?" No entanto, ele já tinha cumprido o seu destino de lutar, vencer e matar, e não tinha ainda revisto nem o velho sublime nem sua radiosa mãe.

Um dia, ouviu falar de Calaieni, o rei das serpentes, e foi, então, pedir para lutar com a mais terrível delas, em presença do feiticeiro negro. Diziam que esse animal, adestrado por Calaieni, já havia devorado centenas de homens e que seu olhar enregelava de pavor os mais corajosos. Ao chamado de Calaieni, Krishna viu sair do fundo do tenebroso templo de Cali um longo réptil de um azul esverdeado. A serpente lentamente ergueu o corpanzil, intumesceu sua crista vermelha e seus olhos penetrantes se iluminaram na monstruosa cabeça coberta de escamas reluzentes.

Calaieni disse:

— Esta serpente sabe muitas coisas. É um demônio poderoso. Mas só as revelará àquele que a matar, e ela mata aqueles que sucumbem. Ela te viu, olha-te e estás sob o seu domínio. Não te resta senão adorá-la ou perecer em uma luta insensata.

A estas palavras, Krishna se indignou pois sentia que seu coração era como a ponta do raio. Fixando o olhar na serpente, ele se atirou sobre ela, apertando-lhe o pescoço. Homem e serpente rolaram pelos degraus

---

2. É uma crença corrente na Índia, que os grandes ascetas podem se manifestar à distância sob uma aparência visível, enquanto seu corpo continua submerso num sono cataléptico.

do templo. Mas, antes que o réptil conseguisse enlaçá-lo com seus anéis, Krishna decepou-lhe a cabeça com sua espada, e livrando-se do corpo que se torcia ainda, o jovem vencedor ergueu a cabeça da serpente com a mão esquerda, triunfalmente. Entretanto, a cabeça ainda vivia e, olhando sempre para Krishna, lhe disse:

— Por que me mataste, filho de Maadeva? Acreditas encontrar a verdade matando os vivos? Insensato, somente a encontrarás quanto tu próprio agonizares. A morte está na vida e a vida está na morte. Teme a filha da serpente e o sangue derramado. Toma cuidado! Toma cuidado! — assim falando, a serpente morreu.

Krishna deixou cair a cabeça que segurava e foi-se embora, cheio de horror. Calaieni então declarou:

— Nada posso contra este homem; somente Cali poderá dominá-lo com seu encanto.

Após um mês de abluções e orações às margens do Ganges, e depois de ser purificado na luz do sol e no pensamento de Maadeva, Krishna voltou à sua terra natal, para junto dos pastores do monte Meru.

Sobre os bosques de cedro, a lua de outono exibia seu globo resplandecente, e o ar da noite se embalsamava com o perfume dos lírios selvagens, em torno dos quais, ao longo do dia, sussurram as abelhas. Sentado à sombra de um grande cedro, na orla de uma clareira, Krishna, cansado dos inúteis combates terrenos, sonhava com combates celestes e com o infinito do céu. Quanto mais pensava em sua radiante mãe e no sublime ancião, mais suas façanhas infantis lhe pareciam desprezíveis e mais as coisas do céu se tornavam vivas para ele. Um encanto consolador, uma divina nostalgia o inundava totalmente. Então, um hino de reconhecimento a Maadeva brotou-lhe no coração e extravasou por seus lábios numa melodia suave e divina.

Atraídas por esse canto maravilhoso, as Gopis, filhas e mulheres dos pastores, saíram de sua morada. As primeiras, tendo percebido os velhos da família em seu caminho, voltaram logo para casa, procurando dar a impressão de que estavam colhendo flores. Algumas continuaram adiante, chamando: Krishna! Krishna! Depois fugiram envergonhadas. Animando-se pouco a pouco, as mulheres cercaram Krishna em grupos, como gazelas tímidas e curiosas, encantadas por suas melodias. Mas ele, perdido no sonho com os deuses, não as via. Cada vez mais excitadas com aqueles cânticos, as Gopis começaram a se impacientar por não serem notadas. Nichidali, filha de Nanda, estava desfalecida, de olhos cerrados, numa espécie de êxtase. No entanto, Sarasvati, sua irmã, mais ousada, deslizou para junto do filho de Devac e bem próximo, com uma voz acariciante, disse:

— Krishna, não vês que te escutamos e não podemos mais dormir em nossas casas? Adorável herói, tuas melodias nos encantaram! E eis-nos aqui presas à tua voz, não podemos mais passar sem ti!

— Oh! Continua cantando — disse outra jovem —; ensina-nos a modular nossa voz!

— Ensina-nos a dançar —. pede outra mulher.

E Krishna, despertando de seu sonho, olhou com benevolência para as Gopis. Dirigiu-lhes palavras doces e, tomando-lhes a mão, fê-las sentarem na relva, à sombra dos grandes cedros, sob o luar fulgurante. Contou-lhes, então, o que tinha visto em si mesmo: a história dos deuses e dos heróis, as guerras de Indra, e as proezas do divino Rama. Mulheres e moças ouviam encantadas as narrativas que se prolongaram até a aurora. Quando a aurora rosada subia por trás do monte Meru e os coquilas começavam a gorjear sob os cedros, as mulheres e as filhas dos gopas voltaram furtivamente para suas moradas. Mas, nos outros dias seguintes, assim que a lua mágica mostrava sua face, elas voltavam cada vez mais ávidas.

Krishna, vendo que elas se exaltavam com suas narrativas, ensinou-lhes a cantar com suas próprias vozes e a representar com seus próprios gestos as ações sublimes dos heróis e dos deuses. Para algumas deu vinas de cordas frementes como almas, para outras, címbalos sonoros como corações de guerreiros, ou tambores que imitam o trovão. E, escolhendo as mais belas, animava-as com seus pensamentos. Desta maneira, com os braços estendidos, andando e se movendo como em um sonho divino, as bailarinas sagradas representavam a majestade de Varuna, a cólera de Indra matando o dragão ou o desespero de Maia repudiada. E, então, os combates e a glória eterna dos deuses que Krishna contemplara em si mesmo reviviam naquelas mulheres felizes e transfiguradas.

Certa manhã, as Gopis se dispersaram. Ao longe perdiam-se os timbres de seus variados instrumentos, de seus cantos e risos. Krishna, tendo ficado só sob o grande cedro, chamou para junto de si as duas filhas de Nanda: Sarasvati e Nichidali. Sentaram-se elas a seu lado. Sarasvati, enlaçando o pescoço de Krishna e fazendo ressoar seus braceletes, disse-lhe:

— Ensinando-nos os cantos e as danças sagradas, fizeste de nós as mais felizes das mulheres. Mas seremos as mais infelizes de todas quando nos deixares. O que será de nós quando não mais te virmos? Oh! Krishna! Casa conosco! Minha irmã e eu seremos tuas esposas fiéis e nossos olhos não sentirão a dor de te perder.

Enquanto Sarasvati assim falava, Nichidali cerrou as pálpebras como se caísse em êxtase.

— Nichidali, por que fechar os olhos? — perguntou Krishna.
— Ela está com ciúme — respondeu Sarasvati, rindo —, e não quer ver meus braços ao redor de teu pescoço.
— Não — respondeu Nichidali, corando. Fecho os olhos para contemplar tua imagem que está gravada no mais profundo do meu ser. Krishna, tu podes partir que eu jamais te perderei! ...

Krishna tornara-se pensativo. Sorrindo, desprendeu os braços de Sarasvati, apaixonadamente atados em seu pescoço. Depois, olhou alternadamente as duas mulheres e abraçou-as. Pousou primeiro a boca sobre os lá-

bios de Sarasvati, e depois sobre os olhos de Nichidali. Naqueles dois longos beijos, o jovem Krishna pareceu experimentar e saborear todas as volúpias da terra. Mas, de repente, estremeceu e exclamou:
— És bela, Sarasvati! Teus lábios têm o perfume do âmbar e de todas as flores! Tu és adorável, Nichidali! Tuas pálpebras ocultam os olhos profundos e sabes olhar para dentro de ti. Amo todas as duas... Mas como poderei desposá-las, uma vez que meu coração teria que se dividir?
— Ah! Ele jamais amará! — clamou Sarasvati com despeito.
— Eu só amarei com um amor eterno!
— O que é preciso para que ames assim? — perguntou Nichidali com ternura.

Krishna se levantara; seus olhos chamejavam.
— Para amar com um amor eterno? — falou ele, divagando. É preciso que a luz do dia se extinga, que o raio atinja meu coração e que minha alma escape de mim para o fundo do céu!

Enquanto ele falava, pareceu às jovens que sua estatura aumentava. Repentinamente, tiveram medo dele e voltaram para casa chorando.

Sozinho, Krishna tomou o caminho do monte Meru.

Na noite seguinte, as Gopis se reuniram mais uma vez para os folguedos costumeiros. Inutilmente, porém, esperaram o mestre. Ele havia desaparecido, deixando-lhes apenas uma essência, um perfume de seu ser: os cantos e as danças sagradas.

V

INICIAÇÃO

O rei Cansa, tendo sabido que sua irmã Devac vivera entre os anacoretas e não tendo podido descobri-la, pôs-se a persegui-los e a caçá-los como animais selvagens. Eles, então, foram obrigados a se refugiar na parte mais distante e mais agreste da floresta. Então, seu chefe, o velho Vasichita, apesar da idade de cem anos, empreendeu uma longa caminhada para falar ao rei de Madura.
Os guardas viram, com espanto, um velho cego, guiado por uma gazela que ele segurava por uma trela, aparecer nos portões do palácio. Tomados de respeito pelo richi, deixaram-no passar. Vasichita se aproximou do trono onde Cansa estava sentado ao lado de Nisumba e disse:
— Cansa, rei de Madura, desgraçado de ti, filho do Touro, pois persegues os solitários da floresta santa! Desgraçada de ti, filha da Serpente, porque insuflas o ódio. Aproxima-se o dia do vosso castigo. Sabei que o filho de Devac está vivo. Ele virá coberto por uma armadura de escamas infrangíveis e te expulsará do trono que usurpas na ignomínia. De hoje em diante, tremei e vivei no pavor. Este é o castigo que os Devas vos destinam!
Os guerreiros, os guardas, os servidores tinham se prostrado diante do santo centenário, que se retirou conduzido por sua gazela, sem que ninguém ousasse tocá-lo. Mas, a partir daquele dia, Cansa e Nisumba sonhavam apenas com os meios de fazer desaparecer secretamente o rei dos anacoretas. Devac estava morta e ninguém, excetuando Vasichita, sabia que Krishna era seu filho.

Entretanto, já tinha chegado aos ouvidos do rei o rumor das proezas de Krishna. Cansa pensou: "Tenho necessidade de um homem forte para me defender. Aquele que matou a grande serpente de Calaieni não terá medo do anacoreta". Então, mandou dizer ao patriarca Nanda: "Envia-me o jovem herói, Krishna, para que eu faça dele o condutor de meu carro e meu primeiro conselheiro[1]". Nanda participou a Krishna a ordem do rei, e sua resposta foi: "Eu irei". Particularmente, ele pensava: "Será o rei de Madura aquele que não muda jamais? Por meio dele saberei onde está minha mãe".

Cansa, vendo a força, a destreza e a inteligência de Krishna, agradou-se dele e confiou-lhe a guarda de seu reino. Nisumba, porém, diante do herói do monte Meru, estremeceu na carne com um desejo impuro, e seu espírito sutil tramou um projeto tenebroso, guiado por um pensamento pecaminoso. Sem que o rei soubesse, ela mandou chamar o condutor do carro em seu gineceu. Diabólica, ela possuía a arte de rejuvenescer momentaneamente por meio de filtros poderosos. O filho de Devac encontrou Nisumba com os seios de ébano desnudos sobre um leito de púrpura; anéis de ouro envolviam seus tornozelos e braços; um diadema de pedras preciosas brilhava em sua fronte. A seus pés ardia um defumador de cobre, de onde se evolava uma nuvem de perfume. Assim falou a filha do rei das serpentes:

— Krishna, tua fronte é mais serena do que a neve do Himavat e teu coração é como a ponta do raio. Em tua inocência resplandeces mais do que os reis da terra. Aqui ninguém te reconheceu; tu ignoras a ti mesmo. Somente eu sei quem tu és. Os Devas fizeram de ti o senhor dos homens, mas só eu poderei fazer de ti o senhor do mundo. Queres?

— Se é Maadeva quem fala por tua boca, — disse Krishna com a fisionomia séria — poderás me revelar onde está minha mãe e onde encontrarei o grande ancião que me falou sob os cedros do monte Meru.

— Tua mãe? — retrucou Nisumba com um sorriso desdenhoso. Certamente não será por mim que o saberás. Quanto ao teu ancião, não o conheço. Insensato! Persegues sonhos e não vês os tesouros da terra que te ofereço. Há reis que sustentam uma coroa e não são reis. Há filhos de pastores que trazem estampada a realeza na fronte e, no entanto, desconhecem sua própria força. Tu és forte, jovem, belo e os corações te pertencem. Mata o rei quando ele estiver dormindo que eu colocarei a coroa em tua cabeça e serás o senhor do mundo. Pois eu te amo e és predestinado para mim. Eu o quero! Eu o ordeno!

Assim falando, a rainha erguera-se imperiosa, fascinante, terrível como uma bela serpente. De pé sobre o leito, com seus olhos negros ela lançou

---

1. Na Índia antiga, estas duas funções muitas vezes eram desempenhadas juntamente. Os condutores de carros dos reis eram grandes personagens e, freqüentemente, ministros dos monarcas. Há inúmeros exemplos na poesia hindu.

um jato de luz tão sombria nos olhos límpidos de Krishna, que ele estremeceu de espanto. Naqueles olhares apareceu-lhe o inferno. Ele viu, então, o abismo do templo de Cali, a deusa do Desejo e da Morte, e serpentes que lá se retorciam como numa agonia eterna. Subitamente, os olhos de Krishna pareceram duas espadas, que atravessaram a rainha de um lado ao outro. E o herói do monte Meru gritou:

— Eu sou fiel ao rei que me tomou como seu defensor, mas tu, saibas que morrerás!

Nisumba soltou um grito lancinante e rolou sobre o leito mordendo a púrpura. Toda sua juventude fictícia evaporara-se e ela voltou a ser velha e encarquilhada. E Krishna retirou-se, deixando-a entregue à sua cólera.

Atormentado dia e noite pelas palavras do velho anacoreta, o rei de Madura disse a seu condutor de carro:

— Desde que o inimigo pôs o pé em meu palácio não durmo mais em paz. Um mágico infernal chamado Vasichita, que vive numa profunda floresta, veio lançar-me sua maldição. Desde então não respiro; o velho envenenou meus dias. Mas contigo, que nada temes, eu não o temo também. Vem comigo à floresta maldita. Um espião, que conhece todas as sendas, nos conduzirá até ele. Assim que o vires, corre até ele e atinge-o antes que possa dizer uma única palavra ou lançar-te um olhar. Quando ele estiver ferido mortalmente, pergunta-lhe onde está o filho de minha irmã, Devac e qual é o seu nome. A paz de meu reino depende deste mistério.

— Fica tranqüilo, respondeu Krishna, eu não tive medo de Calaieni nem da serpente de Cali. Quem poderia me fazer tremer agora? Por mais poderoso que seja este homem, eu saberei o que ele te oculta.

Disfarçados em caçadores, o rei e seu guia saíram num carro puxado por cavalos fogosos e rodas rápidas. O espião, que tinha explorado a floresta, mantinha-se atrás deles. Era o começo da estação das chuvas. Os rios aumentavam de volume, uma vegetação densa cobria os caminhos e a fila branca das cegonhas se mostrava acima das nuvens. Quando eles se aproximaram da floresta sagrada, o horizonte escureceu, o sol se escondeu, a atmosfera se encheu de uma bruma acobreada. Do céu tempestuoso, desciam nuvens como trompas sobre os galhos agitados dos bosques.

Perguntou Krishna ao rei:

— Por que o céu escureceu de repente? E por que a floresta tornou-se tão negra?

O rei de Madura respondeu:

— Sei perfeitamente que foi Vasichita, o perigoso solitário, quem escureceu o céu e eriça contra mim a floresta maldita. Mas, Krishna, tens medo?

— Embora o céu tenha mudado de aspecto e a terra de cor, eu não tenho medo.

— Então, adiante!

Krishna chicoteou os cavalos e o carro penetrou na sombra espessa dos baobás, rodando algum tempo numa velocidade maravilhosa. A floresta, porém, sempre se tornava mais selvagem e mais terrível. Raios jorravam impetuosamente e trovões ribombavam.

Falou Krishna:

— Jamais vi o céu tão negro e nem as árvores se curvarem assim. É muito poderoso o teu mágico.

— Krishna, matador de serpentes, herói do monte Meru, tens medo?

— Ainda que a terra trema e o céu se desmorone, eu não tenho medo.

— Então, prossegue!

De novo o ousado condutor chicoteou os cavalos e o carro retomou sua desabalada carreira. Então, a tempestade tornou-se tão terrível que as árvores gigantes se dobraram. A floresta sacudida rugiu como se fosse o uivo de mil demônios. Um raio caiu ao lado dos viajantes; um baobá despedaçado fechou o caminho; os cavalos se detiveram e a terra tremeu.

Krishna, então, exclamou:

— Teu inimigo deve ser um deus, visto que o próprio Indra o protege!

E o espião do rei informou:

— Chegamos ao fim. Estás vendo esta alameda verde? Lá no fim há uma cabana miserável. Nela reside Vasichita, o grande muni, alimentando as aves, temido pelas feras e defendido por uma gazela. Porém, nem por uma coroa darei mais um passo.

A estas palavras, o rei de Madura tornou-se lívido:

— Ele está lá? De verdade? Atrás daquelas árvores?...

E agarrando-se a Krishna, Cansa cochichou, com todo o corpo tremendo:

— Vasichita! Vasichita, que trama a minha morte, está lá! Ele me vê do fundo de seu refúgio... seu olhar me persegue... Livra-me dele!

E Krishna disse, descendo do carro e saltando sobre o tronco de baobá:

— Sim, por Maadeva, eu quero ver aquele que te faz tremer assim!

Vasichita, o muni centenário, há um ano vivia naquela cabana, escondido no mais profundo da floresta santa, esperando a morte. Antes da morte do corpo, ele já se libertara de sua prisão. Seus olhos tinham se apagado, mas ele via através da alma. Sua pele apenas sentia o calor e o frio, mas seu espírito vivia numa unidade perfeita com o espírito soberano. Ele só via as coisas deste mundo através da luz de Brama, rezando e meditando sem cessar. Todos os dias, vinha do eremitério um discípulo fiel trazer-lhe grãos de arroz para seu sustento. A gazela, que tirava seu alimento da própria mão do ancião, advertia-o, bramindo, da aproximação das feras. Então, ele as afugentava murmurando uma *mantra* e estendendo o bastão de bambu de sete nós. Quanto aos homens, quaisquer que fossem, ele os pressentia por intermédio do olhar interior, a léguas de distância.

Krishna, caminhando pela alameda obscura, viu-se de repente diante de Vasichita. O rei dos anacoretas estava sentado, com as pernas cruzadas, sobre uma esteira, apoiado contra a estaca da cabana, numa paz profunda. De seus olhos cegos saía uma cintilação interior de vidente. Assim que

Krishna o viu, reconheceu nele... "o velho sublime!"... Sentiu uma emoção de alegria, o respeito fez sua alma curvar-se inteiramente. Esquecendo o rei, seu carro e seu reino, ajoelhou-se diante do santo — e o adorou.

Vasichita parecia vê-lo, pois seu corpo, apoiado à cabana, endireitou-se com uma ligeira oscilação. Estendeu os braços para abençoar o hóspede e seus lábios murmuraram a sílaba santa: AUM[2].

Enquanto isto, o rei Cansa, não escutando nenhum grito e vendo que o condutor não voltava, avançou furtivamente pela alameda e ficou petrificado de espanto ao surpreender Krishna ajoelhado diante do santo anacoreta. Este dirigiu seus olhos cegos para Cansa e, levantando o bastão, disse-lhe:

— Rei de Madura, vens aqui para matar-me. Salve! Pois tu vais me libertar da miséria deste corpo. Queres saber onde está o filho de tua irmã, Devac, que deve destroná-lo? Ei-lo, curvado diante de mim e diante de Maadeva. É Krishna, teu próprio condutor! Considera o quanto és insensato e maldito, pois que teu mais temível inimigo é ele próprio. Tu mo trouxeste para que eu lhe diga que ele é a criança predestinada. Treme! Estás perdido, pois tua alma infernal será a presa dos demônios.

Cansa, estupefato, escutava. Não ousava olhar o velho face a face. Lívido de raiva e vendo Krishna sempre de joelhos, tomou o arco e, estendendo-o com toda a sua força, desfechou uma flecha contra o filho de Devac. Mas o braço tremera, o golpe desviou-se e a flecha penetrou no peito de Vasichita, que, com os braços cruzados, parecia esperar em êxtase.

Um grito partiu, um grito terrível — não do peito do velho mas do de Krishna. Ele sentira a flecha vibrar rente à sua orelha, vira-a enterrada na carne do santo... e parecia-lhe que ela estava enterrada em seu próprio coração, tanto sua alma, naquele momento estava identificada com a do richi. Dir-se-ia que com aquela flecha afiada toda a dor do mundo transpassara a alma de Krishna e a dilacerara até suas profundezas.

No entanto, Vasichita, com o dardo enfiado no peito, sem mudar de posição, movimentava ainda os lábios, murmurando:

— Filho de Maadeva, por que gritar assim? Matar é inútil. A flecha não pode atingir a alma, e a vítima é o vencedor do assassino. Triunfa, Krishna, o destino se cumpriu: volto para Aquele que não muda jamais! Que Brama receba minha alma! Mas tu, seu eleito, salvador do mundo, fica de pé! Krishna! Krishna!

E Krishna ergueu-se, levou a mão à espada e voltou-se contra o rei. Mas, Cansa tinha fugido.

---

2. Na iniciação bramânica, significa: o Deus supremo, o Deus-Espírito. Cada uma de suas letras corresponde a uma das faculdades divinas, popularmente falando, a uma das pessoas da Trindade.

Então, um clarão cortou o céu negro e Krishna caiu por terra, como que fulminado sob a luz ofuscante. Enquanto seu corpo permanecia insensível, sua alma, unida à do velho pelo poder da simpatia, elevou-se nos espaços. A Terra, com seus rios, seus mares e seus continentes, desapareceu como uma esfera negra, e todos os dois subiram ao sétimo céu dos Devas, para junto do Pai dos seres, o sol dos sóis, Maadeva, a inteligência divina. Mergulharam num oceano de luz que se abria diante deles. No centro da esfera, Krishna viu Devac, sua radiante mãe, glorificada. Com um sorriso inefá-

---

3. A lenda de Krishna nos faz lembrar, em sua própria fonte, a idéia da Virgem-Mãe, do Homem-Deus e da Trindade. — Na Índia, esta idéia aparece desde a origem em seu simbolismo transparente, com seu profundo sentido metafísico. No livro V, cap. II, o *Visnu-Purana*, após contar a concepção de Krishna por Devac, acrescenta: 'Ninguém podia olhar para Devac, por causa da luz que a envolvia, e aqueles que contemplavam seu esplendor sentiam o espírito perturbado; os deuses, invisíveis aos mortais, continuamente entoavam-lhe louvores, porque em suas entranhas estava Visnu. Diziam eles: "Tu és Pacriti, infinita e sutil, que outrora carregou Brama em seu seio; foste a deusa da Palavra, a energia do Criador do Universo e a mãe dos Vedas. Oh! tu, ser eterno, que encerras em tua substância a essência de todas as coisas criadas, és a própria criação, és o sacrifício de onde procede tudo o que produz a terra; tu és a madeira que, por sua fricção, engendra o fogo. Como Aditi, és a mãe dos deuses; como Diti, és a mãe dos datías, seus inimigos. És a luz de onde nasce o dia, és a humildade, mãe da verdadeira sabedoria; és a política dos reis, mãe da ordem; és o desejo, de onde nasce o amor; és a satisfação, de onde deriva a resignação; és a inteligência, mãe da ciência; és a paciência, mãe da coragem; todo o firmamento e as estrelas são teus filhos; de ti procede tudo o que existe... Desceste à Terra para a salvação do mundo. Tem compaixão de nós, e mostra-te favorável ao Universo, orgulha-te de carregares o deus que sustenta o mundo' ".

Esta passagem prova que os brâmanes identificavam a mãe de Krishna com a substância universal e o princípio feminino da natureza. Fizeram dela a segunda pessoa da Trindade divina, da tríade inicial não manifestada. O Pai, *Nara* (o Eterno-Masculino), a Mãe, *Nari* (o Eterno-Feminino), e o Filho, *Viradi* (o Verbo-Criador), estas são as faculdades divinas. Em outras palavras: o princípio intelectual, o princípio plástico, o princípio produtor. Todos os três juntos constituem a *natura naturans*, para empregar uma expressão de Spinosa. O mundo organizado, o universo vivo, *natura naturans*, é o produto do verbo criador, que se manifesta por sua vez sob três formas: *Brama*, o Espírito, corresponde ao mundo divino; *Visnu*, a alma, corresponde ao mundo humano; *Siva*, o corpo, corresponde ao mundo natural. Nesses três mundos, o princípio masculino e o princípio feminino (essência e substância) são igualmente ativos, e o Eterno-Feminino se manifesta ao mesmo tempo na natureza terrestre, humana e divina. Ísis é tríplice, Cibele também. — Vemos, assim concebida, a dupla trindade, a de Deus e a do Universo, encerrando os princípios e o quadro de uma teodicéia e de uma cosmogonia. É justo reconhecer que esta idéia-mãe saiu da Índia. Todos os templos antigos, todas as grandes religiões e inúmeros filósofos célebres adotaram-na. No tempo dos apóstolos e nos primeiros séculos do cristianismo, os iniciados cristãos reverenciavam o princípio feminino da natureza visível e invisível sob o nome de Santo-Espírito, representado por uma pomba, sinal da potência feminina, em todos os templos da Ásia e da Europa. Se, depois, a Igreja ocultou e perdeu a chave desses mistérios, seu sentido ainda está inscrito em seus símbolos.

vel, ela estendia-lhe os braços e o atraía para si. Milhares de Devas vinham aquecer-se na irradiação da Virgem-Mãe, como em um foco incandescente. E Krishna sentiu-se absorvido pelo olhar de amor de Devac. Então, do coração da mãe radiosa, o seu ser resplandeceu através de todos os céus. Sentiu que era o Filho, a alma divina de todos os seres, a Palavra da vida, o Verbo criador. Superior à vida universal, ele, no entanto, a penetrava pela essência da dor, pelo fogo da oração e pela felicidade de um divino sacrifício.[3]

Quando Krishna voltou a si, o trovão ainda rolava no céu, a floresta estava sombria e torrentes de chuva despencavam sobre a cabana. Uma gazela lambia o sangue do corpo do asceta traspassado. "O velho sublime" era apenas um cadáver.

Krishna ergueu-se como se tivesse ressuscitado. Um abismo o separava do mundo e de suas vãs aparências. Ele vivera a grande verdade e tinha compreendido sua missão.

Quanto ao rei Cansa, aterrorizado, fugia em seu carro arrastado pela tempestade, e seus cavalos empinavam como que fustigados por mil demônios.

VI

A DOUTRINA DOS INICIADOS

Krishna foi saudado pelos anacoretas como o esperado e predestinado sucessor de Vasichita. Celebrou-se o *srada* ou cerimônia fúnebre do santo ancião na floresta sagrada. E o filho de Devac recebeu o bastão de sete nós, emblema do poder, depois de consumado o sacrifício do fogo em presença dos três mais antigos anacoretas, daqueles que sabiam de cor os três Vedas.

Em seguida, Krishna se retirou para o monte Meru, a fim de lá meditar em sua doutrina e no caminho da salvação para os homens. Suas meditações e penitências duraram sete anos. Só então sentiu que sua natureza fora dominada por sua natureza divina, e que estava suficientemente identificado com o sol de Maadeva, para merecer o nome de filho de Deus. Somente então chamou para junto de si os anacoretas, jovens e velhos, a fim de revelar-lhes sua doutrina. Eles encontraram Krishna purificado e engrandecido. O herói transformara-se em santo. Não perdera a força dos leões, mas adquirira a doçura das pombas. Entre os que acorreram primeiro, encontrava-se Ardjuna, descendente dos reis solitários, um dos Pandavas destronados pelos Curavas ou reis lunares. O jovem Ardjuna estava cheio de entusiasmo, mas preparado para se desiludir e sucumbir na dúvida. Todavia, ligou-se apaixonadamente a Krishna.

Sentado à sombra dos cedros do monte Meru, diante do Himavat, Krishna começou a falar aos discípulos sobre as verdades inacessíveis aos homens, que vivem na escravidão dos sentidos. Ensinou-lhes a doutrina da alma imortal, de seus renascimentos e de sua união mística com Deus. O corpo, dizia ele, envolve a alma, que nele faz sua morada; é uma coisa finita. Mas a alma que nele habita é invisível, imponderável, incorruptível, eterna[1]. O homem terrestre é triplo como a divindade que ele reflete: inteligência, alma e corpo. Se a alma se une à Inteligência, atinge *Satwa*, a sabedoria e a paz; se ela permanece indecisa, entre a inteligência e o corpo, é dominada por *Raja*, a paixão, e gira de objeto em objeto num círculo fatal; se ela se abandona ao corpo, sucumbe em *Tama*, a insensatez, a ignorância e a morte temporal. Isso cada homem pode observar em si mesmo e ao redor de si[2].

Ardjuna perguntou:

— Qual é a condição da alma após a morte? Obedecerá ela sempre à mesma lei ou poderá escapar-lhe?

Respondeu Krishna:

— Jamais lhe escapará e sempre lhe obedecerá. Nisto reside o mistério dos renascimentos. Assim como as profundezas do céu se abrem à luz das estrelas, também as profundezas da vida se iluminam à luz desta verdade. "Quando o corpo se dissolve, logo que *Satwa* (a sabedoria) predomina, a alma voa para as regiões dos seres puros que possuem o conhecimento do Todo-Poderoso. Quando o corpo experimenta essa dissolução, enquanto *Raja* (a paixão) domina, a alma vem de novo habitar entre aqueles que estão ligados às coisas da terra. Do mesmo modo, se o corpo é destruído quando *Tama* (a ignorância) predomina, a alma obscurecida pela matéria é de novo atraída por alguma matriz de seres irracionais[3].

Observou Ardjuna:

— Isto é justo. Mas, ensina-nos agora o que acontece, no decurso dos séculos, àqueles que seguiram a sabedoria e que vão habitar, após a morte, nos mundos divinos!

Krishna respondeu:

— O homem que, em estado de devoção, é surpreendido pela morte e depois de ter gozado, durante vários séculos, as recompensas devidas às suas virtudes, nas regiões superiores, volta, enfim, de novo para habitar um corpo em uma família santa e respeitável. Mas essa espécie de regeneração nesta vida é bastante difícil de se obter. O homem assim renascido se encontra no mesmo grau de aplicação, de adiantamento e entendimento que possuía em seu primeiro corpo, e, então, recomeça a trabalhar para se aperfeiçoar na devoção[4].

---

1. O enunciado desta doutrina, que se tornou mais tarde a doutrina de Platão, encontra-se no livro 19 do *Bhagavadgita*, sob a forma de um diálogo entre Krishna e Ardjuna.
2. Livros XIII a XVIII do *Bhagavadgita*.
3. *Bhagavadgita*, livro XIV.
4. Ibidem, livro V.

E acrescentou Ardjuna:

— Assim, mesmo os bons são forçados a renascer e a recomeçar a vida do corpo! Mas, ensina-nos, oh! Senhor da vida! se para aquele que demanda a sabedoria, os renascimentos perpétuos um dia chegam ao fim.

Krishna, então, passou a explicar:

— Escutai um enorme e profundíssimo segredo, o mistério soberano, sublime e puro. Para chegar à perfeição, é preciso conquistar a *ciência da unidade*, que está acima da sabedoria; é preciso elevar-se ao ser divino que está acima da alma, acima da própria inteligência. Ora, este ser divino, este amigo sublime, está em cada um de nós. Pois Deus reside no interior de todo homem, mas poucos sabem encontrá-lo. Eis o caminho da salvação: uma vez que tiveres percebido o ser perfeito que está acima do mundo e em ti mesmo, determina-te a abandonar o inimigo que toma a força do desejo. Dominai vossas paixões. Os prazeres que os sentidos obtêm são matrizes de penas futuras. Não somente fazei o bem, mas sede bons. Que o motivo esteja na ação e não nos frutos. Renunciai ao fruto de vossas obras, mas que cada uma de vossas ações seja como uma oferenda ao Ser supremo. Aquele que fizer o sacrifício de seus desejos e de suas obras ao Ser do qual procedem todas as coisas, e por quem foi formado o Universo, obtém por meio desse sacrifício a perfeição. Unido espiritualmente, atinge aquela sabedoria espiritual que está acima do culto das oferendas e sente uma felicidade divina. Pois aquele que encontra em si mesmo a sua felicidade, sua alegria e também sua luz, é uno com Deus. Ora, sabei vós, a alma que encontrou Deus está livre do renascimento e da morte, da velhice e da dor, e bebe a água da imortalidade[5].

Assim Krishna explicava sua doutrina aos discípulos. E, mediante a contemplação interior, ele os elevava, pouco a pouco, às verdades sublimes que tinham sido reveladas a ele próprio, sob o relâmpago de sua visão. Quando falava de Maadeva, sua voz tornava-se mais grave e suas feições se iluminavam.

Um dia, Ardjuna, cheio de curiosidade e de audácia, falou:

— Deixa-nos ver Maadeva em sua forma divina. Nossos olhos não podem contemplá-lo?

Então, Krishna se levantou e começou a falar do ser que respira em todos os seres, de cem mil formas, de olhos inumeráveis, de faces voltadas para todos os lados, e que os ultrapassa a todos, mesmo em toda a altura do infinito; do ser que, em seu corpo imóvel e sem limites, encerra o Universo que se move com todas as suas divisões. E Krishna continuou:

— Se nos céus brilhasse ao mesmo tempo o esplendor de mil sóis, ele apenas se assemelharia ao esplendor do Todo-Poderoso único.

---

5. *Bhagavadgita, passim.*

Enquanto ele assim falava de Maadeva, foi tão forte o raio de luz que jorrou de seus olhos que os discípulos não puderam suportar o brilho e se prosternaram a seus pés. Os cabelos de Ardjuna se eriçaram, e, curvando-se, ele disse, com as mãos unidas:

— Mestre, tuas palavras nos espantam, e não podemos suportar a visão do grande Ser que evocas diante de nós. A visão nos fulmina[6].

Krishna retrucou:

— Escutai o que ele vos diz por minha boca: "Eu e vós, nós tivemos vários nascimentos. Os meus não são conhecidos senão por mim, mas vós não conheceis nem mesmo os vossos. Ainda que eu não esteja, por minha natureza, sujeito a nascer ou morrer e que seja o senhor de todas as criaturas, todavia, como comando minha natureza, torno-me visível por meu próprio poder. E todas as vezes que a virtude declina no mundo e que o vício e a injustiça dominam, então me torno visível, e assim me mostro, de idade em idade, para a salvação do justo, para a destruição do mau e para o restabelecimento da virtude. Aquele que conhece verdadeiramente minha natureza e minha obra divina, ao deixar o corpo não volta para um novo nascimento. Ele vem a mim"[7].

E, enquanto pronunciava essas palavras, Krishna olhava seus discípulos com doçura e benevolência. Ardjuna então exclamou:

— Senhor! tu és nosso mestre, o filho de Maadeva! Vejo-o em tua bondade, em teu encanto inefável mais ainda do que em teu terrível esplendor. Não é nas vertigens do infinito que os Devas te procuram e te desejam, é sob a forma humana que eles te amam e te adoram. Nem a penitência, nem as esmolas, nem os Vedas, nem o sacrifício valem um só de teus olhares. És a verdade. Conduz-nos à luta, ao combate, à morte! Seja para onde for, nós te seguiremos!

Sorridentes e exaltados, os discípulos se comprimiam em torno de Krishna, dizendo:

— Como não o tínhamos visto antes? É Maadeva quem fala em ti!

Ele respondeu:

— Vossos olhos não estavam abertos. Eu vos revelei o grande segredo. E vós só deveis transmitir àqueles que podem compreendê-lo. Sois meus eleitos e vedes o fim; mas a multidão vê apenas um trecho do caminho. E, agora, vamos pregar ao povo o caminho da salvação.

---

6. Ver a transfiguração de Krishna no livro XI do *Bhagavadgita*. Pode-se compará-la à transfiguração de Jesus, XVII, São Mateus. Ver no livro VIII dessa obra.
7. *Bhagavadgita,* liv. IV. Tradução de Emile Burnouf. Cf. Schlegel e Wilkins.

VII

O TRIUNFO E A MORTE

Depois de ter instruído seus discípulos no monte Meru, Krishna seguiu com eles pelas margens do Djamuna e do Ganges, a fim de converter o povo. Entrava nas cabanas e detinha-se nas cidades. À tarde, nos arredores das aldeias, a multidão se juntava em torno dele. Antes de tudo, o que ele pregava ao povo era a caridade para com o próximo. "Os males com que afligimos nosso próximo perseguir-nos-ão assim como nossa sombra segue nosso corpo. — As ações que têm por princípio o amor ao semelhante são as que devem ser ambicionadas pelo justo, pois serão elas que pesarão mais na balança celeste. — Se freqüentas os bons, teus exemplos serão inúteis; não temas viver entre os maus para reconduzi-los ao bem. — O homem virtuoso é semelhante ao castanheiro gigante, cuja sombra benfazeja dá às plantas que o rodeiam o frescor da vida."
Algumas vezes, Krishna, cuja alma agora exalava um perfume de amor, falava da abnegação e do sacrifício, com uma voz suave e usando imagens sedutoras. "Assim como a terra suporta aqueles que a pisam e dilaceram suas entranhas, lavrando o seu solo, assim também devemos retribuir o mal com o bem. — O homem honesto deve cair sob o golpe dos maus como a árvore de sândalo, que, ao ser abatida, perfuma o machado que a feriu."
Quando os falsos-sábios, os incrédulos ou os orgulhosos lhe pediam que explicasse a natureza de Deus, ele respondia por meio de sentenças como estas: "A ciência do homem é apenas vaidade; todas as suas boas ações são

ilusórias quando ele não sabe levá-las a Deus. — Aquele que é humilde de coração e de espírito é amado por Deus; e não tem necessidade de outra coisa. — O infinito e o espaço, sozinhos, podem compreender o infinito; mas, somente Deus pode compreender Deus".

Não eram só estas as novidades de seu ensinamento. Ele arrebatava, ele arrastava a multidão, sobretudo pelo que dizia do Deus vivo, de Visnu. Ensinava que o senhor do Universo já se encarnara mais de uma vez entre os homens, aparecendo, sucessivamente, nos sete richis, em Viasa e em Vasichita. Ele aparecia ainda. Visnu, porém, às vezes se comprazia em falar pela boca dos humildes, em um mendigo, em uma mulher arrependida, em uma criança, segundo Krishna. Ele, então, narrava ao povo a parábola do pobre pescador, Durga, que havia encontrado um menino morrendo de fome, sob um tamarineiro. O bom Durga, embora mergulhado na miséria e sobrecarregado com uma família numerosa que não sabia como alimentar, sentiu piedade do menino e levou-o para casa. Naquela hora, o sol tinha desaparecido, a lua elevava-se sobre o Ganges, a família tinha feito a oração da tarde, quando o menino murmurou a meia voz: "O fruto do cataca purifica a água; assim também as boas ações purificam a alma. Toma tuas redes, Durga, e fica flutuando com tua barca no Ganges". Durga lançou suas redes, que se dobraram sob o peso dos peixes. O menino, porém, desaparecera. Assim, dizia Krishna, quando o homem esquece sua própria miséria pela dos outros, Visnu se manifesta e o torna feliz em seu coração. Por meio de tais exemplos, Krishna pregava o culto de Visnu. E, quando falava o filho de Devac, todos ficavam maravilhados por sentirem Deus tão perto do coração.

A fama do profeta do monte Meru espalhou-se por toda a Índia. Os pastores, que o tinham visto crescer e tinham assistido às suas primeiras façanhas, não podiam acreditar que aquele santo personagem fosse o herói impetuoso que conheceram. O velho Nanda falecera, mas ainda viviam suas duas filhas que Krishna amava, Sarasvati e Nichidali. Diversos tinham sido seus destinos. Sarasvati, irritada com a partida de Krishna, havia procurado o esquecimento no matrimônio. Tornara-se a mulher de um homem de casta nobre, que ficara enfeitiçado por sua beleza, mas, em seguida, a tinha repudiado e vendido para um vaicia ou negociante. Mais tarde, por desprezo, Sarasvati abandonara esse homem para tornar-se uma mulher de má vida. Depois, certo dia, com o coração desolado, cheia de remorso e de desgosto, resolveu voltar para sua terra, indo secretamente procurar a irmã, Nichidali. Esta, pensando sempre em Krishna, como se ele estivesse presente, não se casara e vivia junto de um irmão, como criada. Tendo Sarasvati lhe contado seus infortúnios e sua vergonha, Nichidali respondeu:

— Minha pobre irmã! Eu te perdôo, mas nosso irmão não te perdoará. Somente Krishna poderia salvar-te.

Uma chama brilhou nos olhos apagados de Sarasvati.

— Krishna...! O que é ele agora?

— Um santo, um grande profeta. Ele prega às margens do Ganges.

— Vamos encontrá-lo! — disse Sarasvati.

E as duas irmãs partiram, uma desonrada pelas paixões, a outra, perfumada de inocência, mas ambas consumidas pelo mesmo amor.

Krishna continuava ensinando sua doutrina aos guerreiros ou chátrias. Alternadamente ele interpelava os brâmanes, os homens da casta militar e o povo. Aos brâmanes, explicava as verdades profundas da ciência divina, com a calma da idade madura; diante dos rajás, celebrava as virtudes guerreiras e familiares, com o fogo da juventude; ao povo, falava com simplicidade de uma criança, sobre a caridade, a resignação e a esperança.

Krishna estava sentado à mesa de um banquete, na casa de um renomado chefe, quando as duas mulheres pediram para serem apresentadas ao profeta. Deixaram-nas entrar, por causa de suas vestes de penitentes. Ambas prosternaram-se aos pés de Krishna. Sarasvati, derramando uma torrente de lágrimas, clamou:

— Desde que nos deixaste, entreguei-me a uma vida de erros e de pecado. Mas, se quiseres, Krishna, poderás salvar-me!...

Nichidali acrescentou:

— Krishna! Quando te vi outrora, sabia que te amaria para sempre. Agora que te reencontro na glória, sei que és o filho de Maadeva!

E as duas beijaram-lhe os pés. Os rajás, entretanto, disseram:

— Por que, santo richi, permites que estas mulheres do povo te insultem com suas palavras insensatas?

Krishna respondeu-lhes:

— Deixai-as extravasar seu coração. Elas valem mais do que vós. Pois esta possui a fé e aquela, o amor. Sarasvati, a pecadora, está salva, a partir deste momento, porque acreditou em mim. E Nichidali, com seu silêncio, amou muito mais a verdade do que vós, com todos os vossos gritos. Sabei que minha mãe radiosa, que vive no sol de Maadeva, ensinar-lhes-á os segredos do amor eterno, enquanto todos vós permanecereis mergulhados nas trevas das vidas inferiores.

Desde este dia, Sarasvati e Nichidali juntaram-se a Krishna e o seguiram com seus discípulos. E, inspiradas por ele, ensinaram às outras mulheres.

Cansa reinava ainda em Madura. Desde o assassinato do velho Vasichita, o rei não encontrava mais paz em seu trono. A profecia do anacoreta tinha se realizado: o filho de Devac estava vivo! O rei o vira e, ao seu olhar, sentira fundir-se sua força e sua realeza. Ele tremia por sua vida como uma folha seca, e muitas vezes, apesar dos guardas, ele se voltava bruscamente, esperando ver o jovem herói, terrível e radioso, de pé à soleira da porta. — Por seu lado, Nisumba, enrolada em seu leito, no fundo do gineceu, sonhava com seus poderes perdidos. Quando ela soube que Krishna, tendo se tornado profeta, pregava às margens do Ganges, persuadiu o rei a enviar contra ele uma tropa de soldados para o trazerem amarrado. Quando Krishna os percebeu, sorriu e lhes disse:

— Sei quem sois e porque viestes. Estou pronto a seguir-vos para junto de vosso rei; mas, antes, deixai-me falar-vos do rei do céu, que é o meu rei.

E começou a falar de Maadeva, de seu esplendor e suas manifestações. Quando terminou, os soldados entregaram-lhe suas armas, dizendo:

— Nós não te levaremos preso para o nosso rei, mas te seguiremos até o teu rei.

E permaneceram a seu lado. Sabendo disso, Cansa ficou terrivelmente amedrontado. Nisumba, então, falou:

— Envia os primeiros do reino.

Assim foi feito. Eles foram até a cidade onde Krishna ensinava, tendo prometido não escutá-lo. Mas, quando viram o brilho de seu olhar, a majestade de suas atitudes e o respeito que lhe testemunhava a multidão, não puderam deixar de ouvi-lo. Krishna falou-lhes da servidão daqueles que fazem o mal e da liberdade dos que praticam o bem. Os guerreiros ficaram cheios de alegria e de surpresa, porque se sentiram livres de um peso enorme. E disseram:

— Tu és, em verdade, um grande mágico. Pois tínhamos jurado levar-te ao rei com correntes de ferro; mas, agora, nos é impossível fazê-lo, pois nos livraste de nossas correntes.

Voltaram para junto de Cansa e lhe disseram:

— Nós não pudemos trazer-te o homem. Ele é um grande profeta e nada tens a temer dele.

O rei, vendo que tudo era inútil, mandou triplicar seus guardas e colocar correntes de ferro em todas as portas do palácio. Um dia, porém, ouviu um grande barulho na cidade, gritos de alegria e de triunfo. Os guardas vieram dizer-lhe: "É Krishna quem entra em Madura. O povo arromba as portas e arrebenta as correntes de ferro." Cansa quis fugir, mas os próprios guardas o obrigaram a permanecer no trono.

Com efeito, Krishna, seguido de seus discípulos e de grande número de anacoretas, entrava em Madura, enfeitada com estandartes, no meio da multidão compacta, semelhante a um mar agitado pelo vento. Ele entrava sob uma chuva de guirlandas e de flores. Todos o aclamavam. Diante dos templos, os brâmanes se mantinham agrupados sob as bananeiras sagradas, para saudar o filho de Devac, o vencedor da serpente, o herói do monte Meru, e sobretudo o profeta de Visnu. Seguido de um brilhante cortejo e saudado como um libertador pelo povo e pelos guerreiros, Krishna foi à presença do rei e da rainha e disse:

— Tu tens reinado apenas por meio da violência e do mal, e mereceste mil mortes, pois mataste o santo velho, Vasichita. Contudo, não morrerás ainda. Quero provar ao mundo que não é matando-os que se triunfa sobre os inimigos vencidos, mas perdoando-lhes.

Cansa bradou:

— Feiticeiro maldito, tu me roubaste a coroa e o reino! Acaba comigo!

Krishna replicou:

— Falas como um insensato. Pois, se morresses nesse estado de disparate, de insensibilidade e de crime, estarias irrevogavelmente perdido na outra vida. Se, ao contrário, começares a compreender tua loucura e dela te arrependeres, teu castigo será menor e, pela intervenção dos puros espíritos, Maadeva te salvará um dia.

Nisumba sussurrou ao ouvido do rei:
— Idiota! Aproveita-te da loucura do orgulho dele. Enquanto se está vivo, resta a esperança da vingança.

Krishna compreendeu o que ela havia dito mesmo sem escutar. E lançou-lhe um olhar severo, de piedade penetrante:
— Ah! infeliz! Sempre teu veneno! Corruptora, feiticeira! Só tens o veneno das serpentes em teu coração. Extirpa-o, ou um dia serei forçado a esmagar-te a cabeça. Agora, irás com o rei para um lugar de penitência, para expiares teus crimes, sob a vigilância dos brâmanes.

Depois desses acontecimentos, Krishna, com o consentimento dos grandes do reino e do povo, consagrou Ardjuna, seu discípulo, o mais ilustre descendente da raça solar, como rei de Madura. Conferiu autoridade superior aos brâmanes, tornando-os conselheiros de reis. Ele próprio ficou como chefe dos anacoretas, que formaram o conselho superior dos brâmanes. Para livrar este conselho das perseguições, mandou construir, para eles e para si próprio, um forte no meio das montanhas, defendido por uma alta muralha, em torno da qual passou a habitar uma população escolhida. Ela se chamava Duarca. No centro desta vila estava o templo dos iniciados, cuja parte mais importante ficava escondida num subterrâneo[1].

Todavia, quando os reis do culto lunar souberam que um rei do culto solar subira ao trono de Madura e que os brâmanes, por intermédio dele, tornar-se-iam os senhores da Índia, formaram entre si uma aliança poderosa para o destronarem. Ardjuna, por seu lado, reuniu em torno de si todos os reis do culto solar da tradição branca, ariana e védica. Do fundo do templo

---

1. O *Visnu-Purana*, 1.V, cap.XXII e XXX, fala em termos bastante claros sobre esta cidade: "Krishna resolveu, pois, construir uma cidadela onde a tribo de Iadu encontrasse um refúgio tão seguro que até as mulheres poderiam defendê-la. A cidade de Duarca era protegida por muralhas elevadas, embelezada por jardins e reservatórios de água, e era tão esplêndida quanto Amaravati, a cidade de Indra". Nela foi plantada a árvore chamada Parijata, "cujo odor suave perfumava a terra à distância. E todos aqueles que dela se aproximavam ficavam em condições de se recordarem de sua existência anterior." Esta árvore, evidentemente, era o símbolo da ciência divina e da iniciação, o mesmo que encontramos na tradição caldaica e que, daí, passou para o Gênese hebraico.

Depois da morte de Krishna, a cidade submergiu, a árvore subiu ao céu, mas o templo permaneceu. Se tudo isso tem um sentido histórico, significa, para quem conhece a linguagem ultra-simbólica e prudente dos hindus, que um tirano qualquer mandou arrasar a cidade e que a iniciação se tornou cada vez mais secreta.

de Duarca, Krishna os acompanhava e dirigia. Afinal, os dois exércitos se defrontaram e a batalha decisiva era iminente. Ardjuna, porém, não tendo mais o mestre junto de si, sentiu o espírito perturbar-se e enfraquecer sua coragem.

Um dia, ao amanhecer, Krishna apareceu diante da tenda do rei, seu discípulo, repreendendo-o severamente:

— Por que não iniciaste ainda o combate que deve decidir se vão reinar sobre a terra os filhos do sol ou os filhos da lua?

Ardjuna explicou:

— Sem ti eu não posso. Olha esses dois exércitos imensos e essas multidões que vão se matar mutuamente.

Da elevação onde se encontravam, o senhor dos espíritos e o rei de Madura contemplaram os dois imensos exércitos, organizados em fila, um defronte do outro. Viam-se ali brilhar as cotas de malhas douradas dos chefes; milhares de infantes, de cavalos e de elefantes aguardavam o sinal do combate. Naquele instante, o chefe do exército inimigo, o mais velho dos Curavas, soprou em uma concha marinha, na grande concha cujo som parecia o rugido de um leão. Ao mesmo tempo, repentinamente, ouviram-se no vasto campo de batalha rinchos de cavalos, um barulho confuso de armas, de tambores e de trombetas. E foi um grande rumor. Ardjuna tinha somente que subir em seu próprio carro, puxado por cavalos brandos, e soprar em sua concha de um azul celeste para dar aos filhos do sol o sinal para avançar. Mas, eis que o rei foi invadido pela piedade e disse, muito abatido:

— Ao ver essa multidão que se defronta, sinto inertes os braços. Minha boca está ressequida, meu corpo treme, meus cabelos se eriçam, minha pele queima e meu espírito está perturbado. Pressinto maus augúrios. Nenhum bem pode vir desse massacre. O que faremos dos reinos, dos prazeres e mesmo da vida? Aqueles mesmos, para os quais desejamos reinos, prazeres, alegrias, ali estão de pé, prontos para lutar, esquecendo sua vida e seus bens. Preceptores, pais, filhos, avós, tios, netos, parentes, vão estrangular-se. Eu não desejo matá-los para reinar sobre os três mundos, muito menos ainda para reinar sobre esta terra. Que prazer poderei sentir matando meus inimigos? Mortos os traidores, o pecado recairá sobre nós.

Disse-lhe, então, Krishna:

— Como é que foste dominado por este flagelo do medo, indigno do sábio, fonte de infâmia que nos expulsa do céu? Não sejas efeminado. De pé!

Mas Ardjuna, aniquilado pelo desalento, sentou-se em silêncio e disse:

— Eu não combaterei!

Então Krishna, o rei dos espíritos, continuou com um leve sorriso:

— Ardjuna! Chamei-te o rei do sono porque teu espírito está sempre vigilante. Mas teu espírito adormeceu e teu corpo venceu tua alma. Choras por aqueles que não deverias chorar, e tuas palavras são desprovidas de sabedoria. Os homens instruídos não lamentam nem os vivos nem os mortos. Eu e tu, e esses comandantes de homens, nós sempre existimos e jamais cessaremos de existir no futuro. Assim como nestes corpos a alma passa pela experiência da infância, da juventude e da velhice, da mesma maneira acontecerá em outros corpos. Um homem de discernimento não se perturba com isto. Filho de Bárata! suporta o desgosto e o prazer com o mesmo ânimo. Os que não são mais atingidos por eles, merecem a imortalidade. Os que vêem a essência real vêem a eterna verdade que domina a alma e o corpo, Saiba, pois, que aquele que atravessa todas as coisas está acima da destruição. Ninguém pode destruir o Inesgotável. Todos esses corpos não perdurarão, tu o sabes. Mas os videntes sabem também que a alma encarnada é eterna, indestrutível e infinita. Por isso, vai combater, descendente de Bárata! Enganam-se igualmente aqueles que acreditam que a alma pode matar ou ser morta. Ela nem mata e nem é morta. Ela nem nasce e nem morre; e não pode perder o ser que ela sempre teve. Como uma pessoa rejeita velhas roupas para vestir novas, assim a alma encarnada rejeita seu corpo para tomar outros. Nem a espada a corta, nem o fogo a queima, nem a água a molha, nem o ar a seca. Ela é impermeável e incombustível. Durável, eterna, firme, ela atravessa tudo. Não deverias, pois, te inquietar com o nascimento nem com a morte, oh! Ardjuna! Porque, para aquele que nasce, a morte é certa; e, para aquele que morre, também é certo o nascimento. Observa teu dever sem tropeçar; porque, para um chátria, não há nada melhor do que um combate justo. Felizes os guerreiros que encontram a batalha como uma porta aberta para o céu! Mas, se não queres travar este combate justo, cairás no pecado, abandonando teu dever e tua fama. Todos os seres falarão de tua infâmia eterna, e a infâmia é pior do que a morte para aquele que foi honrado[2].

A estas palavras do mestre, Ardjuna cobriu-se de vergonha e sentiu agitar-se seu sangue real e sua coragem. Lançou-se sobre seu carro e deu o sinal de combate. Então Krishna disse adeus ao discípulo e deixou o campo de batalha, porque estava certo da vitória dos filhos do sol.

Entretanto, Krishna compreendera que, para impor sua religião aos vencidos, seria necessário obter sobre a própria alma deles uma derradeira vitória, muito mais difícil do que a das armas. Do mesmo modo que o santo Vasichita fora morto atravessado por uma flexa, para revelar a verdade suprema a Krishna, também Krishna deveria morrer voluntariamente sob as setas do inimigo mortal, a fim de implantar no coração dos adversários a fé que ele havia pregado a seus discípulos e ao mundo. Ele sabia que o antigo rei de Madura, longe de fazer penitência, tinha-se refugiado na casa do sogro, Calaieni, o rei das serpentes. Seu ódio, sempre instigado por Nisumba, fez com que mantivesse espiões seguindo o anacoreta, aguardando a hora propícia para o ferir. Ora, Krishna sentia que sua missão estava con-

---

2. Início do *Bhagavadgita*.

cluída e que só faltava, para ser totalmente cumprida, a chancela do supremo sacrifício. Então ele deixou de evitar e de paralisar seu inimigo por meio do poder de sua vontade. Sabia que se parasse de se defender com esta força oculta, viria atingi-lo na sombra o golpe há tanto tempo planejado. Mas o filho de Devac queria morrer longe dos homens, nas solidões do Himavat. Lá, ele se sentiria mais perto de sua radiosa mãe, do velho sublime e do sol de Maadeva.

Krishna partiu, então, para um eremitério num lugar selvagem e desolado, ao pé dos altos cumes do Himavat. Nenhum de seus discípulos adivinhara seus desígnios. Somente Sarasvati e Nichidali o leram nos olhos do mestre, pela intuição que existe na mulher e no amor. Quando Sarasvati compreendeu que ele queria morrer, atirou-se aos seus pés, abraçou-os com furor e exclamou:

— Mestre, não nos deixes!

Nichidali olhou-o e lhe disse simplesmente:

— Eu sei aonde vais. Como nós te amamos, deixa-nos seguir-te!

Krishna respondeu:

— Em meu céu, nada será recusado ao amor. Vinde!

Depois de uma longa viagem, o profeta e as santas mulheres alcançaram cabanas agrupadas em torno de um grande cedro desfolhado, sobre uma montanha amarelada e rochosa. De um lado, as imensas cúpulas de neve do Himavat; do outro, um dédalo de montanhas em toda a profundidade; ao longe, a planície, a Índia perdida como um sonho em uma bruma dourada. Nesse eremitério viviam alguns penitentes vestidos de casca de árvore, com cabelos torcidos em cachos, a barba longa e os pêlos compridos, num corpo todo sujo de lama e de poeira, membros ressequidos pelo sopro do vento e o calor do sol. Alguns não tinham mais que uma pele seca sobre o esqueleto árido.

Ao ver aquele lugar tão triste, Sarasvati exclamou:

— A terra está longe e o céu está mudo. Senhor, por que nos trouxeste para este deserto abandonado por Deus e pelos homens?

Respondeu Krishna:

— Reza, se quiseres que a terra se aproxime e que o céu te fale!

Nichidali, no entanto, disse simplesmente:

— Contigo o céu esteve sempre presente; mas, por que o céu quer nos abandonar agora?

E Krishna falou:

— É preciso que o filho de Maadeva morra atravessado por uma flecha, para que o mundo acredite em sua palavra.

— Explica-nos este mistério.

— Compreendê-lo-eis depois de minha morte. Oremos.

Durante sete dias, eles fizeram orações e abluções. Muitas vezes a fisionomia de Krishna se transfigurava e parecia resplandecer. No sétimo dia, ao pôr-do-sol, as duas mulheres viram arqueiros subindo para o eremitério.

Sarasvati falou:

— Eis os arqueiros de Cansa que te procuram. Senhor, defende-te!

Mas Krishna, de joelhos junto do cedro, não interrompeu sua oração. Os arqueiros chegaram; olharam os penitentes e as mulheres. Eram rudes soldados, de faces amarelas e negras. Ao verem a figura estática do santo, ficaram indecisos. Primeiro, tentaram arrancá-lo de seu êxtase dirigindo-lhe perguntas, injuriando-o e atirando-lhe pedras. Mas nada conseguiu tirá-lo da imobilidade. Então, atiraram-se sobre ele e o amarraram no tronco do cedro. Krishna deixou que tudo se fizesse como em um sonho. Depois, os arqueiros recuaram e, instigando-se uns aos outros, puseram-se a atirar nele.

À primeira flecha que o traspassou, o sangue jorrou e Krishna clamou:

— Vasichita, os filhos do sol estão vitoriosos!

Quando a segunda flecha vibrou em sua carne, ele disse:

— Mãe radiosa, que entrem comigo em tua luz aqueles que me amam!

À terceira flecha, ele disse somente: "Maadeva!" E depois, murmurando o nome de Brama, entregou seu espírito.

O sol já se tinha posto. Um forte vento soprou, uma tempestade de neve desceu do Himavat e se abateu sobre a terra. O céu se cobriu. Um turbilhão negro varreu as montanhas. Aterrados com o que tinham feito, os assassinos fugiram. As duas mulheres, geladas de espanto, caíram desfalecidas como sob uma chuva de sangue.

O corpo de Krishna foi queimado pelos discípulos na cidade santa de Duarca. Sarasvati e Nichidali atiraram-se na fogueira a fim de se juntarem ao mestre. E a multidão acreditou ter visto o filho de Maadeva sair das chamas com um corpo luminoso, levando consigo as duas esposas.

Depois disto, grande parte da Índia adotou o culto de Visnu, que conciliava os cultos solares e os lunares na religião de Brama.

VIII

IRRADIAÇÃO DO VERBO SOLAR

Esta é a lenda de Krishna, reconstituída em seu todo orgânico e reintegrada na perspectiva da história.
Ela esclarece bastante as origens do bramanismo. Certamente é impossível estabelecer, mediante documentos positivos, se por trás do mito de Krishna se esconde um personagem real. O tríplice véu que encobre a eclosão de todas as religiões orientais é mais espesso na Índia do que em qualquer outro lugar. Isto porque os brâmanes, senhores absolutos da sociedade hindu, únicos detentores de suas tradições, muitas vezes as modelaram e retocaram no decurso dos tempos. Todavia, é justo acrescentar que eles conservaram todos os elementos e que, se sua doutrina se desenvolveu com os séculos, o centro dela jamais se deslocou. Não poderíamos, pois, explicar uma figura como a de Krishna à maneira da maior parte dos sábios europeus, dizendo: é um conto de fadas inspirado num mito solar, tecido sobretudo com uma fantasia filosófica. Não é assim, acreditamos nós, que se funda uma religião que dura milhares de anos, que produz uma poesia maravilhosa e várias grandes filosofias, e que resiste ao tremendo ataque do budismo[1], às invasões mongólicas, maometanas, à conquista inglesa, e que con-

---

1. A grandeza de Sáquia Muni reside em sua caridade sublime, em sua reforma moral e na revolução social que ele causou por meio da inversão das castas ossificadas. Buda provocou no bramanismo envelhecido um abalo semelhante ao do protestantismo no

103

serva até na profunda decadência o sentimento de sua elevada e imemorial origem. Não é assim, efetivamente. Pois há sempre um grande homem na origem de uma grande instituição. Considerando o papel dominante da personagem de Krishna na tradição épica e religiosa, seu aspecto humano de um lado, e de outro sua identificação constante com Deus manifesto ou Visnu, somos forçados a crer que ele foi o criador do culto visnuísta, que dá ao bramanismo sua virtude e seu prestígio. É lógico pois admitir que, no meio do caos religioso e social surgido na Índia primitiva através da invasão dos cultos naturalistas e passionais, aparecesse um reformador luminoso, que renovasse a pura doutrina ariana mediante a idéia da trindade e do verbo divino manifesto, selasse sua obra com o sacrifício de sua própria vida, e desse asssim à Índia sua alma religiosa, seu molde nacional e sua organização definitiva.

A importância de Krishna nos parecerá maior ainda, e de um caráter verdadeiramente universal, se notarmos que sua doutrina encerra duas idédias-mães, dois princípios organizadores das religiões e da filosofia esotérica. Quero dizer, a doutrina orgânica da imortalidade da alma ou das existências progressivas por meio da reencarnação, e a doutrina correspondente da trindade ou do Verbo divino revelado no homem. Nada mais fiz, que mostrar o alcance[2] filosófico desta concepção central, que, bem compreendida, tem sua repercussão animadora em todos os domínios da ciência, da arte e da vida. Devo limitar-me, para concluir, a uma observação histórica.

A idéia de que Deus, a Verdade, a Beleza e a Bondade infinitas se revelam no homem consciente com um poder redentor que invade as profunde-

---

catolicismo há trezentos anos; forçou-o a se preparar para a luta e a se regenerar. Sáquia Muni, porém, nada acrescentou à doutrina esotérica dos brâmanes; apenas divulgou algumas de suas partes. Sua psicologia é, no fundo, a mesma, embora seguindo um caminho diferente. (Vide meu artigo sobre a "Lenda de Buda", *Revue des Deux-Mondes*. 1º-07-1885).

Se Buda não figura neste livro, não é porque menosprezamos seu lugar na série dos grandes iniciados, e sim por causa do plano especial desta obra. Cada um dos reformadores ou filósofos escolhidos por nós está destinado a mostrar a doutrina dos Mistérios sob novo aspecto e numa outra etapa de sua evolução. Sob este ponto de vista, Buda seria uma repetição inútil, de um lado, com Pitágoras, através do qual desenvolvi a doutrina da reencarnação e da evolução das almas; por outro, com Jesus Cristo, que proclamou tanto para o Ocidente como para o Oriente a fraternidade e a caridade universais.

Quanto ao livro, aliás muito interessante e digno de ser lido, *Esoteric Buddhism*, de M. Sinnett, cuja procedência algumas pessoas atribuem a pretensos adeptos vivendo atualmente no Tibete, é impossível para mim, até nova ordem, ver nele algo além de uma complicação bastante hábil do bramanismo e do budismo, com algumas idéias da Cabala, de Paracelso, e alguns dados da ciência moderna.

2. Ver a nota sobre Deva, a propósito da visão de Krishna.

zas do céu pela força do amor e do sacrifício, esta idéia, fecunda entre todas, aparece pela primeira vez em Krishna. Ela se personifica no momento em que, ao sair da juventude ariana, a humanidade mergulha cada vez mais no culto da matéria. Krishna revela a idéia do Verbo divino, que jamais será esquecida. A humanidade, desde então, sentirá tanto mais sede de redentores e de filhos de Deus, quanto mais profundamente sentir sua decadência.

Depois de Krishna, inicia-se uma poderosa irradiação do verbo solar através dos templos da Ásia, da África e da Europa. Na Pérsia, será Mitras, o reconciliador do luminoso Ormuz e do sombrio Arimã; no Egito, Hórus, o filho de Osíris e de Ísis; na Grécia, Apolo, o deus do sol e da lira; e Dionísio, o ressuscitador das almas. Em toda parte o deus solar é um deus mediador, e a luz é também a palavra de vida. E não é dela também que brota a idéia messiânica? Seja o que for, foi por intermédio de Krishna que esta idéia surgiu no mundo antigo; e é por Jesus que ela se irradiará sobre toda a Terra.

Na seqüência desta história secreta das religiões, mostrarei como a doutrina do ternário divino se liga à da alma e de sua evolução, como e por que elas pressupõem uma à outra e se completam reciprocamente. Podemos dizer desde já que seu ponto de contato constitui o centro vital, o foco luminoso da doutrina esotérica. Se considerarmos as grandes religiões da Índia, do Egito, da Grécia e da Judéia apenas por seu aspecto exterior, nelas só veremos discórdia, superstição, caos. Porém, penetrem-se nos símbolos, interroguem-se os mistérios, busque-se a doutrina-mãe dos fundadores e dos profetas — e na luz se fará a harmonia. Por caminhos muito diferentes e muitas vezes tortuosos, chegaremos ao mesmo ponto, de sorte que penetrar no arcano de uma dessas religiões é penetrar no de todas as outras. Então, um fenômeno estranho se produz.

Pouco a pouco, mas em uma esfera crescente, vê-se reluzir a doutrina dos iniciados no centro das religiões, como um sol deslindando sua nebulosa. Cada religião aparece como um planeta diferente. Em cada um deles, mudamos de atmosfera e de orientação celeste, mas é sempre o mesmo sol que nos ilumina. A Índia, a grande sonhadora, nos faz mergulhar com ela no sonho da eternidade. O Egito, grandioso, austero como a morte, nos convida à viagem além-túmulo. A encantadora Grécia nos arrebata para as festas mágicas da vida e dá a seus mistérios a sedução de suas formas, ora encantadoras, ora terríveis, de sua alma sempre apaixonada. Pitágoras, enfim, formula cientificamente a doutrina esotérica, dá-lhe a expressão talvez mais completa e a mais sólida que já teve; Platão e os alexandrinos foram apenas seus vulgarizadores. Nós acabamos de remontar à sua origem, nas florestas do Ganges e nas solidões do Himalaia.

LIVRO III

HERMES

OS MISTÉRIOS DO EGITO

> *Alma cega! Arma-te do facho dos Mistérios, e na noite terrestre descobrirás teu luminoso Duplo, tua Alma celeste. Segue este guia divino e que ele seja teu Gênio. Pois ele tem a chave de tuas existências passadas e futuras.*

Apelo aos Iniciados (segundo o *Livro dos Mortos*)

> *Escutai em vós mesmos e olhai no infinito do Espaço e do Tempo. Lá retumbam o canto dos Astros, a voz dos Números, a harmonia das Esferas.*
>
> *Cada sol é um pensamento de Deus e cada planeta um modo desse pensamento. Almas! é para conheceres o pensamento divino que desceis e subis penosamente a estrada dos sete planetas e seus sete céus.*
>
> *Que fazem os astros? Que dizem os Números? Que rolam as Esferas? – Almas perdidas ou salvas! Eles cantam, eles dizem, eles rolam – vossos destinos!*

Fragmento (segundo Hermes)

HERMES

Os Mistérios do Egito

I

A ESFINGE

Diante de Babilônia, metrópole tenebrosa do despotismo, o Egito foi no mundo antigo uma verdadeira cidadela da ciência sagrada, uma escola para seus mais ilustres profetas, um refúgio e um laboratório das mais nobres tradições da humanidade. Graças a imensas escavações e admiráveis trabalhos, conhecemos hoje o povo egípcio melhor do que qualquer outra civilização anterior à grega, pois ele nos reabre sua história escrita em páginas de pedra[1]. Desenterram-se seus monumentos, decifram-se seus hieróglifos; e, no entanto, ainda falta penetrar no mais profundo arcano de seu pensamento. Este arcano é a doutrina oculta de seus sacerdotes, a qual, cientificamente cultivada nos templos, prudentemente velada sob os mistérios, mostra-nos ao mesmo tempo a alma do Egito, o segredo de sua política e seu papel capital na história universal.

Nossos historiadores falam dos faraós no mesmo tom com que se referem aos déspotas de Nínive e de Babilônia. Para eles, o Egito é uma monarquia absoluta e conquistadora como a Assíria, só diferindo dela por ter durado alguns milhares de anos a mais. Teriam levado em consideração que

---

1. Champollion, *L'Egypte sous les Pharaons;* Bunsen, *Aegyptische Alterthümer;* Lepsius, *Denkmaeler;* Paul Pierret, *Le Livre des morts;* François Lenormant, *Histoire des peuples de l'Orient;* Maspero, *Histoire ancienne des peuples de L'Orient,* etc.

na Assíria a realeza esmagou o sacerdócio fazendo dele seu instrumento, enquanto no Egito o sacerdócio disciplinou a realeza, e jamais abdicou, mesmo nas piores épocas, impondo-se aos reis, expulsando os déspotas, governando sempre a nação? E isto, por uma superioridade intelectual, por uma sabedoria profunda e oculta, que nenhum corpo docente jamais igualou em qualquer país ou qualquer tempo. É pouco provável. Pois, muito longe de colher as inúmeras conseqüências desse fato essencial, nossos historiadores apenas o entreviram e parecem não lhe atribuir nenhuma importância. Todavia, não é necessário ser arqueólogo ou lingüista para compreender que o ódio implacável entre a Assíria e o Egito provém de que esses dois povos representam no mundo dois princípios opostos e que o povo egípcio ficou devendo sua longa duração a uma estrutura religiosa e científica mais forte do que todas as revoluções.

Desde a época ariana, através do período agitado que seguiu os tempos védicos até a conquista persa e a época alexandrina, isto é, durante um lapso de mais de cinco mil anos, o Egito foi a fortaleza das mais puras e elevadas doutrinas, cujo conjunto constitui a ciência dos princípios e que se poderia chamar a ortodoxia esotérica da Antigüidade. Cinqüenta dinastias puderam suceder-se e o Nilo pôde carregar seus aluviões sobre cidades inteiras; a invasão fenícia pôde inundar o país e dele ser expulsa. Porém, em meio aos fluxos e refluxos da História, sob a idolatria aparente de seu politeísmo exterior, o Egito conservou o velho fundo de sua teologia oculta e sua organização sacerdotal. Esta resistiu aos séculos como a pirâmide de Gisé, meio soterrada na areia, mas intacta.

Graças a esta imobilidade de esfinge guardando seu segredo, a esta resistência de granito, o Egito tornou-se o eixo em torno do qual evoluiu o pensamento religioso da humanidade, passando da Ásia para a Europa. A Judéia, a Grécia, a Etrúria, igualmente almas de vida que formaram civilizações diversas. Mas, onde colheram elas suas idéias-mães, senão na reserva orgânica do velho Egito? Moisés e Orfeu criaram duas religiões opostas e prodigiosas, uma com seu áspero monoteísmo, outra com seu politeísmo efervescente. Porém, em que molde se formou seu gênio? Onde encontrou a força, a energia, a audácia para reformar um povo semi-selvagem, como o bronze numa fornalha, e o outro, a magia de fazer falar os deuses, como uma lira afinada, à alma de seus bárbaros encantados? Nos templos de Osíris, na antiga Tebas, que os iniciados chamavam de cidade do sol ou Arca Solar — porque ela continha a síntese da ciência divina e todos os segredos da iniciação.

Todos os anos, no solstício do verão, quando caem as chuvas torrenciais da Abissínia, o Nilo muda de cor e adquire o tom de sangue a que se refere a Bíblia. O rio aumenta até o equinócio do outono e esconde sob as vagas o horizonte de suas margens. Mas, de pé sobre seus planaltos graníticos, sob o sol deslumbrante, os templos talhados em rocha viva, as necrópoles, os pilões e as pirâmides refletem a majestade de suas ruínas no Nilo transformado em mar. Assim o sacerdócio egípcio atravessou os séculos com sua organização e seus símbolos, os arcanos de sua ciência por longo tempo impenetráveis. Nesses templos, criptas e pirâmides elaborou-se a famosa doutrina do Verbo-Luz, da Palavra universal, que Moisés encerrará em sua arca de ouro e da qual Cristo será a chama viva.

A verdade é imutável em si mesma; só ela sobrevive a tudo; porém ela muda de morada como de formas e suas revelações são intermitentes. "A luz de Osíris", que outrora iluminava para os iniciados as profundezas da natureza e as abóbadas celestes, extinguiu-se para sempre nas criptas abandonadas. Cumpriu-se a profecia de Hermes e Asclépio: "Egito! Egito! não restarão de ti senão fábulas inacreditáveis para as futuras gerações, e de ti só ficarão palavras talhadas nas pedras".

Entretanto, é um raio deste misterioso sol dos santuários que queremos fazer reviver, seguindo a via secreta da antiga iniciação egípcia, tanto quanto o permite a intuição esotérica e a fugaz refração das eras.

Mas, antes de entrar no templo, lancemos um rápido olhar sobre as grandes fases que o Egito atravessou antes do tempo dos hicsos.

Quase tão velha quanto a carcaça de nossos continentes, a primeira civilização egípcia remonta à antiga raça vermelha. A esfinge colossal de Gisé[2], junto da grande pirâmide, é sua obra. No tempo em que o Delta não existia ainda (formado mais tarde pelos aluviões do Nilo), o animal monstruoso e simbólico já estava deitado na colina de granito, diante da cadeia dos montes líbios e olhava o mar quebrar-se a seus pés, lá onde se estende hoje a areia do deserto. A esfinge, primeira criação do Egito, tornou-se seu símbolo principal, sua marca característica. O mais antigo sacerdócio humano a esculpiu, imagem de natureza calma e temível em seu mistério. Uma cabeça de homem sai de um corpo de touro com garras de leão, e asas de águia curvam-se sobre seus flancos. É Ísis terrestre, a natureza na unidade viva de seus reinos. Pois já nos tempos imemoriais os sacerdotes sabiam e ensinavam que, na grande evolução, a natureza humana emerge da natureza animal. Naquele composto de touro, leão, águia e homem estão também encerrados os quatro animais da visão de Ezequiel, representando quatro elementos constitutivos do microcosmo e do macrocosmo: a água, a terra, o ar e o fogo, bases da ciência oculta. Eis por que, nos séculos posteriores, quando os iniciados viram o animal sagrado deitado no limiar dos templos ou no fundo das criptas, sentiram viver este mistério neles próprios e curvaram em silêncio as asas do espírito sobre a verdade interior. Pois antes de

---

2. Em uma inscrição da 4ª dinastia, fala-se da esfinge como um monumento cuja origem se perde na noite dos tempos, que foi encontrado fortuitamente sob o reinado desse príncipe, coberto pela areia do deserto e esquecido por longas gerações. Fr. Lenormant, *Hist. d'Orient*, II, 55. — Ora, a 4ª dinastia nos leva a 4.000 anos antes de Cristo. Por aí pode-se deduzir a antigüidade da Esfinge!

Édipo, eles souberam que a palavra do enigma da esfinge era o homem, o microssomo, o agente divino, que resume todos os elementos e todas as forças da natureza.

A raça vermelha, pois, não deixou outra testemunha de si mesma além da esfinge de Gisé, prova irrecusável de que ela havia formulado e resolvido à sua maneira o grande problema.

II

HERMES

A raça negra, que sucedeu à raça vermelha do domínio do mundo, fez do Alto Egito seu principal santuário. O nome de Hermes-Tote, misterioso e primeiro iniciador do Egito nas doutrinas sagradas, relaciona-se, sem dúvida, a uma primeira e pacífica mistura da raça branca com a negra, nas regiões da Etiópia e do Alto Egito, muito tempo antes da época ariana.

Hermes é um nome genérico, como Manu e Buda. Designa ao mesmo tempo um homem, uma casta e um deus. O homem, Hermes, é o primeiro, o grande iniciador do Egito; casta, é o sacerdócio depositário das tradições ocultas; deus, é o planeta Mercúrio, assimilado com sua esfera a uma categoria de espíritos, de iniciadores divinos; em resumo, Hermes preside à região supraterrestre da iniciação celestial.

Na economia espiritual do mundo, todas essas coisas estão ligadas por secretas afinidades, como que por um fio invisível. O nome de Hermes é um talismã que as sintetiza, um som mágico que as evoca. Daí seu prestígio. Os gregos, discípulos dos egípcios, chamaram-no Hermes Trimegisto ou *três vezes grande*, porque era considerado rei, legislador e sacerdote. Ele representa uma época em que o sacerdócio, a magistratura e a realeza estavam reunidos em um só corpo governamental. A cronologia egípcia de Maneton denomina esta época de reino dos deuses. Ainda não havia o papiro nem a escrita fonética; mas já existia a ideografia sagrada e a ciência do sacerdócio estava inscrita em hieróglifos nas colunas e nas paredes das criptas. Consideravelmente aumentada, ela passou mais tarde às bibliotecas dos templos. Os egípcios atribuíam a Hermes 42 livros sobre a ciência oculta. O livro grego conhecido sob o nome de *Hermes Trimegisto* encerra certamente restos alterados, mas infinitamente preciosos, da antiga teogonia que é como o *fiat lux*, de onde Moisés e Orfeu receberam seus primeiros raios. A doutrina do Fogo-Princípio e do Verbo-Luz, contida na *Visão de Hermes*, será o vértice e o centro da iniciação egípcia.

Tentaremos dentro em pouco reencontrar esta visão dos mestres, esta rosa mística que só desabrochou na noite do santuário e no arcano das grandes religiões. Algumas palavras de Hermes, impregnadas da antiga sabedoria, são bem elaboradas para nos prepararmos. "Nenhum de nossos pensamentos — disse ele ao discípulo Asclépio — poderia conceber Deus, nem linguagem alguma defini-lo. O que é incorporal, invisível, sem forma, não pode ser apreendido por nossos sentidos; o que é eterno não poderia ser medido pela curta regra do tempo; Deus, portanto, é inefável. Deus pode, é verdade, comunicar a alguns eleitos a faculdade de se elevar acima das coisas naturais, a fim de perceber algum vislumbre de sua suprema perfeição — mas esses eleitos não encontram palavras para traduzir em linguagem vulgar a imaterial visão que os fez estremecer. Podem explicar à humanidade as causas secundárias das criações que passam sob seus olhos como imagens da vida universal, mas a causa primeira permanece velada e só chegaremos a compreendê-la atravessando a morte." É assim que Hermes falava de Deus desconhecido no limiar das criptas. Os discípulos que penetravam com ele em suas profundezas aprendiam a conhecê-lo como um ser vivo[1].

O livro fala de sua morte como da partida de um deus. "Hermes viu o conjunto das coisas, e, tendo visto, ele compreendeu; e tendo compreendido, ele tinha o poder de manifestar e de revelar. O que ele pensou, ele escreveu; o que ele escreveu ocultou em grande parte, simultaneamente falando e calando-se com sabedoria para que toda a duração do mundo procurasse essas coisas. E assim, tendo ordenado aos deuses, seus irmãos, que lhe servissem de cortejo, ele subiu às estrelas."

---

1. A teologia sábia, esotérica, diz M. Maspero, é monoteísta desde os tempos do Antigo Império. A afirmação da unidade fundamental do ser divino se expressa em termos formais e com grande energia nos textos que remontam àquela época. Deus é uno, único, aquele que existe pela essência, o que vive só em substância, o único gerador no céu e sobre a terra que não foi gerado. Ao mesmo tempo Pai, Mãe e Filho, ele gera, ele procria e é, perpetuamente; e estas três pessoas, longe de dividir a unidade da natureza divina, concorrem para sua infinita perfeição. Seus atributos são a imensidade, a eternidade, a independência, a vontade todo-poderosa, a bondade sem limite. "Ele criou seus próprios membros, que são os Deuses", dizem os velhos textos. Cada um desses deuses secundários, considerados idênticos ao Deus Único, pode formar um tipo novo, de onde emanam por sua vez, e pelo mesmo processo, outros tipos inferiores. — *Histoire ancienne des peuples de l'Orient*.

Pode-se, a rigor, isolar a história política dos povos, mas não se pode separar sua história religiosa. As religiões da Assíria, do Egito, da Judéia, da Grécia só podem ser compreendidas quando se toma seu ponto de ligação com a antiga religião indo-ariana. Consideradas em particular são enigmas e charadas; vistas em conjunto e do alto, constituem uma soberba evolução, onde tudo se comanda e se explica reciprocamente. Em resumo, a história de uma religião será sempre estreita, supersticiosa e falsa. Nada existe de verdadeiro, a não ser a história religiosa da humanidade. A esta altura, só se sentem as correntes que dão a volta ao globo. O povo egípcio, o mais independente e o mais fechado de todos às influências exteriores, não pode esquivar-se a esta lei universal.

Cinco mil anos antes de nossa era, a luz de Rama, acesa no Irã, brilhou sobre o Egito e tornou-se a lei de Âmon-Rá, o Deus solar de Tebas. Essa constituição permitiu-lhe enfrentar muitas revoluções. Menes foi o primeiro rei justo, o primeiro faraó executor daquela lei. Ele procurou não negar a antiga teologia do Egito, que também era a sua. Apenas confirmou-a e a fez desabrochar; a ela acrescentando uma organização social nova: o sacerdócio, isto é, o ensinamento, a um primeiro conselho; a justiça, a um outro; o governo, aos dois; a realeza foi concebida como sua delegação e submetida ao seu controle; a independência relativa dos nomos ou comunas, na base da sociedade. A isto podemos chamar governo dos iniciados. Seu princípio fundamental era uma síntese das ciências conhecidas sob o nome de Osíris (O-Sir-Is), o senhor intelectual. A grande pirâmide e o gnomo matemático são seu símbolo. O faraó, que recebia seu nome iniciático no templo, que exercia a arte sacerdotal e real sobre o trono, era um personagem muito diferente do déspota assírio, cujo poder arbitrário apoiava-se no crime e no sangue. O faraó era o iniciado coroado, ou pelo menos aluno e instrumento dos iniciados. Durante séculos, os faraós defenderão, contra a Ásia que se tornara despótica e contra a Europa anárquica, a lei do Carneiro, que representava então os direitos da justiça e da arbitragem internacional.

Por volta do ano 2.000 antes de Cristo, o Egito sofreu a crise mais terrível que um povo pode atravessar: a invasão estrangeira e uma semiconquista. A invasão fenícia era a conseqüência do grande cisma religioso asiático, que sublevara as massas populares, semeando a discórdia nos templos. Liderada pelos reis-pastores chamados hicsos, essa invasão derramou seu dilúvio sobre o Delta e o Médio-Egito. Os reis cismáticos traziam com eles uma civilização corrompida, a indolência jônia, o luxo asiático, os costumes do harém, uma idolatria grosseira. A existência nacional do Egito estava comprometida, sua intelectualidade em perigo, sua missão universal ameaçada. Mas o Egito tinha uma alma de vida, isto é, um corpo organizado de iniciados, depositários da antiga ciência de Hermes e de Âmon-Rá. O que fizeram eles? Retiraram-se para o fundo de seus santuários, recolheram-se em si mesmos para melhor resistirem ao inimigo. Aparentemente, o sacerdócio se curvou diante da invasão e reconheceu os usurpadores que traziam a lei do Touro e o culto do boi Ápis. Entretanto, ocultos nos templos, os dois conselhos lá guardavam, como um depósito sagrado, sua ciência, suas tradições, a antiga e pura religião e, com ela, a esperança de uma restauração da dinastia nacional.

Foi por essa época que os sacerdotes espalharam entre a multidão a lenda de Ísis e de Osíris, do desmembramento deste último e de sua próxima ressurreição através do filho, Hórus, o qual reencontraria seus membros esparsos trazidos pelo Nilo. Excitou-se a imaginação da multidão mediante a pompa das cerimônias públicas. Manteve-se seu amor pela velha religião representando-lhe as infelicidades da deusa, suas lamentações pela perda do esposo celeste e a esperança que tinha no filho, Hórus, o divino mediador. Mas, ao mesmo tempo, os iniciados julgaram necessário tornar a verdade esotérica inatacável, ocultando-se sob um tríplice véu. À difusão do culto popular de Ísis e de Osíris corresponde a organização interior e sábia dos pequenos e grandes Mistérios, cercados de barreiras intransponíveis, de perigos terríveis. Inventaram-se provas morais, exigiu-se o juramento do silêncio e a pena de morte foi rigorosamente aplicada contra os iniciados que divulgassem o mínimo detalhe dos Mistérios. Graças a essa organização severa, a iniciação egípcia tornou-se não somente refúgio da doutrina esotérica, mas ainda cadinho de uma ressurreição nacional e escola das futuras religiões. Enquanto os usurpadores coroados reinavam em Menfis, Tebas preparava lentamente a regeneração do país. De seu templo, de sua arca solar, saiu o salvador do Egito, Amos, que expulsou os hicsos após nove séculos de domínio, restaurando os direitos da ciência egípcia e da varonil religião de Osíris. Assim os Mistérios salvaram a alma do Egito da tirania estrangeira, e para o bem da humanidade. Pois, naquela época, era tal a força da sua disciplina, o poder de sua iniciação, que eles continham a melhor força moral e a mais alta seleção intelectual.

A iniciação antiga repousava em uma concepção do homem ao mesmo tempo mais sadia e mais elevada do que a nossa. Nós dissociamos a educação do corpo, da alma e do espírito. Nossas ciências físicas e naturais, bastante avançadas em si mesmas, abstraem o princípio da alma e de sua difusão no Universo; nossa religião não satisfaz às necessidades da inteligência; nossa medicina nada quer saber nem da alma nem do espírito. O homem contemporâneo procura o prazer sem a felicidade, a felicidade sem a ciência, e a ciência sem a sabedoria. A antigüidade não admitia semelhante separação. Em todos os domínios, ela levava em conta a tríplice natureza do homem. A iniciação era um treino gradual de todo ser humano rumo aos cumes vertiginosos do espírito, de onde se pode dominar a vida. "Para atingir o domínio — diziam os sábios de então — o homem tem necessidade de uma refundição total de seu ser físico, moral e intelecutal. Ora, esta refundição só é possível mediante o exercício simultâneo da vontade, da intuição e do raciocínio. Por meio de sua completa concordância, o homem pode desenvolver suas faculdades até limites incalculáveis. A alma tem sentidos adormecidos; a iniciação os desperta. Através de um estudo aprofundado, uma aplicação constante, o homem pode colocar-se em comunicação consciente com as forças ocultas do Universo. Através de um esforço prodigioso, ele pode atingir a percepção espiritual direta, abrir os caminhos do além e tornar-se capaz de se dirigir para lá. Somente então pode dizer que venceu o destino e conquistou aqui na terra sua liberdade divina. Somente então o iniciado pode tornar-se iniciador, profeta e teurgo, isto é, vidente e criador de almas. Porque somente aquele que comanda a si mesmo pode comandar os outros; somente aquele que é livre pode libertar."

Assim pensavam os iniciados antigos. Os maiores deles viviam e agiam de acordo com esse pensamento. A verdadeira iniciação, portanto, era muito diferente de um sonho vazio e muito mais do que um simples ensinamento científico; era a criação de uma alma por ela mesma, sua eclosão em um plano superior, sua eflorescência no mundo divino.

Coloquemo-nos no tempo dos Ramsés, na época de Moisés e de Orfeu, cerca do ano 1.300 antes de nossa era — e esforcemo-nos para penetrar no coração da iniciação egípcia. Os monumentos figurados, os livros de Hermes, a tradição judaica e a grega[2] permitem fazer reviver as fases ascendentes e fazer uma idéia de sua mais alta revelação.

---

2. 'IAMBAIXOV, $\pi \epsilon \rho \iota$ M$\nu \sigma \tau \eta \rho \iota \omega \nu$ $\lambda o \gamma o$s.

III

ÍSIS. A INICIAÇÃO. AS PROVAS

No tempo dos Ramsés, a civilização egípcia resplandecia no apogeu de sua glória. Os faraós da XXª dinastia, discípulos e guardiães dos santuários, sustentavam como verdadeiros heróis a luta contra Babilônia. Os arqueiros egípcios assediavam os líbios, os bodones, os númidas até o centro da África. Uma frota de 400 velas perseguia a liga dos cismáticos até as bocas do Indo. Para melhor resistir ao choque da Assíria e de seus aliados, os Ramsés haviam traçado retas estratégicas até o Líbano e constituído uma série de fortes entre Magedo e Carquemiche. Intermináveis caravanas afluíram, pelo deserto, de Radasié a Elefantina. Os trabalhos de arquitetura prosseguiam sem descanso e ocupavam os operários de três continentes. A sala hipostila de Carnac fora recuperada e aí cada pilar atinge a altura da coluna Vendôme; o templo de Ábidos se enriquecia com maravilhosas esculturas e o Vale dos Reis, com grandiosos monumentos. Construía-se em Bubasta, em Lucsor, em Espeos Ibsambul. Em Tebas, um troféu colossal relembrava a tomada de Cadesh. Em Mênfis, erguia-se o Ramesseum cercado de uma floresta de obeliscos, estátuas e monolitos gigantes.

Em meio a essa atividade efervescente, a essa vida ofuscante, mais de um estrangeiro que aspirava aos Mistérios, vindo das plagas longínquas da Ásia Menor ou das montanhas da Trácia, abordava o Egito, atraído pela reputação de seus templos! Ao chegar a Mênfis, ele ficava estupefato: monumentos, espetáculos, festas públicas, tudo lhe dava impressão de opulência e de grandeza. Após a cerimônia da consagração real no recesso do santuário, ele via o faraó sair do templo diante da multidão, exibir o escudo sustentado por doze oficiais paramentados de seu estado-maior. À sua frente, doze jovens levitas mantinham sobre almofadas bordadas de ouro as insígnias reais: o cetro dos arbítrios com cabeça de carneiro, a espada, o arco e um jogo de armas. Atrás seguiam a casa real, os colégios sacerdotais e os iniciados nos grandes e nos pequenos mistérios. Os pontífices traziam a tiara branca e em seu peito reluziam como fogo as pedras simbólicas. Os dignitários da coroa ostentavam as decorações do Cordeiro, do Carneiro, do Leão, do Lis e da Abelha, suspensas por correntes maciças admiravelmente trabalhadas. As corporações fechavam a marcha com seus emblemas e suas bandeiras desfraldadas[1]. À noite, barcas magnificamente ornamentadas conduziam pelos lagos artificiais as orquestras reais, no meio das quais perfilavam-se em poses hieráticas dançarinas e saltimbancos.

Mas não era essa pompa esmagadora que o estrangeiro procurava. O que o trazia de tão longe era o desejo de penetrar no segredo das coisas, a sede de saber. Tinham-lhe dito que nos santuários do Egito viviam magos, hierofantes possuidores da ciência divina. Ele também queria ter acesso ao segredo dos deuses. Ouvira falar, por um sacerdote de seu país, do *Livro dos Mortos*, de seu rolo misterioso que se colocava sob a cabeça das múmias como um viático e que, segundo os sacerdotes de Âmon-Rá, narrava em linguagem simbólica a viagem de além-túmulo da alma. O estrangeiro acompanhara com ávida curiosidade e um certo estremecimento interior mesclado de dúvida essa longa viagem da alma após a vida; sua expiação em uma região ardente; a purificação do seu invólucro sideral; o encontro com o mau piloto sentado na barca com a cabeça virada e o bom piloto, que olha de frente; o companheiro diante dos quarenta e dois juízes terrestres; sua justificação por Tote; e, finalmente, sua entrada e sua transfiguração na luz de Osíris. Podemos aquilatar o poder deste livro e a revolução total que a iniciação egípcia operava nos espíritos, pela passagem do *Livro dos Mortos* que diz o seguinte: "Este capítulo foi achado em Hermópolis, em escrita azul sobre uma laje de alabastro, aos pés do deus Tote (Hermes), no tempo do rei Mencara, pelo príncipe Hatastefe, quando ele viajava para inspecionar os templos. Ele transportou a pedra para o templo real. Oh! grande segredo! Quando ele leu este capítulo, não viu mais nada, não ouviu mais nada, não se aproximou mais de nenhuma mulher e não comeu mais carne nem peixe"[2]. Porém, o que havia de verdadeiro nessas narrativas perturbadoras, nessas imagens hieráticas por detrás das quais reluzia o terrível mistério de além-túmulo? — Ísis e Osíris o sabem! diziam. Mas que deuses

---

1. Ver as pinturas murais dos tempos de Tebas, reproduzidas no livro de François Lenormant e o capítulo sobre o Egito na *Mission des Juifs*, de M. Saint-Yves d'Alveydre.
2. *Livro dos Mortos*, cap. LXIV.

seriam esses, dos quais só se falava com um dedo sobre a boca? Para sabê-lo é que o estrangeiro batia à porta do grande Templo de Tebas ou Mênfis.

Os servos o conduziam sob o pórtico de um pátio interno, cujos pilares enormes pareciam lótus gigantescos sustentando, com sua força e sua pureza, a Arca solar, o templo de Osíris. O hierofante se aproximava do novato. A majestade de seu porte, a tranqüilidade de sua fisionomia, o mistério de seus olhos negros, impenetráveis, mas repletos de luz interior, já de certa maneira, inquietavam o postulante. Este olhar perfurava como uma punção. O estrangeiro se sentia diante de um homem do qual nada seria possível esconder. O sacerdote de Osíris o interrogava sobre sua cidade natal, sobre sua família e sobre o templo que o instruíra. Se, nesse curto mas penetrante exame, ele fosse julgado indigno dos mistérios, um gesto silencioso, porém irrevogável, mostrava-lhe a porta. Se, contudo, o hierofante encontrasse no aspirante o desejo sincero da verdade, pedia-lhe que o seguisse. Atravessavam pórticos, pátios internos, depois, por uma avenida talhada na rocha, a céu aberto e guarnecida de estrelas e de esfinges, chegavam a um pequeno templo que servia de entrada às criptas subterrâneas. A porta era dissimulada por uma estátua de Ísis em tamanho natural. A deusa, sentada, segurava um livro fechado sobre os joelhos, numa atitude de meditação e de recolhimento. Seu rosto estava velado e, sob a estátua, se lia: *Nenhum mortal levantou meu véu.*

Dizia-lhe, então, o hierofante:

— Eis aqui a porta do santuário oculto. Olha estas duas colunas. A vermelha representa a ascensão do espírito para a luz de Osíris; a negra significa o seu cativeiro na matéria, e esta queda pode ir até o aniquilamento. Todo aquele que aborda nossa ciência e nossa doutrina aí arrisca sua vida. A loucura ou a morte, eis o que encontra o fraco ou o mau; somente os fortes e os bons encontram a vida e a imortalidade. Muitos, imprudentes, entraram por esta porta e não saíram vivos. É um abismo que só restitui à luz os intrépidos. Portanto, reflete muito no que vais fazer, nos perigos que vais correr e, se tua coragem não for bastante para toda prova, renuncia à empresa. Pois, uma vez que esta porta se fechar sobre ti, não poderás mais recuar.

Se o estrangeiro persistia em sua resolução, o hierofante o levava para o pátio externo e o recomendava aos servidores do templo, com os quais ele devia passar uma semana, obrigado aos trabalhos mais humildes, escutando hinos e fazendo abluções. Recomendavam-lhe o silêncio mais absoluto.

Chegando, a noite das provas, dois neócoros[3] ou assistentes levavam o aspirante aos mistérios à porta do santuário oculto. Entrava-se em um vestíbulo escuro, sem saída aparente. Dos dois lados dessa sala lúgubre, à luz

---

3. Por ser mais inteligível, empregamos aqui a tradução grega dos termos egípcios.

de tochas, o estrangeiro via uma fila de estátuas com corpos de homens e cabeça de animais — leões, touros, aves de rapina, serpentes —, que pareciam fitá-lo, zombando dele enquanto passava. Ao fim desta sinistra avenida, que se atravessava sem pronunciar uma única palavra, havia uma múmia e um esqueleto humano, de pé, de frente um para o outro. E, com um gesto mudo, os dois neócoros mostravam ao noviço um buraco no muro à sua frente. Era a entrada de um corredor tão baixo que só se podia penetrar arrastando-se.

Dizia-lhe um dos assistentes:

— Podes ainda voltar. A porta do santuário ainda não foi fechada. Caso contrário, deves continuar teu caminho por ali, e sem retorno.

Então, o noviço respondia, reunindo toda sua coragem:

— Eu fico!

Entregavam-lhe, então, uma pequena lâmpada acesa. Os **neócoros** regressavam e fechavam com estrondo a porta do santuário. Não era possível mais hesitar, era preciso entrar no corredor. Apenas começava a rastejar sobre os joelhos, com a lâmpada na mão, ele ouvia uma voz dizer, do fundo do subterrâneo: "Aqui morrem os loucos que cobiçaram a ciência e o poder". Graças a um maravilhoso efeito acústico, essa frase era repetida sete vezes por meio de ecos distanciados. Era preciso avançar, todavia. O corredor se alargava, mas descia em rampa cada vez mais inclinada. Enfim, o viajante destemido se encontrava diante de um funil que terminava num buraco. Uma escada de ferro lá se perdia; o noviço aí se arriscava. No último degrau, seu olhar sobressaltado desaparecia num poço assustador. Sua pobre lâmpada de nafta, que ele apertava convulsivamente com a mão trêmula, projetava uma luz difusa nas trevas sem fundo. O que fazer? Acima dele, o retorno era impossível; para baixo, a queda na escuridão, na noite aterradora. Nessa angústia, ele percebia uma fenda à esquerda. Agarrado à escada com uma das mãos e com a outra focalizando a lâmpada, ele aí via degraus. Outra escada! Era a salvação! Para ela se atirava, subia e escapava do abismo. A escada, furando a rocha como uma verruma, subia em espiral. No fim, o aspirante esbarrava numa grade de bronze que dava para uma larga galeria, sustentada por enormes cariátides. Nos intervalos, na parede, viam-se duas fileiras de pinturas simbólicas. Havia doze de cada lado, suavemente iluminadas por lâmpadas de cristal que as belas cariátides seguravam.

Um mago, chamado *pastóforo* (guardião dos símbolos sagrados) abria a grade ao noviço e o acolhia com um sorriso benevolente. Felicitava-o por ter felizmente vencido a primeira prova; depois, conduzindo-o através da galeria, explicava-lhe as pinturas sagradas. Embaixo de cada uma dessas pinturas, havia uma letra e um número. Os vinte e dois símbolos representavam os vinte e dois primeiros arcanos e constituíam o alfabeto da ciência oculta, quer dizer, os princípios absolutos, as chaves universais que, aplicadas pela vontade, tornam-se a fonte de toda a sabedoria e de todo o poder. Esses princípios se fixavam na memória pela correspondência com as letras da linguagem sagrada e com os números que se ligam a estas letras. Cada letra e cada número exprime, nessa linguagem, uma lei ternária, tendo sua repercussão no *mundo divino,* no *mundo intelectual* e no *mundo físico.* Assim como o dedo que tange uma corda da lira faz ressoar uma nota da gama e vibrar todas as suas harmonias, assim também o espírito que contempla todas as virtualidades de um número, a voz que profere uma letra com a consciência de seu alcance, evocam um poder que repercute nos três mundos.

É assim que a letra *A*, que corresponde ao número *1*, exprime *no mundo divino*: Ser absoluto de onde emanam todos os seres; *no mundo intelectual*: a unidade, fonte e síntese dos números; *no mundo físico*: o homem, ápice dos seres relativos, que, pela expansão de suas faculdades, se eleva nas esferas concêntricas do infinito. — O arcano *1* era representado, entre os egípcios, por um mago de vestimenta branca, cetro na mão, a fronte cingida de uma coroa de ouro. A veste branca significava a pureza, o cetro, o domínio, a coroa de ouro, a luz universal.

O noviço estava longe de compreender tudo o que ouvia de estranho e de novo; mas perspectivas desconhecidas se entreabriam diante dele à palavra do pastóforo, diante das belas pinturas que o olhavam com a impassível gravidade dos deuses. Atrás de cada uma delas, ele vislumbrava por meio de revelações uma série de pensamentos e de imagens subitamente evocadas. Pela primeira vez ele pressentia *o interior* do mundo através da cadeia misteriosa das causas. Assim, de letra em letra, de número em número, o mestre ensinava ao discípulo o sentido dos arcanos, e o conduzia de *Ísis Urânia* ao *carro de Osíris*, pela *torre fulminada* à *estrela flamejante,* e finalmente à *coroa dos magos.* "Fica sabendo — dizia o pastóforo — o que quer dizer esta coroa: toda vontade que se une a Deus, para manifestar a verdade e operar a justiça, participa já nesta vida do poder divino sobre os seres e as coisas, como recompensa eterna dos espíritos livres." Enquanto ouvia o mestre, o neófito experimentava um misto de surpresa, de temor e de arrebatamento. Eram os primeiros clarões do santuário, e a verdade entrevista lhe parecia a aurora de uma divina recordação.

Mas as provas não tinham ainda terminado. Acabando de falar, o pastóforo abria uma porta que dava acesso a outra abóbada estreita e longa, em cuja extremidade crepitava uma fornalha ardente. E o noviço, trêmulo, olhava seu guia e dizia:

— Mas isto é a morte!

— Filho — respondia o pastóforo — a morte só apavora as naturezas abortadas. Outrora, atravessei estas chamas como se fossem um roseiral.

E a grade da galeria dos arcanos se fechou atrás do postulante. Aproximando-se da barreira de fogo, ele percebia que a fornalha se resumia a uma ilusão de ótica criada por leves entrelaçamentos de ramos resinosos, dispostos em quincunce sobre grelhas. Uma vereda desenhada no meio permitia-lhe passar rapidamente. À *prova do fogo* sucedia a *prova da água.* O aspirante era forçado a atravessar uma água morta e negra, ao clarão de um incêndio de nafta que se acendia por trás dele, no quarto do fogo. Depois disto, dois assistentes o conduziam, todo trêmulo ainda, a uma gruta obscura onde se via apenas um leito macio, misteriosamente iluminado pela meialuz de uma lâmpada de bronze suspensa na abóbada. Secavam-lhe o corpo, faziam-lhe massagem com essências aromáticas, vestiam-no de fino linho e deixavam-no só, depois de lhe terem dito: "Repousa e espera o hierofante".

O noviço estendia os membros cansados sobre o tapete suntuoso do leito. Depois das emoções diversas por que passara, esse momento de calma lhe parecia doce. As pinturas sagradas que vira, todas aquelas figuras estranhas, as esfinges, as cariátides voltavam à sua imaginação. Porém, por que uma daquelas pinturas se repetia como uma alucinação? Ele revia obstinadamente o arcano X representado por uma roda suspensa sobre seu eixo entre duas colunas. De um lado sobe Hermanubis, o gênio do Bem, belo como um jovem efebo; do outro, Tifon, o gênio do Mal, com a cabeça baixa, se precipita no abismo. Entre os dois, acima da roda, está sentada uma esfinge segurando na garra uma espada.

O vago som de uma música lasciva, que parecia partir do fundo da gruta, desvanecia aquela imagem. Eram sons leves e indefinidos, de um langor triste e penetrante. Um tinido metálico vinha afagar seus ouvidos, misturado aos trêmulos harpejos, de onde escapavam sons de flauta, suspiros ofegantes como um sopro ardente. Envolto num sonho de fogo, o estrangeiro fechava os olhos. Ao reabri-los, via a alguns passos do leito uma aparição perturbadora de vida e de infernal sedução. Uma mulher de Núbia, vestida em gaze de púrpura transparente, um colar de amuletos ao pescoço, semelhante às sacerdotisas de Milita, lá estava, de pé, cobrindo-o com o olhar e segurando com a mão esquerda uma taça coroada de rosas. Ela era do tipo núbio, cuja sensualidade intensa e capitosa concentra todos os poderes do animal feminino: maçãs salientes, narinas dilatadas, lábios polpudos como um fruto vermelho e saboroso. Seus olhos negros brilhavam na penumbra. O noviço erguia-se e, surpreso, não sabendo se devia tremer ou rejubilar-se, cruzava instintivamente as mãos sobre o peito. Mas a escrava avançava a passos lentos e, com as pálpebras descerradas, murmurava em voz baixa: "Tens medo de mim, belo estrangeiro? Trago-te a recompensa dos vencedores, o esquecimento das penas, a taça da felicidade..." O noviço hesitava; então, como que tomada de lassidão, a núbia sentava-se no leito e envolvia o estrangeiro com um olhar suplicante como uma longa chama úmida. Infeliz dele se ousasse tocá-la, se se inclinasse sobre aquela boca, se se inebriasse com os perfumes pesados que subiam daquelas espáduas bronzeadas. Uma vez que houvesse tomado aquela mão e molhado os lábios naquela taça, estaria perdido... e rolaria no leito preso num amplexo ardente. Mas, depois da satisfação selvagem do desejo, o líquido que bebera mergulhava-o num sono pesado. Ao despertar, via-se só, angustiado. A lâmpada lançava uma claridade fúnebre sobre o leito em desordem. Um homem estava de pé, diante dele. Era o hierofante, que lhe dizia:

— Venceste as primeiras provas. Triunfaste sobre a morte, o fogo e a água; mas não soubeste vencer a ti mesmo. Tu, que aspiras às alturas do espírito e do conhecimento, sucumbiste à primeira tentação dos sentidos e tombaste no abismo da matéria. Quem vive escravo dos sentidos, vive nas trevas. Preferiste as trevas à luz; fica, pois, nas trevas. Eu te adverti dos perigos aos quais te expunhas. Salvaste tua vida, mas perdeste a liberdade. Permanecerás, sob pena de morte, escravo do templo.

Se, ao contrário, o aspirante houvesse derramado a taça e repelido a tentadora, doze neócoros armados de tochas vinham cercá-lo para conduzi-lo triunfalmente ao santuário de Ísis, onde os magos em semicírculo e vestidos de branco aguardavam-no em assembléia plenária. No fundo do templo esplendidamente iluminado, ele percebia a estátua colossal de Ísis em metal fundido, uma rosa de ouro ao peito e coroada de um diadema de sete raios de luz, trazendo nos braços o filho Hórus. Diante da deusa, o hierofante vestido de púrpura recebia o neófito e, sob as mais terríveis imprecações, mandava-o fazer o juramento do silêncio e da submissão. Então, saudava-o em nome de toda a assembléia como um irmão e como um futuro iniciado. Diante destes augustos mestres, o discípulo de Ísis acreditava-se em presença dos deuses. Dignificado acima de si mesmo, pela primeira vez ele penetrava na esfera da verdade.

IV

OSÍRIS. A MORTE E A RESSURREIÇÃO

No entanto, o noviço não fora além do limiar da iniciação. Pois começavam agora os longos anos de estudo e de aprendizagem. Antes de chegar a Ísis Ucrânia, ele devia conhecer a Ísis terrestre, instruir-se nas ciências físicas e androgônicas. Seu tempo se dividia entre as meditações em sua cela, o estudo dos hieróglifos nas salas e nos pátios do templo tão vasto quanto uma cidade, e as lições dos mestres. Ele aprendia a ciência dos minerais e das plantas, a história do homem e dos povos, a medicina, a arquitetura e a música sacra. Nessa longa aprendizagem, ele não devia somente *conhecer,* mas *transformar-se,* ganhar força por meio da renúncia.

Os sábios antigos acreditavam que o homem somente possui a verdade se ela se tornar uma parte do íntimo de seu ser, um ato espontâneo da alma. Durante aquele profundo trabalho de assimilação, o discípulo era deixado sozinho consigo mesmo. Os mestres não o ajudavam em nada, e muitas vezes ele se espantava com sua frieza e indiferença. Vigiavam-no com atenção; submetiam-no a regras inflexíveis; exigiam dele obediência absoluta; mas não lhe revelavam nada além de certos limites. Ante suas inquietações e perguntas, respondiam-lhe: "Espera e trabalha!"

Vinham-lhe, então, revoltas súbitas, arrependimentos amargos, suspeitas horríveis. Teria ele se tornado escravo de impostores audaciosos da magia negra, que subjugavam sua vontade para um fim infame? A verdade fugia; os deuses o abandonavam; ele estava só e prisioneiro do templo. A verdade tinha-lhe aparecido sob a figura de uma esfinge. Agora, a esfinge lhe dizia: "Eu sou a Dúvida!" E a besta alada, com sua cabeça de mulher impassível e suas garras de leão, transportava-o para dilacerá-lo na areia ardente do deserto.

Porém, a esses pesadelos sucediam horas de calma e de pressentimento divino. Ele compreendia, então, o sentido simbólico das provas que atravessara ao entrar no templo. Porque, ai! o poço sombrio em que ele quase caíra era menos negro do que a insondável verdade; o fogo que atravessara era menos temível do que as paixões que queimavam ainda sua carne; a água gelada e tenebrosa onde tivera que mergulhar era menos fria do que a dúvida em que seu espírito naufragava e se arruinava nas horas más.

Em uma das salas do Templo se estendiam, em duas filas, aquelas mesmas pinturas sagradas, cujo sentido tinham-lhe explicado na cripta durante a noite das provas, e que representavam os vinte e um arcanos. Esses arcanos, que se deixavam entrever no limiar da ciência oculta, eram as próprias colunas da teologia; mas era preciso ter atravessado toda a iniciação para compreendê-los. Depois, nenhum dos mestres tornara a falar-lhe deles. Permitiam-lhe somente passear naquela sala, meditar sobre aqueles sinais. Ele aí passava longas horas solitárias. Por aquelas figuras castas como a luz, graves como a Eternidade, a invisível e impalpável verdade se infiltrava lentamente no coração do neófito. Na muda sociedade daquelas divindades silenciosas e sem nome, cada uma das quais parecia presidir a uma esfera da vida, ele começava a experimentar algo de novo: primeiro uma descida ao fundo do seu ser, depois, uma espécie de desligamento do mundo que o fazia pairar acima das coisas. Às vezes, ele perguntava a um dos magos: "Ser-me-á permitido um dia respirar a rosa de Ísis e ver a luz de Osíris?" Respondiam-lhe: "Isto não depende de nós. A verdade não se dá. É encontrada em si mesma ou não é encontrada. Nós não podemos fazer de ti um adepto, é preciso torná-lo por ti mesmo. O lótus pulsa sob as águas do rio por muito tempo, antes de desabrochar. Não apresses a eclosão da flor divina. Se ela deve vir, virá no dia certo. Trabalha e ora!"

E o discípulo voltava aos estudos, às meditações, com uma alegria triste. Ele sentia o encanto austero e suave daquela solidão que passava como um sopro do ser dos seres. Assim corriam os meses, os anos. E ele percebia operar-se em si uma transformação lenta, uma metamorfose completa. As paixões que haviam assediado sua juventude se afastavam como sombras, e os pensamentos que o acometiam agora sorriam-lhe como amigos imortais. O que ele experimentava por momentos era o desaparecimento de seu eu terrestre e o nascimento de um outro eu, mais puro e mais etéreo. Com esse sentimento, acontecia-lhe prosternar-se diante dos degraus do santuário fechado. Então, não existia mais nele revolta, nem desejo algum, nem arrependimento. Havia apenas um abandono perfeito de sua alma aos Deuses, uma oblação completa à verdade. "Oh! Ísis — dizia ele em sua prece — uma vez que minha alma não é mais do que uma lágrima de teus olhos, que ela caia como orvalho sobre as outras almas e que, morrendo, eu sinta seu perfume subir em tua direção. Eis-me aqui, pronto para o sacrifício!"

Após uma dessas orações mudas, o discípulo ainda em êxtase via, de pé perto dele, como uma visão saída do sol, o hierofante envolto nos cálidos clarões do pôr-do-sol. O mestre parecia ler todos os pensamentos do discípulo, penetrar todo o drama de sua vida interior. E dizia-lhe:

— Filho, aproxima-se a hora em que a verdade ser-te-á revelada. Tu já a pressentiste descendo ao fundo de ti mesmo e aí encontrando a vida divina. Vais entrar na grande, na inefável comunhão dos Iniciados. És digno dela pela pureza do coração, pelo amor da verdade e a força da renúncia. Mas ninguém transpõe a soleira de Osíris sem passar pela morte e pela ressurreição. Nós te acompanharemos até a cripta. Não tenhas medo, pois já és um de nossos irmãos.

No crepúsculo, os sacerdotes de Osíris, empunhando tochas, acompanhavam o novo adepto a uma cripta baixa, sustentada por quatro pilares assentados sobre esfinges. Em um canto se encontrava aberto um sarcófago de mármore[1]. E o hierofante o advertia:

— Nenhum homem escapa à morte e toda alma viva está destinada à ressurreição. O adepto passa vivo pelo túmulo para, desta vida, entrar na luz de Osíris. Deita-te, pois, neste sarcófago e espera a luz. Nesta noite atravessarás a porta do Terror e alcançarás os umbrais do Mestrado.

O adepto deitava-se no sarcófago aberto, o hierofante estendia a mão sobre ele, para abençoá-lo, e o cortejo dos iniciados se afastava em silêncio da sepultura. Uma pequena lâmpada deixada no chão ilumina ainda, com sua luz incerta, as quatro esfinges que sustentam as colunas atarracadas da cripta. Um coro de vozes profundas se faz ouvir, baixo e velado. De onde vem ele? É o canto dos funerais!... Ele termina, a lâmpada lança um derradeiro clarão, depois se extingue completamente. O adepto está só nas trevas, o frio do sepulcro cai sobre ele e congela-lhe todos os membros. Passa gradualmente pelas sensações dolorosas da morte e cai em letargia. Sua vida desfila diante dele em quadros sucessivos, como algo irreal e sua consciência terrestre torna-se cada vez mais vaga e difusa. Mas à medida que sente seu corpo se dissolver, a parte etérea e fluida de seu ser se desprende. Ele entra em êxtase...

Que ponto brilhante e longínquo é este que aparece, imperceptível no fundo negro das trevas? Ele se aproxima, aumenta, transforma-se numa es-

---

1. Os arqueólogos viram, durante muito tempo, no sarcófago da grande pirâmide de Gisé, o túmulo do rei Sesostris, baseados na opinião de Heródoto, que não era iniciado e ao qual os sacerdotes egípcios confiaram apenas anedotas e contos populares. Mas os reis do Egito tinham sua sepultura em outro lugar. A estrutura interior e bizarra da pirâmide prova que ela devia servir para as cerimônias da iniciação e práticas secretas dos sacerdotes de Osíris. Encontra-se ali o *Poço da Verdade*, que descrevemos, a escadaria, a Sala dos arcanos... A chamada *câmara do rei*, que encerra o sarcófago, era aquela à qual conduziram o adepto na véspera de sua grande iniciação. As mesmas disposições estavam reproduzidas nos grandes templos da Idade Média e do Alto Egito.

trela de cinco pontas, cujos raios têm todas as cores do arco-íris e que lança nas trevas descargas de luz magnética. Agora é um sol que o atrai na brancura de seu centro incandescente. Será a magia dos mestres que produz essa visão? Será o invisível que se torna visível? Será o presságio da verdade celeste, a estrela flamejante da esperança e da imortalidade? — Ela desaparece; e em seu lugar um botão de flor desabrocha na noite, uma flor imaterial, mas sensível e dotada de uma alma. Abre-se diante dele como uma rosa branca; desabrocha suas pétalas e ele vê tremularem suas folhas vivas e avermelhar-se seu cálice inflamado.

Será a flor de Ísis, a Rosa mística da sabedoria que encerra o Amor em seu coração?

Mas, eis que de repente ela se evapora como uma nuvem de perfumes. Então, aquele que estava em êxtase se sente inundado num sopro quente e acariciante. E, depois de ter tomado formas caprichosas, a nuvem se condensa e se transforma numa figura humana. É a figura de uma mulher, a Ísis do santuário oculto, porém, mais jovem, sorridente e luminosa. Um véu transparente a envolve em espiral e seu corpo brilha, revelando-se. Segurando um rolo de papiro, ela se aproxima docemente, inclina-se sob o iniciado deitado no túmulo e lhe diz: "Eu sou a tua irmã invisível, tua alma divina e este é o livro da tua vida. Ele contém páginas repletas de tuas existências passadas e páginas brancas das futuras. Um dia, desenrolarei todas diante de ti. Agora tu me conheces. Chama-me e eu virei!" E enquanto ela fala, brota-lhe dos olhos um raio de ternura... presença de uma reprodução angélica, promessa inefável do divino, fusão maravilhosa no impalpável além!...

Mas tudo se rompe, a visão se desfaz. Uma dilaceração atroz... e o adepto se sente precipitado em seu corpo como em um cadáver. Volta ao estado de letargia consciente; círculos de fogo apertam-lhe os membros; um peso terrível comprime seu cérebro; ele desperta... e, de pé, diante dele, está o hierofante, acompanhado dos magos. Rodeiam-no, fazem-no beber um cordial e ele se levanta.

Proclama, então, o profeta:

— Eis que surges ressuscitado! Vem celebrar conosco o ágape dos iniciados e conta-nos tua viagem na luz de Osíris. Pois, de hoje em diante, és um dos nossos.

Transportemo-nos agora, com o hierofante e o novo iniciado, ao observatório do templo, no tépido esplendor de uma noite egípcia. Lá o chefe do templo fazia, ao adepto recente, a grande revelação, narrando-lhe *a visão de Hermes*. Essa visão não estava escrita em nenhum papiro. Era apenas indicada por sinais simbólicos nas estrelas da cripta secreta, só conhecida pelo profeta. E sua explicação era transmitida, oralmente, de pontífice a pontífice.

— Presta atenção — dizia o hierofante —, esta visão encerra a história eterna do mundo e o círculo das coisas.

V

A VISÃO DE HERMES[1]

"Um dia, Hermes adormeceu, após ter refletido sobre a origem das coisas. Um pesado torpor apoderou-se-lhe do corpo; mas, à medida que o corpo se entorpecia, seu espírito se elevava nos espaços. Então, teve a impressão de que um ser imenso, sem forma determinada, o chamava pelo nome. Atemorizado, Hermes pergunta:
— Quem és tu?
— Eu sou Osíris, a Inteligência soberana, e posso revelar todas as coisas. O que desejas?
— Contemplar a origem dos seres, oh! divino Osíris, e conhecer Deus.
— Serás satisfeito.
Logo Hermes sentiu-se inundado por uma luz deliciosa. Naquelas ondas diáfanas passavam as formas encantadoras de todos os seres. Porém, repentinamente, trevas assustadoras e de forma sinuosa desceram sobre ele. Hermes mergulhou num caos úmido, cheio de fumaça e de um lúgubre rugido.

---

1. *A visão de Hermes* se encontra no frontispício dos livros de *Hermes Trimegisto* sob o nome de *Poimandrés*. A antiga tradição egípcia só chegou até nós sob uma forma alexandrina ligeiramente alterada. Tentei reconstituir esse fragmento capital da doutrina hermética no sentido da alta iniciação e da síntese esotérica que ele representa.

Então, uma voz se elevou do abismo. Era o *grito da luz*. Logo, um fogo sutil lançou-se das profundezas úmidas e ganhou as alturas etéreas. Hermes subiu com ele e se reviu nos espaços. O caos clareava no abismo; coros de astros ressoavam sobre sua cabeça; e *a voz da luz* enchia o infinito.

E Osíris perguntou a Hermes, acorrentado em seu sonho e suspenso entre a terra e o céu:

— Compreendeste o que viste?

— Não, respondeu Hermes.

— Pois bem, vais compreender. Acabas de ver toda a eternidade. A luz, que viste primeiro, é a inteligência divina que contém todas as coisas em potência e encerra os modelos de todos os seres. As trevas, em que mergulhaste a seguir, é o mundo material onde vivem os homens da terra. Mas o fogo, que viste brotar das profundezas, é o Verbo divino. Deus é o Pai, o Verbo é o Filho, sua união é a Vida.

Comentou Hermes:

— Que sentido maravilhoso abriu-se para mim! Não vejo mais com os olhos do corpo, mas com os do espírito. Como é possível isto?

Osíris respondeu:

— Filho do pó! Isto é porque o Verbo está em ti. O que em ti ouve, vê, age, é o próprio Verbo, o fogo sagrado, a palavra criadora!

Então disse Hermes:

— Já que é assim, deixa-me ver a vida dos mundos, o caminho das almas, de onde o homem vem e para onde vai.

— Que seja feito segundo teu desejo.

Hermes tornou-se mais pesado do que uma pedra e rolou pelos espaços como uma aerólito. Finalmente, viu-se no cume de uma montanha. Era noite; a terra sombria e nua; seus membros pareciam-lhe pesados como ferro. E ouviu a voz de Osíris:

— Ergue os olhos e olha!

Então, Hermes viu um espetáculo maravilhoso. O espaço infinito, o céu estrelado o envolvia com as sete esferas luminosas. Com um só olhar Hermes percebeu os sete céus dispostos sobre sua cabeça como sete globos transparentes e concêntricos, cujo centro sideral ele ocupava. O último tinha como circuito a Via Láctea. Em cada esfera girava um planeta acompanhado de um gênio de forma, signo e luz diferentes. Enquanto Hermes, deslumbrado, contemplava sua florescência esparsa e seus majestosos movimentos, a voz lhe disse:

— Olha, escuta e compreende. Estás vendo as sete esferas de toda vida. Através delas se efetua a queda das almas e sua ascensão. Os sete Gênios são os sete raios do Verbo-Luz. Cada um deles comanda uma esfera do Espírito, uma fase da vida das almas. O mais próximo de ti é o Gênio da Lua, com seu sorriso inquietante e coroado de uma foice de prata. Ele preside aos nascimentos e às mortes. Separa as almas dos corpos e as atrai para seu raio de luz. Acima dele, o pálido Mercúrio mostra o caminho às almas, que descem e sobem com seu caduceu que contém a Ciência. Mais alto, a brilhante Vênus segura o espelho do Amor, em que as almas alternadamente se esquecem e se reconhecem. Abaixo dela, o Gênio do Sol ergue a tocha triunfal da eterna Beleza. Mais alto ainda, Marte brande o gládio da Justiça. Reinando sobre a esfera azulada, Júpiter sustenta o cetro do poder supremo, que é a Inteligência divina. Nos limites do mundo, sob os signos do zodíaco, Saturno carrega o globo da sabedoria universal[2].

Hermes falou:
— Vejo as sete regiões que compreendem o mundo visível e invisível; vejo os sete raios do Verbo-Luz, do Deus único que as atravessa e governa. Mas, meu mestre, como se realiza a viagem dos homens através de todos esses mundos?

Respondeu Osíris:
— Vês uma semente luminosa cair das regiões da via Láctea na sétima esfera? São germes de almas. Elas vivem como vapores leves na região de Saturno, felizes, sem preocupação, e desconhecem sua felicidade. Porém, ao cair de esfera em esfera, elas revestem-se de invólucros sempre mais pesados. Em cada encarnação, adquirem um novo sentido corporal, conforme o meio em que habitam. Sua energia vital aumenta; e, à medida que penetram em corpos mais densos, elas perdem a lembrança de sua origem celeste. Assim se completa a queda das almas que vêm do divino Éter. Cada vez mais cativas da matéria, cada vez mais inebriadas com a vida, elas se precipitam como uma chuva de fogo, com estremecimentos de volúpia, através das regiões da Dor, do Amor e da Morte, até sua prisão terrestre; onde tu mesmo gemes retido pelo centro ígneo da terra e onde a vida divina te parece um sonho vão.

Hermes perguntou:
— As almas podem morrer?

Respondeu a voz de Osíris:
— Sim, muitas perecem na descida fatal. A alma é filha do céu e sua viagem é uma prova. Se, em seu amor desenfreado pela matéria, ela perde a lembrança de sua origem, a centelha divina que nela estava, e que teria podido tornar-se mais brilhante do que uma estrela, volta à região etérea como átomo sem vida — e a alma se desagrega no turbilhão dos elementos grosseiros.

A estas palavras, Hermes estremeceu. E uma tempestade rugidora o envolveu com uma nuvem negra. As sete esferas desapareceram sob densos

---

2. Decerto, esses Deuses traziam outros nomes na linguagem egípcia. Mas os sete Deuses cosmogônicos se correspondem em todas as mitologias, por seu sentido e suas atribuições. Têm sua raiz comum na antiga tradição esotérica. A tradição ocidental adotou os nomes latinos e nós os conservamos para maior clareza.

vapores. Ele então viu espectros humanos soltando gritos estranhos, arrancados e dilacerados por fantasmas de monstros e animais, em meio a gemidos e blasfêmias inomináveis.

E Osíris, então, falou:

— Tal é o destino das almas irremediavelmente baixas e más. Sua tortura só termina com sua destruição, que é a perda de toda a consciência. Mas veja, os vapores se dissipam e as sete esferas reaparecem sob o firmamento. Olha deste lado. Vês este enxame de almas que procura subir para a região lunar? Umas são rebaixadas para a terra como turbilhões de pássaros sob os golpes da tempestade. Outras atingem, em grandes vôos, a esfera superior, que as arrasta em sua rotação. Uma vez lá chegando, elas recuperam a visão das coisas divinas. Mas desta vez elas não se contentam apenas em refleti-las no sonho de uma felicidade impotente. Elas se deixam impregnar com a lucidez da consciência clareada pela dor, com a energia da vontade adquirida na luta. Tornam-se luminosas, porque possuem o divino em si mesmas e o manifestam em seus atos. Fortalece, pois, tua alma, oh! Hermes, e tranqüiliza teu espírito obscurecido, contemplando esses vôos longínquos de almas que tornam a subir as sete esferas e lá se espalham como feixes faiscantes. Pois tu também podes segui-las; basta querer, para elevar-se. Vê como elas enxameiam e descrevem coros divinos. Cada uma se junta ao seu gênio preferido. As mais belas vivem na região solar, as mais poderosas se elevam até Saturno. Algumas sobem novamente até ao Pai, entre as potências, sendo elas mesmas outras potências. Porque lá, onde tudo termina, tudo começa eternamente; e as sete esferas dizem juntas: "Sabedoria! Amor! Justiça! Beleza! Esplendor! Ciência! Imortalidade!"

E o hierofante, então, explicava:

— "Eis o que viu o antigo Hermes e o que seus sucessores nos transmitiram. As palavras do sábio são como as sete notas da lira, que encerram toda a música com os números e as leis do universo. A visão de Hermes se assemelha ao céu estrelado, cujas profundezas insondáveis estão semeadas de constelações. Para o menino, não passa de uma abóbada com cravos de ouro; para o sábio é o espaço ilimitado onde giram os mundos com seus ritmos e suas cadências maravilhosas. Esta visão encerra os números eternos, os signos evocadores e as chaves mágicas. Quanto mais aprenderes a contemplá-la e a compreendê-la, mais verás se estenderem seus limites. Porque a mesma lei orgânica governa todos os mundos".

E o profeta do templo comentava o texto sagrado. Explicava que a doutrina do Verbo-Luz representa a divindade no *estado estático* em seu equilíbrio perfeito. Demonstrava sua tríplice natureza, que é ao mesmo tempo inteligência, força e matéria; espírito, alma e corpo; luz, verbo e vida. A essência, a manifestação e a substância são três termos que se superpõem reciprocamente. Sua união constitui o princípio divino e intelectual por excelência, a lei da unidade ternária, que de alto a baixo domina a criação.

Tendo assim conduzido seu discípulo ao centro ideal do universo, ao princípio gerador do Ser, o mestre desabrochava-o no tempo e no espaço, sacudia-o em florações múltiplas. Pois a segunda parte da visão representa a divindade no *estado dinâmico*, isto é, em evolução ativa ou, em outros termos, o universo visível e invisível, o céu vivo. As sete esferas ligadas a sete planetas simbolizavam sete princípios, sete estados diferentes da matéria e do espírito, sete mundos diversos que cada homem e cada humanidade são forçados a transpor em sua evolução através do Sistema solar. Os sete Gênios, os sete Deuses cosmogônicos, significavam os espíritos superiores e dirigentes de todas as esferas, oriundos, eles mesmos, da inelutável evolução. Cada grande Deus era, portanto, para o iniciado antigo, o símbolo e o modelo de legiões de espíritos que reproduziam seu tipo sob mil variantes e que de sua esfera podiam exercer uma ação sobre o homem e sobre as coisas terrestres. Os sete Gênios da visão de Hermes são os sete Devas da Índia; os sete amachapandas da Pérsia, os sete grandes Anjos da Caldéia; os sete Sefirotes[3] da Cabala, os sete Arcanjos do Apocalipse cristão. E o grande setenário que envolve o universo não vibra somente nas sete cores do arco-íris, nas sete notas da escala musical: ele se manifesta ainda na constituição do homem, que é tríplice por essência, mas sétuplo por sua evolução[4].

Dizia o hierofante, para terminar:

— Assim penetraste no limiar do grande arcano. A vida divina apareceu-te sob as quimeras da realidade. Hermes te fez conhecer o céu invisível, a luz de Osíris, o Deus oculto do universo, que respira por dez milhões de almas, anima os globos errantes, e os corpos em ação. Cabe a ti, agora, dirigir-te a ti mesmo e escolher teu caminho para subir até o Espírito puro. Pois, de hoje em diante, pertences aos *ressuscitados vivos*. Não te esqueças de que há duas chaves principais da ciência. Eis a primeira: "O exterior é como o interior das coisas; o pequeno é como o grande; só há uma única lei e aquele que trabalha é Um. Nada é pequeno, nada é grande na economia divina". Eis a segunda: "Os homens são deuses mortais e os deuses são homens imortais". Feliz daquele que compreende essas palavras, porque possui a chave de todas as coisas. Lembra-te que a lei do mistério dissimula a grande verdade. O total conhecimento só pode ser revelado aos nossos irmãos que passaram pelas mesmas provas que nós. É preciso regular a verdade segundo as inteligências — disfarçá-la com um véu para os fracos, por-

---

3. Há dez Sefirotes na Cabala. Os três primeiros representam o ternário divino, os sete outros, a evolução do Universo.
4. Daremos aqui os termos egípcios dessa constituição setenária do homem, que se encontra na Cabala: *Chat,* corpo material; *Anch,* força vital; *Ka,* duplo etéreo ou corpo astral; *Hati,* alma animal; *Bai,* alma racional; *Cheybi,* alma espiritual; *Ku,* espírito divino.
O desenvolvimento dessas idéias fundamentais da doutrina esotérica será encontrado no livro de *Orfeu* e sobretudo no de *Pitágoras*.

que ela torná-los-ia loucos; ocultá-las dos maus, que dela só podem apreender fragmentos, dos quais fariam armas de destruição. Encerra-a em teu coração e que ela fale por tuas obras. 'A ciência será tua força, a fé tua espada e o silêncio tua armadura infrangível.

As revelações do profeta de Âmon-Rá, que abriam ao novo iniciado tão vastos horizontes, sobre si mesmo e sobre o universo, sem dúvida alguma produziam profunda impressão, quando feitas no observatório de um templo de Tebas, na calma lúcida de uma noite egípcia. Os pilares, os tetos e os terraços brancos dos templos dormiam a seus pés, entre os maciços negros dos nopais e dos tamarineiros. À distância, grandes monolitos, estátuas colossais dos Deuses, estavam assentados como juízes incorruptíveis sobre seu lago silencioso. Três pirâmides, figuras geométricas do tetragrama e do setenário sagrado, perdiam-se no horizonte, espaçando seus triângulos no cinzento leve do ar. O insondável firmamento pululava de estrelas. Com que surpresa ele olhava esses astros, que lhe pintavam como futuras moradas! Quando, finalmente, o esquife dourado da lua emergia do espelho sombrio do Nilo, que se perdia no horizonte como uma longa serpente azulada, o neófito acreditava ver a barca de Ísis, navegando no rio das almas e transportando-as para o sol de Osíris. Recordava-se, então, do *Livro dos Mortos* e o sentido de todos esses símbolos se revelava agora a seu espírito. Depois do que havia visto e aprendido, podia acreditar-se no reino crepuscular de Amenti, misterioso interregno entre a vida terrestre e a vida celestial, onde os defuntos, a princípio sem olhos e sem palavra, recuperam pouco a pouco a visão e a voz. Ele também iria empreender a grande viagem, a viagem do infinito, através dos mundos e das existências. Hermes já o absolvera e o julgara digno, tendo já lhe dito a palavra do grande enigma: "Uma única alma, a grande alma do Todo, gerou, dividindo-se, todas as almas que se movem no Universo".

Armado do grande segredo, o neófito subia na barca de Ísis. Ela partia. Soerguida nos espaços etéreos, ela flutuava nas regiões intersiderais. Ora amplos raios de uma imensa aurora varavam os véus azulados dos horizontes celestes, ora o coro dos espíritos gloriosos, dos Auimu-Secu, que alcançaram o eterno repouso, cantava: "Levanta-te, Rá-Hermacuti! Sol dos espíritos! Aqueles que vão em tua barca estão em exaltação! Soltam exclamações na *barca de milhões de anos*. O grande ciclo divino transborda de alegria glorificando a grande barca sagrada. Celebram-se festas na capela misteriosa. Levanta-te, Âmon-Rá Hermacuti! Sol que a si mesmo se criou!" E o iniciado respondia com estas palavras orgulhosas: "Eu alcancei o país da verdade e da justificação. Ressuscito como um Deus vivo e brilho no coro dos Deuses que habitam o céu, porque sou de sua raça".

Tanto os pensamentos altivos como as esperanças audaciosas perseguiam o espírito do adepto, na noite que sucedia à cerimônia mística da ressurreição. No dia seguinte, nas avenidas do templo, sob a luz deslumbrante, não lhe parecia mais do que um sonho. Mas que sonho inolvidável fora essa primeira viagem no impalpável e no invisível... De novo ele lia a inscrição na estátua de Ísis: Nenhum mortal levantou meu véu.

Uma ponta do véu soerguera-se, todavia, mas para tornar a cair em seguida, e ele despertara na terra dos túmulos. Ah! como estava longe do fim sonhado! Quão longa é a viagem na *barca dos milhões de anos*! Pelo menos ele entrevira o alvo final. Mesmo que sua visão do outro mundo fosse apenas um sonho, um esboço infantil de sua imaginação ainda repleta das vaidades da terra, poderia ele duvidar dessa outra consciência que ele sentira eclodir dentro de si, desse *duplo* misterioso, desse *eu* celestial que lhe aparecera em sua beleza astral como uma forma viva e que falara durante o sono? Seria uma alma gêmea, seria seu gênio ou apenas um reflexo do íntimo de seu espírito, um pressentimento de seu ser futuro? Maravilha e mistério. Com certeza seria uma realidade, e se essa alma não fosse a sua, seria a verdadeira. O que não faria ele para reencontrá-la! Vivesse ele milhões de anos e não esqueceria esta hora divina em que vira seu outro *eu*, puro e radiante![5].

Terminara a iniciação. O adepto estava consagrado sacerdote de Osíris. Como egípcio, ele ficaria ligado ao templo; como estrangeiro, era-lhe permitido às vezes retornar a seu país, para lá fundar um culto ou cumprir sua missão. Mas, antes de partir, ele prometia solenemente, mediante um juramento terrível, guardar silêncio absoluto sobre os segredos do templo. Jamais deveria contar a alguém o que vira ou escutara, nem revelar a doutrina de Osíris, a não ser sob o tríplice véu dos símbolos mitológicos ou dos mistérios. Se ele violasse esse juramento, uma morte fatal o atingiria cedo ou tarde, tão longe quanto estivesse. O silêncio tornara-se o escudo de sua força.

Regressando às plagas da Jônia, à sua turbulenta cidade, sob o choque das paixões furiosas, naquela multidão de homens que vivem como insensatos, ignorando-se a si mesmos — muitas vezes relembrava o Egito, as pirâmides, o templo de Âmon-Rá. Então o sonho da cripta lhe voltava. E como lá o lótus balança sobre as ondas do Nilo, essa visão branca sempre flutuaria sobre o rio lodoso e confuso desta vida.

Em horas escolhidas, ele ouvia *sua* voz, e era a voz da luz. Despertando em seu ser uma música íntima, ela lhe dizia: "A alma é uma luz velada. Quando a negligenciamos, ela escurece e se extingue. Mas, quando nela derramamos o óleo santo do amor, ela reluz como uma lâmpada imortal!"

---

5. Na doutrina egípcia, considerava-se que o homem só tinha consciência da alma animal e da alma racional, chamadas *Hati* e *Baí*. A parte superior de seu ser, a alma espiritual e o espírito divino, *cheybi* e *ku*, existem nele em estado de germe inconsciente e se desenvolvem depois desta vida, quando ele próprio se torna um *Osíris*.

LIVRO IV

MOISÉS

A Missão de Israel

> *Nada havia que fosse velado para ele, que cobria com um véu a essência de tudo o que vira.*
>
> *(Palavras inscritas sob a estátua de Ftamar, grande sacerdote de Mênfis. Museu do Louvre)*

> *O mais difícil e o mais obscuro dos livros sagrados, o* Gênese, *contém tantos segredos quantas palavras, e cada palavra oculta vários daqueles.*
>
> SÃO JERÔNIMO

> *Filho do passado e cheio do futuro, este livro (os dez primeiros capítulos do* Gênese*), herdeiro de toda a ciência dos egípcios, contém ainda os germes das ciências futuras. O que a natureza tem de mais profundo e de mais misterioso, o que o espírito pode conceber de maravilhas, o que a inteligência tem de mais sublime, ele possui.*
>
> FABRE d'OLIVET, *A Língua Hebraica Reconstituída*. (Discurso preliminar)

MOISÉS

A Missão de Israel

I

A TRADIÇÃO MONOTEÍSTA E OS PATRIARCAS DO DESERTO

A revelação é tão velha quanto a humanidade consciente. Efeito da inspiração, ela remonta à noite dos tempos. Basta um olhar atento nos livros sagrados do Irã, da Índia e do Egito, para nos assegurarmos de que as idéias-mães da doutrina esotérica constituem sua base oculta, mas vívida. Nelas se encontra a alma invisível, o princípio gerador daquelas grandes religiões. Todos os grandes iniciadores perceberam, em um dado momento de sua vida, a irradiação da verdade central. No entanto, a luz que dela colheram rompeu-se e coloriu-se conforme seu gênio e seu mistério, de acordo com os tempos e os lugares.

Atravessamos a iniciação ariana com Rama, a bramânica com Krishna, a de Ísis e Osíris com os sacerdotes de Tebas. Podemos negar, depois disto, que o princípio imaterial do Deus supremo, que constitui o dogma essencial do monoteísmo e a unidade da natureza tenha sido ignorado pelos brâmanes e pelos sacerdotes de Âmon-Rá? Sem dúvida, eles não faziam o mundo nascer de um ato instantâneo, de um capricho da divindade como nossos teólogos primários. Mas, sábia e gradualmente, pelo caminho da emanação e da evolução, eles arrancavam o visível do invisível, o Universo das profundezas insondáveis de Deus.

A dualidade macho e fêmea saía da unidade primitiva, a trindade viva do homem e do Universo saía da dualidade criadora e assim sem interrupção. Os números sagrados constituíam o verbo eterno, o ritmo e o instrumento da divindade. Contemplados com maior ou menor lucidez e força, eles evocavam no espírito do iniciado a estrutura interna do mundo através de sua própria estrutura. Assim como a nota certa, extraída por meio de um arco de um vidro coberto de areia, desenha em miniatura as formas harmoniosas das vibrações que enchem o vasto reino do ar com suas ondas sonoras.

Mas o monoteísmo esotérico do Egito jamais saiu dos santuários. Sua ciência sagrada conservou-o como privilégio de uma pequena minoria. Os inimigos de fora começavam a atacar vivamente aquele antigo baluarte de civilização. Na época a que chegamos, século XII antes de Cristo, a Ásia naufragava no culto da matéria. A Índia já marchava, a passos largos, para sua decadência. Um poderoso império erguera-se às margens do Eufrates e do Tigre! Babilônia, aquela cidade colossal e monstruosa, desvairando os povos nômades que rondavam em torno. Os reis da Assíria se proclamavam monarcas das quatro partes do mundo e aspiravam a assentar-se os limites de seu império lá mesmo onde termina a terra. Eles aniquilavam os povos, deportavam-nos em massa, reuniam-nos em brigada e os lançavam uns contra os outros. Nem direitos pessoais, nem respeito humano, nem princípio religioso, porém a ambição pessoal sem freio, tal era a lei dos sucessores de Ninus e de Semíramis.

A ciência dos sacerdotes caldeus era profunda, mas muito menos pura, menos elevada e menos eficaz do que a dos sacerdotes egípcios. No Egito, a autoridade permaneceu com a ciência. O sacerdócio lá exerceu sempre um poder moderador sobre a realeza. Os faraós foram seus discípulos e jamais se tornaram odiosos déspotas como os reis de Babilônia, onde, ao contrário, o sacerdócio esmagado foi, desde o princípio, só um instrumento da tirania. Em um baixo-relevo de Nínive, vê-se Nemrod, gigante atarracado, estrangulando com seu braço monstruoso um filhote de leão que ele aperta contra o peito. Símbolo expressivo: foi assim que os monarcas da Assíria sufocaram o leão iraniano, o povo heróico de Zoroastro, assassinando seus pontífices, degolando os colegas magos, espoliando seus reis. Se os richis da Índia e os sacerdotes do Egito fizeram a Providência reinar com certa moderação sobre a terra, mediante sua sabedoria, pode-se dizer que o reino de Babilônia foi o reino do Destino, isto é, da força bruta e cega. Babilônia tornou-se assim o centro tirânico da anarquia universal, o espectador impassível da tempestade social que envolvia a Ásia em seus turbilhões; espectador impassível do Destino, sempre aberto, espreitando as nações para devorá-las.

O que podia o Egito contra a torrente invasora? Faltou pouco para os hicsos o devorarem. Resistia valentemente, mas isto não podia durar para sempre. Decorridos seis séculos, o ciclone persa, sucedendo ao ciclone babilônico, iria varrer seus templos e seus faraós. O Egito, que, aliás, possuiu no mais alto grau o gênio da iniciação e da conservação, jamais possuiu o gênio da expansão e da propaganda. Os tesouros acumulados de sua ciência iriam perecer? A maior parte certamente foi enterrada. E quando vieram os alexandrinos somente fragmentos puderam ser desenterrados.

Entretanto, dois povos de gênio oposto acenderam suas tochas naqueles santuários, tochas de raios diversos, um dos quais ilumina as profundezas do céu, e o outro clareia e transfigura a terra: Israel e Grécia.

A importância do povo de Israel para a história da humanidade salta aos olhos, logo à primeira vista, por duas razões. A primeira é que ele representa o monoteísmo; a segunda é que ele deu origem ao cristianismo. Mas, o fim providencial da missão de Israel somente se revela a quem, interpretando os símbolos do Antigo e do Novo Testamento, percebe que eles encerram toda a tradição esotérica do passado, ainda que sob uma forma muitas vezes alterada (no que concerne ao Antigo Testamento sobretudo), pelos numerosos redatores e tradutores, a maior parte dos quais ignoravam o seu sentido primitivo. Então, o papel de Israel torna-se claro. Pois este povo forma como que o elo necessário entre o antigo e o novo ciclo, entre o Oriente e o Ocidente.

A idéia monoteísta tem por conseqüência a unificação da humanidade sob um mesmo Deus e sob uma mesma lei. Porém, enquanto os teólogos tiverem de Deus uma idéia infantil e os homens de ciência o ignorarem e o negarem pura e simplesmente, a unidade moral, social e religiosa de nosso planeta não passará de um piedoso desejo ou um postulado da religião e da ciência impotentes para realizá-la. Ao contrário, esta idéia orgânica se revela possível quando se reconhece, esotérica e cientificamente, no princípio divino a chave do mundo e da vida, do homem e da sociedade em sua evolução. Enfim, o cristianismo, isto é, a religião do Cristo, só se revela em sua altura e sua universalidade, mostrando-nos sua reserva esotérica. Somente então ele se mostra como a resultante de tudo o que o precedeu, sintetizando em si os princípios, o fim e os meios da regeneração total da humanidade. Não é senão em nós, desvendando seus últimos mistérios, que ele se tornará o que é verdadeiramente: a religião da promessa e da realização, quer dizer, da iniciação universal.

Moisés, iniciado egípcio e sacerdote de Osíris, foi incontestavelmente o organizador do monoteísmo. Por seu intermédio, esse princípio, até então oculto sob o tríplice véu dos mistérios, saiu do fundo do templo para entrar no *círculo* da história. Moisés teve a audácia de fazer do mais alto princípio da iniciação o dogma único de uma religião nacional, e a prudência de revelar suas conseqüências somente a um pequeno número de iniciados, impondo-o à massa pelo temor. Além disso, o profeta do Sinai evidentemente teve visões longínquas que ultrapassavam de muito os destinos de seu povo.

A religião universal da humanidade, eis a verdadeira missão de Israel, que poucos judeus compreenderam, além de seus maiores profetas. Esta missão, para se concretizar, supunha o desaparecimento do povo que a representava. A nação judaica se dispersou aniquilada. A idéia de Moisés e dos Profetas venceu e cresceu. Desenvolvida, transfigurada pelo cristianismo, retomada pelo Islão, ainda que de um modo inferior, ela devia impor-se ao Ocidente bárbaro, reagir sobre a própria Ásia. Doravante a humanidade terá, inutilmente, agido, se revoltado, se debatido contra ela em sobressaltos convulsivos, pois tornará a girar em redor daquela mesma idéia central como a nebulosa em redor do Sol que a organiza. É essa a obra formidável de Moisés.

Para realizar essa empresa, a mais colossal desde o êxodo pré-histórico dos árias, Moisés encontrou um instrumento, já pronto, nas tribos hebraicas, particularmente naquelas que, tendo-se fixado no Egito, no vale de Gochen, ali viviam em regime de escravidão, sob o nome de Beni-Jacó. Para o estabelecimento de uma religião monoteísta, ele tivera também precursores na pessoa dos reis nômades e pacíficos que a Bíblia nos apresenta sob a figura de Abraão, de Isac e de Jacó.

Consideremos esses hebreus e esses patriarcas. Tentaremos, em seguida, destacar a figura de seu grande Profeta das miragens do deserto e das sombrias noites do Sinai, onde ribomba o raio do Jeová legendário.

Há séculos, há milhares de anos eram conhecidos os ibrins, nômades infatigáveis, eternos exilados[1]. Irmãos dos árabes, os hebreus eram, como todos os semitas, o resultado de uma antiga mistura da raça branca com a raça negra. Peregrinaram pelo norte da África, sob o nome de bedones (beduínos), homens sem morada e sem leito, depois, instalaram suas tendas móveis nos vastos desertos entre o mar Vermelho e o golfo Pérsico, entre o Eufrates e a Palestina. Amonitas, elamitas, edomitas, todos esses viajores se assemelhavam. Tinham por veículo o burro ou o camelo; por casa, a tenda; por único bem, manadas errantes como eles mesmos e sempre apascentando em terra estrangeira. Como seus ancestrais, os guiborinos, como os primeiros celtas, esses rebeldes odiavam a pedra talhada, a cidade fortificada, a corvéia e o templo de pedra. No entanto, as cidades monstros de Babilônia e de Nínive, com seus palácios gigantescos, seus mistérios e suas libertinagens, exerciam uma irresistível fascinação sobre esses semi-selvagens. Atraídos a essas prisões de pedra, capturados pelos soldados dos reis da Assíria, alistados em seus exércitos, eles às vezes se entregavam às orgias de Babilônia. Outras vezes também os israelitas se deixavam seduzir pelas moabitas, aquelas atrevidas enganadoras, de pele negra, de olhos luzentes. Elas os arrastavam à adoração dos ídolos de pedra e de madeira e até ao culto de Moloque. Mas, de repente, a sede do deserto os acometia e eles fugiam. Voltando para os agrestes vales, onde só se ouvia o rugido das feras; para as planícies imensas, onde só se podiam guiar pelas luzes das constelações, sob o frio olhar daqueles astros que seus avós tinham adorado, eles tinham vergonha de si mesmos. Se, então, um patriarca, um homem inspirado lhes falasse do Deus único, de Elelion, de Eloim, de Sebaote, o Senhor dos

---

1. *Ibrim* quer dizer "os do outro lado, os do além, aqueles que atravessaram o rio". Renan, *Hist. du peuple d'Israel.*

exércitos que tudo vê e pune o culpado, aquelas crianças selvagens e sangüinárias cobriam a cabeça e, ajoelhando-se para rezar, deixavam-se conduzir como ovelhas.

E, pouco a pouco, a idéia do gran'de Eloim, do Deus único, todo-poderoso, enchia sua alma, como no Padan-Harran o crespúsculo confunde todos os acidentes do terreno sob a linha infinita do horizonte, inundando as cores e as distâncias sob a igualdade esplêndida do firmamento e transformando o Universo em uma só massa de trevas coroada por uma esfera cintilante de estrelas.

Porém, quem eram os Patriarcas? Abram, Abraão, ou o pai Oram era um rei de Ur, cidade da Caldéia, próxima de Babilônia. Os assírios o representavam, segundo a tradição, sentado em um trono, fisionomia benevolente[2]. Esse personagem, bastante velho, que passou pela história mitológica de todos os povos, pois que Ovídio o cita[3], é aquele mesmo que a Bíblia nos apresenta como emigrando do país de Ur para o país de Canaã, à voz do Eterno: "O Eterno lhe apareceu e lhe disse: Eu sou o Deus forte, todo-poderoso. Marcha diante de minha face e em integridade... Estabelecerei minha aliança entre mim e ti e entre a posteridade para ser uma aliança eterna, a fim de que eu seja teu Deus e o Deus da tua posteridade depois de ti" (Gen, XVI, 17, XVII, 7). Esta passagem, traduzida em linguagem de nossos dias, significa que um chefe semita de nome Abraão, muito velho, que provavelmente recebera a iniciação caldaica, sentiu-se impelido pela voz interior a conduzir sua tribo na direção do Oeste e lhe impôs o culto de Eloim.

O nome de Isac, pelo prefixo Is, parece indicar uma iniciação egípcia, enquanto que os de Jacó e de José deixam entrever uma origem fenícia. Seja o que for, é provável que os três patriarcas tenham sido três chefes de populações diversas que viveram em épocas distantes. Muito tempo depois de Moisés, a lenda israelita os reuniu em uma só família. Isac tornou-se o filho de Abraão, Jacó o filho de Isac. Esta maneira de representar a paternidade intelectual pela paternidade física era muito usada entre os antigos sacerdotes. Dessa genealogia lendária ressalta um fato capital: a filiação do culto monoteísta através dos patriarcas iniciados do deserto. Que esses homens tenham tido pressentimentos interiores das revelações espirituais sob forma de sonhos ou mesmo de visões no estado de vigília, isto em nada contraria a ciência esotérica, nem a lei física universal que rege as almas e os mundos. Esses fatos tomaram, na narrativa bíblica, a forma simples de visitas de anjos que se alojam nas tendas.

Teriam tido, esses patriarcas, uma visão profunda da espiritualidade de Deus e dos fins religiosos da humanidade? Sem dúvida alguma. Inferiores,

---

2. Renan, *Peuple d'Israel*.
3. *Rexit Achaemenias pater Orchamus, isque Septimus a prisco numeratur origine Belo.* Ovídio, *Metamorfoses*, IV, 212.

na ciência positiva, aos magos da Caldéia como aos sacerdotes egípcios, provavelmente eles os ultrapassavam pela elevação moral e pela largueza de alma que uma vida errante e livre ocasiona. Para eles, a ordem sublime que Eloim implantou no Universo se traduz na ordem social em culto familiar, em respeito por suas mulheres, em amor apaixonado pelos filhos, em proteção a toda a tribo, em hospitalidade para com o estrangeiro. Em resumo, aqueles "velhos pais" são árbitros naturais entre as famílias e as tribos. Seu bastão patriarcal é um cetro de eqüidade. Eles exercem uma autoridade civilizadora e transpiram a mansuetude e a paz. Aqui e ali, sob a legenda patriarcal, vê-se manifestar-se o pensamento esotérico. Assim, quando em Betel, Jacó vê em sonho uma escada, com Eloim no alto e os anjos subindo e descendo seus degraus, reconhece-se ali uma forma popular, um resumo judaico da visão de Hermes e da doutrina da evolução descendente e ascendente das almas.

Um fato histórico da mais alta importância sobre a época dos patriarcas nos aparece, enfim, em dois versículos reveladores. Trata-se de um encontro de Abraão com um confrade da iniciação. Depois de ter guerreado com os reis de Sodoma e Gomorra, Abraão vai render homenagem a Melquisedec. Este rei reside na fortaleza que mais tarde será Jerusalém. "Melquisedec, rei de Salém fez servir pão e vinho. Pois ele era sacrificador de Eloim, o Deus soberano, possuidor dos céus e da terra." (Gen. XIV, 18 e 19). Eis, portanto, um rei de Salém que é grande sacerdote do mesmo Deus de Abraão. Este o trata como superior, como mestre, comunga com ele sob as espécies do pão e do vinho, em nome de Eloim, o que, no antigo Egito, era um sinal de comunhão entre iniciados. Havia, pois, um laço de fraternidade, sinais de reconhecimento e um fim comum entre todos os adoradores de Eloim, do fundo da Caldéia até a Palestina, e talvez até em alguns santuários do Egito.

Essa conjugação monoteísta esperava apenas um organizador.

Assim, entre o Touro alado da Assíria e a Esfinge do Egito, que de longe observam o deserto, entre a tirania esmagadora e o mistério impenetrável da iniciação, avançam as tribos eleitas dos Abramitas, dos Jacobelitas, dos Beni-Israel. Fogem das festas indecorosas de Babilônia; passam, desviando-se, diante das orgias de Moab, dos horrores de Sodoma e de Gomorra e do culto monstruoso a Baal.

Sob a proteção dos patriarcas, a caravana segue seu caminho, cercado de oásis, marcado por raras fontes e esguias palmeiras.

Como uma longa fita ela se perde na imensidão do deserto, sob o sol abrasador, sob a púrpura do pôr-do-sol e sob o manto do crepúsculo que Eloim domina.

Nem os rebanhos, nem as mulheres, nem os velhos conhecem o fim da eterna viagem. Todavia, eles avançam ao passo dolente e resignado dos camelos.

Para onde vão eles assim, sempre?

Os patriarcas o sabem. E Moisés lhes revelará um dia.

II

INICIAÇÃO DE MOISÉS NO EGITO.
SUA FUGA PARA A CASA DE JETRO

Ramsés II foi um dos grandes monarcas do Egito. Seu filho se chamava Meneftá. Segundo o costume egípcio, ele recebeu sua instrução dos sacerdotes, no templo de Amon-Ra, em Mênfis, sendo a arte real considerada um ramo da arte sacerdotal. Meneftá era um jovem tímido, curioso e de inteligência medíocre. Tinha pelas ciências ocultas uma paixão pouco esclarecida, a qual o tornou mais tarde vítima dos mágicos e dos astrólogos de baixo nível. Seu companheiro de estudos era um jovem de gênio áspero, de caráter estranho e fechado.

Hosarsif[1] era primo de Meneftá, filho da princesa real, irmã de Ramsés II. Filho adotivo ou natural? Jamais se soube[2]. Hosarsif era, antes de tudo,

---

1. Primeiro nome egípcio de Moisés. (Maneton, citado por Filão).
2. O relato bíblico (Êxodo II, 1-10) apresenta Moisés como um judeu da tribo de Levi recolhido pela filha do Faraó nos caniços no Nilo, onde a astúcia materna o havia colocado para comover a princesa e salvar a criança de uma perseguição idêntica à de Herodes. Ao contrário, Maneton, o sacerdote egípcio ao qual devemos as informações mais exatas sobre as dinastias dos Faraós, informações hoje confirmadas pelas inscrições dos monumentos, afirma que Moisés foi um sacerdote de Osíris. Estrabão que extraiu suas informações da mesma fonte, isto é, dos sacerdotes egípcios, confirma-o igualmente.

o filho do templo, pois crescera entre suas colunas. Votado a Ísis e Osíris por sua mãe, era visto desde a adolescência como levita, na coroação do faraó, nas procissões sacerdotais das grandes festas, levando o efodo, o cálice ou os incensórios; depois, no interior do templo, grave e atento, ouvindo as orquestras sagradas, os hinos e os ensinamentos dos sacerdotes.

Hosarsif era de pequena estatura, tinha a fisionomia humilde e pensativa, com uma fronte como a de um carneiro e olhos negros penetrantes, de uma fixidez de águia e de uma profundidade inquietante. Chamavam-no "o silencioso", tanto se concentrava em si mesmo, quase sempre mudo. Muitas vezes gaguejava ao falar, como se procurasse as palavras ou temesse manifestar seu pensamento. Parecia tímido. Depois, de repente e como um relâmpago uma idéia extraordinária explodia numa palavra e deixava atrás de si rastros de luz. Compreendia-se então que, se um dia "o silencioso" se pusesse a agir, ele seria de um arrojo assustador. Já estava marcada, entres suas sobrancelhas, a ruga fatal dos homens predestinados às penosas tarefas; e sobre sua fronte pairava uma nuvem ameaçadora.

As mulheres temiam o olhar desse jovem levita, olhar insondável como o túmulo, e sua face impassível como a porta do templo de Ísis. Dir-se-ia que elas pressentiam um inimigo do sexo feminino nesse futuro representante do princípio masculino em religião, naquilo que ele tem de mais absoluto e de mais intratável.

Contudo, sua mãe, a princesa real, ambicionava para o filho o trono dos Faraós. Hosarsif era mais inteligente do que Meneftá e podia esperar uma usurpação do trono com o apoio do sacerdócio. Os Faraós, na verdade, designavam seus sucessores entre os próprios filhos. Mas, às vezes, os sacerdotes anulavam a sentença do príncipe após sua morte, e isto no interesse do Estado. Mais de uma vez, eles afastaram do trono os indignos e os fracos, para dar o cetro a um iniciado real. Meneftá tinha ciúmes do primo; Ramsés vigiava-o e desconfiava do levi silencioso.

Um dia, a mãe de Hosarsif encontrou o filho no Serapeum de Mênfis, imensa praça, semeada de obeliscos, de mausoléus, de pequenos e grandes templos, de colunas triunfais, uma espécie de museu a céu aberto das gló-

---

A fonte egípcia tem, aqui, mais valor do que a fonte judaica, pois os sacerdotes do Egito não tinham nenhum interesse em fazer os gregos ou romanos acreditarem que Moisés era um dos seus, enquanto que o amor próprio nacional dos judeus impunha-lhes fazer do fundador de sua nação um homem do mesmo sangue. O texto bíblico reconhece, aliás, que Moisés foi educado no Egito e enviado por seu governo como inspetor dos judeus de Gossen. Este é o fato importante, capital, que estabelece a filiação secreta entre a religião mosaica e a iniciação egípcia. Clemente de Alexandria acreditava que Moisés era profundamente iniciado na ciência do Egito e que, de fato, a obra do criador do Israel seria incompreensível sem ela.

rias nacionais, onde se chegava por uma avenida ladeada por seiscentas esfinges. Diante da real mãe, o levi inclinou-se até o chão e esperou, segundo o costume, que ela lhe dirigisse a palavra. Disse-lhe ela:

— Vais penetrar nos mistérios de Ísis e de Osíris. Não te verei mais por muito tempo, meu filho. Mas não te esqueças de que és do sangue dos faraós e que sou tua mãe. Olha ao teu redor... se quiseres, um dia... tudo isto pertencerá a ti!

E com um gesto circular ela apontou-lhe os obeliscos, os templos, Menfis e todo o horizonte.

Um sorriso de desdém aflorou na fisionomia de Hosarsif, habitualmente lisa e imóvel como uma face de bronze. E ele falou:

— Queres, então, que eu governe este povo que adora Deuses com cabeça de chacal, de íbis e de hiena? De todos estes ídolos, em alguns séculos, o que restará?

Hosarsif abaixou-se, apanhou um punhado de areia fina do deserto e a deixou deslizar para o chão por entre os dedos magros e, aos olhos da mãe espantada, acrescentou:

— Tanto quanto isto.

— Desprezas, portanto, a religião de nossos pais e a ciência de nossos sacerdotes?

— Ao contrário! Eu aspiro a elas! Mas a pirâmide é imóvel. É preciso que ela se ponha em marcha. Não serei um Faraó. Minha pátria está longe daqui... ao longe... no deserto!

A princesa reprovou-o, dizendo:

— Hosarsif! Por que blasfemas? Um vento de fogo te trouxe a meu seio e, estou percebendo, é a tempestade que te levará! Eu te coloquei no mundo e não te conheço. Em nome de Osíris, quem és tu, então, e o que vais fazer?

— E eu mesmo o sei? Somente Osíris o sabe. Talvez ele me revelará um dia. Mas, dá-me tua bênção, minha mãe, a fim de que Ísis me proteja e a terra do Egito me seja propícia.

Hosarsif ajoelhou-se diante da mãe, respeitosamente cruzou as mãos sobre o peito e curvou a cabeça. Desprendendo-se da fronte a flor de lótus que trazia, segundo o costume das mulheres do templo, ofereceu-lhe para aspirar seu perfume, e, vendo que o pensamento do filho permaneceria para ela um eterno mistério, afastou-se murmurando uma prece.

Hosarsif atravessou triunfalmente a iniciação de Ísis. Alma de aço, vontade de ferro, ele se divertiu com as provas. Espírito matemático e universal, desdobrou uma força de gigante na inteligência e no manejo dos números sagrados cujo simbolismo fecundo e aplicações eram então quase infinitos. Seu espírito, desdenhoso das coisas que nada mais são que aparência e dos indivíduos que passam, só se sentia bem nos princípios imutáveis. Lá do alto, tranqüila e seguramente, ele penetrava, ele dominava tudo, sem manifestar nem desejo, nem revolta, nem curiosidade.

Tanto para seus mestres como para sua mãe, Hosarsif continuava sendo um enigma. O que mais os impressionava era que ele era íntegro e inflexível como um príncipe. Sentiam ser'impossível curvá-lo ou desviá-lo do caminho traçado. Ele marchava em sua estrada desconhecida como um corpo celeste em sua órbita invisível. O pontífice Membra se perguntava até onde iria aquela ambição concentrada: procurou sabê-lo.

Um dia, Hosarsif carregara, com três outros sacerdotes de Osíris, a arca de ouro que precedia o pontífice nas grandes cerimônias. Aquela arca encerrava os dez livros mais secretos do templo, que tratavam de magia e de teurgia.

Entrando no santuário com Hosarsif, Membra lhe disse:

— És de sangue real. Tua força e tua ciência estão acima de tua idade. O que desejas?

— Nada além disto.

E Hosarsif pousou a mão na arca sagrada que as tarrafas de ouro fundido cobriam com suas'asas cintilantes.

— Queres tornar-te, então, pontífice de Âmon-Rá e profeta do Egito?

— Não. Mas saber o que existe nestes livros.

— Como sabê-lo-ias tu, uma vez que ninguém, exceto o pontífice, deve conhecê-los?

— Osíris fala como quer, quando quer, a quem quer. O que contém esta arca não passa de letra morta. Se o Espírito vivo quiser falar a mim, ele falará.

— E para isto, o que pretendes fazer?

— Esperar e obedecer.

Essas respostas transmitidas a Ramsés II aumentaram-lhe a desconfiança. Ele temeu que Hosarsif aspirasse ao faraonato, em detrimento de seu filho, Meneftá. O faraó ordenou, em conseqüência, que o filho de sua irmã fosse nomeado escriba sagrado do templo de Osíris. Esta função era importante, abrangendo a simbologia sob todas as formas, a cosmografia e a astronomia; todavia, afastava-o do trono. O filho da princesa real desempenhou com o mesmo zelo e uma submissão perfeita seus deveres de hierogramático, aos quais se ligava também a função de inspetor de diferentes nomos ou províncias do Egito.

Hosarsif teria o orgulho que lhe atribuíam? Sim, se é por orgulho que o leão cativo ergue a cabeça e olha o horizonte por detrás das barras de sua jaula, sem mesmo ver os transeuntes que o encaram. Sim, se é por orgulho que a águia acorrentada treme, às vezes, com toda sua plumagem e, com o pescoço estendido e as asas abertas, fita o sol. Como todos os fortes, marcados para uma grande obra, Hosarsif não se acreditava submetido ao cego Destino; sentia que uma Providência misteriosa velava por ele e o guiaria a seus fins.

Enquanto era escriba sagrado, Hosarsif foi enviado para inspecionar o Delta. Os hebreus, tributários do Egito, que então habitavam o vale de

Gossen, estavam submetidos a rudes tarefas. Ramsés II ligava Pelusa a Heliópolis por uma cadeia de fortes. Todos os homens do Egito deviam fornecer um contingente de operários para aqueles trabalhos gigantescos. Os Beni-Israel estavam sobrecarregados dos mais pesados serviços. Eram sobretudo talhadores de pedra e britadores. Independentes e altivos, eles não se curvavam tão facilmente quanto os indígenas sob o bastão dos gendarmes egípcios, mas se revoltavam e às vezes revidavam os golpes. O sacerdote de Osíris não pôde evitar uma secreta simpatia por esses intratáveis "de cabeça empertigada", cujos Anciãos, fiéis à tradição abrâmida, adoravam simplesmente o Deus único, que veneravam seus chefes, seus *hags* e seus *zakens*, mas resistiam ao jugo e protestavam contra a injustiça.

Um dia, ele viu um gendarme egípcio cobrir de golpes um hebreu indefeso. Seu coração vibrou e ele se lançou sobre o egípcio, arrancou-lhe a arma e o matou incontinenti. Este ato, cometido na efervescência de uma indignação generosa, decidiu sua vida. Os sacerdotes de Osíris que cometessem um assassinato eram severamente julgados pelo colégio sacerdotal. O Faraó já supunha um usurpador no filho de sua irmã. A vida do escriba, portanto, estava por um fio. Ele preferiu exilar-se e impor-se a si mesmo a expiação.

Tudo o impelia para a solidão do deserto, para o vasto desconhecido — seu desejo, o pressentimento de sua missão e, acima de tudo, aquela voz interior, misteriosa, mas irresistível, que lhe disse em certas horas: "Vai! É teu destino!"

Além do Mar Vermelho e da Península do Sinai, no país de Madiã, erguia-se um templo que não estava subordinado ao sacerdócio egípcio. Essa região se estendia como uma faixa verde entre o golfo elamítico e o deserto da Arábia. De longe, para além do braço do mar, percebiam-se as massas sombrias do Sinai e seu píncaro descoberto. Encravado entre o deserto e o Mar Vermelho, protegido por um maciço vulcânico, aquele país isolado estava ao abrigo das invasões. O templo era consagrado a Osíris, mas ali se adorava também o Deus soberano, sob o nome de Eloim. Pois o santuário de origem etíope servia como centro religioso aos árabes, aos semitas e aos homens de raça negra que buscavam a iniciação.

Fazia séculos já que o Sinai e o Horeb eram o centro místico de um culto monoteísta. A grandeza nua e selvagem da montanha, erguendo-se completamente só entre o Egito e a Arábia, despertava a idéia do Deus único. Muitos semitas lá iam em peregrinação adorar Eloim. Eles ficavam alguns dias jejuando e rezando nas cavernas e galerias cavadas nos flancos do Sinai. Antes, porém, se purificavam e se instruíam no templo de Madiã.

Foi nesse local que se refugiou Hosarsif.

O grande sacerdote de Madiã ou o Raguel (vigia de Deus) chamava-se então Jetro[3]. Era um homem de pele negra[4]. Pertencia ao mais puro tipo da antiga raça etíope, que quatro ou cinco mil anos antes de Ramsés reinara no Egito e que não perdera suas tradições, as quais remontavam às mais velhas raças do globo. Jetro não era nem um inspirado, nem um homem de ação, mas um grande sábio. Possuía tesouros de ciência acumulados na memória e nas bibliotecas de pedra de seu templo. E, além disso, era o protetor dos homens do deserto: nômades líbios, árabes, semitas. Esses eternos errantes, sempre os mesmos, com sua vaga aspiração ao Deus único, representavam algo de imutável em meio dos cultos efêmeros e às civilizações decadentes. Sentia-se neles como que a presença do Eterno, o memorial das eras longínquas, a grande reserva de Eloim. Jetro era o pai espiritual desses insubmissos, desses errantes, desses livres. Ele conhecia sua alma e pressentia seu destino.

Quando Hosarsif pediu-lhe asilo em nome de Osíris-Eloim, ele o recebeu de braços abertos. Talvez, imediatamente, tenha adivinhado naquele fugitivo o homem predestinado a tornar-se o profeta dos banidos, o condutor do povo de Deus.

Hosarsif quis, primeiro, submeter-se às expiações que a lei dos iniciados impunha aos assassinos. Quando um sacerdote de Osíris cometia um assassinato, mesmo involuntário, estava sujeito a perder o benefício de sua ressurreição antecipada "na luz de Osíris", privilégio que obtivera mediante as provas da iniciação, e que o colocava muito acima do comum dos homens. Para expiar seu crime, para recuperar sua luz interior, ele devia submeter-se a provas mais cruéis, e ainda uma vez expor-se à morte. Após um longo jejum e por meio de certas beberagens, o paciente era mergulhado num sono letárgico,¹ depois era depositado num túmulo do Templo, onde ficava dias, às vezes até semanas[5]. Durante esse tempo ele viajaria para o Além, para o Erebe ou para a região de Amenti, onde flutuam as almas dos mortos que ainda não foram desligados da atmosfera terrestre.

Lá, ele deveria procurar sua vítima, sofrer suas angústias, obter seu perdão e ajudá-la a encontrar o caminho da luz. Somente então considerava-se expiado seu crime de morte, somente então seu corpo astral ficava limpo das nódoas negras que lhe deixavam o sopro envenenado e as imprecações

---

3. Êxodo, III,1.
4. Mais tarde (Números, III,1), após o êxodo, Aarão e Maria, irmão e irmã de Moisés, segundo a Bíblia, reprovaram-no por ter esposado uma mulher da Etiópia. Jetro, pai de Séfona, era portanto dessa raça.
5. Viajantes de nosso século constataram que faquires hindus se fizeram enterrar após terem mergulhado em sono cataléptico, indicando o dia preciso em que deviam ser desenterrados. Um deles, após três semanas de amortalhamento, foi encontrado vivo, são e salvo.

da vítima. Porém, dessa viagem real ou imaginária, o culpado podia muito bem não voltar, e muitas vezes, quando os sacerdotes iam despertar o réu de seu sono letárgico, encontravam apenas um cadáver.

Hosarsif não hesitou em submeter-se a essa prova e a outras mais[6]. Sob a impressão do assassinato que cometera, havia compreendido o caráter imutável de certas leis de ordem moral e a profunda perturbação que sua infração deixara no fundo da consciência. Foi com inteira abnegação que ofereceu seu próprio ser em holocausto a Osíris, pedindo-lhe, se voltasse à luz terrestre, força para manifestar a lei da justiça. Quando Hosarsif saiu do sono temível no subterrâneo do templo de Madiã, sentiu-se um homem transformado. Seu passado estava como que desligado dele, o Egito deixara de ser sua pátria, e diante dele a imensidão do deserto, com seus nômades errantes, se estendia como um novo campo de ação. Ele avistou a montanha de Eloim no horizonte e, pela primeira vez, como uma tormenta que se pressentia nas nuvens escuras e espessas do Sinai, a idéia de sua missão perpassou-lhe o espírito: Formar com aquelas tribos instáveis um povo de combate que representasse a lei do Deus supremo em meio à idolatria dos cultos e anarquia das nações — um povo que transmitisse aos séculos futuros a verdade selada na arca de ouro da iniciação.

E naquele mesmo dia, para marcar a nova era que começava em sua vida, Hosarsif tomou o nome de Moisés, que significa: o Salvo.

---

6. As sete filhas de Jetro citadas na Bíblia (Êxodo,II,16-20) evidentemente têm um sentido simbólico, como todo esse texto que nos chegou sob uma forma lendária e inteiramente popularizada. É mais do que inverossímil que o sacerdote de um grande templo fizesse suas filhas apascentar rebanhos, e que reduzisse um sacerdote egípcio ao papel de pastor.

As sete filhas de Jetro simbolizam as sete virtudes que o iniciado era forçado a conquistar para abrir o poço da verdade. Esse poço, na história de Agar e de Ismael, era denominado "o poço do Vivente que me vê".

III

O SÉFER BERESCHIT

Moisés casou-se com Séfora, filha de Jetro, e permaneceu muitos anos junto do sábio de Madiã. Graças às tradições etíopes e caldaicas que encontrou no templo, pôde completar e fazer uma revisão no que aprendera nos santuários egípcios, ampliar sua visão dos mais antigos ciclos da humanidade e projetá-las, por indução, para os horizontes longínquos do futuro. Foi na casa de Jetro que ele encontrou dois livros de cosmogonia mencionados no Gênese: *As Guerras de Jeová* e *As Gerações de Adão*. Entregou-se inteiramente ao estudo deles.

Para a obra que sonhava realizar era preciso envidar todos os reforços. Antes dele, Rama, Krishna, Hermes, Zoroastro, Fo-Hi haviam criado religiões para os povos; Moisés quis criar um povo para a religião eterna. Para esse projeto tão ousado, novo e colossal, era necessária uma base poderosa. Por isso Moisés escreveu o *Séfer Bereschit*, seu *Livro de Princípios*, síntese da ciência passada e quadro da ciência futura, chave dos mistérios, tocha dos iniciados, incentivo para a união de toda a nação.

Procuremos ver o que foi o Gênese no raciocínio de Moisés. Certamente, naquela época, o Gênese irradiava uma outra luz, abrangia mundos mais vastos do que o mundo infantil e a pequena terra que nos aparecem na tradição grega dos Setenta, ou na tradição latina de São Jerônimo!

A exegese bíblica deste século difundiu a idéia de que o Gênese não é obra de Moisés, e até mesmo que esse profeta poderia muito bem não ter existido e não passar de um personagem lendário, fabricado quatro ou cinco séculos mais tarde pelo sacerdote judaico, para atribuir-se uma origem divina. A crítica moderna fundamenta esta opinião na circunstância de que o Gênese compõe-se de fragmentos diversos (eloísta e jeovista) costurados num conjunto, e que sua redação atual é posterior, pelo menos uns quatrocentos anos, à época em que Israel saiu do Egito. Os fatos estabelecidos pela crítica moderna, quanto à época da redação dos textos que possuímos, são exatos; as conclusões que deles tira são arbitrárias e ilógicas. Por os terem escrito, eloístas e jeovistas, quatrocentos anos após o Êxodo, não nos autoriza a concluir que tenham sido os inventores do Gênese e que não tenham trabalhado sobre um documento anterior, talvez mal compreendido. O fato de o Pentateuco nos apresentar uma narrativa lendária na vida de Moisés não significa que nada contenha de verdadeiro. A missão do profeta explica-se reintegrada em seu meio natal: o templo solar de Mênfis. Enfim, o que há de mais profundo no Gênese somente se revela à luz dos princípios extraídos da iniciação de Ísis e de Osíris.

Uma religião não se constitui sem um iniciador. Os judeus, os Profetas, toda a história de Israel provam a existência de Moisés; mesmo Jesus não se concebe sem ele. Ora, o Gênese contém a essência da tradição mosaica. Ainda que ela tenha sofrido algumas transformações, a venerável múmia deve conter, sob a poeira dos séculos e as faixinhas sacerdotais, a idéia-mãe, o pensamento vivo, o testamento do profeta de Israel.

Israel gravita em torno de Moisés tão seguramente, tão fatalmente quanto a Terra gira em torno do Sol.

Mas, isto posto, outra coisa é saber quais foram as idéias-mães do Gênese, o que Moisés quis legar à posteridade nesse testamento secreto do *Séfer Bereschit*.

O problema, talvez, só pode ser resolvido sob o ponto de vista esotérico, e assim se coloca: a intelectualidade de Moisés, em sua qualidade de iniciado egípcio, devia estar à altura da ciência egípcia, que admitia, como a nossa, a imutabilidade das leis do Universo, o desenvolvimento dos mundos pela evolução gradual, e que tinha, além do mais, sobre a alma e a natureza invisível, noções extensas, precisas, lógicas. Se foi tal a ciência de Moisés — e como não a teria tido o sacerdote de Osíris? — como conciliá-la com as idéias infantis do Gênese, sobre a criação do mundo e sobre a origem do homem? Esta história da criação, que, tomada ao pé da letra, faz sorrir o escolar de nossos dias, não esconderia um profundo sentido simbólico, trazendo oculta uma chave para decifrá-lo? Este sentido, qual é ele? Esta chave, onde encontrá-la?

A chave se acha: 1º no simbolismo egípcio; 2º no simbolismo de todas as religiões do antigo ciclo; 3º na síntese da doutrina dos iniciados, tal como resulta da comparação do ensino esotérico desde a Índia védica até os iniciados cristãos dos primeiros séculos.

Os sacerdotes do Egito, contam-nos os autores gregos, tinham três maneiras para exprimir seu pensamento. "A primeira era clara e simples, a segunda simbólica e figurada, a terceira sagrada e hieroglífica. A mesma palavra tomava, à vontade, o significado próprio, figurado ou transcendental. Era assim a flexibilidade de sua linguagem. Heráclito exprimiu perfeitamente essa diferença, designando-a pelos epítetos de *falante*, de *significante* e de *ocultante*".[1].

Nas ciências teogônicas e cosmogônicas, os sacerdotes egípcios empregaram sempre a terceira maneira de escrever. Seus hieróglifos tinham, então, três sentidos correspondentes e distintos. Os dois últimos não podiam ser compreendidos sem chave. Essa maneira de escrever, enigmática e concentrada, apoiava-se num dogma fundamental da doutrina de Hermes, segundo o qual uma mesma lei rege o mundo natural, o mundo humano e o mundo divino. Esta linguagem, de uma concisão prodigiosa, ininteligível ao vulgo, possuía uma singular eloqüência para o adepto; pois, por meio de um único sinal, ela evocava os princípios, as causas e os efeitos que da divindade irradiam na natureza cega, na consciência humana e no mundo dos puros espíritos. Graças a essa escrita, o adepto abrangia os três mundos com um só olhar.

Não resta dúvida de que, dada a formação de Moisés, ele tenha escrito o Gênese em hieróglifos egípcios nos três sentidos. Confiou suas chaves e a explicação oral a seus sucessores. Quando, no tempo de Salomão, traduziu-se o Gênese em caracteres fenícios; quando, após o cativeiro de Babilônia, Esdras o redigiu em caracteres aramaico-caldaicos, o sacerdócio judeu já manejava essas chaves com bastante imperfeição. Quando, finalmente, vieram os tradutores gregos da Bíblia, estes tinham somente uma pálida idéia do significado esotérico dos textos. São Jerônimo, malgrado suas sérias intenções e seu grande espírito, quando fez a tradução latina segundo o texto hebreu, não pôde penetrar seu significado primitivo; e, se o conseguiu, viu-se obrigado a calar-se. Pois, quando lemos o Gênese em nossas traduções, percebemos apenas seu significado primário e inferior. Por bem ou por mal, os próprios exegetas e teólogos, ortodoxos ou livre-pensadores, só vêem o texto hebraico através da *Vulgata*. Escapa-lhes o sentido comparativo e superlativo, que é o sentido profundo e verdadeiro. Ele não se mantém menos misteriosamente dissimulado no texto hebreu, que mergulha, por suas raízes, na linguagem sagrada dos templos. Esta linguagem em que cada vogal, cada consoante tinha um sentido universal em relação ao valor acústico da letra e o estado de alma do homem que a produz, foi refundida por Moisés. Para os intuitivos, este sentido profundo brota às vezes do texto, como uma centelha; para os videntes, ele reluz na estrutura fonética das palavras adotadas ou criadas por Moisés; sílabas mágicas onde o iniciado de Osíris vazou seu pensamento, como um metal sonoro num molde perfeito. Pelo estudo desse fonetismo que traz a marca da linguagem

---

[1]. Fabre d'Olivet, *Vers dorés de Pythagore*.

sagrada dos templos antigos, pelas chaves que nos fornece a Cabala, algumas das quais remontam a Moisés, enfim, pelo esoterismo comparado, hoje nos é permitido entrever e reconstituir o verdadeiro Gênese.

Assim, o pensamento de Moisés sairá brilhante como o ouro da fornalha dos séculos, das escórias de uma teologia primária e das cinzas da crítica negativa[2].

Dois exemplos esclarecem plenamente o que era a linguagem sagrada dos templos antigos, e como os três significados correspondem nos símbolos do Egito e nos do Gênese. Em inúmeros monumentos egípcios vê-se uma mulher coroada, segurando em uma das mãos a cruz anseada, símbolo da vida eterna, na outra um cetro com uma flor de lótus, símbolo da iniciação. É a deusa ÍSIS. Ora, Ísis tem três significados diferentes. No significado próprio, ela representa a Mulher e, em conseqüência, o gênero feminino universal. No comparativo ela personifica o conjunto da natureza terrestre, com todos os seus poderes conceptivos. No superlativo, ela simboliza a natureza celeste e invisível, o elemento próprio das almas e dos espíritos, a luz espiritual e in-

---

2. O verdadeiro restaurador da cosmogonia de Moisés é um homem genial, hoje quase esquecido, e ao qual a França fará justiça no dia em que a ciência esotérica, que é a ciência integral e religiosa, for restabelecida em bases indestrutíveis. — Fabre d'Olivet não podia ser compreendido por seus contemporâneos, pois estava um século à frente de sua época. Espírito universal, possuía, no mesmo grau, três faculdades cuja união forma as inteligências transcendentais: a intuição, a análise e a síntese. Nascido às margens do Ganges (Hérault), em 1767, iniciou o estudo das doutrinas místicas do Oriente, após ter adquirido noções profundas das ciências, das filosofias e das literaturas do Ocidente. Court de Gébelin, por meio do seu *Monde Primitif*, abriu-lhe os primeiros horizontes sobre o sentido simbólico dos mitos da antigüidade e sobre a língua sagrada dos templos. Para se iniciar nas doutrinas do Oriente, ele aprendeu o chinês, o sânscrito, o árabe e o hebreu.

Em 1815, publicou seu livro capital: *La Langue Hébraique Restituée*. Este livro contém: 1º Uma dissertação introdutória sobre a origem da palavra; 2º Uma gramática hebraica fundamentada em novos princípios; 3º As raízes hebraicas examinadas segundo a ciência etimológica; 4º Um discurso preliminar; 5º Uma tradução francesa e inglesa dos dez primeiros capítulos do Gênese, que contém a cosmogonia de Moisés. Esta tradução é acompanhada de um comentário do maior interesse.

Aqui só é possível resumir os princípios e a substância desse livro revelador. Ele foi inspirado pelo espírito esotérico mais profundo, e elaborado segundo o método científico mais rigoroso. O método do qual Fabre d'Olivet se utiliza para penetrar no significado íntimo do texto hebraico do Gênese é a comparação do hebreu com o árabe, o sírio, o aramaico e o caldeu, sob o *ponto de vista das raízes primitivas e universais*, das quais ele fornece um léxico admirável, apoiado em exemplos tomados de todas as línguas, léxico que pode servir de chave para os nomes sagrados em todos os povos. De todos os livros esotéricos sobre o Antigo Testamento, o de Olivet fornece as chaves mais seguras. Ele faz, além do mais, uma luminosa exposição da história da Bíblia, e mostra as razões aparentes de ter-se perdido o sentido oculto, e de ser ele, até nossos dias, profundamente ignorado pela ciência e pela teologia oficial.

teligível por si mesma, que sozinha confere a iniciação. O símbolo que corresponde a Ísis no texto do Gênese e na intelectualidade judaico-cristã é EVA, Heva, a Mulher eterna. Esta Eva não é somente a mulher de Adão, ela é ainda a esposa de Deus. Ela constitui os três quartos de sua essência. Pois o nome do Eterno IAVÉ que impropriamente mencionamos como Jeová e Javé, compõe-se do prefixo Jod e do nome Eva. O grande sacerdote de Jerusalém pronunciava uma vez por ano o nome divino enunciando-o, letra por letra, da seguinte maneira: Jod, ha, v, he. A primeira letra exprimia o pensamento divino[3], e as ciências teogônicas; as três letras do nome Eva exprimiam três ordens da natureza[4], os três mundos nos quais este pensamento se realiza e, conseqüentemente, as ciências cosmogô-

---

    Tendo falado desse livro, direi, agora, algumas palavras sobre outra obra mais recente que dele procede e que, além de seu mérito próprio, teve o de reconduzir a atenção de alguns pesquisadores independentes para seu primeiro inspirador. É a *Mission des Juifs*, de M. Saint-Yves d'Alveydre (1884, Calmann-Lévy). M. Saint-Yves deve sua iniciação filosófica aos livros de Fabre d'Olivet. Sua interpretação do Gênese é essencialmente a da *Langue Hébraique Restituée*, sua metafísica, a dos *Vers Dorés de Pythagore*, sua filosofia da história e o quadro geral de sua obra são emprestados à Histoire Philosophique Du Genre Humain. Retomando essas idéias-mães, ali juntando sua matéria e talhando-a à sua vontade, ele construiu um edifício novo, de grande riqueza, de um valor inigualável e de um gênero composto. Seu fim é duplo: provar que a ciência e a religião de Moisés constituíram a resultante necessária dos movimentos religiosos que o precederam na Ásia e no Egito, o que Fabre d'Olivet já havia trazido à luz em suas obras geniais; provar em seguida que o governo ternário e arbitral, composto dos três poderes —econômico, judiciário e religioso ou científico — foi em todos os tempos um corolário da doutrina dos iniciados e uma parte constitutiva das religiões do antigo ciclo, antes da Grécia. Tal é a idéia própria de M. Saint-Yves, idéia fecunda e digna da maior atenção. Ele o chama de *sinarquia*, ou governo segundo os princípios; ele aí encontra a lei social orgânica, a única salvação para o futuro. Aqui não é o lugar para se examinar até que ponto o autor demonstrou historicamente sua tese. M. Saint-Yves, não gosta de mencionar suas fontes; ele procede muitas vezes mediante simples afirmações e não teme as hipóteses arriscadas, quando elas favorecem sua idéia preconcebida. Mas seu livro, de uma rara elevação, de uma vasta ciência esotérica, transborda em páginas de grande alento, de quadros grandiosos, de visões profundas e novas. Minhas idéias diferem das suas em muitos pontos, notadamente no que se refere à concepção de Moisés, ao qual M. Saint-Yves deu, penso eu, proporções fortemente gigantescas e lendárias. Isto dito, apresso-me a reconhecer o alto valor desse livro extraordinário, ao qual muito devo. Seja qual for a opinião que se tenha da obra de M. Saint-Yves, ele tem um mérito diante do qual é preciso inclinar-se: o de uma vida inteiramente consagrada a uma idéia. Ver sua *Mission des Souverains* e sua *France Vraie*, onde M. Saint-Yves fez justiça, ainda que um pouco tarde e como que a contragosto, ao mestre Fabre d'Olivet.

3. A *natura naturans* de Spinosa.
4. A *natura naturata* do mesmo.

nicas, psíquicas e físicas que a ele correspondem[5]. O Inefável contém em seu seio profundo o Eterno masculino e o Eterno feminino. Seu poder e seu mistério provêm dessa união indissolúvel. Eis o que Moisés, inimigo figadal de toda imagem da divindade, não dizia ao povo, mas que simbolicamente consignou na estrutura do nome divino ao explicá-lo a seus adeptos. Assim, a natureza velada no culto judaico se esconde no próprio nome de Deus. A esposa de Adão, a mulher curiosa, culpada e encantadora, revela-nos suas afinidades profundas com a Ísis terrestre e divina, a mãe dos deuses que mostra no fundo do seio turbilhões de almas e de astros.

Outro exemplo: um personagem que desempenha um grande papel da história de Adão e Eva é a serpente. O Gênese a chama de Nahache. Ora, o que significava a serpente para os templos antigos? Os mistérios da Índia, do Egito e da Grécia respondem numa só voz: a serpente disposta em círculo significa a vida universal, cujo agente magico é a luz astral. Num sentido mais profundo ainda, Nahache quer dizer: a força que põe esta vida em movimento, a atração recíproca, na qual Geoffroy Saint-Hilaire via a razão da gravitação universal. Os gregos chamavam-na Eros, Amor ou o Desejo.

Apliquemos agora esses dois sentidos à história de Adão e Eva e da serpente, e veremos que a queda do primeiro casal, o famoso pecado original, torna-se de repente a imensa espiral da natureza divina, universal, com seus reinos, seus gêneros, suas espécies no círculo formidável e fatal da vida.

Esses dois exemplos nos permitiram lançar um primeiro olhar nas profundezas do Gênese mosaico. Entrevemos já o que era a cosmogonia para um iniciado antigo e o que a distinguia de uma cosmogonia no sentido moderno.

Para a ciência moderna, a cosmogonia se reduz a uma cosmografia. Encontrar-se-á aí a descrição de uma porção do Universo visível com um estudo sobre o encadeamento das causas e dos efeitos físicos numa dada esfera. Será, por exemplo, o sistema do mundo de Laplace, onde a formação de nosso sistema solar é decifrada pelo seu funcionamento atual, deduzida da única matéria em movimento, o que é uma pura hipótese. Será ainda a história da Terra, de que são testemunhas irrefutáveis as camadas su-

---

5. Eis como Fabre d'Olivet explica o nome IAVÊ: "Este nome oferece primeiro o sinal indicador da vida, duplo e formando a raiz essencialmente viva EE($r\pi$). Esta raiz jamais é empregada como nome e é a única que goza desta prerrogativa. Ela é, desde sua formação, não somente um verbo, mas um verbo único, do qual os outros são apenas derivados; em uma palavra, o verbo $\pi\tau\pi$ (EVA) ser sendo. Aqui, como se vê, e como tive o cuidado de explicar em minha gramática, o sinal inteligível τ (V), está no meio da raiz de vida. Moisés, tomando este verbo por excelência para com ele formar o nome próprio do Ser dos seres, a ele acrescentou o sinal da manifestação potencial e da Eternidade, (I), obtendo $\pi\tau\pi'$ (IEVA), no qual o facultativo *sendo* se encontra colocado entre um passado sem origem e um futuro sem fim. Esse nome admirável significa, portanto, exatamente: o Ser que é, que foi e que será.

perpostas do solo. A ciência antiga não ignorava esse desenvolvimento do Universo visível e, se tinha sobre ele noções menos precisas do que a ciência moderna, formulara intuitivamente as leis gerais.

Mas, para os sábios da Índia e do Egito, lá estava somente o aspecto exterior do mundo, seu movimento reflexo. Eles procuravam a explicação em seu aspecto interior, em seu movimento direto e originário. Encontravam-na em uma outra ordem de leis que se revela à nossa inteligência. Para a ciência antiga o Universo ilimitado não era uma matéria morta regida por leis mecânicas, mas um todo vivo, dotado de inteligência, alma e vontade. Esse grande animal sagrado tinha inúmeros órgãos correspondentes às suas infinitas faculdades. Como no corpo humano os movimentos resultam da alma que pensa, da vontade que age, assim, aos olhos da ciência antiga, *a ordem visível do Universo era somente a repercussão de uma ordem invisível,* isto é, das forças cosmogônicas e das mônadas espirituais, reinos, gêneros, espécies, que, por sua perpétua *involução* na matéria, produzem a *evolução* da vida. Enquanto a ciência moderna só considera o exterior, a aparência do Universo, a ciência dos tempos antigos tinha por fim revelar-lhe o interior, descobrir-lhe os mecanismos ocultos. Não extraía a inteligência da matéria, mas a matéria da inteligência. Não fazia nascer o Universo da dança cega dos átomos, mas gerava os átomos pelas vibrações da alma universal. Em resumo, procedia em círculos concêntricos do universal ao particular, do Invisível ao Visível, do Espírito puro à Substância organizada, de Deus ao homem. Esta ordem descendente das Forças e das Almas, inversamente proporcional à ordem ascendente da Vida e dos Corpos, era a ontologia ou a ciência dos princípios inteligíveis e constituía o fundamento da cosmogonia.

Todas as grandes iniciações da Índia, do Egito, da Judéia e da Grécia, as de Krishna, de Hermes, de Moisés e de Orfeu, conheceram sob formas diversas esta ordem dos princípios, dos poderes, das almas, das gerações que descendem da causa primeira, do Pai inefável.

A ordem descendente das encarnações é simultânea à ordem ascendente das vidas e somente aquela faz compreender esta. A involução produz a evolução e a explica.

Na Grécia, os templos masculinos e dóricos, os de Júpiter e de Apolo, sobretudo o de Delfos, foram os únicos que possuíram a fundo a ordem descendente. Os templos jônicos e femininos não a conheceram, senão imperfeitamente. Toda a civilização grega sendo jônica, a ciência e a ordem dórica curvaram-se a ela cada vez mais. Mas não é menos incontestável que seus grandes iniciadores, seus heróis e seus filósofos, de Orfeu a Pitágoras, de Pitágoras a Platão e deste aos Alexandrinos dependem dessa ordem. Todos eles reconhecem Hermes como mestre.

Voltemos ao Gênese. No pensamento de Moisés, outro filho de Hermes, os dez primeiros capítulos do Gênese constituíam uma verdadeira ontologia segundo a ordem e a filiação dos princípios. Tudo o que começa deve acabar. O Gênese narra simultaneamente a evolução no tempo e a criação na eternidade, a única digna de Deus.

Reservo-me o direito de apresentar no *Livro de Pythagore* um quadro vivo da teogonia e da cosmogonia esotérica em moldes menos abstratos do que o de Moisés e mais próximos do espírito moderno. Apesar da forma politeísta, apesar da extrema diversidade dos símbolos, o sentido da cosmogonia pitagórica, de acordo com a iniciação órfica e os santuários de Apolo, será idêntica, no fundo, à do profeta de Israel. Em Pitágoras, ela será como que exclarecida pelo seu complemento natural: a doutrina da alma e sua evolução. Ensinavam-na nos santuários gregos sob os símbolos do mito de Perséfone. Denominavam-na também: *a história terrestre e celeste de Psiquê*. Essa história, que corresponde ao que o Cristianismo chama *a redenção*, falta completamente no Antigo Testamento. Não que Moisés e os profetas a ignorassem, mas julgavam-na muito elevada para o ensino popular e reservaram-na para a tradição oral dos iniciados. A divina Psiquê ficará muito tempo oculta sob os símbolos herméticos de Israel, para se personificar apenas na aparição etérea e luminosa de Cristo.

Quanto à cosmogonia de Moisés, ela tem a áspera concisão do gênio semítico e a precisão matemática do gênio egípcio. O estilo da narrativa lembra as figuras que revestem o interior dos túmulos dos reis; diretas, secas, severas, elas encerram em sua dura nudez um mistério impenetrável. O conjunto faz pensar numa construção ciclópica; mas aqui e lá, como um jato de lava entre os blocos gigantes, o pensamento de Moisés irrompe com a impetuosidade do fogo inicial entre os versículos trêmulos dos tradutores. Nos primeiros capítulos de uma incomparável grandeza, sente-se passar o sopro de Eloim, que vira, uma a uma, as pesadas páginas do Universo.

Antes de deixá-los, consideremos alguns dos poderosos hieróglifos compostos pelo profeta do Sinai. Como a porta de um templo subterrâneo, cada um deles se abre para uma galeria de verdades ocultas que iluminam, com suas lâmpadas imóveis, a série dos mundos e dos tempos. Procuremos aí penetrar com as chaves da iniciação. Esforcemo-nos para ver esses símbolos estranhos, essas fórmulas mágicas em seu poder evocador, tais como as viu o iniciado de Osíris, quando saíram em letras de fogo da fornalha de seu pensamento.

Em uma cripta do templo de Jetro, sentado sobre um sarcófago, Moisés medita sozinho. Muros e pilastras estão cobertos de hieróglifos e de pinturas que representam os nomes e as figuras dos Deuses de todos os povos da Terra. Aqueles símbolos resumem a história dos ciclos desaparecidos e predizem os ciclos futuros. Uma lâmpada colocada no chão ilumina fracamente cada um dos sinais que lhe falam em sua linguagem. E ele já não vê mais nada do mundo exterior. Procura em si mesmo o Verbo e seu livro, a figura de sua obra, a Palavra que será a Ação. A lâmpada se extingue, mas, à sua visão interior, na noite da cripta, reluz este nome:

IAVÉ

A primeira letra — I — tem a cor branca da luz, as três outras brilham como um fogo cambiante onde passam todas as cores do arco-íris. E que vida estranha nesses caracteres!

Na letra inicial, Moisés percebe o Princípio masculino, Osíris, o Espírito criador por excelência; em Eva, a faculdade conceptiva, a Ísis celeste, que dela faz parte. Assim, as faculdades divinas, que encerram em potência todos os mundos, desdobram-se e se organizam no seio de Deus.

Por sua união perfeita, o Pai e a Mãe inefável formam o Filho, o Verbo vivo que cria o Universo. Eis o mistério dos mistérios, fechado para os sentidos, mas que fala pelo sinal do Eterno como o Espírito fala ao Espírito. E o tetragrama sagrado brilha com uma luz sempre mais intensa. Moisés dela vê irromper, em grandes fulgurações, os três mundos, todos os reinos da natureza e a ordem sublime das ciências.

Então, o seu olhar ardente se concentra no signo masculino do Espírito criador. Invoca-o para penetrar na ordem das criações e haurir na vontade soberana a força para realizar sua própria criação, depois de ter contemplado a obra do Eterno.

E eis que nas trevas da cripta reluz outro nome divino:

ELOIM

Eloim significa para o iniciado: *Ele, — os Deuses, o Deus dos Deuses*[6]. Não é mais o Ser dobrado em si mesmo e no Absoluto, mas o Senhor dos mundos cujo pensamento desabrocha em milhões de estrelas, esferas móveis de universos flutuantes.

---

6. *Eloim* é o plural de *Elo*, nome dado ao ser supremo pelos hebreus e caldeus, derivado da raiz *El* que representa a elevação, a força e o poder expansivo e que significa Deus, num sentido universal. *Hod*, ou seja, *Ele*, é, em hebraico, em caldaico, em sírio, em etíope, em árabe, um dos nomes sagrados da divindade. — Fabre d'Olivet, *La Langue Hébraique Restituée*.

"No princípio Deus criou os céus e a terra". Mas no início, estes céus foram apenas o pensamento do tempo e do espaço sem limites, habitados pelo vazio e pelo silêncio. "E o sopro de Deus se movia sobre a face do abismo."[7]

O que vai sair primeiro de seu seio? Um sol? Uma terra? Uma nebulosa? Uma substância qualquer deste mundo visível? Não. O que nasceu primeiro dele foi *Aur*, a Luz. Esta luz, porém, não é a luz física, é a luz inteligível, nascida do estremecimento da Ísis celeste no seio do Infinito; alma universal, luz astral, substância que constitui as almas e na qual elas despontam como num fluido etéreo; elemento sutil pelo qual o pensamento se transmite a infinitas distâncias; luz divina, anterior e posterior à luz de todos os sóis. Primeiro ela se expande no Infinito, é o poderoso *respir* de Deus; depois ela volta sobre si mesma num movimento de amor, profundo *aspir* do Eterno. Nas ondas do divino éter, palpitam como sob um véu translúcido as formas astrais dos mundos e dos seres. E tudo isto se resume, para o Mago-Vidente, nas palavras que ele pronuncia e que reluzem nas trevas em caracteres cintilantes:

RUAH ELOIM AUR[8]

"Que a luz seja e a luz se fez." O sopro de Eloim é a Luz!

Do seio dessa primitiva luz, imaterial, brotam os seis primeiros dias da Criação, isto é, as sementes, os princípios, as formas, as almas de vida de todas as coisas. É o Universo em potência, antes da palavra e segundo o Espírito. E qual é a última palavra da Criação, a fórmula que resume o Ser em ato, o Verbo vivo em quem aparece o pensamento primeiro e último do Ser absoluto? É:

---

7. "*Ruah Eloim*, o sopro de Deus, indica figurativamente o movimento para a expansão, a dilatação. É, num sentido hieroglífico, a força oposta à das trevas. Se a palavra *obscuridade* caracteriza uma potência compressiva, *ruah* caracteriza uma potência expansiva. Encontrar-se-á, numa e noutra, esse sistema eterno de duas forças opostas que os sábios de todos os séculos, desde Parmênides e Pitágoras até Descartes e Newton, viram na natureza e designaram por nomes diferentes". — Fabre d'Olivet, *Langue Hébraïque*.

8. *Sopro,... Eloim,... Luz*. Estes três nomes são o resumo hieroglífico do segundo e do terceiro versículo do Gênese. Eis em letras francesas o texto hebreu do terceiro versículo: *Wa, - iaômer Aelohim Iêhi-aûr, wa iehi aur*. Eis a tradução dada por Fabre d'Olivet: "E Ele diz, Ele o Ser dos seres, será feita a luz; e a luz se fez" (elementização inteligível). — A palavra *rua*, que significa o sopro, encontra-se no segundo versículo. Notar-se-á que a palavra *aur*, significativa de luz, é a palavra *rua* invertida. O sopro divino, voltando-se sobre si mesmo, cria a luz inteligível.

ADÃO EVA

Homem-Mulher. Este símbolo não representa de modo algum, como se ensina em nossas igrejas e como o crêem nossos exegetas, o primeiro casal humano da terra, mas Deus em ato no Universo e o Gênero humano tipificado; a Humanidade universal através de todos os céus.

"Deus criou o homem à sua imagem; e o criou macho e fêmea."

Este casal divino é o verbo universal pelo qual Ieva manifesta sua própria natureza através dos mundos. A esfera que ele habita primitivamente e que Moisés alcançou com o pensamento poderoso não é o jardim do Éden, o lendário paraíso terrestre, mas a esfera temporal, sem limites, de Zoroastro, a terra superior de Platão, o reino celeste universal, Heden, Hadama, substância de todas as terras.

Porém, qual será a evolução da Humanidade no tempo e no espaço? Moisés a percebe sob uma forma resumida na história da queda. No Gênese, Psiquê, a Alma humana, chama-se Aísha, outro nome de Eva[9]. Sua pátria é *Shamaim*, o céu. Lá, ela vive feliz, no éter divino, mas inconsciente de si mesma. Ela desfruta o céu sem compreendê-lo. Pois para compreendê-lo, é preciso ter esquecido e depois lembrar; para amá-lo, é preciso tê-lo perdido e depois reconquistá-lo. Ela não saberá senão pelo sofrimento, não compreenderá senão pela queda. E que outra queda profunda e trágica senão a Bíblia infantil que lemos? Atraída para o abismo tenebroso pelo desejo do conhecimento, Aísha deixa-se cair... Deixa de ser a alma pura, um corpo sideral que vive do divino éter. Reveste-se de um corpo material e entra no círculo das gerações. E suas encarnações não são uma, mas cem, mil, em corpos cada vez mais grosseiros, conforme os astros que habita. Ela desce de mundo em mundo... desce e esquece... Um negro véu cobre sua visão interior: foi afogada a consciência divina, obscurecida a lembrança do céu na espessa trama da matéria. Pálida como uma esperança perdida, uma fraca recordação de sua antiga felicidade brilha nela! E, desta centelha, ela deveria renascer e regenerar-se por si mesma!

Sim, Aísha vive ainda nesse casal nu que jaz sem defesa numa terra selvagem, sob um céu inimigo, onde ruge a tempestade. E o paraíso perdido? — É a imensidão do céu velado, adiante e atrás!

---

9. Gênese, II, 23. *Aísha*, a Alma, aqui assimilada à Mulher, é a esposa de *Aísh*, o Intelecto, que corresponde ao homem. Ela está presa a ele e constitui sua metade inseparável, sua faculdade volitiva. A mesma relação existe entre Dionísio e Perséfone, nos Mistérios órficos.

Moisés contempla, assim, as gerações de Adão no Universo[10]. Considera em seguida os destinos do homem sobre a Terra. Vê os ciclos passados e o presente. Na Aísha terrestre, na alma da humanidade, a consciência de Deus havia brilhado outrora com o fogo de Agni, no país de Cuche, nas vertentes do Himalaia.

Mas, ei-la prestes a se extinguir na idolatria, sob infernais paixões, sob a tirania assíria, entre os povos inimigos e deuses que se entredevoram. Moisés jura a si mesmo despertá-la, instituindo o culto de Eloim.

A humanidade coletiva, como o homem individual, deveriam ser a imagem de Eva. Mas, onde encontrar o povo que a encarnasse e que seria o Verbo vivo na humanidade?

Então, Moisés, tendo concebido seu Livro e sua Obra, tendo sondado as trevas da alma humana, declara guerra à Eva terrestre, à natureza fraca e corrompida. Para combatê-la e reerguê-la, ele invoca o Espírito, o Fogo originário e todo-poderoso, Eva, de cuja fonte ele acaba de subir. Sente que seus eflúvios o envolvem e lhe transmitem uma têmpera de aço. Seu nome é Vontade.

E, no silêncio negro da cripta, Moisés ouve uma voz. Ela sai das profundezas de sua consciência, vibra como uma luz e diz: "Vai à montanha de Deus! Vai para Horeb!"

---

10. Na versão samaritana da Bíblia, ao nome de Adão é acrescentado o epíteto de *universal*, de *infinito*. Trata-se, pois, do gênero humano, do reino do homem em todos os céus.

IV

A VISÃO DO SINAI

Uma sombria massa de granito, tão nua, tão abrupta sob o esplendor do Sol, que se diria sulcada por relâmpagos e esculpida pelo raio. Assim é o cume do Sinai, o trono de Eloim, dizem os filhos do deserto. Em frente, uma montanha mais baixa, os rochedos do Serbal, também abruptos e selvagens. Em seus flancos, minas de cobre, cavernas. E entre as duas montanhas, um vale negro, um caos de pedras, que os árabes chamam de Horeb, o Erebo da lenda semítica. É lúgubre a desolação desse vale, quando a noite aí cai com a sombra do Sinai, mais lúgubre ainda quando a montanha se cobre de um capacete de nuvens, de onde escapam clarões sinistros. Então, um vento terrível sopra no estreito corredor.

Dizem que nesse lugar Eloim derruba aqueles que procuram lutar com ele e os lança nos abismos, de onde desmoronam trombas de chuva. Ali também, dizem os medianitas, vagam as sombras malfeitoras dos gigantes, dos *Refaim*, que fazem despencar os rochedos sobre os que tentam escalar o lugar santo. A tradição popular diz ainda que o Deus do Sinai aparece algumas vezes no fogo fulgurante, como uma cabeça de Medusa com penas de águia. Infeliz daquele que vê sua face. Vê-la é morrer.

Eis o que contavam os nômades, à noite, em suas narrativas sob a tenda, enquanto dormiam os camelos e as mulheres. A verdade é que só os mais audaciosos entre os iniciados de Jetro subiam à caverna do Serbal e ali passavam, às vezes, vários dias em jejum e oração. Sábios da Iduméia ali haviam encontrado sua inspiração. Era um lugar consagrado, desde tempos imemoriais, às visões sobrenaturais, a Eloim ou aos espíritos luminosos. Nenhum pastor, nenhum caçador jamais ousara conduzir algum peregrino até lá.

Moisés subira sem medo as ravinas de Horeb. Tinha atravessado com o coração intrépido o vale da morte e seu caos de rochedos. Como todo o esforço humano, a iniciação tem também suas fases de humildade e de orgulho. Escalando as diversas etapas da montanha santa, Moisés tinha alcançado o cume com orgulho, pois atingia o pináculo do poder humano. Acreditava já sentir-se um com o Ser supremo. O sol, de uma púrpura ardente, inclinava-se sobre o maciço vulcânico do Sinai e as sombras violetas se punham nos vales, quando Moisés chegou à entrada de uma caverna, protegida por uma vegetação negra de terebintos. Ele se apressava a nela penetrar, mas foi ofuscado por uma luz súbita que o envolveu. Pareceu-lhe que o solo queimava a seus pés e que as montanhas de granito tinham-se transformado em um mar de chamas. À entrada da gruta, uma aparição ofuscante de luz olhava-o e com o gládio barrava-lhe o caminho. Moisés caiu fulminado, a face contra o chão. Todo o seu orgulho tinha-se esvaído. Olhar luminoso do Anjo o transpassara. E depois, com esse sentido profundo das coisas que desperta o estado visionário, ele compreendera que aquele ser ia impor-lhe coisas terríveis. Ele quis escapar à sua missão e penetrar na terra como um réptil miserável.

Uma voz, porém, disse:

— Moisés! Moisés!

E ele respondeu:

— Eis-me aqui!

— Não te aproximes daqui. Descalça teus sapatos, pois o lugar onde estás é uma terra santa.

Moisés cobriu os olhos com as mãos. Tinha medo de rever o Anjo e reencontrar-lhe o olhar.

E o Anjo lhe disse:

— Tu, que procuras Eloim, por que tremes diante de mim?

— Quem és tu?

— Um raio de Eloim, um anjo solar, um mensageiro d'Aquele que é e que será.

— O que me ordenas?

— Dirás aos filhos de Israel: o Eterno, o Deus de vossos pais, o Deus de Abraão, o Deus de Isac, o Deus de Jacó enviou-me até vós para arrancar-vos do país da servidão.

Ao que Moisés replicou:

— Quem sou eu para retirar do Egito os filhos de Israel?

O Anjo falou:

— Vai, pois estarei contigo. Colocarei o fogo de Eloim em teu coração e seu verbo em teus lábios. Há quarenta anos que tu o evocas. Tua voz repercutiu até ele. Eis aqui, tomo-te em seu nome. Filho de Eloim, tu me pertences para sempre.

E Moisés, afoito, exclamou:
— Mostra-me Eloim! Que eu veja seu fogo vivo!
E levantou a cabeça. Dissipara-se, porém, o mar de chamas e o Anjo desaparecera como um relâmpago. O sol descera sobre os vulcões extintos do Sinai; um silêncio de morte pairava no vale de Horeb; e uma voz, que parecia rolar no firmamento e perder-se no infinito, dizia: "Eu sou Aquele que sou".

Moisés saiu dessa visão como que aniquilado. Pareceu-lhe, por um instante, que seu corpo havia sido consumido pelo fogo do Éter. Seu espírito, todavia, estava mais forte. Quando desceu para o templo de Jetro, estava preparado para sua obra. Sua idéia viva marchava em frente, como o Anjo armado do gládio de fogo.

V

O ÊXODO. O DESERTO. MAGIA E TEURGIA

O plano de Moisés era um dos mais extraordinários, dos mais ousados que um homem jamais concebeu. Arrancar um povo do jugo de uma nação tão poderosa quanto o Egito, conduzi-lo à conquista de um país ocupado por populações inimigas e melhor armadas, conduzi-lo durante dez, vinte ou quarenta anos pelo deserto, deixá-lo arder de sede e extenuar-se de fome; fustigá-lo como a um cavalo puro-sangue sob as flechas dos hititas e dos amalecitas, prontos a esquartejá-lo; isolá-lo com o tabernáculo do Eterno entre aquelas nações idólatras, impor-lhe o monoteísmo com uma vara de fogo e inspirar-lhe um tal temor, uma tal veneração por aquele Deus único, de modo que se entranhasse em sua carne, que se tornasse o símbolo nacional, o fim de todas as suas aspirações e sua razão de ser. Tal foi a obra inaudita de Moisés.

O Êxodo foi planejado e preparado de longa data pelo profeta, pelos principais chefes israelitas e por Jetro. Para pôr seu plano em execução, Moisés aproveitou um momento em que Meneftá, seu antigo companheiro de estudos, que se tornara faraó, devia repelir a temível invasão do rei dos líbios, Mermaiú. Todo o exército egípcio estava concentrado no Oeste e não pôde conter os hebreus e a emigração em massa se operou pacificamente.

Então, os Beni-Israel se puseram em marcha. A longa fila de caravanas, carregando as tendas no dorso de camelos, seguida de grandes rebanhos, apronta-se para contornar o mar Vermelho. No começo eram apenas alguns milhares de homens. Mais tarde, a emigração será aumentada por "toda a espécie de gentes" como diz a Bíblia — gananeus, edomitas, árabes, semitas de todo o gênero, atraídos e fascinados pelo profeta do deserto, que de todos os cantos do horizonte os convoca, para modelá-los à sua vontade. O núcleo desse povo é formado pelos Beni-Israel, homens direitos, mas duros, obstinados e rebeldes. Seus *hahs* ou chefes tinham-lhes ensinado o culto de Deus único, que constituía entre eles uma elevada tradição patriarcal. Porém, naquelas naturezas primitivas e violentas, o monoteísmo não passava de uma consciência vacilante. Assim que as más paixões despertam, o instinto do politeísmo, tão natural no homem, readquire o predomínio. Então, eles recaem nas superstições populares, na bruxaria e nas práticas idólatras das populações vizinhas do Egito e da Fenícia, que Moisés vai combater com leis draconianas.

Ao redor do profeta que comanda esse povo há um grupo de sacerdotes presididos por Aarão, seu irmão pela iniciação, e pela profetisa Maria, que já representa em Israel a iniciação feminina. Esse grupo constitui o sacerdócio. Com eles, setenta chefes eleitos ou iniciados leigos comprimem-se em torno do profeta de Iavé, o qual lhes confiará sua doutrina secreta e sua tradição oral, que lhes transmitirá uma parte de seus poderes, associando-os, às vezes, a suas inspirações e suas visões.

No coração desse grupo era carregada a arca de ouro, idéia inspirada a Moisés pelos templos egípcios, onde servia de arcano para os livros teúrgicos, mas ele mandou refundir um modelo novo, para seus desígnios pessoais. A arca de Israel é flanqueada por quatro querubins de ouro semelhantes a esfinges e parecidos com os quatro animais simbólicos da visão de Ezequiel. Um tem cabeça de leão, o outro, cabeça de boi, o terceiro, cabeça de águia e o último, cabeça de homem. Personificam os quatro elementos universais: a terra, a água, o ar e o fogo, assim como os quatro mundos representados pelas letras do tetragrama divino. Com suas asas os querubins recobrem o propiciatório.

Esta arca será o instrumento dos fenômenos elétricos e luminosos produzidos pela magia do sacerdote de Osíris, fenômenos que, aumentados pela lenda, produzirão as narrativas bíblicas. A arca de ouro encerra, além do mais, o *Séfer Bereschit* ou livro de Cosmogonia redigido por Moisés em hieróglifos egípcios, e a varinha mágica do profeta, que a Bíblia chama vara. Ela conterá também o livro da aliança ou a lei do Sinai. Moisés denominará a arca de o trono de Eloim, porque nela repousa a tradição sagrada, a missão de Israel, a idéia de Iavé.

Qual foi a constituição política que Moisés deu a seu povo? Para compreendê-lo é preciso citar uma das passagens mais curiosas do Êxodo. Passagem esta tanto mais antiga e mais autêntica porque nos mostra o lado fraco de Moisés, sua tendência ao orgulho sacerdotal e à tirania teocrática, reprimida por seu iniciador etíope.

"No dia seguinte, como Moisés estivesse sentado para julgar o povo, e o povo se mantivesse diante de Moisés da manhã à noite,

O sogro de Moisés, tendo visto o que ele fazia ao povo, disse-lhe: O que fazes ao povo? Por que só tu estás sentado e o povo se mantém diante de ti desde manhã até a noite?

E Moisés respondeu ao sogro: É que o povo vem a mim para inquirir de Deus.

Quando têm alguma causa, vêm a mim; então eu julgo entre um e outro, e lhes faço entender as ordens de Deus e suas leis.

Mas o sogro de Moisés disse: Não fazes bem.

Certamente sucumbirás, tu e o povo que está contigo; pois isto é muito difícil para ti, e não saberás fazê-lo sozinho.

Escuta, pois, meu conselho; eu te aconselharei e Deus estará contigo. Sê para o povo o legado de Deus, e leva as causas a Deus;

Instrui-os sobre as ordens e as leis, e faze-os ouvir a voz pela qual eles devem se orientar e saber o que terão de fazer;

E escolhe entre todo o povo homens virtuosos, tementes a Deus, homens que verdadeiramente odeiem o ganho desonesto, e estabelece entre eles chefes de milheiros, chefes de centenas, chefes de cinqüentenas e chefes de dezenas;

E que eles julguem o povo sempre; mas que eles te tragam todas as grandes disputas e que julguem as pequenas causas. Assim, eles te aliviarão e suportarão uma parte da carga contigo.

Se fizeres isto, e Deus to ordena, tu poderás subsistir, e até todo o povo chegará felizmente a seu lugar.

Moisés, pois, obedeceu à palavra do sogro, e fez tudo o que ele havia dito".[1]

Deduz-se desta passagem que, na constituição de Israel estabelecida por Moisés, o poder executivo era considerado como uma emanação do poder judiciário e colocado sob o controle da autoridade sacerdotal. Assim foi o governo legado por Moisés a seus sucessores, segundo o sábio conselho de Jetro. Permaneceu o mesmo na época dos Juízes, de Josué a Samuel, até a usurpação de Saul. Sob o poder dos Reis, o sacerdócio deprimido começou a perder a verdadeira tradição de Moisés, que sobreviveu apenas entre os profetas.

Como já dissemos, Moisés não foi um patriota, más um domador de povos, tendo em vista os destinos de toda a humanidade. Israel não era para ele senão um meio, a religião universal era a sua finalidade, e por cima da cabeça dos nômades seu pensamento ia para os tempos futuros. Desde a saída do Egito até a morte de Moisés a história de Israel não deixou de ser um longo duelo entre o profeta e seu povo.

---

1. Êxodo, XVIII, 13-24. A importância desta passagem sob o ponto de vista da constituição de Israel foi justamente salientada por M. Saint-Yves, em seu belo livro: *La Mission des Juifs*.

Moisés conduziu primeiro as tribos de Israel ao Sinai, no deserto árido, diante da montanha consagrada a Eloim por todos os semitas, onde ele mesmo tivera sua revelação. Lá onde o Gênio se apoderara do profeta, o profeta quis apoderar-se de seu povo e imprimir-lhe na fronte o selo de Iavé: os dez mandamentos, poderoso resumo da lei moral e complemento da verdade transcendental contida no livro hermético da arca.

Nada de mais trágico do que esse primeiro diálogo entre o profeta e seu povo. Lá se passaram cenas estranhas, sangrentas, terríveis, que deixaram como que a marca de um ferro quente na carne mortificada de Israel. Por detrás dos exageros da lenda bíblica, adivinha-se a possível realidade dos fatos.

A elite das tribos acampou no planalto de Farã, à entrada de uma garganta selvagem que conduz aos rochedos do Serbal. O cimo ameaçador do Sinai domina o terreno pedregoso, vulcânico, convulso. Diante de toda a assembléia, Moisés anuncia, solenemente, que subirá à montanha para consultar Eloim e que, na volta, trará a lei escrita em uma tábua de pedra. Ordena ao povo que o aguarde em castidade e oração, velando e jejuando. Deixa a arca portátil que esconde a tenda do tabernáculo sob a guarda dos setenta Anciãos. Depois desaparece na garganta, levando consigo apenas o fiel discípulo Josué.

Passam-se os dias. Moisés não volta. No início o povo se inquieta, depois murmura: "Por que trazer-nos para este deserto horrível, expondo-nos às setas dos amalecitas? Moisés prometeu conduzir-nos à terra de Canaã, onde correm o leite e o mel, e eis que morremos no deserto. Valia mais a servidão no Egito do que esta vida miserável. Antes tivéssemos ainda os pratos de carne que comíamos lá! Se o Deus de Moisés é o verdadeiro Deus, que ele o prove, que todos os seus inimigos sejam dispersos e que nós entremos imediatamente na terra da promissão". Os múrmurios aumentam; amotina-se o povo e os chefes aderem.

E eis que vem um grupo de mulheres, cochichando e murmurando entre si. São as filhas de Moab, de pele negra, corpos flexíveis, formas opulentas, concubinas ou servas de alguns chefes edomitas associados a Israel. Elas se lembram de que foram sacerdotisas de Astaroth e que celebraram as orgias da deusa nos bosques sagrados do país natal. Sentem que a hora de reassumir seu império chegou. Elas chegam enfeitadas de ouro e de tecidos esvoaçantes, o sorriso nos lábios, como um bando de belas serpentes que saem da terra e fazem reluzir ao sol suas formas ondulosas de reflexos metálicos. Misturam-se aos rebeldes, lançam-lhes seus olhares brilhantes, enlaçam-nos com os braços onde tilintam anéis de cobre e os adulam com sua linguagem dourada: "Quem é, afinal de contas, este sacerdote do Egito e seu Deus? Ele será morto no Sinai. Os refains já o terão lançado num abismo. Não será ele quem levará as tribos a Canaã. Então que os filhos de Israel invoquem os deuses de Moab: Belfegor e Astaroth! Estes, sim, são deuses que se pode ver e que fazem milagres! Eles poderão levá-los à terra de Canaã!"

Os amotinados escutam as mulheres moabitas, excitam-se e este grito parte da multidão: "Aarão, faz para nós deuses que marchem à nossa frente; pois ao Deus de Moisés, que nos fez sair do Egito, não sabemos o que aconteceu".

Aarão tentou em vão acalmar a multidão. As filhas de Moab chamam os sacerdotes fenícios vindos com uma caravana. Eles carregam uma estátua de Astaroth, que colocam num altar de pedra. Os rebeldes forçam Aarão, sob ameaça de morte, a fundir o veado de ouro, uma das formas de Belfegor. Sacrificam touros e bodes aos deuses estrangeiros, põem-se a beber e a comer, e as danças luxuriosas, orientadas pelas moabitas, começam ao redor dos ídolos, ao som dos nebéis, dos quinores e dos tamborins agitados pelas mulheres.

Os setenta Anciãos eleitos por Moisés para guardar a arca tentam, em vão, deter a desordem por meio de suas exprobrações. Então, sentam-se no chão, cobrindo a cabeça com um saco de cinzas. Reunidos em torno do tabernáculo da arca, eles ouvem consternados os gritos selvagens, os cantos voluptuosos, as invocações aos deuses malditos, demônios de luxúria e de crueldade. Eles vêem com horror o povo contorcer-se de alegria e de revolta contra seu Deus.

O que iria acontecer com a Arca, com o Livro e com Israel, se Moisés não voltasse mais?

Entretanto, Moisés voltou. De seu longo recolhimento, de sua solidão no monte de Eloim, ele traz a Lei impressa em tábuas de pedra[2]. Ao entrar no acampamento, vê as danças, a bacanal de seu povo em frente dos ídolos Astaroth e Belfegor.

À vista do sacerdote de Osíris, do profeta de Eloim, as danças param, os sacerdotes estrangeiros fogem, os rebeldes hesitam. A cólera ferve em Moisés como um fogo devorador. Ele quebra as tábuas de pedra e sente-se que ele quebraria do mesmo modo todo o povo, mas Deus o detém.

Israel treme, porém os rebeldes têm olhares de ódio dissimulados por seu medo. Uma palavra, um gesto de hesitação por parte do profeta-chefe, e a hidra da anarquia idólatra ergueria contra ele seus milhares de cabeças e expulsaria sob uma saraivada de pedras a arca santa, o profeta e sua idéia. Contudo, Moisés está lá, e por trás dele os poderes invisíveis que o prote-

---

2. Na Antigüidade, as coisas escritas em pedra eram consideradas as mais sagradas. O hierofante de Elêusis lia para os iniciados segundo as tábuas de pedra coisas que eles juravam não dizer para ninguém e que não encontravam escritas em nenhuma outra parte.

gem. Ele compreende que é preciso, antes de tudo, reabilitar a alma dos setenta eleitos e, por meio deles, todo o povo. Invoca Eloim-Iavé, o Espírito varonil, o Princípio-Fogo, do fundo' de si mesmo e do fundo do céu.

Moisés grita:

— Que venham a mim os setenta! Que eles tomem a arca e subam comigo à montanha de Deus. Quanto ao povo, que espere, e que trema. Vou trazer-lhe o julgamento de Eloim.

Os levitas tiram de baixo da tenda a arca de ouro envolta por véus, e o cortejo dos setenta desaparece com o profeta nos desfiladeiros do Sinai. Não se sabe quem treme mais, se os levitas, pelo que vão ver, ou o povo, pelo castigo que Moisés deixa suspenso sobre suas cabeças como uma espada invisível.

Ah! se fosse possível escapar às mãos terríveis desse sacerdote de Osíris, desse profeta da infelicidade! — dizem os rebeldes. E, apressadamente, a metade do acampamento dobra as tendas, sela os camelos e prepara-se para fugir. Mas, eis que um crepúsculo estranho, um véu de poeira se estende no céu; uma brisa rude sopra do mar Vermelho, o deserto adquire uma cor fulva e descorada, e por trás do Sinai amontoam-se grossas nuvens. Enfim, o céu torna-se negro. Rajadas de vento trazem ondas de areia e relâmpagos fazem desabar em torrentes de chuva os turbilhões de nuvens que envolvem o Sinai. Logo brilha o raio e seu estrondo, repercutindo por todas as gargantas do maciço, rebenta sobre o acampamento em detonações sucessivas com um estrépito medonho. O povo não duvida de que seja a cólera de Eloim evocado por Moisés. As filhas de Moab desapareceram. Desmoronam-se os ídolos, os chefes se prostram, as crianças e as mulheres se escondem sob o ventre dos camelos. Isto dura toda uma noite, todo um dia. O raio cai sobre as tendas, matando homens e animais e o trovão ribomba sempre.

À noite, acalma-se a tempestade, mas as nuvens ainda fumegam sobre o Sinai e o céu permanece negro. E eis que, à entrada do acampamento, reaparecem os setenta, com Moisés à frente. No vago clarão do crepúsculo, a fisionomia do profeta e a de seus eleitos irradiam uma luz sobrenatural, como se eles trouxessem na face o reflexo de uma visão radiosa e sublime. Sobre a arca de ouro, sobre os querubins com asas de fogo, oscila um clarão elétrico, como um jato fosforescente. Diante desse espetáculo, os Anciãos e o povo, homens e mulheres, se prostram à distância.

Moisés clama:

— Aqueles que estão com o Eterno, venham a mim!

Três quartos dos chefes de Israel alinham-se ao redor de Moisés; os rebeldes escondem-se em suas tendas. Então, o profeta avança e ordena aos fiéis que passem ao fio da espada os instigadores da revolta e as sacerdotisas de Astaroth, a fim de que Israel trema para sempre diante de Eloim e se lembre da lei do Sinai e de seu primeiro mandamento:

— "Eu sou o Eterno, teu Deus, que te tirou do país do Egito, da casa da servidão. Não terás outro Deus diante de mim. Não esculpirás imagens nem qualquer outra coisa semelhante às que existem no alto dos céus, nas águas ou na terra".

Foi por esse misto de terror e de mistério que Moisés impôs sua lei e seu culto ao povo. Era preciso imprimir a idéia de Iavé em letras de fogo em sua alma e, sem aquelas medidas implacáveis, o monoteísmo jamais teria triunfado sobre o avassalador politeísmo da Fenícia e de Babilônia.

Mas, o que tinham visto no Sinai os setenta? O Deuteronômio (XXXIII, 2) fala de uma visão colossal, de milhares de santos que apareceram, em meio à tempestade, sobre o Sinai, à luz de Iavé. Os sábios do antigo ciclo, os antigos iniciados dos árias, da Índia, da Pérsia e do Egito, todos os nobres filhos da Ásia, a terra de Deus, teriam vindo auxiliar Moisés em sua obra e exercer uma pressão decisiva sobre a consciência de seus associados?

As forças espirituais que velam sobre a humanidade estão sempre presentes, mas o véu que delas nos separa somente se descerra nas grandes horas e para os raros eleitos. Seja como for, Moisés transmitiu aos setenta o fogo divino e a energia de sua própria vontade. Eles foram o primeiro templo, antes daquele de Salomão: o templo vivo, em marcha, o coração de Israel, a luz real de Deus.

Pelas cenas do Sinai, pela execução em massa dos rebeldes, Moisés ganhou autoridade sobre os semitas nômades, que ele agora continha com mão de ferro. Contudo, cenas análogas, seguidas de novos golpes de força, deveriam se repetir durante as marchas e contramarchas rumo à terra de Canaã. Como Maomé, Moisés teve que ostentar, ao mesmo tempo, o gênio de um profeta, de um homem de guerra e de um organizador social. Lutou contra as lassitudes, as calúnias, as conspirações.

Depois da revolta popular, Moisés teve que abater o orgulho dos sacerdotes-levitas, que queriam igualar-se-lhe em função, e se consideravam, como ele, inspirados diretos do Iavé. Viu-se também obrigado a enfrentar as conspirações mais perigosas de alguns chefes ambiciosos como Coré, Datan e Abiram, que fomentaram a insurreição popular para derrubar o profeta e proclamar um rei, assim como fariam mais tarde os israelitas com Saul, apesar da resistência de Samuel.

Nessa luta, Moisés tem momentos de indignação e de piedade, ternuras de pai e rugidos de leão contra o povo que se debate sob a pressão de seu espírito e que apesar de tudo suportou-o. Disso encontramos o eco nos diálogos que a narrativa bíblica institui entre o profeta e seu Deus, diálogos que parecem revelar o que se passava no fundo de sua consciência.

No Pentateuco, Moisés triunfa sobre todos os obstáculos mediante os milagres mais inverossímeis. Jeová, concebido como um Deus pessoal, está sempre à sua disposição. Aparece sobre o tabernáculo como uma nuvem brilhante que se chama a glória do Senhor. Somente Moisés pode ali entrar; os profanos que se aproximam são feridos de morte. O tabernáculo de assinação, que contém a arca, desempenha na narrativa bíblica o papel de uma gigantesca bateria elétrica que uma vez carregada do fogo de Jeová fulmina massas humanas. Os filhos de Aarão, os duzentos e cinqüenta adeptos de Coré e de Datan, enfim, quatorze mil homens do povo são mortos instantaneamente. Além disso, Moisés provoca, em hora marcada, um tremor de terra que traga os três chefes revoltados, com suas tendas e suas famílias. Esta última narrativa é de uma poesia terrível e grandiosa. Mas é pintada com tal exagero, com um caráter tão visivelmente lendário que seria pueril discutir-lhe a realidade. O que, acima de tudo, dá um caráter exótico a essas narrativas é o papel de Deus irascível e mutável que a ele empresta Jeová. Está sempre prestes a fulminar e a destruir, enquanto que Moisés representa a misericórdia e a sabedoria. Uma concepção tão infantil, tão contraditória da divindade não é menos estranha à consciência de um iniciado de Osíris que à de um Jesus.

E, contudo, esses colossais exageros parecem provir de certos fenômenos devidos aos poderes mágicos de Moisés e que não são únicos na tradição dos templos antigos. É hora de dizermos o que se pode acreditar dos pretensos milagres de Moisés, sob o ponto de vista de uma teosofia racional e dos pontos elucidados da ciência oculta. A produção de fenômenos elétricos sob diversas formas, pela vontade de poderosos iniciados, não é atribuída somente a Moisés pela Antigüidade. A tradição caldaica atribuía-a aos magos; a tradição grega e latina, a alguns sacerdotes de Júpiter e Apolo[3]. Em tais casos os fenômenos são de ordem elétrica. Mas a eletricidade da atmosfera terrestre ali seria movimentada por uma força mais sutil e mais universal difundida por toda parte, e que os grandes adeptos estavam aptos a atrair, a concentrar e a projetar. Esta força é chamada *akasa* pelos brâmanes, *princípio-fogo* pelos magos da Caldéia, *grande agente mágico* pelos cabalistas da Idade-Média. Sob o ponto de vista da ciência poder-se-ia chamá-la *força eterificada*. Pode-se atraí-la diretamente, ou evocá-la por intermédio dos agentes invisíveis, conscientes ou semiconscientes, dos quais está repleta a atmosfera terrestre e que a vontade dos magos sabe dominar. Esta teoria nada tem de contrária a uma concepção racional do Universo, e é até indispensável para explicar uma quantidade imensa de fenômenos que, sem ela, permaneceriam incompreensíveis. Falta somente acrescentar que esses fenômenos são regidos por leis imutáveis e sempre proporcionais à força intelectual, moral e magnética do adepto.

---

3. Duas vezes um ataque ao templo de Delfos foi repelido nas mesmas circunstâncias. Em 480 a.C., as tropas de Xerxes o atacaram e recuaram apavoradas diante de uma tempestade, acompanhada de chamas que saíam do solo e da queda de grandes blocos de pedra (Heródoto). — Em 279 a.C., o templo foi atacado de novo por uma invasão de gauleses e de quínris. Delfos era defendido apenas por uma pequena tropa de focianos. Os bárbaros atacaram; no momento em que iam penetrar no templo, uma tempestade explodiu e os focianos derrotaram os gauleses. (Ver a bela narrativa de Amédée Thierry, na *Histoire des Gaulois*, livro II).

Anti-racional e antifilosófica seria a movimentação da causa primeira, de Deus, por um ser qualquer, ou a ação imediata desta causa por ele, o que levaria a uma identificação do indivíduo com Deus. O homem só se eleva relativamente a Deus pelo pensamento ou pela oração, pela ação ou pelo êxtase. E Deus só exerce sua boa ação no Universo indireta e hierarquicamente por meio das leis universais e imutáveis que exprimem seu pensamento, e através dos membros da humanidade terrestre e divina que o representam parcial e proporcionalmente do infinito do espaço e do tempo.

Aceitos esses princípios, acreditamos perfeitamente possível que Moisés, sustentado pelos poderes espirituais que o protegiam e manipulando a força eterificada com ciência consumada, tenha podido utilizar-se da arca como uma espécie de receptáculo, de catalizador, para a produção de fenômenos elétricos de caráter fulminante. Ele se isolava, com seus sacerdotes e confidentes, usando vestimentas de linho e perfumes que os defendiam das descargas do fogo etéreo. Mas esses fenômenos só podem ter sido raros e limitados. A lenda sacerdotal os exagerou. Foi suficiente para Moisés ferir de morte alguns chefes rebeldes ou alguns levitas desobedientes por uma projeção de fluído, para aterrorizar e domar todo o povo.

VI

A MORTE DE MOISÉS

Quando Moisés chegou com seu povo à entrada de Canaã, sentiu que sua obra estava terminada. O que era Iavé-Eloim para o Vidente do Sinai? A ordem divina de alto a baixo, através de todas as esferas do Universo e realizada na terra visível, à imagem das hierarquias celestes e da eterna verdade. Não, ele não havia contemplado em vão a face do Eterno, que se reflete em todos os mundos. O Livro estava na Arca, e a Arca, guardada por um povo forte, templo vivo do Senhor. O culto do Deus único estava fundado sobre a Terra; o nome de Iavé brilhava em letras chamejantes na consciência de Israel; os séculos poderão rolar suas ondas na alma mutável da humanidade, porém, não apagarão mais o nome do Eterno.

Moisés, tendo compreendido essas coisas, invocou o Anjo da Morte. Impôs as mãos sobre a cabeça do seu sucessor, Josué, diante do tabernáculo, a fim de que o Espírito de Deus descesse sobre ele, depois abençoou toda a humanidade através das doze tribos de Israel e escalou o monte Nebo, seguido somente de Josué e de dois levitas. Aarão já havia sido "recolhido junto de seus pais", a profetisa Maria tomara o mesmo caminho. E o dia de Moisés tinha chegado.

Quais foram os pensamentos do profeta centenário, quando viu desaparecer o acampamento de Israel e subiu para a grande solidão de Eloim? O que teria sentido ele ao correr os olhos pela terra da promissão, de Galaad a Jericó, a cidade das palmas? Um verdadeiro poeta[1], pintando com maestria seu estado de alma, colocou-lhe nos lábios este grito:

> Senhor, vivi poderoso e solitário,
> Deixai-me adormecer no sono da terra!

Esses belos versos dizem mais sobre a alma de Moisés do que os comentários de uma centena de teólogos. Esta alma se assemelha à grande pirâmide de Gisé, maciça, nua, fechada por fora, mas que contém em seu interior os grandes mistérios e traz em seu centro um sarcófago, chamado pelos iniciados o sarcófago da ressurreição. Dali, por um corredor oblíquo se percebia a estrela polar. Assim também aquele espírito impenetrável, do centro de sua alma, olhava o destino final de todas as coisas.

Sim, todos os poderosos conheceram a solidão que cria a grandeza; mas Moisés foi mais solitário do que os outros, porque seu princípio foi mais absoluto, mais transcendental. Seu Deus foi o princípio masculino por excelência, o Espírito puro. Para impô-lo aos homens, precisou declarar guerra ao princípio feminino, à deusa Natureza, à Eva, à mulher eterna que vive na alma da Terra e no coração do Homem. Teve que combatê-la sem trégua e sem misericórdia, não para destruí-la, mas submetê-la e dominá-la. Não é de admirar que a Natureza e a Mulher, entre as quais reina um pacto misterioso, tremessem diante dele, e, conseqüentemente, se rejubilassem com sua partida e esperassem, para erguer a cabeça, que a sombra de Moisés deixasse de projetar sobre elas a sombra da morte.

Tais foram, sem dúvida, os pensamentos do vidente, enquanto subia o estéril monte Nebo. Os homens não podiam amá-lo, porque ele só tinha amado a Deus. Pelo menos sua obra viveria? Seu povo permaneceria fiel à sua missão? Ah! Fatal clarividência dos moribundos, dom trágico dos profetas que levanta todos os véus na hora derradeira! À medida que o espírito de Moisés se desligava da terra, ele vê a terrível realidade do futuro. Vê as traições de Israel, a anarquia imperando, a realeza sucedendo aos Juízes, os crimes dos reis conspurcando o templo do Senhor, seu livro mutilado, incompreendido, seu pensamento deturpado, rebaixado pelos sacerdotes ignorantes ou hipócritas, as apostasias dos reis, o adultério de Judá com as nações idólatras, a pura tradição e a doutrina sagrada sufocadas, e os profetas, possuidores do verbo vivo, perseguidos até o fundo do deserto.

Sentado numa caverna do monte Nebo, Moisés vê tudo isso em si mesmo. Mas a Morte já estendia as asas sobre sua fronte e pousava a mão fria sobre seu coração. Então, aquele coração de leão tentou rugir ainda uma

---

[1]. Alfred de Vigny.

vez. Irritado contra seu povo, Moisés conclamou a vingança de Eloim sobre a raça de Judá. Ergueu o braço pesado. Josué e os levitas, que o assistiam, ouviram com espanto estas palavras saírem da boca do profeta moribundo: "Israel traiu seu Deus. Que ele seja disperso aos quatro ventos do céu!"

Josué e os levitas olhavam com terror seu mestre, que não dava mais sinal de vida. Sua última palavra tinha sido uma maldição. Teria ele, com ela, exalado seu último suspiro? Porém, Moisés abriu os olhos ainda uma vez e disse:

"Voltai para Israel. Quando os tempos chegarem, o Eterno vos fará aparecer um profeta como eu entre vossos irmãos e colocará o verbo em sua boca, e esse profeta vos revelará tudo o que o Eterno lhe tiver ordenado. E o Eterno pedirá contas a quem não escutar as palavras que ele tiver dito". (Deuteronômio, XVIII, 18,19).

Após essas palavras proféticas, Moisés entregou seu espírito. O Anjo solar com o gládio de fogo, que primeiro lhe apareceu no Sinai, esperava-o. Arrastou-o para o seio profundo da Ísis celestial, para as ondas daquela luz, que é a Esposa de Deus. Longe das regiões terrestres, eles atravessaram círculos de almas de um crescente esplendor. Finalmente, o Anjo do Senhor mostrou-lhe um espírito de surpreendente beleza e de uma doçura celestial, mas de um brilho tal e de uma claridade tão fulgurante, junto da qual a sua parecia apenas uma sombra. Esse espírito não trazia o gládio do castigo, mas a palma do sacrifício e da vitória. Moisés compreendeu que ele completaria sua obra e conduziria os homens ao Pai, pelo poder do Eterno-Feminino, pela Graça divina e pelo Amor perfeito.

Então, o Legislador se prostrou diante do Redentor e Moisés adorou Jesus Cristo.

LIVRO V

ORFEU

Os Mistérios de Dionísio

> *Como elas se agitam no imenso Universo, como rodopiam e se buscam, as almas inumeráveis que brotam da grande alma do Mundo! Elas caem de planeta em planeta e choram no abismo a pátria esquecida... São tuas lágrimas, Dionísio... Oh! grande Espírito. Oh! divino Libertador! recolhe tuas filhas em teu seio de luz.*

Fragmento órfico.

> *Eurídice! Luz divina! – exclama Orfeu moribundo. Eurídice! gemem, partindo-se, as sete cordas de sua Lira. E sua cabeça que rola, levada para sempre pelo rio dos tempos, clama ainda: Eurídice! Eurídice!*

Lenda de Orfeu.

ORFEU

Os Mistérios de Dionísio

I

A GRÉCIA PRÉ-HISTÓRICA. AS BACANTES. APARIÇÃO DE ORFEU

Nos santuários de Apolo, possuidores da tradição órfica, uma festa misteriosa era celebrada no equinócio da primavera. Era o momento em que os narcisos refloresciam junto da fonte de Castália. Os trípodes e as liras do templo vibravam por si mesmos e supunha-se que o Deus invisível voltava ao país dos hiperbóreos, em seu carro puxado por cisnes. Então, a grande sacerdotisa, em suas vestes de Musa, coroada de louros, a fronte cingida por faixinhas sagradas, cantava somente para os iniciados *o nascimento de Orfeu*, filho de Apolo e de uma sacerdotisa do Deus. Ela invocava a alma de Orfeu, pai dos místicos, salvador melodioso dos homens; Orfeu soberano, imortal e três vezes coroado, nos infernos, na terra e no céu; e que vagava trazendo uma estrela na fronte, entre os astros e os Deuses.

O canto místico da sacerdotisa de Delfos fazia alusão a um dos numerosos segredos guardados pelos sacerdotes de Apolo e ignorados pela massa. Orfeu foi o gênio animador da Grécia sagrada, o vivificador de sua alma divina. Sua lira de sete cordas abrange o Universo. Cada uma delas corresponde a uma modalidade da alma humana, contém a lei de uma ciência e de uma arte. Perdemos a chave de sua plena harmonia, mas as diversas tonalidades não deixaram de vibrar em nossos ouvidos.

O impulso teúrgico e dionisíaco que Orfeu soube comunicar à Grécia foi transmitido por ela a toda a Europa. Nosso tempo não acredita mais na beleza da vida. Se, apesar de tudo, ainda conserva uma profunda recordação, uma secreta e invencível esperança, deve-o àquele sublime Inspirado. Saudemos nele o grande iniciador da Grécia, o Ancestral da Poesia e da Música, concebidas como reveladoras da verdade eterna.

Mas, antes de reconstituir a história de Orfeu, a partir da própria essência da tradição dos santuários, mostremos o que era a Grécia, no momento de sua aparição.

Estava-se no tempo de Moisés, cinco séculos antes de Homero, treze séculos antes de Cristo. A Índia, naufragada em seu *Kali-Yuga*, atravessava a idade das trevas e não oferecia mais do que a sombra de seu antigo esplendor. A Assíria, que, pela tirania da Babilônia, havia desencadeado sobre o mundo o flagelo da anarquia, continuava a espezinhar a Ásia. O Egito, muito grande pela ciência de seus sacerdotes e por seus faraós, reagia com todas as forças a essa decomposição universal; mas sua ação se limitava ao Eufrates e ao Mediterrâneo. Israel estabelecia no deserto o princípio do Deus másculo e da unidade divina por meio da voz tonitruante de Moisés; mas a Terra ainda não ouvira seus ecos.

A Grécia estava profundamente dividida pela religião e pela política.

A península montanhosa, que estende seus finos recortes no Mediterrâneo, rodeada por guirlandas de ilhas, era habitada, há milênios, por um ramo da raça branca, vizinho dos getos, dos citas e dos celtas primitivos. Essa raça sofrera misturas e influências de todas as civilizações anteriores. Colônias da Índia, do Egito, da Fenícia haviam emigrado para suas margens, povoando seus promontórios e vales com raças, divindades e costumes múltiplos. Frotas passavam, velas desdobradas, sob as pernas do colosso de Rodes, assentado sobre os dois diques do porto. O mar das Cíclades, onde, nos dias claros, o navegador sempre vê alguma ilha ou algum rio surgir no horizonte, era sulcado pelas proas vermelhas dos fenícios e pelas proas negras dos piratas da Lídia. Transportavam em suas naus côncavas todas as riquezas da Ásia e da África: marfim, louças pintadas, tecidos da Síria, vasos de ouro, púrpura e pérolas — e muitas vezes mulheres roubadas de uma costa selvagem.

Devido aos cruzamentos das raças, tinha-se moldado um idioma harmonioso e fácil, mistura do celta primitivo, do zens, do sânscrito e do fenício. Essa língua, que descrevia a majestade do Oceano no nome de *Poseidon* e a serenidade do céu no de *Uranos*, imitava todas as vozes da natureza, desde o gorjeio dos pássaros até o tinir das espadas e o estrondo da tempestade. Era multicor como seu mar de um azul intenso, de tons mutáveis, mas multissoante como as vagas que murmuram em seus golfos ou estrondam sobre os inúmeros recifes — *poluphlosboio Thalassa*, como diz Homero.

Com os mercadores ou piratas vinham muitas vezes sacerdotes, que os dirigiam e comandavam como mestres. Eles escondiam no barco, como uma preciosidade, uma imagem em madeira de uma divindade qualquer. A imagem era grosseiramente esculpida, sem dúvida, e os marujos de então tinham por ela o mesmo fetichismo que muitos de nossos marinheiros têm por sua madona. Mas esses sacerdotes não eram inferiores no conhecimento de certas ciências, e a divindade que eles carregavam, de seu templo ao país estrangeiro, representava para eles uma concepção da natureza, um conjunto de leis, uma organização civil e religiosa, pois, naquele tempo, toda a vida intelectual provinha dos santuários. Adorava-se Juno em Argos; Artêmis na Arcádia; em Pafos e Corinto, a Astarté fenícia tornara-se Afrodite, nascida da espuma das ondas.

Vários iniciadores apareceram na Ática. Uma colônia egípcia tinha trazido a Elêusis o culto de Ísis, sob a forma de Deméter (Ceres), mãe dos Deuses. Erecteu estabelecera, entre o monte Himeto e o Pentélico, o culto de uma deusa virgem, filha do céu azul, amiga da oliveira e da sabedoria. Durante as invasões, ao primeiro sinal de alarme, a população se refugiava na Acrópole e se comprimia em torno da deusa como em torno de uma vitória viva.

Acima das divindades locais reinavam alguns deuses masculinos e cosmogônicos. Mas, relegados às altas montanhas, eclipsados pelo cortejo brilhante das divindades femininas, tinham pouca influência. O Deus solar, o Apolo délfico[1] já existia, mas só desempenhava um papel secundário. Havia sacerdotes de Zeus, o Altíssimo, ao pé dos cumes nevados de Ida, nas alturas da Arcádia e sob os carvalhos de Dodone. Contudo, o povo preferia, ao Deus misterioso e universal, as deusas que representavam a natureza em suas potencialidades, sedutoras ou terríveis. Os rios subterrâneos da Arcádia, as cavernas das montanhas que descem até as entranhas da terra, as erupções vulcânicas nas ilhas do mar Egeu cedo levaram os gregos ao culto das forças misteriosas da terra. Assim, em suas alturas como em suas profundezas, a natureza era pressentida, temida e venerada. Todavia, como todas aquelas divindades não tinham nem centro social, nem síntese religiosa, guerreavam-se aferradamente. Os templos inimigos, as cidades rivais, os povos divididos pelo rito, pela ambição dos sacerdotes e dos reis, odiavam-se, invejavam-se e combatiam-se em lutas sangrentas.

Contudo, atrás da Grécia, havia a Trácia selvagem e rude. Para o Norte, fileiras de montanhas cobertas de carvalhos gigantes e coroadas de roche-

---

1. Segundo a tradição dos trácios, a poesia tinha sido inventada por *Olen*. Ora, este nome tem em fenício o *Ser universal*. Apolo tem a mesma raiz. *Ap Olen* ou *Ap Wholen* significa *Pai universal*. Primitivamente adorava-se em Delfos o Ser universal sob o nome de Olen. O culto de Apolo foi introduzido por um sacerdote inovador, sob a influência da doutrina do verbo solar que percorria, então, os santuários da Índia e do Egito. Esse reformador identificou o Pai universal com sua dupla manifestação: a luz hiperfísica e o sol visível. Mas essa reforma de maneira nenhuma saiu das profundezas do santuário. Foi Orfeu quem deu nova força ao verbo solar de Apolo, reanimando-o e eletrizando-o por meio dos mistérios de Dionísio. (Ver Fabre d'Olivet, *Les vers dorés de Pythagore.*)

dos, sucediam-se em cumes ondulosos, desenrolavam-se em círculos enormes ou emaranhavam-se em maciços nodosos. Os ventos do setentrião sulcavam seus flancos ramalhados e um céu às vezes tempestuoso varria seus picos. Pastores dos vales e guerreiros das planícies pertenciam àquela forte raça branca, à grande reserva dos dórios da Grécia. Raça varonil por excelência, que se distingue na beleza pela intensidade dos traços, a decisão do caráter e, na fealdade, pelo apavorante e o grandioso que se encontra na máscara das Medusas e das antigas Górgonas.

Como todos os povos antigos que receberam sua organização dos Mistérios, como o Egito, Israel e Etrúria, a Grécia teve sua geografia sagrada, onde cada região era o símbolo de uma região puramente intelectual e supraterrestre do espírito. Por que a Trácia[2] teria sido sempre considerada pelos gregos como o país santo por excelência, o país da luz e a verdadeira pátria das Musas? É que naquelas altas montanhas erguiam-se os mais velhos santuários de Crònos, de Zeus e de Urano. De lá tinham descido, em ritmos eumólpicos, a Poesia, as Leis e as Artes Sacras. Os fabulosos poetas da Trácia são uma prova disso. Os nomes Tâmris, Lino, Anfião talvez correspondam a personagens reais; mas personificam antes de tudo, conforme a linguagem dos templos, gêneros de poesia. Cada um deles consagra a vitória de uma teologia sobre a outra. Nos templos daquela época, só se escrevia a história alegoricamente. O indivíduo não era nada, a doutrina e a obra, tudo. Tâmris, que cantou a guerra dos Titãs, cego pelas Musas, prenuncia a derrota da poesia cosmogônica por meio de versos novos. Lino, que introduziu na Grécia os cantos melancólicos da Ásia e foi morto por Hércules, revestiu a invasão da Trácia de uma poesia lacrimosa, chorosa e voluptuosa, que o espírito viril dos dóricos do Norte logo repeliu. Significa ao mesmo tempo a vitória de um culto lunar sobre um culto solar. Ao

---

2. *Trakia,* segundo Fabre d'Oivet, deriva do fenício *Rakhiwa:* o espaço etéreo ou o firmamento. O certo é que, para os poetas e os iniciados da Grécia, como Píndaro, Ésquilo ou Platão, o nome Trácia tinha um sentido simbólico e significava: o país da pura doutrina e da poesia sagrada que dele procede. O termo tinha, pois, para eles um sentido filosófico e histórico. Filosoficamente, designava uma região intelectual, o conjunto das doutrinas e das tadições que fazem o mundo proceder de uma inteligência divina. Historicamente, o nome lembrava o país e a raça onde a doutrina e a poesia dóricas, aquele vigoroso rebento do antigo espírito ariano, primeiro haviam brotado, para reflorescer em seguida na Grécia, através do santuário de Apolo. — O uso desse gênero de simbolismo é provado pela história posterior. Em Delfos, havia uma classe de *sacerdotes trácios.* Eram os guardiães da alta doutrina. O tribunal dos Anfictiões era antigamente defendido por uma *guarda trácia,* isto é, por uma guarda de guerreiros iniciados. A tirania de Esparta suprimiu essa falange incorruptível e a substitui pelos mercenários de força bruta. Mais tarde, o verbo *traciar* foi aplicado ironicamente aos devotos das antigas doutrinas.

contrário, Anfião, que, segundo a lenda alegórica, movia as pedras com seus cantos e construía templos ao som de sua lira, representa a força plástica que a doutrina solar e a poesia dórica ortodoxa exerceram sobre as artes e sobre toda a civilização helênica[3].

É outra a luz que irradia Orfeu! Ele brilha através das eras com o raio pessoal de um gênio criador, cuja alma vibra de amor em suas varonis profundezas pelo Eterno-Feminino — e, em suas últimas profundezas também, responde-lhe aquele Eterno-Feminino que vive e palpita sob uma tríplice forma: na Natureza, na Humanidade e no Céu. A adoração dos santuários, a tradição dos iniciados, o grito dos poetas, a voz dos filósofos — e, mais do que todo o resto, sua obra, a Grécia orgânica — são testemunhas de sua realidade viva!

Naqueles tempos, a Trácia era atormentada por uma luta tremenda e constante. Os cultos solares e os lunares disputavam a supremacia. A guerra entre os adoradores do Sol e da Lua, não era, como se poderia acreditar, a disputa fútil de duas superstições. Esses dois cultos representavam duas teologias, duas cosmogonias, duas religiões e duas organizações sociais absolutamente opostas. Os cultos uranianos e solares tinham seus templos nas colinas e nas montanhas, sacerdotes masculinos e leis severas. Os cultos lunares reinavam nas florestas, nos vales profundos e tinham mulheres por sacerdotisas, ritos voluptuosos, prática desregrada das artes ocultas e o gosto da excitação orgiástica. Havia uma guerra de morte entre os sacerdotes do Sol e as sacerdotisas da Lua. Luta entre sexos, luta antiga, inevitável, manifesta ou oculta, mas eterna, entre o princípio masculino e o princípio feminino, entre o homem e a mulher, que preenche a história com suas alternativas e na qual se consubstancia o segredo dos mundos. Assim como a fusão perfeita do masculino e do feminino constitui a própria essência e o mistério da divindade, assim também o equilíbrio desses dois princípios pode sozinho produzir as grandes civilizações.

---

3. Estrabão afirma positivamente que a poesia antiga era a língua da alegoria. Dinis de Halicarnasso confirma-o e confessa que os mistérios da natureza e as mais sublimes concepções da moral foram encobertos por um véu. Não é, pois, por metáfora que a antiga poesia se chamou a *língua dos Deuses.* Esse sentido secreto e mágico, que faz sua força e seu encanto, está contido em seu próprio nome. A maior parte dos lingüistas considera a palavra poesia derivada do verbo grego *poïeïen,* fazer, criar. Etimologia simples e muito natural na aparência, mas um pouco em desacordo com a língua sagrada dos templos, de onde saiu a poesia primitiva. É mais lógico admitir com Fabre d'Olivet que poïesis vem do fenício *phohe* (boca, voz, linguagem, discurso) e de *ish* (Ser superior, ser princípio, em sentido figurado: Deus). O etrusco *Aes* ou *Aesar,* o gálico *Aes,* o escandinavo *Ase,* o copta *Os* (Senhor), o egípcio *Osíris* têm a mesma raiz.

Por toda parte, na Trácia como na Grécia, os deuses masculinos, cosmogônicos e solares tinham sido relegados para as altas montanhas, nas regiões desertas. O povo preferia o cortejo inquietante das divindades femininas que evocavam as paixões perigosas e as forças cegas da natureza. Esses cultos atribuíam à divindade suprema o sexo feminino.

Daí começavam já a resultar assustadores abusos. Entre os trácios, as sacerdotisas da Lua ou da tríplice Hécate tinham conquistado a supremacia apropriando-se do velho culto a Baco e imprimindo-lhe um caráter sangrento e temível. Em sinal de sua vitória, elas adotaram o nome de bacantes, marcando assim o seu império, o reinado soberano da mulher e seu domínio sobre o homem. Ao mesmo tempo mágicas, sedutoras e sacrificadoras sangrentas de vítimas humanas, tinham seus santuários em vales selvagens e afastados. Por que sombrio encanto, por que ardente curiosidade homens e mulheres eram atraídos para aquelas solidões de vegetação luxuriante e grandiosa? Formas nuas... danças lascivas no recesso de um bosque... risos, um enorme grito... e cem bacantes investiam contra o estrangeiro para derrubá-lo. Este devia jurar-lhe submissão e submeter-se a seus ritos ou perecer. As bacantes domesticavam panteras e leões, que exibiam em suas festas. À noite, com serpentes enroladas nos braços, elas se prostravam diante da tríplice Hécate; depois, em círculos frenéticos, evocavam Baco subterrâneo, de duplo sexo e com face de touro[4]. Mas, infeliz do estrangeiro, infeliz do sacerdote de Júpiter ou de Apolo que viesse espreitá-las. Era feito em pedaços.

As bacantes primitivas foram, então, as druidisas da Grécia. Muitos chefes trácios permaneceram fiéis aos velhos cultos masculinos. Porém, as bacantes tinham insinuado a alguns de seus reis que unissem os costumes bárbaros ao luxo e aos refinamentos da Ásia. Seduziram-nos pela volúpia e os dominaram pelo terror. Assim os Deuses dividiram a Trácia em dois campos inimigos. E os sacerdotes de Júpiter e de Apolo, em seus cumes desertos, perseguidos pelo raio, tornavam-se impotentes contra Hécate, que ocupava os vales ardentes e, de suas profundezas, começava a ameaçar os altares dos filhos da luz.

Naquela época, aparecera na Trácia um jovem de raça real e de uma sedução maravilhosa. Diziam que era filho de uma sacerdotisa de Apolo. Sua

---

4. O Baco com face de touro se encontra no XXIX hino órfico. É uma lembrança do antigo culto que, de maneira nenhuma, pertence à pura tradição de Orfeu. Este depurou completamente e transfigurou o Baco popular em Dionísio celeste, símbolo do espírito divino que evolui através de todos os reinos da natureza.

Coisa curiosa, encontramos o Baco infernal das bacantes no Satã com face de touro, que as bruxas da Idade Média evocavam e adoravam em seus sabás noturnos É o famoso *Bafomé*, do qual a Igreja acusou os Templários de serem sectários, para desacreditá-los.

voz melodiosa possuía um encanto estranho. Ele falava nos Deuses com um ritmo novo e parecia inspirado. Sua cabeleira loira, orgulho dos dóricos, caía em ondas douradas pelas espáduas, e a música que vazava de seus lábios emprestava-lhe aos cantos da boca um contorno suave e triste. Os olhos, de um azul profundo, irradiavam força, doçura e magia. Os trácios, invejosos, fugiam a esse olhar. As mulheres, porém, versadas na arte dos encantos, diziam que aqueles olhos misturavam em seu filtro azul as flechas do Sol às carícias da Lua.

As próprias bacantes, curiosas de sua beleza, giravam freqüentemente em torno dele como panteras amorosas, vaidosas de sua pele malhada, e sorriam a suas palavras incompreensíveis.

Subitamente, aquele jovem, que chamavam de *o filho de Apolo*, desapareceu. Diziam que tinha morrido e descido aos infernos. No entanto, ele tinha fugido secretamente para a Samotrácia, depois para o Egito, onde solicitara asilo aos sacerdotes de Mênfis. Tendo atravessado os Mistérios, depois de vinte anos ele voltou com um nome iniciático, que havia conquistado com suas provas e recebido de seus mestres, como sinal de sua missão. Chamava-se agora *Orfeu* ou *Arfa*[5], que significa *aquele que cura pela luz*.

O mais velho santuário de Júpiter erguia-se, então, sobre o monte *Kaukaión*. Outrora, seus hierofantes tinham sido grandes pontífices. Do alto daquela montanha, ao abrigo de qualquer ataque, eles tinham reinado sobre toda a Trácia. Mas, desde que as divindades da planície ganharam prestígio, seus adeptos estavam reduzidos a um pequeno número, e seu templo quase abandonado. Os sacerdotes do monte Kaukaión acolheram o iniciado do Egito como um salvador. Por sua ciência e por seu entusiasmo, Orfeu arrebatou a maior parte dos trácios, transformou completamente o culto a Baco e dominou as bacantes. Sua influência logo penetrou em todos os santuários da Grécia. Foi ele quem consagrou a realeza de Zeus na Trácia, a de Apolo em Delfos, onde lançou as bases do tribunal dos Anfictiões, que se tornou a unidade social da Grécia. Enfim, mediante a criação dos Mistérios, ele moldou a alma religiosa de sua pátria. Pois, no ápice da iniciação, ele fundiu a religião de Zeus com a de Dionísio em um pensamento universal. Os iniciados recebiam, através de seus ensinamentos, a pura luz das verdades sublimes. Essa mesma luz chegava ao povo mais atenuada, mas não menos benéfica, sob o véu da poesia e das festas encantadoras.

Foi assim que Orfeu se tornou pontífice da Trácia, grande sacerdote do Zeus Olímpico e, para os iniciados, o revelador do Dionísio celeste.

---

5. Palavra fenícia composta de *aur*, luz, e de *rofae*, cura.

II

O TEMPLO DE JÚPITER

Nas proximidades das fontes do Ebro, eleva-se o monte Kaukaión. Espessas florestas de carvalhos servem-lhe de proteção. Coroa-o um círculo de rochedos e de pedras ciclópicas. Há milênios este lugar é uma montanha santa. Os pelasgos, os celtas, os citas e os getos, caçando-se uns aos outros, alternadamente foram ali adorar Deuses diferentes. Mas não é sempre o mesmo Deus que o homem procura quando sobe tão alto? Se não, por que construiria, tão penosamente, uma morada na região dos raios e dos ventos?

Um templo de Júpiter eleva-se agora no centro do recinto sagrado, maciço, inabordável como uma fortaleza. À entrada, um peristilo de quatro colunas dóricas destaca seus fustes enormes sobre um pórtico sombrio.

No zênite, o céu está sereno; mas a tempestade estruge ainda sobre as montanhas da Trácia, que desdobram ao longe seus vales e seus cumes, negro oceano crispado pela tempestade e sulcado de luz.

É a hora do sacrifício. Os sacerdotes de Kaukaión só praticam o sacrifício do fogo. Descem os degraus do templo e acendem a oferenda de madeira aromática como um archote do santuário. No fim, o pontífice sai do templo. Vestido de linho branco como os demais, coroado de mirtas e de cipreste, ele empunha um cetro de ébano com cabeça de marfim e uma cinta de ouro, onde cintilam cristais sombrios, símbolo de uma realeza misteriosa. É Orfeu.

Conduz pela mão um discípulo, filho de Delfos, que, pálido, trêmulo e maravilhado, aguarda as palavras do grande Inspirado com o estremecimento dos mistérios. Orfeu compreende isto e, para tranqüilizar o místico eleito de seu coração, abraça-o ternamente. Seus olhos sorriem, mas de repente chamejam. E enquanto a seus pés os sacerdotes giram em torno do altar e cantam o hino do fogo, Orfeu, solenemente, diz ao místico bem-amado palavras de iniciação que caem no fundo de seu coração como um licor divino.

Eis as aladas palavras de Orfeu ao jovem discípulo:

— Recolhe-te bem no fundo de ti mesmo, para te elevares ao Princípio das coisas, à grande Tríade que reluz no Éter imaculado. Consome teu corpo pelo fogo de teu pensamento; desliga-te da matéria como a chama se desliga da madeira que ela devora. Então teu espírito se projetará até o puro éter das Causas eternas, como a águia ao trono de Júpiter.

"Vou revelar-te o segredo dos mundos, a alma da natureza, a essência de Deus. Escuta primeiro o grande arcano. Um único ser reina no céu profundo e no abismo da terra, Zeus trovejante, Zeus etéreo. Ele é o conselho profundo, o ódio poderoso e o amor delicioso. Ele reina nas profundezas da terra e nas alturas do céu estrelado: sopro das coisas, fogo indômito, macho e fêmea, um Rei, um Poder, um Deus, um grande Mestre.

"Júpiter é o esposo e a esposa divina, Homem e Mulher, Pai e Mãe. De seu matrimônio sagrado, de suas núpcias eternas saem incessantemente o Fogo e a Água, a Terra e o Éter, a Noite e o Dia, os Altivos Titãs, os Deuses imutáveis e a flutuante semente dos homens.

"Os amores do Céu e da Terra não são conhecidos pelos profanos. Os mistérios do Esposo e da Esposa só são revelados aos homens divinos. Mas eu quero declarar a verdade. Ainda há pouco, o trovão abalava estes rochedos; o raio caía como um fogo vivo, uma chama rolante; e os ecos das montanhas bramiam de alegria. Tu, no entanto, tremias, sem saberes de onde vem este fogo nem onde ele bate. É o fogo masculino, semente de Zeus, o fogo criador. Ele sai do coração e do cérebro de Júpiter; move-se em todos os seres. Quando cai o raio, ele brota de sua mão direita. Mas, nós, seus sacerdotes, nós conhecemos sua essência; nós evitamos e algumas vezes dirigimos as suas flechas.

"E agora, contempla o firmamento, vê o círculo brilhante de constelações, sobre o qual se estende o leve manto da Via Láctea, poeira de sóis e de mundos. Vê flamejar o Orion, cintilar os Gêmeos e resplandecer a Lira. É o corpo da Esposa divina que volteia numa vertigem harmoniosa aos cantos do Esposo. Olha com os olhos do espírito e verás sua cabeça invertida, seus braços estendidos, e levantarás seu véu semeado de estrelas.

"Júpiter é o Esposo e a Esposa divina. Eis o primeiro mistério.

"Agora, porém, filho de Delfos, prepara-te para a segunda iniciação. Estremece, chora, goza, adora! Porque teu espírito vai mergulhar na zona ardente onde o grande Demiurgo faz a mistura da alma e do mundo na taça da vida. Bebendo nessa taça inebriante, todos os seres esquecem a divina morada e descem para o doloroso abismo das gerações.

"Zeus é o grande Demiurgo. Dionísio é seu filho, seu Verbo manifesto. Dionísio, espírito radioso, inteligência viva, resplandecia nas moradas de seu pai, no palácio do Éter imutável. Um dia em que, debruçado, contemplava os abismos do céu através das constelações, viu refletida no azul profundo sua própria imagem fugia, estendendo-lhe os braços: Apaixonado por esse belo fantasma, enamorado de seu duplo, precipitou-se para torná-lo nos braços. Mas a imagem fugia, fugia sempre. Afinal, ele se viu num vale sombrio e perfumado, gozando as brisas voluptuosas que acariciavam seu corpo. Numa gruta, percebeu Perséfone. Maia, a bela tecelã, tecia um véu onde se viam ondular as imagens de todos os seres. Diante da virgem divina ele se deteve, mudo de admiração. Nesse momento, os altivos Titãs e as livres Titânidas perceberam-no. Os primeiros, ciumentos de sua beleza, as outras, tomadas de um amor louco, atiraram-se sobre ele como elementos furiosos e o fizeram em pedaços. Depois, tendo distribuído seus membros, colocaram-nos para ferver na água e enterraram seu coração. Júpiter fulminou os Titãs e Minerva transportou para o Éter o coração de Dionísio, que, ali, se transformou num sol ardente. E, da fumaça do corpo de Dionísio, saíram as almas dos homens que sobem para o céu. Quando as pálidas sombras tiverem se reunido ao coração flamejante do Deus, elas se acenderão como chamas, e Dionísio ressuscitará inteiro, mais vivo do que nunca, nas alturas do Empíreo.

"Eis o mistério da morte de Dionísio. Agora, escuta o da sua ressurreição. Os homens são a carne e o sangue de Dionísio; os homens infelizes são membros esparsos que se buscam, contorcendo-se no crime e no ódio, na dor e no amor, através de milhares de existências. O calor ígneo da Terra, o abismo das forças inferiores os leva sempre em frente para a voragem e os dilacera cada vez mais. Mas, nós, os iniciados, nós que sabemos o que está no alto e o que está embaixo, nós somos os salvadores das almas, os Hermes dos homens. Como amantes, nós os atraímos para nós, assim como nós mesmos somos atraídos pelos Deuses. Assim, por meio de celestes encarnações, reconstituímos o corpo vivo da divindade. Fazemos chorar o céu e rejubilar a terra; e, como jóias preciosas, trazemos em nossos corações as lágrimas de todos os seres para transformá-las em sorrisos. Deus morre em nós. Em nós ele renasce".

Assim falou Orfeu. O discípulo de Delfos ajoelhou-se diante do mestre, com os braços erguidos, o gesto dos suplicantes. E o pontífice de Júpiter estendeu a mão sobre sua cabeça, pronunciando estas palavras de consagração:

"Que Zeus inefável e Dionísio três vezes revelador, nos infernos, na terra e no céu, sejam propícios à tua juventude e que derramem em teu coração a ciência dos Deuses".

Então, o iniciado, deixando o peristilo do templo, foi lançar o *styrax* no fogo do altar e invocou três vezes Zeus tonitruante. Os sacerdotes giravam em círculo em torno dele, cantando um hino. O pontífice-rei ficara pensativo sob o pórtico, com o braço apoiado numa estela. O discípulo voltou a ele, dizendo:

— Melodioso Orfeu, filho amado dos Imortais e doce médico das almas, desde o dia em que te escutei entoar os hinos dos Deuses, na festa de Apolo délfico, arrebataste meu coração e eu te segui por toda a parte. Teus cantos são como um vinho que embriaga, teus ensinamentos, como uma bebida amarga que reergue o corpo abatido e difunde em seus membros uma força nova.

E fala Orfeu, que parecia responder mais a vozes interiores do que a seu discípulo:

— Áspero é o caminho que daqui de baixo leva aos Deuses. Uma senda florida, uma rampa escarpada e depois rochedos perseguidos pelo raio, cercados pelo espaço imenso — eis o destino do Vidente e do Profeta na Terra. Meu filho, permanece nas veredas floridas da planície e não busques o além.

Respondeu-lhe o jovem iniciado:
— Minha sede aumenta à medida que a sacias. Tu me tens instruído sobre a essência dos Deuses. Mas, dize-me, grande mestre dos mistérios, inspirado no divino Eros, poderei eu *vê-los* um dia?

Falou o pontífice de Júpiter:
— Sim, com os olhos do espírito e não com os do corpo. Ora, tu não sabes enxergar ainda a não ser com estes. É preciso um longo trabalho ou grandes dores para se abrirem os olhos interiores.

— Tu somente sabes abri-los, Orfeu! Contigo, o que poderei temer?

— Queres? Escuta, então! Na Tessália, no vale encantado de Tempe, ergue-se um templo místico, fechado para os profanos. É lá que Dionísio se manifesta para os místicos e para os videntes. Convido-te para sua festa, que se realizará dentro de um ano. E, mergulhando-te num sono mágico, abrir-te-ei os olhos para o mundo divino. Que até lá tua vida seja casta e branca tua alma. Pois, deves sabê-lo, a luz dos Deuses apavora os fracos e mata os profanadores. Mas, vem à minha morada, que eu te darei o livro necessário para tua preparação.

O mestre voltou para o interior do templo com o discípulo délfico e o conduziu até a grande cela que estava reservada para ele. Lá, queimava uma lâmpada egípcia sempre acesa, suspensa por um gênio alado, forjado em metal. Lá, estavam encerrados, nos cofres de cedro odorífero, numerosos rolos de papiro cobertos de hieróglifos e de caracteres fenícios, assim como os livros escritos em idioma grego por Orfeu e que continham sua ciência mágica e sua doutrina sagrada[1].

O mestre e o discípulo conversaram na cela durante uma parte da noite.

---

1. Entre os numerosos livros perdidos que os escritores órficos da Grécia atribuíam a Orfeu havia as *Argonáuticas*, que tratavam da grande obra hermética; a *Demetreida*, um poema sobre a mãe dos Deuses, ao qual correspondia uma *Cosmogonia*; os *cantos sagrados de Baco* ou Espírito puro, que tinham por complemento uma *Teologia*; sem falar de outras obras como *O véu e a trama das almas*, a arte dos mistérios e dos ritos; *o livro das mutações, química e alquimia; As coribantes* ou os mistérios terrestres e os tremores de terra; *a anemoscopia*, ciência da atmosfera; uma botânica natural e mágica, etc.

III

FESTA DIONISÍACA NO VALE DE TEMPE[1]

Era na Tessália, no fresco vale de Tempe. A noite santa, consagrada por Orfeu aos mistérios de Dionísio, tinha chegado. Conduzido por um dos servidores do templo, o discípulo de Delfos caminhava por uma estreita e profunda garganta, rodeada de rochedos a pique. Só se ouvia na noite sombria o murmúrio do rio que corria entre suas margens cobertas de relva.

Afinal, por trás de uma montanha, mostrou-se a lua cheia. Seu disco amarelo saiu da cabeleira negra dos rochedos. Sua luz sutil e magnética deslizou para as profundezas. E, de repente, o vale encantador apareceu através de uma claridade elísia. Num instante, ele se descobriu inteiro com seus

---

1. Pausânias conta que, todos os anos, uma teoria seguia de Delfos para o vale de Tempe, para ali colher o loureiro sagrado. Este costume significativo lembrava aos discípulos de Apolo que eles estavam ligados à iniciação órfica e que a primeira inspiração de Orfeu era o tronco antigo e vigoroso, do qual o templo de Delfos sempre colhia os ramos amarelos e vivos.

Esta fusão entre a tradição apolínea e a tradição órfica indica-se ainda de outra maneira, na história dos templos. Efetivamente, a célebre disputa entre Apolo e Baco pelo tripé do templo não tem outro sentido. Baco, diz a lenda, cedeu o tripé ao irmão e se retirou para o Parnaso. Isto quer dizer que Dionísio e a iniciação órfica ficaram sendo o privilégio dos iniciados, enquanto que Apolo fazia seus oráculos para o mundo exterior.

fundos relvados, seus bosques de freixos e de choupos, suas fontes cristalinas, suas grutas ocultas por heras pendentes, e seu rio sinuoso enlaçando ilhas arborizadas ou rolando sob lençóis entrelaçados. Um louro vapor, um sono voluptuoso envolviam as plantas. Suspiros de ninfas pareciam fazer palpitar o espelho das fontes, e tênues sons de flauta escapavam dos caniços imóveis. Sobre todas as coisas pairava o silencioso sortilégio de Diana.

O discípulo de Delfos caminhava como em um sonho. Detinha-se, às vezes, para respirar um delicioso odor de madressilva e de loureiro amargo. Mas a claridade mágica durou um instante. A Lua foi coberta por uma nuvem. Tudo se tornou negro; os rochedos retomaram suas formas ameaçadoras; e luzes errantes brilharam de todos os lados sob a espessura das árvores, à margem do rio e nas profundezas do vale.

Disse o velho guia do templo:

— São os místicos que se põem a caminhar. Cada cortejo tem seu guia carregando um facho. Vamos segui-los.

Os viajantes encontravam coros saindo dos bosques e que se punham a caminho. Viram passar primeiro *os místicos do jovem Baco*, adolescentes vestidos de longas túnicas de linho fino e coroados de hera. Carregavam taças de madeira cinzelada, símbolos da taça da vida. Depois vieram os jovens altivos e vigorosos. Chamavam-se *os místicos de Hércules lutador*; túnicas curtas, pernas nuas, uma pele de leão atravessando as espáduas e os rins, coroas de oliveira sobre a cabeça. Depois vieram os inspirados, *os místicos de Baco dilacerado*, a pele listrada da pantera em torno do corpo, pequenas faixas cor púrpura nos cabelos e o tirso na mão.

Ao passarem junto de uma caverna, viram prostrados em terra os místicos de Aidoneu e de Eros subterrâneo. Eram homens chorando parentes e amigos mortos, que cantavam em voz baixa: "Aidoneu! Aidoneu! devolve-nos aqueles que nos tomaste ou deixa-nos descer até teu reino".

O vento engolfava-se na caverna e parecia se prolongar sob a terra com os risos e os soluços fúnebres. De repente, um místico voltou-se para o discípulo de Delfos e lhe disse:

— Tu atravessaste o limiar de Aidoneu e não verás mais a luz dos vivos.

Um outro roçou por ele ao passar e segredou-lhe no ouvido estas palavras:

— Sombra, tu serás a presa da sombra! Tu que vens da Noite, retorna ao Erebo!

E fugiu, correndo.

O discípulo de Delfos ficou gelado de pavor e cochichou para seu guia: "O que quer isto dizer?"

O servidor do templo pareceu não ter ouvido nada e disse somente:

— É preciso passar a ponte. Ninguém evita o fim.

Atravessaram uma ponte de madeira sobre o Peneu e o neófito perguntou:

— De onde vêm estas vozes soluçantes e esta melopéia triste? Quem são estas sombras brancas que caminham em longas filas sob os choupos?

— São mulheres que vão se iniciar nos mistérios de Dionísio.
— Sabes os seus nomes?

— Aqui ninguém sabe o nome de ninguém e cada um esquece o seu, pois, assim como na entrada do recinto sagrado os místicos deixam suas vestes sujas para se banharem no rio e depois vestirem roupas de puro linho, assim também cada um deixa seu nome para tomar outro. Durante sete dias e sete noites, passam por uma transformação e para outra vida. Olha toda essa procissão de mulheres. Elas não estão agrupadas segundo suas famílias e suas pátrias, mas de acordo com os Deuses que as inspiram.

Viram desfilar jovens coroadas de narcisos, com túnicas azuladas, as quais o guia chamava *as ninfas companheiras de Perséfone*. Elas traziam, castamente enlaçados em seus braços, cofres, urnas, vasos votivos. Depois vinham, em túnicas vermelhas, *as amantes místicas, as esposas ardentes, as adoradoras de Afrodite*. Penetraram num bosque escuro, de onde vinha o som de apelos violentos misturados a lânguidos soluços, que se acalmaram pouco a pouco. Depois, um coro apaixonado elevou-se do sombrio bosque de mirtas e subiu aos céus em lentas palpitações: "Eros, tu nos feriste! Afrodite, tu quebraste os nossos membros! Cobrimos nosso seio com a pele do filhote de cervo, mas trazemos no peito a púrpura sangrenta de nossas feridas. Nosso coração é um braseiro devorador. Outras morrem de pobreza; mas é o amor que nos consome. Devora-nos, Eros! Eros! Ou liberta-nos, Dionísio! Dionísio!"

Outra procissão avançou. Estas mulheres estavam completamente vestidas de lã negra, com longos véus arrastando no chão, e todas estavam desoladas por algum grande luto. O guia as chamou de *as desoladas de Perséfone*. Neste local existia um grande mausoléu de mármore recoberto de hera. Elas se ajoelharam em volta, desataram seus cabelos e soltaram altos gritos. À estrofe do desejo elas responderam com a estrofe da dor, clamando: "Perséfone, tu estás morta, arrebatada por Aidoneu; desceste ao império dos mortos. Mas, nós, que choramos o bem-amado, nós somos como que mortas-vivas. Que o dia não renasça. Que a terra que te cobre, oh! grande deusa, nos dê o sono eterno, e que nossa sombra erre enlaçada à sombra querida! Atende-nos, Perséfone! Perséfone!"

Diante dessas cenas estranhas, sob o delírio contagioso dessas dores profundas, o discípulo de Delfos sentiu-se invadido por mil sensações contraditórias e torturantes. Não era mais ele mesmo; os desejos, os pensamentos, as agonias de todos aqueles seres tinham-se tornado seus desejos e suas agonias. Sua alma se fragmentava para passar por mil corpos. Uma angústia mortal o penetrava. Não sabia mais se era homem ou sombra.

Então, um iniciado de elevada estatura, que passava por lá, deteve-se e disse: "Paz às sombras atormentadas! Mulheres sofredoras, aspirai à luz de Dionísio. Orfeu vos espera!" Todas o cercaram em silêncio, desfolhando diante dele suas coroas de asfódelos. E, com o seu tirso, ele mostrou-lhes o caminho. As mulheres foram beber numa fonte, em taças de madeira. As procissões se reorganizaram e o cortejo prosseguiu. As jovens iam à frente entoando um canto fúnebre com este refrão: "Agitai as papoulas! Bebei a água do Lete! Dai-nos a flor desejada; e que para nossas irmãs o narciso refloresça! Perséfone! Perséfone!"

O discípulo caminhou muito tempo ainda com o guia. Atravessou campinas onde crescia o asfódelo; andou sob a sombra dos choupos que murmuravam tristemente. Ouviu cantos lúgubres que deslizavam no ar e que ele não sabia de onde vinham. Viu, suspensas nas árvores, máscaras horríveis e figuras de cera como se fossem crianças enfaixadas. Aqui e lá, barcas atravessavam o rio, com pessoas silenciosas como se estivessem mortas. Afinal, alargou-se o vale, o céu tornou-se claro no alto das montanhas e a aurora surgiu. Ao longe, percebiam-se as gargantas sombrias do Ossa, sulcadas por abismos, onde se amontoam rochas desmoronadas. Mais perto, no meio de um círculo de montanhas, brilhava numa colina arborizada o templo de Dionísio.

Já o sol dourava os altos cumes. À medida que se aproximavam do templo, eles viram chegar de todas as partes cortejos de místicos, procissões de mulheres, grupos de iniciados. Esta multidão, grave na aparência, mas interiormente agitada por uma expectativa tumultuosa, se encontrou ao pé da colina e iniciou o acesso ao santuário. Todos se saudavam como amigos, agitando os ramos e os tirsos. O guia desaparecera. E o discípulo de Delfos se viu, não soube como, em um grupo de iniciados de cabelos brilhantes, entrelaçados de coroas e de faixas de diversas cores. Ele jamais os vira e, no entanto, sentia reconhecê-los por uma lembrança cheia de felicidade. Eles também pareciam esperá-lo, pois saudavam-no como a um irmão e o felicitavam por sua feliz chegada. Arrastado por seu grupo e como que transportado por asas, ele subiu até os mais altos degraus do templo, quando um raio de luz ofuscou-o. Era o sol levante que lançava sua primeira claridade no vale e inundava com seus raios brilhantes aquele povo de místicos e iniciados reunidos na escadaria do templo e em toda a colina.

Logo um coro entoou o peã, hino em honra de Apolo. As portas do templo se abriram sozinhas e, seguido por Hermes e pelo portador da tocha, apareceu o profeta, o hierofante, Orfeu. O discípulo de Delfos reconheceu-o com um estremecimento de alegria. Vestido de púrpura, sua lira de marfim e ouro à mão, Orfeu irradiava uma juventude eterna. Ele disse:

— Saúdo a vós todos que viestes para renascer depois dos sofrimentos da terra, e que renasceis neste momento. Vinde beber a luz do templo, vós que saís da noite, místicos, mulheres, iniciados. Vinde regozijar-vos, vós que sofrestes; vinde repousar, vós que haveis lutado. O sol que eu evoco sobre vossas cabeças, e que vai brilhar em vossas almas, não é o sol dos mortais; é a pura luz de Dionísio, o grande sol dos iniciados. Por vossos sofrimentos passados, pelo esforço que vos conduz, vós vencereis, e se acreditais nas palavras divinas já sois vencedores. Depois do longo circuito das existências tenebrosas, saireis, enfim, do círculo doloroso das gerações, e todos vós vos vereis como um só corpo, como uma só alma na luz de Dionísio.

"A centelha divina que nos guia na Terra está em nós! Torna-se chama do templo, estrela do céu. Assim cresce a luz da verdade! Escutai vibrar a Lira de sete cordas, a Lira do Deus... Ela move os mundos. Escutai bem! Que esse som vos atravesse... e as profundezas dos céus se abrirão!

"Socorro dos fracos, consolo dos sofredores, esperança de todos! Mas desgraça dos maus, dos profanos! Eles serão confundidos. Porque no êxtase dos Mistérios, cada um vê até o fundo da alma do outro. Ali os maus são feridos pelo terror, os profanos pela morte.

"E agora que Dionísio luziu sobre vós, eu invoco o Eros celeste e todo-poderoso. Que ele esteja convosco nos amores, nas aflições e nas alegrias. Amai, porque tudo ama, os Demônios do abismo e os Deuses do Éter. Amai, porém, a luz e não as trevas. Lembrai-vos do fim durante a viagem. Quando as almas voltam para a luz, elas trazem, como manchas horrendas sobre o seu corpo sideral, todas as faltas de sua vida... E, para apagá-las, é preciso que elas expiem e que retornem à terra... Mas os puros, os fortes vão para o sol de Dionísio.

"E, agora, entoai o Evoé!"

— Evoé! — gritaram os arautos aos quatro cantos do templo. Evoé! — os címbalos retiniram. Evoé! — respondeu a assembléia entusiasmada, agrupada nos degraus do santuário. E o grito de Dionísio, o apelo sagrado ao renascimento, à vida, reboou no vale, repetido por mil peitos, enviado ao longe por todos os ecos das montanhas. E os pastores das gargantas selvagens do Ossa, com seus rebanhos pelas florestas, sentiram-se suspensos às nuvens e responderam: Evoé![2]

---

2. O grito Evoé, que se pronuncia na realidade: *Hê, Vo, Hé*, era o grito sagrado de todos os iniciados do Egito, da Judéia, da Fenícia, da Ásia Menor e da Grécia. As quatro sílabas sagradas, pronunciadas como a seguir: *Iod-Hê, Vo, Hé*, representavam Deus na sua fusão eterna com a Natureza. Elas abrangiam a totalidade do Ser, o Universo vivo. *Iod* (Osíris) significava a divindade propriamente dita, o intelecto criador, o *Eterno-Masculino* que está em tudo, por toda parte e acima de tudo. *Hê-Vo-Hé* representava o *Eterno-Feminino*, Eva, Ísis, a Natureza, sob todas as formas visíveis e invisíveis, fecundada por ele.

A mais alta iniciação, a das ciências teogônicas e das artes teúrgicas, correspondia à sílaba *Jod*. Uma outra ordem de ciências correspondia a cada uma das letras de *Eva*.

Como Moisés, Orfeu reservou as ciências que correspondem à sílaba *Jod* (Iove, Zeus, Júpiter) e a idéia da unidade de Deus para os iniciados do primeiro grau, buscando mesmo com isso interessar o povo pela poesia, pelas artes e seus símbolos vivos. Por isto o grito *Evoé* era abertamente proclamado nas festas de Dionísio, onde se admitiam, além dos iniciados, os simples aspirantes aos mistérios.

Nisso consistia toda a diferença entre a obra de Moisés e a de Orfeu. Todos os dois partem da iniciação egípcia e possuem a mesma verdade, mas aplicam-se em sentido oposto. Moisés, asperamente, ciumentamente, glorifica o Pai, o Deus masculino. Confia sua guarda a um sacerdócio fechado e submete o povo a uma disciplina implacável, sem revelação. Orfeu, divinamente apaixonado pelo Eterno-Feminino, pela Natureza, glorifica-a em nome de Deus, que a penetra e que ele quer fazer brotar na humanidade divina. Eis por que o grito *Evoé* tornou-se o grito sagrado por excelência em todos os mistérios da Grécia.

IV

EVOCAÇÃO

A festa findara como um sonho: anoitecera. As danças, os cantos e as preces tinham desaparecido numa bruma rósea. Orfeu e seu discípulo desceram por uma galeria subterrânea para a cripta sagrada, que se prolongava no coração da montanha e à qual somente o hierofante tinha acesso. Lá o inspirado dos Deuses se entregava a suas meditações solitárias ou prosseguia, com seus adeptos, as elevadas obras da magia e da teurgia.

Ao seu redor, estendia-se um espaço imenso e cavernoso. Dois archotes fixados no chão vagamente iluminavam as muralhas fendidas e as profundezas tenebrosas. A alguns passos, uma fenda negra se escancarava no solo; um vapor quente saía dali, e este abismo parecia descer às entranhas da terra. Um pequeno altar onde queimava um fogo de loureiro seco e uma esfinge de pórfiro vigiavam suas bordas. Mais distante, a uma altura incomensurável, a caverna recebia a claridade do céu estrelado por uma fenda oblíqua. Esse pálido raio de luz azulada parecia o olho do firmamento mergulhando naquele abismo.

Então, Orfeu disse ao discípulo:

— "Tu bebeste nas fontes da luz santa. Entraste como o coração puro no seio dos mistérios. Chegou a hora solene de fazer-te penetrar nas fontes da vida e da luz. Aqueles que não ergueram o véu espesso que encobre aos olhos dos homens as maravilhas invisíveis, não se tornam filhos dos Deuses.

"Escuta, pois, as verdades que é preciso calar à multidão e que fazem a força dos santuários:

"*Deus* é uno e sempre semelhante a Ele mesmo. Ele reina em toda a parte. Mas *os Deuses* são inúmeros e 'diversos, porque a divindade é eterna e infinita. Os maiores são as almas dos astros. Sóis, Estrelas, Terras e Luas, cada astro tem o seu, e todos são resultantes do fogo celeste de Zeus e da luz primitiva. Semiconscientes, inacessíveis, imutáveis, eles regem o grande conjunto de seus movimentos regulares. Ora, cada astro que gira arrasta, em sua esfera etérea, falanges de semideuses ou almas resplandecentes, que outrora foram homens, e que, após terem descido a escala dos reinos, gloriosamente tornaram a subir os ciclos, para saírem, finalmente, do círculo das gerações. É por meio desses divinos espíritos que Deus respira, age, aparece. Que digo eu? Eles são o sopro de sua alma viva, os raios de sua consciência eterna. Comandam os exércitos dos espíritos inferiores que atuam nos elementos. Dirigem os mundos. De longe, de perto, eles nos cercam e, embora de essência imortal, revestem-se de formas sempre variáveis, conforme os povos, os tempos e as regiões. O ímpio que os nega, teme-os. O homem piedoso adora-os sem conhecê-los. O iniciado os conhece, atrai e vê. Se lutei para encontrá-los, se desafiei a morte, se, como se diz, desci aos infernos, foi para dominar os demônios do abismo, para chamar os Deuses do alto sobre a minha Grécia amada, para que o Céu profundo se case com a Terra e que a Terra encantada escute as vozes divinas. A beleza celeste se encarnará no corpo das mulheres, o fogo de Zeus circulará no sangue dos heróis. E muito antes de subirem aos astros, os filhos dos Deuses resplandecerão como os Imortais.

"Sabes o que é a Lira de Orfeu? O som dos templos inspirados. Tem os Deuses como cordas. À sua música, a Grécia se afinará como uma lira e o próprio mármore cantará em cadências brilhantes, em celestes harmonias.

"Agora evocarei *meus* Deuses, para que eles te apareçam vivos e te mostrem, numa visão profética, o místico himeneu que preparo para o mundo e que os iniciados verão.

"Deita-te ao abrigo desta rocha. Nada temas. Um sono mágico fechará tuas pálpebras. Tremerás no início e verás coisas terríveis. Mas, em seguida, uma luz deliciosa, uma felicidade desconhecida inundará teus sentidos e todo o teu ser".

O discípulo já se encolhera no nicho cavado em forma de leito na rocha. Orfeu pôs algumas gotas de perfume no fogo do altar. Depois, tomou seu cetro de ébano, cuja cabeça era de cristal flamejante, colocou-se junto da esfinge e, clamando com uma voz profunda, começou a invocação:

"Cibele! Cibele! Grande mãe, ouve-me! Luz original, chama ágil, etérea e sempre saltitante através dos espaços, que encerras os ecos e as imagens de todas as coisas! Invoco os teus corcéis fulgurantes de luz! Oh! alma universal, criadora dos abismos, semeadora de sóis, que arrastas pelo Éter teu manto estrelado! Luz sutil, oculta, invisível aos olhos da carne! Grande mãe dos Mundos e dos Deuses, tu, que encerras os tipos eternos!

Antiga Cibele, a mim! a mim! Por meu cetro mágico, por meu pacto com as Potências, pela alma de Eurídice!. . . Eu te evoco, Esposa multiforme, dócil e vibrante sob o fogo do Macho eterno. Do mais alto dos espaços, do mais profundo dos abismos, de todas as partes vem, aflui, enche esta caverna com teus eflúvios. Cerca o filho dos Mistérios com uma muralha de diamante e faz que ele veja em teu seio profundo os Espíritos do Abismo, da Terra e dos Céus."

A estas palavras, um trovão subterrâneo abalou as profundezas do abismo e toda a montanha tremeu. Um suor frio gelou o corpo do discípulo. Ele via Orfeu através de uma fumaça que aumentava. Por um instante tentou lutar contra a força terrível que o abatia. Mas seu cérebro ficou submerso, sua vontade anulada. Sentiu as angústias de um afogado que tem os pulmões entupidos de água e cuja horrível convulsão termina nas trevas da inconsciência.

Quando recuperou a consciência, a noite reinava ao seu redor; uma noite atravessada por uma semiclaridade rasteira, amarelada, lodosa. Olhou por muito tempo sem nada ver. De quando em quando, sentia sua pele roçada como que por morcegos invisíveis. Afinal, vagamente, pareceu-lhe ver mexerem-se nas trevas formas monstruosas de centauros, hidras e górgonas. Mas a primeira coisa que percebeu, distintamente, foi uma grande figura de mulher, sentada num trono. Ela estava envolta num longo véu de pregas fúnebres, semeado de estrelas pálidas, e trazia uma coroa de papoulas. Seus grandes olhos, abertos, velavam imóveis. Massas de sombras humanas moviam-se à sua volta, como pássaros cansados, e segredavam à meia-voz:

— "Rainha dos mortos, alma da terra. Perséfone! nós somos filhas do céu. Por que estamos exiladas no sombrio reino? Oh! ceifeira do céu, por que colheste nossas almas, que outrora voavam felizes na luz, entre suas irmãs, nos campos do Éter?

Perséfone respondeu:

— "Eu colhi o narciso, entrei no leito nupcial. Bebi a morte com a vida. Como vós, eu também gemi nas trevas".

Gemendo, perguntaram as almas:

— "Quando seremos libertadas?"

— "Quando vier o meu esposo celeste, o divino libertador!"

Então apareceram mulheres terríveis. Seus olhos estavam injetados de sangue e suas cabeças coroadas de plantas venenosas. Em torno dos braços, dos flancos seminus torciam-se serpentes que elas manejavam como chicotes: "Almas, espectros, larvas! — diziam elas com sua voz sibilante — não acrediteis na insensata rainha dos mortos. Nós somos as sacerdotisas da vida tenebrosa, servas dos elementos e dos monstros cá de baixo, bacantes da terra, Fúrias no Tártaro. Nós somos vossas rainhas eternas, oh! almas infortunadas. Não saireis do círculo maldito das gerações, pois a ele vos faremos voltar com nossos chicotes. Torcei-vos para sempre entre os anéis sibilantes de nossas serpentes, nos laços do desejo, do ódio e do remorso". E, desgrenhadas, elas se precipitaram sobre o rebanho das almas desvairadas, que se puseram a rodopiar nos ares como um turbilhão de folhas secas, sob os golpes do chicote, soltando altos gemidos.

Diante desta visão, Perséfone empalideceu. Não parecia mais do que um fantasma lunar. Ela murmurou: "Oh, céu... A luz... os Deuses... Um sonho!.. Sono, sono eterno!"

Sua coroa de papoulas murchou; seus olhos se fecharam de angústia. A rainha dos mortos caiu em letargia no trono... e depois tudo desapareceu nas trevas.

A visão mudou. O discípulo de Delfos se viu num vale esplêndido e verdejante com o monte Olimpo ao fundo. Diante de um antro negro, adormecia sobre um leito de flores a bela Perséfone. Uma coroa de narcisos substituía, em seus cabelos, a coroa de papoulas fúnebres e a aurora de uma vida que renascia derramava em suas faces um colorido ambrosiano. Suas tranças escuras caíam sobre as espáduas de magnífica brancura, e as rosas de seu seio, docemente agitado, pareciam chamar os beijos dos ventos. Ninfas dançavam numa campina. Pequenas nuvens brancas viajavam no firmamento. Uma lira ressoava num templo...

Em sua voz de ouro, em seus ritmos sagrados, o discípulo ouviu a música íntima das coisas. Pois das folhas, das ondas, das cavernas saía uma melodia incorpórea e terna. E as vozes longínquas das mulheres iniciadas, que guiavam seus coros nas montanhas, chegavam a seus ouvidos em cadências partidas. Umas, desvairadas, apelavam para Deus; outras acreditavam percebê-lo, caindo na borda das florestas meio mortas de fadiga.

Finalmente, o firmamento se abriu no zênite, para gerar de seu seio uma nuvem brilhante. Como um pássaro que paira um instante e depois se precipita sobre a terra, o Deus que sustenta o tirso desceu e veio pousar diante de Perséfone. Ele era radioso, com os cabelos desfeitos. E em seus olhos rolava o delírio sagrado dos mundos por nascer. Por muito tempo ele a cobriu com o olhar, depois estendeu seu tirso sobre ela. O tirso roçou-lhe o seio, e ela se pôs a sorrir. Ele tocou-lhe a fronte, ela abriu os olhos, ergueu-se lentamente e contemplou seu esposo. Aqueles olhos, ainda cheios do sono do Erebo, começaram brilhar como duas estrelas. E o Deus perguntou:

— Reconheces-me?

Exclamou Perséfone:

— Oh! Dionísio, Espírito divino, Verbo de Júpiter, Luz celeste que resplandece sob a forma de homem! Cada vez que tu me despertas, acredito viver pela primeira vez; os mundos renascem em minha lembrança; o passado, o futuro tornam-se o imortal presente; e eu sinto em meu coração irradiar o Universo!

Ao mesmo tempo, acima das montanhas, numa orla de nuvens prateadas, apareceram os Deuses curiosos, inclinados na direção da terra.

Embaixo, grupos de homens, de mulheres e de crianças, que saíram dos pequenos vales e das cavernas contemplavam os Imortais num arrebatamento celeste. Hinos ardentes subiam dos templos com as ondas de incenso. Entre a Terra e o Céu, preparava-se um daqueles matrimônios que fazem as mães conceberem heróis e Deuses. Já um colorido rosa tinha-se derramado sobre toda a paisagem. Já a rainha dos mortos, voltando a ser a divina ceifadora, subia rumo aos céus, transportada pelos braços do esposo. Uma nuvem púrpura os envolveu e os lábios de Dionísio pousaram na boca de Perséfone... Então, um imenso grito de amor partiu do Céu e da Terra, como se o arrepio sagrado dos Deuses, passando sobre a grande lira, quisesse dilacerar todas as cordas e debulhar os sons a todos os ventos. Ao mesmo tempo, emanou do par divino uma fulguração, um furacão de luz estonteante... E tudo desapareceu.

Por um momento, o discípulo de Orfeu sentiu-se como que tragado pela fonte de todas as vidas, submerso no sol do Ser. E, mergulhando em seu braseiro incandescente, dele irrompeu com suas asas celestes. Como um relâmpago, atravessou os mundos, para atingir em seus limites o sono estático do Infinito.

Quando recobrou seus sentidos corporais, estava mergulhado na noite escura. Somente uma lira luminosa brilhava nas trevas profundas. Ela fugia, fugia e se transformou numa estrela. Só então o discípulo percebeu que estava na cripta das evocações e que aquele ponto luminoso era a fenda distante da caverna aberta para o firmamento.

Uma grande sombra se mantinha de pé junto dele. Reconheceu Orfeu, por seus longos cachos e pelo cristal flamejante de seu cetro.

Perguntou-lhe o hierofante:

— Filho de Delfos, de onde vens?

— Mestre dos iniciados, celeste encantador, maravilhoso Orfeu, tive um sonho divino. Seria isto um encanto da magia, um dom dos Deuses? O que aconteceu? Transformou-se o mundo? Onde estou agora?

— Conquistaste a coroa da iniciação e viveste o meu sonho: a Grécia imortal! Mas devemos sair daqui. Para que tudo se cumpra, é preciso que eu morra e que tu vivas.

V

A MORTE DE ORFEU

As florestas de carvalhos rugiam chicoteadas pela tempestade, nos flancos do monte Kukaión. Os raios ribombavam em golpes redobrados sobre as rochas nuas e faziam tremer em suas bases o templo de Júpiter. Os sacerdotes de Zeus estavam reunidos numa cripta abobadada do santuário. Em seus assentos de bronze, formavam semicírculo. Orfeu conservava-se de pé no meio deles, como um acusado. Estava mais pálido do que de costume, mas uma chama profunda emanava de seus olhos calmos.

O mais velho dos sacerdotes elevou a voz grave como a de um juiz:

— Orfeu, tu, que dizem ser filho de Apolo, a quem nomeamos pontífice e rei, entregando o cetro místico dos filhos de Deus, reinas sobre a Trácia por meio da arte sacerdotal e real. Reergueste neste país os templos de Júpiter e de Apolo, e fizeste reluzir na noite os mistérios, o sol divino de Dionísio. Mas, por acaso, sabes o que nos ameaça? Tu, que conheces os segredos terríveis; tu, que mais de uma vez nos predisseste o futuro e que, de longe, falaste a teus discípulos, aparecendo-lhes em sonho, tu ignoras o que se passa ao redor de ti. Em tua ausência, as Bacantes selvagens, as sacerdotisas malditas reuniram-se no vale de Hécate. Conduzidas por Aglaonice, a mágica de Tessália, persuadiram os chefes das margens do Ebro a restabelecerem o culto da sombria Hécate e ameaçam destruir os templos dos Deuses masculinos e todos os altares do Altíssimo. Excitados por suas bocas ardentes, guiados por suas tochas incendiárias, mil guerreiros trácios estão acampados ao pé daquela montanha, e amanhã assaltarão o templo, instigados pelo sopro das mulheres vestidas com peles de panteras, ávidas do sangue dos machos. Aglaonice, a grande sacerdotisa da Hécate tenebrosa, os conduz; é a mais terrível das mágicas, implacável e obstinada como uma Fúria. Deves conhecê-la! O que dizes?

Falou Orfeu:

— Eu já sabia de tudo, e tudo devia acontecer.

— Então, por que nada fizeste para nos defender? Aglaonice jurou degolar-nos sobre nossos altares, diante do Céu vivo, que adoramos. Mas, o que acontecerá com este templo, seus tesouros, tua ciência e o próprio Zeus, se tu o abandonas?

Orfeu replicou com doçura:

— Não estou convosco?

O ancião respondeu:

— Vieste, mas muito tarde. Aglaonice conduz as Bacantes e as Bacantes conduzem os trácios. Tu os repelirás com o raio de Júpiter e com as flechas de Apolo? Por que não convocaste neste recinto os chefes trácios, fiéis a Zeus, para esmagarem a revolta?

— Não com armas, mas com a palavra é que se defendem os Deuses. Não são os chefes que devem ser abatidos, mas as Bacantes. Eu irei. Sozinho. Ficai tranqüilos. Nenhum profano transporá este recinto. Amanhã terminará o reinado das sacerdotisas sangüinárias. E sabei-o bem, vós que tremeis diante da horda de Hécate, os Deuses celestes e solares vencerão. A ti, ancião, que duvidavas de mim, deixo-te o cetro do pontífice e a coroa de hierofante.

O velho, apavorado, perguntou:

— O que vais fazer?

— Vou reunir-me aos Deuses... A vós todos, adeus!

Orfeu saiu, deixando os sacerdotes mudos em seus assentos. No templo, encontrou o discípulo de Delfos e, tomando-lhe a mão com energia, falou:

— Vou ao campo dos trácios. Segue-me.

Eles marchavam sob os carvalhos. A tempestade estava longe. Entre as ramagens espessas, brilhavam as estrelas.

Orfeu falava:

— Chegou para mim a hora suprema. Outros me compreenderam, mas tu, tu me amaste! Eros é o mais antigo dos Deuses, dizem os iniciados; ele tem a chave de todos os seres. Também eu te fiz penetrar no fundo dos Mistérios... Os Deuses falaram contigo, tu os viste!... Agora, longe dos homens, sozinho consigo mesmo, na hora de sua morte, Orfeu deve deixar ao discípulo amado a palavra de seu destino, a imortal herança, a pura chama de sua alma.

O discípulo de Delfos disse:

— Mestre, eu te escuto e te obedeço!

— Continuemos a caminhar por esta vereda que desce. O tempo urge. Quero surpreender meus inimigos. Enquanto me segues, escuta e grava minhas palavras em tua memória, mas conserva-as como um segredo.

— Elas se imprimem com letras de fogo em meu coração. Os séculos jamais as apagarão.

— Sabes, agora, que a alma é filha do céu. Contemplaste tua origem e teu fim e começas a te recordares. Quando ela desce na carne, continua, embora, fracamente, a receber o influxo do alto. E é através de nossas mães que esse sopro poderoso chega até nós. O leite de seu seio nutre nosso corpo. Mas é de sua alma que se nutre nosso ser angustiado pela sufocante prisão do corpo. Minha mãe era sacerdotisa de Apolo, minhas primeiras lembranças são as de um bosque sagrado, de um templo solene, de uma mulher carregando-me em seus braços, envolvendo-me com a suave cabeleira como uma cálida roupa. Os objetos terrestres, as fisionomias humanas me invadiram com um terror medonho. Mas logo minha mãe me apertava nos braços e eu encontrava seu olhar, que me inundava de uma divina lembrança do Céu. Porém, esse raio de luz morreu no cinzento sombrio da Terra. Um dia, minha mãe desapareceu. Morrera. Privado de seu olhar, de suas carícias, fiquei assustado com minha solidão. Tendo visto correr o sangue de um sacrifício, fui acometido de horror pelo templo e desci para os vales tenebrosos.

"As Bacantes abalaram minha juventude. Desde então, Aglaonice reinava sobre aquelas mulheres voluptuosas e ferozes. Homens e mulheres, todo o mundo a temia. Essa Tessaliana exercia sobre todos os que dela se aproximavam uma atração fatal. Por meio das artes da infernal Hécate, ela atraía as jovens para o seu vale mal-assombrado e as instruía em seu culto. Todavia, ela vira Eurídice e ficara apaixonada por essa virgem com um desejo perverso, um amor desenfreado, maléfico. Ela queria arrebatar a jovem para o culto das Bacantes, dominá-la, libertá-la dos gênios infernais e depois de ter fenecido sua juventude. Ela já a tinha envolvido com suas promessas sedutoras, com seus sortilégios noturnos.

"Eu mesmo, atraído por um pressentimento desconhecido para o vale de Hécate, caminhava um dia entre os arbustos de uma campina cheia de plantas venenosas. Mas, de todos os lados reinava o horror dos bosques sombrios freqüentados pelas Bacantes. Perfumes exalavam ali por baforadas, como o quente hálito do desejo. Foi então que vi Eurídice. Ela caminhava lentamente, sem me ver, na direção de um antro, como que fascinada por um alvo invisível. Às vezes, um riso ligeiro saía do bosque das Bacantes, às vezes, um suspiro estranho. Eurídice detinha-se trêmula, indecisa, e depois recomeçava sua caminhada, como que atraída por um poder mágico. Seus cachos de ouro tremulavam sobre as espáduas alvas, seus olhos de narciso nadavam na embriaguez, enquanto ela caminhava para a boca do inferno. Mas eu tinha visto o céu adormecido em seu olhar. — Eurídice! — gritei, tomando-lhe a mão, —, aonde vais? — Como que despertada de um sonho, ela soltou um grito de horror e de libertação, depois caiu sobre meu peito. Foi neste momento que o divino Eros nos dominou e, por um olhar, Eurídice-Orfeu foram esposos para sempre.

"Então, Eurídice, que me tinha enlaçado em seu desespero, mostrou-me a gruta com um gesto de pavor. Dela me aproximei e ali vi uma mulher sentada. Era Aglaonice. Junto dela, uma pequena estátua de Hécate em cera, pintada de vermelho, branco e preto, segurando um chicote. Ela murmurava palavras encantadas, fazendo girar a rodinha mágica, e seus olhos, fixos no vazio, pareciam devorar a presa. Eu quebrei a rodinha, esmigalhei a estátua de Hécate a meus pés e, ferindo a mágica com o olhar, gritei:

— Por Júpiter, proíbo-te de pensares em Eurídice, sob pena de morte! Pois fica sabendo, os filhos de Apolo não têm medo de ti.

"Aglaonice, aturdida, retorceu-se como uma serpente ante meu gesto, e desapareceu em sua caverna lançando-me um olhar de ódio mortal.

"Levei Eurídice para as proximidades de meu templo. As virgens do Ebro, coroadas de jacinto, cantaram ao redor de nós: Himeneu! Himeneu! E conheci a felicidade.

"A Lua só mudara três vezes quando uma Bacante, compelida pela Tessaliana, apresentou a Eurídice uma taça de vinho que lhe daria, dizia ela, a ciência dos filtros e das ervas mágicas. Eurídice, curiosa, bebeu-a e caiu fulminada. A taça continha um veneno mortal!

"Quando vi a pira consumir Eurídice; quando vi o túmulo tragar suas cinzas; quando a última lembrança de sua forma viva desapareceu, gritei: "Onde está sua alma?" Parti desesperado. Errei por toda a Grécia. Supliquei sua evocação aos sacerdotes da Samotrácia. Busquei-a nas entranhas da terra, no cabo Tênaro. Mas foi tudo em vão. Finalmente, cheguei ao antro de Trofônio. Lá, alguns sacerdotes conduzem os visitantes temerários por uma fenda, até os lagos de fogo que borbulham no interior da Terra, e os fazem ver o que lá se passa. No caminho, sempre andando, entra-se em êxtase, e a segunda visão se apresenta. Mal se respira, a voz sai estrangulada e só se pode falar por meio de sinais. Uns recuam no meio do caminho, outros persistem e morrem sufocados; a maioria dos que saem vivos ficam loucos. Depois de ter visto o que nenhuma boca deve repetir, regressei à gruta e caí numa profunda letargia. Durante aquele sono de morte, apareceu-me Eurídice. Ela flutuava em um nimbo, pálida como um raio de luz lunar, e me disse: "Por mim enfrentaste o inferno e me procuraste entre os mortos. Eis-me aqui, atendo a teu apelo. Eu não habito o seio da Terra, mas a região de Erebo, o cone de sombra entre a Terra e a Lua. Eu turbilhono neste limbo chorando como tu. Se queres me libertar, salva a Grécia, dando-lhe a luz. Então eu, reencontrando minhas asas, subirei para os astros, e tu me verás na luz dos Deuses. Até lá, é preciso que eu fique vagando na esfera confusa e dolorosa..." Três vezes quis abraçá-la; três vezes ela dissipou-se em meus braços, como sombra. Ouvi apenas uma espécie de som de uma corda que se dilacera. Depois, uma voz fraca como um sopro, triste como um beijo de adeus, murmurou: Orfeu!...

"Aquela voz me despertou. Este nome pronunciado por uma alma transformara meu ser. Senti passar por mim o estremecimento sagrado de um imenso desejo e o poder de um amor sobre-humano. Eurídice, viva, proporcionou-me a embriaguez da felicidade. Eurídice, morta, me fez encontrar a Verdade. Foi por amor que me cobri com este hábito de linho, devotando-me à grande iniciação e à vida ascética; foi por amor que penetrei na magia e busquei a ciência divina; foi por amor que atravessei as cavernas da Samotrácia, os poços das Pirâmides e as tumbas do Egito. Eu rebusquei a morte para ali encontrar a vida. E, para além da vida, vi os limbos, as almas, as esferas transparentes, o Éter dos Deuses. A terra me abriu seus abismos, o céu, seus templos reluzentes. Os sacerdotes de Ísis e de Osíris revelaram-me seus segredos. Eles só possuíam aqueles Deuses; eu tinha Eros! Por ele falei, cantei, venci. Por ele soletrei o verbo de Hermes e o verbo de Zoroastro; por ele pronunciei o verbo de Júpiter e o de Apolo!

"Mas chegou a hora de confirmar pela morte a minha missão. É preciso que eu desça ainda uma vez aos infernos, para subir de novo aos céus. Escuta, filho querido de minha palavra: levarás minha doutrina ao templo de Delfos e minha lei ao tribunal dos Anfictiões. Dionísio é o sol dos iniciados; Apolo será a luz da Grécia; os Anfictiões, os guardiães da justiça."

O hierofante e seu discípulo tinham alcançado o fundo do vale. Diante deles, uma clareira, grandes maciços de bosques sombrios, tendas e homens deitados por terra. Ao fundo da floresta, fogueiras agonizantes, tochas vacilantes. Orfeu caminhava tranqüilamente em meio aos trácios, adormecidos e fatigados após uma orgia noturna. Uma sentinela, que velava ainda, perguntou-lhe o nome. E Orfeu respondeu:

— Eu sou um mensageiro de Júpiter. Chama os teus chefes.

"Um sacerdote do templo!..." Este grito da sentinela ecoou como um sinal de alarme em todo o acampamento. Armam-se, chamam-se, as espadas brilham, os chefes acorrem espantados e cercam o pontífice.

— Quem és tu? O que vens fazer aqui?

— Eu sou um enviado do templo. Vós todos, reis, chefes, guerreiros da Trácia, renunciai à luta contra os filhos da luz e reconhecei a divindade de Júpiter e de Apolo. Os Deuses do alto vos falam por minha boca. Venho como amigo, se me escutardes; como juiz, se recusardes a me ouvir.

— Fala! — disseram os chefes.

De pé, sob um grande olmo, Orfeu falou. Falou dos benefícios dos Deuses, da magia da luz celeste, da vida pura que ele levava lá no alto, com seus irmãos iniciados, sob o olhar do grande Urano e que ele queria transmitir a todos os homens. Prometeu apaguizar as discórdias, curar as doenças, ensinar a semear as sementes que produzem os mais belos frutos da terra, e as mais preciosas ainda, aquelas que produzem os frutos divinos da vida: a alegria, o amor, a beleza.

Enquanto ele falava, sua voz grave e doce vibrava como as cordas de uma lira e penetrava cada vez mais no coração dos trácios comovidos. Do fundo dos bosques, as Bacantes, curiosas, carregando suas tochas, tinham vindo também, atraídas pelo som de uma voz humana. Vestidas apenas com peles de panteras, elas vieram exibir seus seios morenos e seus flancos soberbos. Ao clarão dos archotes noturnos, seus olhos brilhavam de luxúria e de crueldade. Mas, pouco a pouco, a voz de Orfeu as serenou e elas se agruparam em torno dele, sentando-se a seus pés como feras domadas. Umas, tomadas de remorso, baixavam o olhar sombrio; outras escutavam encantadas. E os trácios comovidos, murmuravam entre si: "É um Deus quem fala, é o próprio Apolo quem fascina as bacantes!"

No entanto, do fundo dos bosques, Aglaonice espreitava. A grande sacerdotisa de Hécate, vendo os trácios imóveis e as Bacantes arrastadas por uma magia mais forte do que a sua, anteviu a vitória do céu sobre o inferno e seu poder maldito desmoronar-se nas trevas de onde saíra, ante a palavra do divino sedutor. Ela rugiu e, atirando-se diante de Orfeu com um esforço violento, disse:

— Um Deus, dizeis vós? E eu vos digo que é Orfeu, um homem como vós, um mágico que vos engana, um tirano que se apropria de uma coroa. Um Deus, dizeis vós? O filho de Apolo? Ele? O sacerdote? O pontífice orgulhoso? Atacai-o! Se ele é Deus, que se defenda... e se eu minto, que me despedacem!

Aglaonice estava acompanhada por alguns chefes excitados por seus malefícios e inflamados por seu ódio. Eles arrojaram-se sobre o hierofante. Orfeu soltou um grito e caiu ferido por suas espadas. Estendeu a mão para seu discípulo e disse:

— Eu morro, mas os Deuses estão vivos!

Depois expirou. Inclinada sobre seu cadáver, a mágica de Tessália, cujo semblante se assemelhava agora ao de Tisifona, espreitava com alegria selvagem o último sopro do profeta e se apressava em arrancar um oráculo de sua vítima. Mas, qual não foi o espanto da tessaliana ao ver aquela cabeça cadavérica se reanimar ao clarão flutuante da tocha, um pálido rubor espalhar-se na fisionomia do morto, seus olhos se reabrirem, muito grandes, e um olhar profundo, doce e terrível se fixar nela... enquanto que uma voz estranha — a voz de Orfeu — escapava ainda uma vez daqueles lábios trêmulos para pronunciar distintamente estas quatro sílabas melodiosas e vingadoras:

— Eurídice!

Diante daquele olhar e daquela voz, a sacerdotisa apavorada recuou, gritando: — "Ele não está morto! Eles vão me perseguir para sempre! Orfeu... Eurídice!" Bradando assim, Aglaonice desapareceu como que chicoteada por cem Fúrias. As Bacantes, desvairadas, e os trácios, compreendendo o horror de seu crime, desapareceram na noite, com gritos de angústia.

O discípulo ficou só junto ao corpo do mestre. E quando um raio sinistro de Hécate veio iluminar o linho ensanguentado e a face pálida do grande iniciador, pareceu-lhe que o vale, as montanhas e as florestas profundas gemiam como uma grande lira.

O corpo de Orfeu foi queimado pelos sacerdotes, e suas cinzas transportadas para um longínquo santuário de Apolo, onde foram veneradas como as de um Deus. Nenhum dos rebeldes ousou subir ao templo de Kaukaión. A tradição de Orfeu, sua ciência e seus mistérios ali se perpetuaram e se difundiram por todos os templos de Júpiter e Apolo.

Os poetas gregos diziam que Apolo ficara enciumado de Orfeu, porque este era invocado mais freqüentemente do que ele. A verdade é que enquanto os poetas cantavam Apolo, os grandes iniciados invocavam a alma de Orfeu, salvador e adivinho.

Mais tarde, os trácios, convertidos à religião de Orfeu, contavam que ele descera aos infernos para lá procurar a alma da esposa, e que as Bacantes, ciumentas de seu amor eterno, o haviam feito em pedaços, mas que sua cabeça, lançada no Erebo e levada por suas ondas tempestuosas, chamava ainda: Eurídice!

Assim os trácios cantaram como um profeta aquele que eles haviam matado como um criminoso e que os havia convertido por meio de sua morte. Assim o verbo órfico se infiltrou misteriosamente nas veias da Hélade, pelas vias secretas dos santuários e da iniciação. Os deuses responderam à sua voz, como no templo um coro de iniciados se afina aos sons de uma lira invisível — e a alma de Orfeu tornou-se a alma da Grécia.

LIVRO VI

PITÁGORAS

Os Mistérios de Delfos

Conhece-te a ti mesmo – e conhecerás o Universo e os Deuses.

Inscrição do templo de Delfos

O Sono, o Sonho e o Êxtase são as três portas para o Além, de onde nos vêm a ciência da alma e a arte da adivinhação.

A Evolução é a lei da Vida.
O Número é a lei do Universo.
A Unidade é a lei de Deus.

PITÁGORAS

Os Mistérios de Delfos

I

A GRÉCIA NO SÉCULO VI

A alma de Orfeu atravessara como um divino meteoro o céu tempestuoso da Grécia nascente. Com o seu desaparecimento, as trevas a invadiram de novo. Após uma série de revoluções, os tiranos da Trácia queimaram seus livros, derrubaram seus templos, expulsaram seus discípulos. Os reis gregos e muitas cidades, mais preocupados com a liberdade desenfreada do que com a justiça que decorre das puras doutrinas, imitaram-nos. Quiseram apagar a lembrança do profeta, destruir seus últimos vestígios, e o fizeram tão bem que, alguns séculos depois de sua morte, uma parte da Grécia duvidava de sua existência. Em vão os iniciados conservaram sua tradição durante mais de mil anos. Em vão Pitágoras e Platão falavam dele como de um homem divino. Os sofistas e os retóricos não viam nele mais do que uma lenda sobre a origem da Música. Ainda hoje os estudiosos negam decididamente a existência de Orfeu. Apóiam-se principalmente no fato de que nem Homero nem Hesíodo mencionam seu nome. Mas o silêncio desses poetas se explica, amplamente, pela proibição a que os governos locais submeteram o nome do grande iniciador. Os discípulos de Orfeu não perdiam ocasião de atribuir todos os poderes à autoridade suprema do Templo de Delfos e não cessavam de repetir que era preciso submeter as desavenças entre os diversos Estados da Grécia ao conselho dos Anfictiões. Isto incomodava tanto os demagogos quanto os tiranos.

Homero, que provavelmente recebeu sua iniciação no santuário de Tir, e cuja mitologia é a tradução poética da teologia de Sanconiaton, Homero, o jônio, pôde muito bem ignorar Orfeu, o dórico, cuja tradição se mantinha tanto mais secreta quanto mais era perseguida. Quanto a Hesíodo, nascido perto de Parnaso, deve ter conhecido seu nome e sua doutrina através do santuário de Delfos. Mas seus iniciadores impuseram-lhe silêncio, e com razão.

Orfeu, porém, vivia em sua obra. Vivia em seus discípulos e naqueles mesmos que o negavam. Essa obra, qual seria? Essa alma viva, onde procurá-la? Seria na oligarquia militar e feroz de Esparta, onde a ciência é desprezada, a ignorância erigida em sistema, a brutalidade exigida como um complemento da coragem? Seria nas implacáveis guerras de Messênia, onde os espartanos perseguiram um povo vizinho até seu completo extermínio, ou os romanos da Grécia se prepararam na rocha tarpéia e nos lauréis sangrentos do Capitólio, precipitando num abismo o heróico Aristomeno, defensor de sua pátria? Ou seria talvez na democracia turbulenta de Atenas, sempre pronta a sucumbir na tirania? Seria na guarda pretoriana de Psístrato ou no punhal de Harmônio e de Aristógito, escondido sob um ramo de mirta? Seria nas inúmeras cidades da Hélade, da Magna Grécia e da Ásia Menor, das quais Atenas e Esparta oferecem dois exemplos opostos? Seria em todas aquelas democracias e aquelas tiranias invejosas, ciumentas e sempre prestes a se entredevorarem? Não. A alma da Grécia não está aí. Ela está em seus templos, em seus mistérios e em seus iniciados. Ela está no santuário de Júpiter em Olímpia, de Juno em Argos, de Ceres em Elêusis. Ela reina em Atenas com Minerva, ela resplandece em Delfos com Apolo, que domina e invade todos os templos com sua luz. Eis o centro da vida helênica, o cérebro e o coração da Grécia. Aí vão instruir-se os poetas que traduzem à multidão as verdades sublimes em imagens vívidas, os sábios que as propagam em dialética sutil.

O espírito de Orfeu circula por toda a parte onde palpita a Grécia imortal. Nós o encontramos nas competições de poesia e ginástica, nos jogos de Delfos e Olímpia, instituições felizes imaginadas pelos sucessores do mestre para reaproximar e fundir as doze tribos gregas. Nós o tocamos com o dedo no tribunal dos Anfictiões, nesta assembléia dos grandes iniciados, corte suprema e arbitral, que se reunia em Delfos, grande poder de justiça e de concórdia, o único onde a Grécia encontrou sua unidade, nas horas de heroísmo e de abnegação[1].

---

1. O *juramento anfictiônico* dos povos associados dá a idéia da grandeza e da força social dessa instituição: "Juramos jamais destruir as cidades anfictiônicas, jamais desviar, seja durante a paz, seja durante a guerra, as fontes necessárias às suas necessidades. Se alguma potência ousar empreendê-lo, marcharemos contra ela e destruiremos suas cidades. Se os ímpios roubarem as oferendas do templo de Apolo, juramos empregar nossos pés, nossos braços, nossa voz, todas as nossas forças, contra eles e seus cúmplices."

Entretanto, a Grécia de Orfeu, que tinha como intelecto uma pura doutrina guardada nos templos, como alma uma religião plástica e como corpo uma elevada corte de justiça centralizada em Delfos, essa Grécia começara a periclitar desde o sétimo século. As ordens de Delfos não eram mais respeitadas. Violavam-se os territórios sagrados. Isso porque a raça dos grandes inspirados havia desaparecido. O nível intelectual e moral dos templos decaíra. Os sacerdotes se vendiam aos poderes políticos. Os próprios Mistérios começaram a se corromper. O aspecto geral da Grécia havia mudado. À antiga realeza sacerdotal e agrícola sucediam, aqui, a tirania pura e simples, ali, a aristocracia militar, lá ainda, a democracia anárquica. Os templos tornaram-se impotentes para prevenir a dissolução ameaçadora. Necessitavam de uma ajuda nova. Uma vulgarização das doutrinas esotéricas fazia-se necessária. Para que o pensamento de Orfeu pudesse viver e se propagar com todo brilho, era preciso que a ciência dos templos passasse às ordens laicas. Ela se insinuou, pois, sob diversos disfarces, na mente dos legisladores civis, nas escolas dos poetas, sob o pórtico dos filósofos. Estes sentiram, em seu ensinamento, a mesma necessidade que Orfeu havia reconhecido para a religião, a necessidade de duas doutrinas: uma pública, outra secreta, que expusessem a mesma verdade, sob medidas e formas diferentes, próprias ao desenvolvimento de seus alunos. Esta evolução deu à Grécia seus três grandes séculos de criação artística e esplendor intelectual. Ela permitiu ao pensamento órfico, que é ao mesmo tempo o impulso primeiro e a síntese ideal da Grécia, concentrar toda sua luz e se irradiar por todo o mundo, antes que seu edifício político, minado pelas dissensões internas, fosse abalado pelos golpes da Macedônia, para desmoronar, enfim, sob o punho férreo de Roma.

A evolução de que falamos teve muitos obreiros. Ela suscitou físicos como Tales, legisladores como Sólon, poetas como Píndaro, heróis como Epaminondas. Mas teve um chefe reconhecido como tal, um iniciado de primeira ordem, uma inteligência soberana, criadora e ordenadora: Pitágoras. Ele é o mestre da Grécia laica, como Orfeu é o mestre da Grécia sacerdotal. Ele traduz e continua o pensamento religioso de seu predecessor, aplicando-o aos novos tempos. Essa tradução, porém, é uma criação, visto que ele coordena as inspirações órficas em um sistema completo; fornece delas a prova científica em seu ensino e a prova moral em seu instituto de educação, na ordem pitagórica que a ele sobrevive.

Embora apareça em plena luz da História, Pitágoras permaneceu sempre um personagem quase legendário. A principal razão disto está na perseguição obstinada de que foi vítima na Sicília e que custou a vida a tantos pitagóricos. Uns pereceram sob os escombros de sua escola incendiada, outros morreram de fome num templo. A lembrança e a doutrina do mestre somente se perpetuaram por meio de alguns sobreviventes que conseguiram fugir para a Grécia. Platão, com dificuldade e por um alto preço, obteve por intermédio de Arquitas um manuscrito do mestre, que, aliás, escrevera toda sua doutrina com sinais secretos e de forma simbólica. Sua verdadeira ação, como a de todos os reformadores, se exercia pelo ensinamento oral. Mas a essência do sistema consiste nos *Versos Dourados* de Ísis,. no comentário de Hiérocles, nos fragmentos de Filolaus e de Arquitas, assim como no *Timeu* de Platão, que contém a cosmogonia de Pitágoras. Enfim, os escritores da Antigüidade estão repletos do filósofo de Crotona. São inesgotáveis as historietas que pintam sua sabedoria, sua beleza e seu poder maravilhoso sobre os homens. Os neoplatônicos de Alexandria, os gnósticos, e até os primeiros Padres da Igreja citam-no como uma autoridade. São preciosas testemunhas, nas quais vibra sempre a poderosa onda de entusiasmo que a grande personalidade de Pitágoras soube comunicar à Grécia, e cujos derradeiros ecos são ainda perceptíveis oito séculos após sua morte.

Vista do alto, aberta com as chaves do esoterismo comparado, sua doutrina apresenta um magnífico conjunto, um todo solidário cujas partes estão ligadas por uma concepção fundamental. Encontramos nela uma reprodução racional da 'doutrina esotérica da Índia e do Egito, à qual deu a clareza e a simplicidade helênicas, acrescentando-lhes um sentimento mais enérgico, uma idéia mais nítida da liberdade humana.

Na mesma época e em diversos pontos do globo, grandes reformadores divulgavam doutrinas análogas. Lao-Tsé saía, na China, do esoterismo de Fo-Hi. O último Buda, Sáquia-Muni, pregava às margens do Ganges. Na Itália, o sacerdócio etrusco enviava a Roma um iniciado munido dos livros sibilinos, o rei Numa, que tentou refrear, por meio de sábias instituições, a ameaçadora ambição do Senado romano. E não foi por acaso que esses reformadores apareceram ao mesmo tempo entre povos tão diversos. Suas diferentes missões concorrem para um objetivo comum. Elas provam que em certas épocas uma mesma corrente espiritual atravessa misteriosamente toda a humanidade. De onde vem essa corrente? Do mundo divino que está fora de nossa vista, mas do qual os gênios e os profetas são os enviados e as testemunhas.

Pitágoras atravessou todo o mundo antigo antes de revelar sua palavra à Grécia. Ele conheceu a África e a Ásia, Mênfis e Babilônia, sua política e iniciação. Sua vida agitada assemelha-se a uma nave lançada em plena tempestade. Soltas as velas, ela demanda o porto, sem se desviar da rota, imagem da calma e da força no meio dos elementos desencadeados. Sua doutrina é como uma noite fresca que sucede ao ardor intenso de um dia sangrento. Ela evoca a beleza do firmamento que pouco a pouco desenrola seus arquipélagos cintilantes e suas harmonias etéreas sobre a cabeça daquele que vê.

Tentemos separar uma e outra das obscuridades da lenda e dos preconceitos da escola.

II

OS ANOS DE VIAGEM

No começo do sexto século antes de nossa era, Samos era uma das ilhas mais florescentes da Jônia. A enseada de seu porto abria-se diante das montanhas cor de violeta da quente Ásia Menor, de onde vinham todos os luxos e todas as seduções. Numa larga baía, a cidade se estendia sobre a margem verdejante e se dispunha em anfiteatro sobre a montanha, ao pé de um promontório coroado pelo templo de Netuno. As colunatas de um palácio magnífico sobressaíam.
 Ali reinava o tirano Polícrates. Este, depois de ter privado Samos de suas liberdades, dera-lhe o brilho das artes e de um esplendor asiático. Hetaíras de Lesbos, chamadas por ele, tinham-se estabelecido em um palácio vizinho ao seu e convidavam os jovens da cidade para festas, onde elas lhes ensinavam as volúpias mais refinadas, temperadas com música, danças e festins. Anacreonte, chamado por Polícrates a Samos, para lá se dirigiu sobre um trirreme com velas cor de púrpura e mastros dourados. E o poeta, com uma taça de prata cinzelada à mão, fez ouvir diante desta alta corte do prazer suas odes acariciantes e perfumadas como uma chuva de rosas.
 A sorte de Polícrates tornara-se proverbial em toda a Grécia. Ele era amigo do faraó Amasis, que várias vezes o advertira que desconfiasse de uma felicidade tão constante e que, sobretudo, dela não se gabasse. Polícrates respondeu ao aviso do monarca egípcio, atirando seu anel ao mar e dizendo: "Faço este sacrifício aos Deuses". No dia seguinte, um pescador

levou ao tirano o anel precioso que encontrara no ventre de um peixe. Quando o faraó soube disto, declarou que rompia sua amizade com Polícrates, porque uma felicidade tão insolente atrair-lhe-ia a vingança dos Deuses.

Seja qual for a veracidade desta historieta, o certo é que o fim de Polícrates foi trágico. Um de seus sátrapas o atraiu a uma província vizinha, mandou matá-lo sob terríveis tormentos e ordenou que pregassem seu corpo numa cruz, no monte Micala. Assim os sâmios puderam ver, em um sangrento pôr-de-sol, o cadáver de seu tirano crucificado num promontório, diante da ilha onde ele reinara na glória e nos prazeres.

Mas voltemos ao princípio do reinado de Polícrates. Em noite clara, um jovem estava sentado numa floresta de *agnus-cactus* de folhas luzidias, não longe do templo de Juno, cuja fachada dórica a lua cheia banhava e cuja mística majestade fazia ressaltar. Há muito tempo um rolo de papiro, contendo um canto de Homero, estendia-se a seus pés. Sua meditação, iniciada no crepúsculo, durava ainda e se prolongava no silêncio da noite. Há muito tempo o sol se pusera, mas seu disco chamejante flutuava ainda diante do olhar do jovem sonhador como algo irreal. Seu pensamento vagava longe do mundo invisível.

Pitágoras era filho de um rico joalheiro de Samos e de uma mulher chamada Partênis. A Pítia de Delfos, consultada durante uma viagem, pelos jovens recém-casados, prometera-lhes "um filho que seria útil a todos os homens, em todos os tempos", e o oráculo enviara os esposos a Sidon, na Fenícia, para que o filho predestinado fosse concebido, gerado e nascido longe das influências perturbadoras de sua pátria. Antes mesmo de seu nascimento, a criança maravilhosa fora dedicada por seus pais à luz de Apolo, na lua do amor.

O menino nasceu; quando completou um ano, sua mãe, atendendo ao conselho dos sacerdotes de Delfos, levou-o ao templo de Adonai, num vale do Líbano. Lá, o pontífice o abençoou. Depois a família voltou a Samos. O filho de Partênis era muito bonito, meigo, moderado, pleno de senso de justiça. Somente a paixão intelectual brilhava em seus olhos e imprimia aos seus atos uma energia secreta. Longe de contrariá-lo, seus pais encorajavam sua inclinação precoce para o estudo da sabedoria. Assim, ele pôde livremente conferenciar com os sacerdotes de Samos e com os sábios que começavam a fundar, na Jônia, escolas onde ensinavam os princípios da Física. Aos dezoito anos, recebia as lições de Hermodamas, de Samos; aos vinte, as de Ferecides, em Siro. E já conferenciara com Tales e Anaximandro, em Mileto. Estes mestres tinham-lhe aberto novos horizontes, mas nenhum satisfizera. Entre seus ensinamentos contraditórios ele procurava interiormente o liame, a síntese, a unidade do grande Todo. O filho de Partênis chegara, então, a uma dessas crises em que o espírito, superexcitado pela contradição das coisas, concentra todas as suas faculdades num esforço supremo para entrever o objetivo, para encontrar o caminho que leva ao sol da verdade, ao centro da vida.

Naquela noite quente e esplêndida, o filho de Partênis contemplava alternadamente a terra, o templo e o céu estrelado. Ela estava lá, sob seus pés, ao redor dele: Deméter, a terra-mãe, a Natureza que ele queria penetrar. Ele respirava suas emanações poderosas, sentia a invencível atração que o acorrentava ao seu seio, ele, o átomo pensante, como uma parte inseparável dela. Os sábios que ele consultara tinham-lhe dito: "É dela que tudo se origina. Nada vem do nada. A alma vem da água ou do fogo, ou dos dois. Sutil emanação dos elementos, ela deles escapa apenas para a eles voltar. Resigna-te à sua lei fatal. Teu único mérito será o de conhecê-la e a ela te submeteres".

Depois, ele contemplava o firmamento e as letras de fogo que as constelações formam na profundeza insondável do espaço. Aquelas letras deviam ter um significado. Pois se infinitamente pequeno o movimento dos átomos, tem sua razão de ser, como o infinitamente grande, a dispersão dos astros, cujo agrupamento representa o corpo do Universo não o teria também? Sim! Cada um desses mundos tem sua lei própria, e todos juntos se movem conforme um Número e em harmonia suprema. Mas quem algum dia decifrará o alfabeto das estrelas? Os sacerdotes de Juno tinham-lhe dito: "Foi o céu dos Deuses que existiu antes da Terra. Tua alma vem de lá. Orai para que ela volte para lá".

Esta meditação foi interrompida por um canto voluptuoso, que saía de um jardim às margens do Imbrasus. As vozes lascivas das lésbicas harmonizavam-se langorosamente com os sons da cítara. Alguns jovens respondiam entoando árias báquicas. A estas vozes se misturaram, de repente, outros gritos penetrantes e lúgubres, que partiam do porto. Eram rebeldes que Polícrates mandava embarcar para vender como escravos na Ásia. Açoitavam-nos com correias cheias de pregos, para amontoá-los sob os pontões dos remadores. Seus urros e blasfêmias se perderam na noite. Depois, tudo voltou ao silêncio.

O jovem sentiu um estremecimento doloroso, que reprimiu para se recolher em si mesmo. O problema estava diante dele mais pungente, mais agudo. A Terra dizia: *Fatalidade*! O Céu dizia: *Providência*! E a Humanidade, que flutua entre os dois, respondia: *Loucura*! *Dor*! *Escravidão*! Mas, no fundo de si mesmo, o futuro adepto ouvia uma voz irrefutável que respondia às cadeias da Terra e aos clarões do céu com este grito: *Liberdade*!

Quem, pois, teria razão? Os sacerdotes, os sábios, os loucos, os infelizes ou ele mesmo? Todas aquelas vozes diziam a verdade, cada uma delas triunfava em sua esfera, mas nenhuma lhe revelava sua razão de ser. Os três mundos existiam imutáveis, como o seio de Deméter, como a luz dos astros e como o coração humano. Mas somente aquele que soubesse encontrar sua harmonia e a lei de seu equilíbrio seria um verdadeiro sábio, somente ele possuiria a ciência divina e poderia auxiliar os homens. Na síntese dos três mundos está o segredo do *Cosmos*.

Ao pronunciar esta palavra — que acabara de encontrar —, Pitágoras se ergueu. Seu olhar fascinado fixou-se na fachada dórica do templo. O severo

edifício parecia transfigurado sob os castos raios de Diana. Ele acreditou ver ali a imagem ideal do mundo e a procurada solução do problema. Pois, a base, as colunatas, a arquitrave e o frontão triangular significam para ele, subitamente, a tríplice natureza do homem e do Universo, do microcosmo e do macrocosmo coroado pela unidade divina, que é, ela própria, uma trindade. O Cosmos, dominado e penetrado por Deus, formava:
A Tétrada sagrada, imenso e puro símbolo,
Fonte da Natureza e modelo dos Deuses[1].

Sim, ela estava lá, oculta naquelas linhas geométricas: a chave do Universo, a ciência dos números, a lei ternária que rege a constituição dos seres, a do setenário que preside à sua evolução. E, numa visão grandiosa, Pitágoras viu os mundos se moverem segundo o ritmo e a harmonia dos números sagrados. Viu o equilíbrio da Terra e do céu, mantido pela liberdade humana. Os três mundos, natural, humano e divino, se sustentam, determinando-se reciprocamente e representando o drama universal por meio de um duplo movimento, descendente e ascendente. Ele adivinhou as esferas do mundo invisível envolvendo o visível e animando-o sem cessar. Concebeu, enfim, a purificação e a liberação do homem, já nesta Terra, pela tríplice iniciação. Viu tudo isto, sua vida e sua obra, numa iluminação instantânea e clara, com a certeza irrecusável do espírito que se sente diante da Verdade. Foi um relâmpago.

Tratava-se, agora, de provar pela Razão o que sua pura Inteligência havia apreendido no Absoluto. E para isto era preciso uma vida de Homem, um trabalho de Hércules.

Mas, onde encontrar a ciência necessária para levar a bom termo semelhante labor? Nem os cantos de Homero, nem os sábios da Jônia, nem os templos da Grécia seriam suficientes.

O espírito de Pitágoras, que logo encontrara asas, mergulhou em seu passado, em seu nascimento envolto em véus e no misterioso amor de sua mãe. Uma lembrança da infância voltou-lhe com uma precisão incisiva. Recordou-se de que sua mãe o levara, com a idade de um ano, a um vale do Líbano, ao templo de Adonai. Ele se reviu muito criança, nos braços de Partênis, no meio de montanhas colossais, de florestas imensas, onde um rio caía em catarata. Ela estava de pé, num terraço à sombra de grandes cedros. Diante dela, um sacerdote majestoso, de barba branca, sorria para eles, pronunciando palavras graves que ele não compreendia. Depois, várias vezes a mãe repetira-lhe aquelas palavras do hierofante de Adonai: "Mulher de Jônia, teu filho será grande pela sabedoria; mas lembra-te que, se os gregos possuem ainda a ciência *dos Deuses*, a ciência *de Deus* só se encontra no Egito".

---

1. *Versos dourados de Pitágoras*, tradução de Fabre d'Olivet.

Aquelas palavras voltavam-lhe agora, juntamente com o sorriso materno, a bela fisionomia do ancião e o estrépito distante da catarata, dominado pela voz do sacerdote, em uma paisagem grandiosa como o sonho de outra vida. Pela primeira vez ele adivinhava o significado do oráculo. Muito ouvira sobre o saber prodigioso dos sacerdotes egípcios, e seus formidáveis mistérios; mas acreditara poder abster-se deles. Agora, entretanto, compreendia que era necessária aquela "ciência de Deus" para penetrar a fundo na natureza, e que só a encontraria nos templos do Egito. E foi a doce Partênis, com seu instinto de mãe, que o preparara para essa obra, e o levara como uma oferenda ao Deus soberano!

Nesse instante tomou a decisão de ir ao Egito e lá receber a iniciação.

Polícrates se gabava de proteger os filósofos tanto quanto os poetas. Apressou-se a dar a Pitágoras uma carta de recomendação para o faraó Amasis, que o apresentou aos sacerdotes de Mênfis. Estes só o receberam a contragosto e depois de muitas dificuldades. Os sábios egípcios desconfiavam dos gregos, que tachavam de levianos e inconstantes. Tudo fizeram para desencorajar o jovem de Samos. Contudo, o noviço se submeteu com uma paciência e uma coragem inquebrantáveis às demoras e às provas que lhe impuseram. Ele sabia, por antecipação, que somente chegaria ao conhecimento pelo total domínio da vontade em todo o seu ser. Sua iniciação durou vinte e dois anos, sob o pontificado do grande sacerdote de Sonchis. Já narramos, no livro de Hermes, as provas, as tentações, os pavores e os êxtases do iniciado de Ísis, até a morte aparente e cataléptica do adepto e sua ressurreição na luz de Osíris. Pitágoras atravessou todas as fases que permitiam realizar, não como uma vã teoria, mas como um elemento vivo, a doutrina do Verbo-Luz ou da Palavra universal e da evolução humana através dos sete ciclos planetários. A cada passo daquela vertiginosa ascensão as provas se repetiam sempre mais terríveis. Ali, cem vezes correu risco de vida, sobretudo quando queriam levá-lo ao manejo das forças ocultas, à perigosa prática da magia e da teurgia. Como todos os grandes homens, Pitágoras tinha fé em sua estrela. Nada que pudesse conduzi-lo à ciência o desanimava, e o medo da morte não o detinha, porque queria a vida do Além.

Quando os sacerdotes egípcios reconheceram nele uma força de alma extraordinária e aquela paixão impessoal pela sabedoria, que é a coisa mais rara no mundo, abriram-lhe os tesouros de sua experiência. Foi entre eles que Pitágoras se formou e adquiriu sua têmpera. Foi lá que pôde se aprofundar na matemática sagrada, a ciência dos números ou dos princípios universais, da qual ele fez o centro de seu sistema, formulando-a de uma maneira nova. A severidade da disciplina egípcia nos templos fê-lo conhecer, por outro lado, a força prodigiosa da vontade humana sabiamente exercida e treinada, suas aplicações infinitas tanto no corpo quanto na alma. "A ciência dos números e a arte da vontade são as duas chaves da magia", diziam os sacerdotes de Mênfis; "elas abrem todas as portas do Universo". Foi, pois, no Egito, que Pitágoras adquiriu a visão elevada que permite perceber as esferas da vida e as ciências em uma ordem concêntrica, compreender a *involução* do espírito na matéria pela criação universal e sua *evolução* ou subida para a unidade por aquela criação individual que se chama o desenvolvimento de uma consciência.

Pitágoras atingira o ápice do sacerdócio egípcio e sonhava, talvez, em voltar à Grécia, quando foi desencadeada a guerra na bacia do Nilo, com todos os seus flagelos e arrastou o iniciado de Osíris em um novo turbilhão. Há muito tempo os déspotas da Ásia tramavam a derrota do Egito. Durante séculos, seus repetidos ataques haviam fracassado diante da sabedoria das instituições egípcias, diante da força do sacerdócio e da energia dos faraós. Mas o imemorial reino, asilo da ciência de Hermes, não devia durar eternamente. O filho do vencedor da Babilônia, Cambises, abateu-se sobre o Egito com seus exércitos inumeráveis e famintos como nuvens de gafanhotos, e pôs fim à instituição do faraonato, cuja origem se perdia na noite dos tempos. Aos olhos dos sábios era uma catástrofe, para o mundo inteiro. Até então, o Egito defendera a Europa da Ásia. Sua influência protetora se estendia ainda sobre toda a bacia do Mediterrâneo, sobre templos da Fenícia, da Grécia e da Etrúria, com os quais o alto sacerdócio egípcio mantinha relações constantes. Uma vez desmoronado esse baluarte, o Touro iria precipitar-se, de cabeça baixa, sobre as margens do mundo helênico.

Pitágoras viu, pois, Cambises invadir o Egito. Viu o déspota persa, digno herdeiro das celeradas coroas de Nínive e Babilônia, saquear os templos de Mênfis e de Tebas e destruir o de Âmon. Viu o faraó Psamenit acorrentado e conduzido diante de Cambises, colocado numa colina, ao redor da qual foram enfileirados os sacerdotes, as principais famílias e a corte do rei. Viu a filha do faraó, vestida de farrapos e acompanhada de todas as suas damas de honra, nos mesmos trajes, e dois mil jovens ameaçados, com o cabresto ao pescoço, antes de serem decapitados. Viu o faraó Psamenit reprimindo seus soluços diante desta cena horrorosa; e o infame Cambises, sentado no trono, se divertia com a dor de seu adversário abatido.

Cruel, mas instrutiva lição da História, depois das lições da Ciência! Que imagem da natureza animal desencadeada no homem, resultando neste monstro de despotismo, que esmaga tudo e impõe à humanidade o reinado do mais implacável destino por sua hedionda apoteose!

Cambises mandou Pitágoras à Babilônia, com uma parte do sacerdócio egípcio e ali o manteve confinado[2]. Aquela cidade colossal, que Aristóteles

---

2. Jamblique lembra este fato, em sua *Vie de Pythagore*.

compara a um país cercado de muros, oferecia então um imenso campo de observação. A antiga Babel, a grande prostituta dos profetas hebreus, era mais do que nunca, após a conquista persa, um pandemônio de povos, idiomas, cultos e religiões, em cujo seio o despotismo asiático erigia sua torre vertiginosa. Segundo as tradições persas, sua fundação remontava à legendária Semíramis. Fora esta, diziam, quem mandara construir seu recinto colossal, de oitenta e cinco quilômetros de contorno; o Imgum-Bel, suas muralhas, onde duas carruagens corriam de frente, seus terraços superpostos, seus palácios maciços com relevos policrômicos, seus templos sustentados por elefantes de pedra e encimados por dragões multicores. Lá tinha-se sucedido a série de déspotas que escravizara a Caldéia, a Assíria, a Pérsia, uma parte da Tartária, a Judéia, a Síria e a Ásia Menor. Para lá Nabucodonosor, o assassino dos magos, arrastara em cativeiro o povo judeu, que continuava a praticar seu culto em um recanto da imensa cidade na qual Londres caberia quatro vezes. Os judeus tinham até fornecido ao grande rei um ministro poderoso: o profeta Daniel. Com Baltazar, filho de Nabucodonosor, as muralhas da velha Babel finalmente desmoronaram, sob os golpes vingadores de Ciro. E Babilônia ficou por vários séculos sob o domínio persa.

Devido a essa série de acontecimentos anteriores, no momento em que Pitágoras ali chegou, três religiões diferentes conviviam no alto do sacerdócio de Babilônia; os antigos padres caldeus, os sobreviventes do magismo persa e a elite do cativeiro judaico. O que prova que esses diversos sacerdotes se harmonizavam entre si pelo lado esotérico; é precisamente o papel de Daniel, que, sempre dando testemunho do Deus de Moisés, permaneceu primeiro-ministro sob Nabucodonosor, Baltazar e Ciro.

Pitágoras teve de alargar seus horizontes, já tão vastos, estudando todas aquelas doutrinas, religiões e cultos, cuja síntese alguns iniciados ainda conservavam. Ele pôde aprofundar na Babilônia os conhecimentos dos magos, herdeiros de Zoroastro. Se somente os sacerdotes egípcios possuíam as chaves universais das ciências sagradas, os magos persas tinham a reputação de terem propagado a prática de certas artes. Eles se atribuíam o manejo daqueles poderes ocultos da natureza que se chamam o fogo pantomórfico e a luz astral. Dizia-se que em seus templos as trevas advinham em pleno dia, as lâmpadas se acendiam sozinhas, viam-se resplandecer os Deuses e ouvia-se cair o raio. Os magos chamavam de *leão celeste* àquele fogo incorpóreo, agente gerador da eletricididade, que sabiam condensar ou dissipar à sua vontade, e de *serpentes* às correntes elétricas da atmosfera, magnéticas da Terra, que pretendiam dirigir como flechas sobre os homens. Tinham feito também um estudo especial do poder sugestivo, atrativo e criador do verbo humano. Empregavam, para a evocação dos espíritos, formulários graduados e copiados dos mais antigos idiomas da Terra. Eis a razão psíquica que apresentavam para isso: "Não mudai nada nos nomes bárbaros da evocação. Porque eles são os nomes panteísticos de Deus. São magnetizados pelas adorações de uma multidão e seu poder é inefável"[3]. Essas evocações, praticadas no meio das purificações e das preces, eram, propriamente falando, o que se chamou mais tarde de magia branca.

Na Babilônia, Pitágoras penetrou nos arcanos da antiga magia. Ao mesmo tempo, naquele antro do despotismo, viu um grande espetáculo: sobre os destroços das religiões decadentes do Oriente, acima de seu sacerdócio dizimado e degenerado, um grupo de iniciados intrépidos, unidos, defendiam sua ciência, sua fé e, tanto quanto possível, a justiça. De pé diante dos déspotas, como Daniel na cova dos leões, sempre preparados para serem devorados, eles fascinavam e domavam a fera do poder absoluto, por meio de seu poder intelectual, e com ela disputavam passo a passo o terreno.

Depois de sua iniciação egípcia e caldaica, o filho de Samos sabia muito mais do que seus mestres de Física e do que qualquer grego, padre ou leigo, de seu tempo. Conhecia os princípios eternos do Universo e suas aplicações. A natureza descerrara-lhe seus abismos; os pesados véus da matéria tinham-se dilacerado a seus olhos, para mostrar-lhe as esferas maravilhosas da natureza e da humanidade espiritualizada. No templo de *Neit-Ísis*, em Mênfis, no de *Bel*, na Babilônia, ele aprendera muitos segredos sobre o passado das religiões, sobre a história dos continentes e das raças. Pudera comparar as vantagens e os inconvenientes do monoteísmo judeu, do politeísmo grego, do trinitarismo hindu e do dualismo persa. Sabia que todas religiões eram raios de uma mesma verdade, filtrados por diversos graus de inteligência e para diversos estados sociais. Ele possuía a chave, isto é, a síntese de todas estas doutrinas na ciência esotérica. Seu olhar, abrangendo o passado, mergulhando no futuro, julgava o presente com uma singular lucidez. Sua experiência mostrava-lhe a humanidade ameaçada dos maiores flagelos, pela ignorância dos sacerdotes, pelo materialismo dos sábios e pela indisciplina das democracias. Em meio ao afrouxamento universal, ele via crescer o despotismo asiático. E daquela nuvem negra um ciclone formidável iria precipitar-se sobre a Europa indefesa.

Já era tempo de voltar à Grécia, para lá cumprir sua missão, começar sua obra.

Pitágoras estivera confinado na Babilônia durante doze anos. Para sair de lá era preciso uma ordem do rei dos persas. Um compatriota, Demócedes, médico do rei, intercedeu a seu favor e obteve a liberdade do filósofo.

Pitágoras voltou então para Samos, após trinta e quatro anos de ausência. Encontrou sua pátria esmagada sob o domínio de um sátrapa do grande rei. Escolas e templos estavam fechados; poetas e sábios tinham fugido, como um bando de andorinhas diante do cesarismo persa. Pelo menos ele

---

3. *Oráculos de Zoroastro* recolhidos na teurgia de Proclus.

teve a consolação de recolher o último suspiro de seu primeiro mestre, Hermodamos, e de reencontrar a mãe, Partênis, a única que não duvidara de seu regresso. Pois toda a gente acreditava morto o filho aventuroso do joalheiro de Samos. Ela, porém, jamais duvidara do oráculo de Apolo; e agora compreendia que, sob as vestes brancas de sacerdote egípcio, seu filho se preparava para uma elevada missão. Ela sabia que do templo de Neit-Ísis sairia o mestre benfeitor, o profeta luminoso, com o qual havia sonhado no bosque sagrado de Delfos, e que o hierofante de Adonai lhe prometera, à sombras dos cedros do Líbano.

Agora sobre as ondas azuladas das Cícladas um barco veloz levava mãe e filho para um novo exílio. Com todos os seus haveres, eles fugiam de Samos, oprimida e perdida. Iam para a Grécia. Não eram as coroas olímpicas, nem louros do poeta que tentavam o filho de Partênis. Sua obra era mais misteriosa e maior: despertar a alma adormecida dos Deuses nos santuários; restituir ao templo de Apolo a força e o prestígio; depois fundar, em alguma parte, uma escola de ciência e de vida, de onde sairiam, não políticos e sofistas, mas mulheres e homens iniciados, mães verdadeiras e heróis puros!

III

O TEMPLO DE DELFOS. A CIÊNCIA APOLÍNEA.
A TEORIA DA ADIVINHAÇÃO. A PITONISA TEOCLÉIA

Da planície da Fócida, subia-se por campinas agradáveis que seguem as margens do Plítios, e entrava-se num vale tortuoso, entre altas montanhas. A cada passo ele se tornava mais estreito, a paisagem mais grandiosa e mais desolada. Atingia-se, enfim, um círculo de montanhas abruptas, coroadas de picos selvagens, verdadeiro funil de eletricidade, castigado por freqüentes tempestades. Bruscamente, no fundo da garganta sombria, aparecia a cidade de Delfos, como um ninho de águia, sobre seu rochedo cercado de precipícios e dominado pelos dois cumes do Parnaso. Ao longe viam-se cintilar as Vitórias de bronze, os cavalos também de bronze e as inúmeras estátuas de ouro dispostas em fila na via sagrada, como uma guarda de heróis e Deuses ao redor do templo dórico de Fobos Apolo.

Era o local mais santo da Grécia. Lá profetizava a Pítia. Lá se reuniam os Anfictiões. Lá todos os povos helênicos haviam erguido, em torno do santuário, capelas que encerravam tesouros de oferendas. Lá, procissões de homens, mulheres e crianças vindas de longe subiam a via sacra, para saudar o Deus da Luz. A religião havia consagrado Delfos, desde tempos imemoriais, à veneração dos povos. Sua localização central na Hélade, seu rochedo, ao abrigo dos ataques e de fácil defesa, contribuíram para isto. O Deus estava lá para tocar a imaginação; uma singularidade lhe deu seu prestígio. Em uma caverna, atrás do templo, abria-se uma fenda, de onde saíam vapores frios que provocavam, segundo se dizia, a inspiração e o êxtase. Plutarco narra que em tempos muito remotos um sacerdote, estando sentado à beira daquela fenda, pôs-se a profetizar. No início julgavam-no louco. Mas à medida que suas profecias se foram realizando, deram atenção ao fato. Os sacerdotes se apoderaram dele e consagraram o local à divindade. Daí a instituição da Pítia, que se sentava sobre a fenda, sobre um tripé. Os vapores que saíam do abismo provocavam-lhe convulsões, crises estranhas e aquela *segunda visão* que se observa nos sonâmbulos notáveis.

Ésquilo — cujas afirmações têm peso, pois era filho de um sacerdote de Elêusis e ele mesmo um iniciado — nos ensina nas *Eumênidas*, pela boca da Pítia, que Delfos tinha sido consagrado primeiro à Terra, em seguida a Têmis (A Justiça), depois a Febe (a lua mediadora) e, finalmente, a Apolo, o Deus solar. Cada um destes nomes representa, no simbolismo dos templos, longos períodos e abrange séculos. Mas a celebridade de Delfos data de Apolo. Júpiter, diziam os poetas, tendo desejado conhecer o centro da Terra, soltou duas águias, uma do levante e outra do poente. Elas se encontraram em Delfos.

De onde vem este prestígio, esta autoridade universal e inconteste, que fez de Apolo o Deus grego por excelência e faz com que tenha conservado, até para nós, um brilho inexplicável?

A história não nos diz nada sobre este ponto tão importante. Interrogando-se os oradores, os poetas, os filósofos, eles apenas darão explicações superficiais. A verdadeira resposta a esta questão permanece segredo do templo. Procuremos penetrá-lo.

No pensamento órfico, Dionísio e Apolo eram duas revelações diversas da mesma divindade. Dionísio representava a verdade esotérica, o fundo e o interior das coisas, aberto somente aos iniciados. Ele continha os mistérios da vida, as existências passadas e futuras, as relações da alma e do corpo, do Céu e da Terra. Apolo personificava a mesma verdade, aplicada à vida terrestre e à ordem social. Inspirador da poesia, da medicina e das leis, era a ciência através da adivinhação, a beleza através da arte, a paz dos povos através da justiça, e a harmonia da alma e do corpo através da purificação. Numa palavra, para o iniciado, Dionísio significava nada menos do que o espírito divino em evolução no Universo; e Apolo, sua manifestação ao homem terrestre. Os sacerdotes tinham feito com que o povo compreendesse isto por meio de uma lenda. Contavam-lhe que no tempo de Orfeu, Baco e Apolo tinham disputado o tripé de Delfos. Baco cedera-o de bom grado ao irmão e se retirara para um dos cumes de Parnaso, onde as mulheres tebanas celebravam seus mistérios. Na realidade, os dois grandes filhos de Júpiter dividiram entre si o império do mundo. Um reinava sobre o misterioso além; o outro reinava sobre os seres vivos.

Encontramos em Apolo o Verbo solar, a Palavra universal, o grande Mediador, o Visnu dos hindus, o Mitras dos persas, o Hórus dos egípcios. Mas as velhas idéias do esoterismo asiático se revestiram, na lenda de Apolo, de uma beleza plástica, de um esplendor incisivo, que lhes permitiu infiltrarem-se mais profundamente na consciência humana como as flechas do Deus, "serpentes de asas brancas impelidas de seu arco de ouro", segundo Ésquilo.

Apolo irrompeu, da grande noite, em Delfos. Todas as deusas saúdam seu nascimento. Ele anda, toma o arco e alira. Seus cabelos cacheados esvoaçam no ar, a aljava ressoa em seus ombros. E o mar palpita e toda a ilha resplandece num banho de fogo e ouro. É a epifania da luz divina, que por sua augusta presença cria a ordem, o esplendor e a harmonia, dos quais a poesia é o maravilhoso eco.

O Deus segue para Delfos e fere com suas flechas uma serpente monstruosa que assolava a região, saneia o país e funda o templo, imagem da vitória daquela luz divina sobre as trevas e o mal. Nas religiões antigas, a serpente simbolizava ao mesmo tempo o círculo fatal da vida e o mal que dele resulta. Dessa compreensão advém o seu conhecimento. Apolo, matador da serpente, é o símbolo do iniciado que traspassa a natureza com a ciência, domina-a com sua vontade e, rompendo o círculo fatídico da carne, eleva-se no esplendor do espírito, enquanto os destroços da animalidade humana se contorcem na areia. Eis por que Apolo é o mestre das expiações, das purificações da alma e do corpo. Salpicado com o sangue do monstro, ele expiou, purificou-se num exílio de oito anos, sob os loureiros amargos e salubres do vale de Tempe.

Apolo, educador dos homens, gosta de estar entre eles; sente-se bem nas cidades, entre a juventude masculina, nos concursos de poesia e oratória, mas ele aí fica só temporariamente. No outono, volta à sua pátria, ao país dos hiperbóreos. É o povo misterioso das almas luminosas e transparentes que vivem na eterna aurora de uma felicidade perfeita. Lá estão seus verdadeiros mestres e suas amadas sacerdotisas. Com eles vive numa comunidade íntima e profunda: e, quando quer fazer aos homens um dom real, envia-lhes do país dos hiperbóreos uma das grandes almas luminosas e a faz nascer na Terra, para ensinar e encantar os mortais. Ele mesmo volta a Delfos em todas as primaveras, quando se entoam peãs e hinos. Chega, visível somente para os iniciados, em sua brancura hiperbórea, num carro puxado por cisnes melodiosos. Volta a habitar o santuário onde a Pítia transmite seus oráculos e os sábios e os poetas a escutam. Então os os rouxinóis cantam, a fonte de Castália borbulha em ondas prateadas, os eflúvios de uma luz ofuscante e de uma música celeste penetram no coração do homem e nas veias da natureza.

Nesta lenda dos hiperbóreos manifesta-se em raios brilhante o fundo esotérico do mito de Apolo. O país dos hiperbóreos é o Além, o empírico das almas vitoriosas, cujas auroras astrais iluminam as zonas multicores. O próprio Apolo personifica a luz imaterial e inteligível, na qual o Sol é apenas a imagem física e de onde decorre toda a verdade. Os cisnes maravilhosos que o conduzem são os poetas, os divinos gênios, mensageiros de sua grande alma solar, que deixam atrás de si estremecimentos de luz e de melodia. Apolo hiperbóreo personifica, pois, a descida do Céu sobre a Terra, a encarnação da beleza espiritual no sangue e na carne, o afluxo da verdade transcendente por meio da inspiração e da adivinhação.

Mas é tempo de soerguer o véu dourado das lendas e penetrar no próprio templo. Como se praticava a adivinhação? Tocamos aqui os arcanos da ciência apolínea e dos mistérios de Delfos.

Um laço profundo unia, na Antigüidade, a adivinhação e os cultos solares. O culto do sol é a chave de ouro de todos os mistérios considerados mágicos.

A adoração do homem ariano dirigiu-se, desde a origem da civilização, ao Sol como fonte de luz, calor e vida. Mas quando o pensamento dos sábios se elevou do fenônomeno à causa, eles conceberam, para além deste fogo sensível e desta luz visível, um fogo imaterial e uma luz inteligível. Identificaram o primeiro com o princípio masculino, com o espírito criador e a essência intelectual do Universo, e a segunda com seu princípio feminino, sua alma formadora, sua substância plástica. Esta instituição remonta a um tempo imemorial. A concepção que menciono mistura-se com as mais velhas mitologias. Ela circula nos hinos védicos sob a forma de Agni, o fogo universal que penetra todas as coisas. Desabrocha na religião de Zoroastro, cujo culto de Mitras representa a parte esotérica. Mitras é o fogo masculino e Mitra, a luz feminina. Zoroastro diz, formalmente, que o Eterno criou, por meio do Verbo vivo, a luz celeste, semente de Ormuz, princípio da luz material e do fogo material. Para o iniciado de Mitras, o Sol é apenas um reflexo grosseiro daquela luz. Em sua gruta escura, com a abóbada pintada de estrelas, ele invoca o sol da graça, o fogo do amor, vencedor do mal, reconciliador de Ormuz e de Arimã, purificador e mediador, que habita a alma dos santos profetas. Nas criptas do Egito, os iniciados procuram este mesmo Sol, sob o nome de Osíris. Quando Hermes pede para contemplar a origem das coisas, inicialmente sente-se mergulhado nas ondas etéreas de uma luz deliciosa, onde se movem todas as formas vivas. Depois, imerso nas trevas da matéria espessa, ouve uma voz e nela reconhece *a voz da luz*. Ao mesmo tempo, um fogo irrompe das profundezas. Logo o caos se organiza e se ilumina. No *livro dos mortos* dos egípcios, as almas vagam penosamente em direção àquela luz na barca de Ísis. Moisés adotou plenamente esta doutrina, no Gênese: "Eloim disse: faça-se a luz; e a luz se fez". Ora, a criação dessa luz precede a do Sol e das estrelas. Isto quer dizer que na ordem dos princípios e da cosmogonia, a luz inteligível precede a luz material. Os gregos, que dramatizaram e vazaram na forma humana as idéias mais abstratas, exprimiram a mesma doutrina no mito de Apolo hiperbóreo.

O espírito humano chegou pois, pela contemplação interna do Universo, do ponto de vista da alma e da inteligência, a conceber uma luz inteligível, um elemento imponderável que servia de intermediário entre a matéria e o espírito. Seria fácil mostrar que os físicos modernos se aproximaram insensivelmente da mesma conclusão, por um caminho oposto, isto é, buscando a constituição da matéria e vendo a impossibilidade de explicá-la por si mesma. Já no século XVI, Paracelso, estudando as combinações químicas e as metamorfoses dos corpos, chegara a admitir um agente universal e oculto, mediante o qual elas operam. Os físicos dos séculos XVII e XVIII, que conceberam o Universo como uma máquina morta, acreditaram no vazio absoluto dos espaços celestes. Entretanto, quando se reconheceu que a luz não é a emissão de uma matéria radiante, mas a vibração de um elemento imponderável, teve-se de admitir que todo o espaço está repleto de um fluido infinitamente sutil, que penetra todos os corpos e pelo qual se transmitem as ondas de calor e luz. Voltava-se assim às idéias da Física e da teosofia grega.

Newton, que havia passado a vida inteira estudando os movimentos dos corpos celestes, foi mais longe. Chamou a esse éter *sensorium Dei*, ou o cérebro de Deus, isto é, o órgão pelo qual o pensamento divino age no infinitamente grande e no infinitamente pequeno. Externando esta idéia, que lhe parecia necessária para explicar a simples rotação dos astros, o grande físico vogava em plena filosofia esotérica. O éter que o pensamento de Newton encontrava nos espaços, Paracelso havia encontrado no fundo de seus alambiques e denominara luz astral.

Ora, este fluido imponderável, mas presente por toda a parte, que penetra em tudo, este agente sutil, mas indispensável, esta luz invisível a nossos olhos, mas que está no fundo de todas as cintilações e de todas as fosforescências, um físico alemão constatou-os todos, numa série de experiências sabiamente ordenadas. Reichenbach notara que indivíduos de constituição nervosa muito sensível, colocados numa câmara completamente escura, diante de um imã, viam, nas duas extremidades, fortes raios de luz vermelha, amarela e azul. Às vezes, estes raios vibravam, num movimento ondulatório. Continuou suas experiências com todas as espécies de corpos, principalmente com cristais. Ao redor de todos esses corpos, os indivíduos viram emanações luminosas. E em torno da cabeça dos homens colocados na câmara escura, viram raios brancos; e de seus dedos saíam pequenas chamas. Na primeira fase do sono, os sonâmbulos algumas vezes viam o seu magnetizador com aqueles mesmos sinais. A pura luz astral só aparece no alto êxtase, mas se polariza em todos os corpos, combina-se com todos os fluídos terrestres e desempenha funções diversas na eletricidade, no magnetismo terrestre e no magnetismo animal[1]. O interesse nas experiências de Rei-

---

1. Reichenbach chamou este fluido de *odylo*. Sua obra foi traduzida para o inglês por Gregory: *Researches on magnetism, electricity, heat, light, cristallization and chemical attraction.* -- Londres, 1850.

chenbach está em ter chegado aos limites e à transição da visão física para a visão astral, que pode conduzir à visão espiritual. Fazem entrever também as sutilezas infinitas da matéria ponderável. Neste caminho, nada nos impede de concebê-la tão fluida, tão sutil e penetrante que se torne de certa maneira homogênea ao espírito e lhe sirva de vestimenta perfeita.

Acabamos de ver que a Física moderna teve de reconhecer um agente universal imponderável para explicar o mundo, cuja presença constatou mesmo, voltando assim, sem o saber, para as idéias das teosofias antigas. Procuremos agora definir a natureza e a função do fluido cósmico, segundo a filosofia do oculto em todos os tempos.

Sobre este período capital da cosmogonia, estão de acordo Zoroastro e Heráclito, Pitágoras e São Paulo, os cabalistas e Paracelso. Ela reina em toda a parte, Cibele-Maia, a grande alma do mundo, a substância vibrante e plástica que manipula à sua vontade o sopro do Espírito criador. Seus oceanos etéreos servem de argamassa entre todos os mundos. Ela é a grande mediadora entre o invisível e o visível, entre o espírito e a matéria, entre o interior e o exterior no Universo. Condensada em massas enormes na atmosfera, sob a ação do Sol, ela aí eclode em forma de raio. Bebida pela Terra, circula em correntes magnéticas. Sutilizada no sistema nervoso do animal, transmite sua vontade aos membros, suas sensações ao cérebro. Ainda mais: esse fluido sutil forma organismos vivos semelhantes aos corpos materiais. Pois serve de substância ao corpo astral da alma, vestimenta luminosa que o espírito tece sem cessar para si mesmo. Conforme as almas que reveste, conforme os mundos que envolve, este fluido se transforma, afina-se ou se condensa. Não somente ele corporifica o espírito e espiritualiza a matéria, mas também reflete, em seu seio animado, as coisas, as vontades e os pensamentos humanos em uma perpétua miragem. A força e a duração dessas imagens é proporcional à intensidade da vontade que as produz. Na verdade, não há outro meio de se explicar a sugestão e a transmissão do pensamento à distância, este princípio da magia hoje constatado e reconhecido pela ciência[2]. Assim o passado dos mundos tremula na luz astral em imagens incertas, e o futuro aí perambula com as almas vivas que o inelutável destino força a descer à carne. Eis o sentido do véu de Ísis e do manto de Cibele, em que são tecidos todos os seres.

Vê-se agora que a doutrina teosófica da luz astral é idêntica à doutrina secreta do verbo solar nas religiões do Oriente e da Grécia. Vê-se também como essa doutrina se liga à da adivinhação. A luz astral aí se revela como o médium universal dos fenômenos de visão e de êxtase, e os explica. E ao

---

2. Ver o Boletim da Sociedade de psicologia fisiológica, presidida por M. Charcot, 1885. Ver, sobretudo, o belo livro de M. Ochorowicz, *De la Suggestion Mentale*, Paris, 1887.

mesmo tempo o veículo que transmite os movimentos do pensamento, e o espelho vivo onde a alma contempla as imagens do mundo material e espiritual. Uma vez transportado para este elemento, o espírito do vidente deixa as condições corporais. A medida do espaço e do tempo mudam para ele, que participa, de algum modo, da ubiqüidade do fluido universal. A matéria opaca torna-se-lhe transparente. E a alma, separando-se do corpo, elevando-se em sua própria luz, chega através do êxtase a penetrar no mundo espiritual, a ver as almas revestidas de seus corpos etéreos e a se comunicar com elas. Todos os antigos iniciados tinham uma idéia nítida dessa *segunda visão* ou visão direta do espírito. Temos o testemunho de Ésquilo, que atribui à sombra de Clitemnestra esta frase: "Olha estas feridas, teu espírito pode vê-las; quando se dorme, o espírito tem olhos mais penetrantes; à luz do dia, os mortais não abrangem um vasto campo com sua visão".

Acrescentamos ainda que esta teoria da clarividência e do êxtase harmoniza-se maravilhosamente com as numerosas experiências cientificamente praticadas pelos sábios e médicos deste século com sonâmbulos lúcidos e clarividentes de todo tipo[3]. Em conformidade com estes fatos contemporâneos, tentaremos caracterizar brevemente a sucessão de estados psíquicos, desde a clarividência simples até o êxtase cataléptico.

O estado de clarividência, conforme demonstram milhares de fatos constatados, é um estado psíquico que difere tanto do sono quanto da vigília. Longe de embotarem, as faculdades intelectuais do clarividente aumentam de maneira surpreendente. Sua memória é mais exata, sua imaginação mais viva, sua inteligência mais desperta. Enfim, este é o fato essencial, desenvolve-se um sentido novo, que não é mais um sentido corporal, mas da alma. Não somente os pensamentos do magnetizador se transmitem a ele como no simples fenômeno da sugestão, o qual já sai do plano físico,

---

3. Sobre esta matéria existe uma literatura abundante, de valor bastante desigual, tanto na França quanto na Alemanha e na Inglaterra. Citaremos aqui duas obras em que essas questões são tratadas cientificamente por homens dignos de fé:
1º *Letters on animal magnetism*, de William Gregory, Londres, 1850. — Gregory era professor de Química na Universidade de Edimburgo. Seu livro é um estudo aprofundado dos fenômenos do magnetismo animal, desde a sugestão até a visão à distância e clarividência lúcida, em indivíduos observados por ele mesmo, de acordo com métodos científicos e com minuciosa exatidão.
2º *Die Mystischen Erscheinungen der menschlichen Natur*, von Maximilian Perty, Leipzig, 1872. — M. Perty foi professor de Filosofia e de Medicina na Universidade de Berna. Seu livro oferece um imenso repertório de todos os fenômenos ocultos que têm algum valor histórico. O capítulo bastante notável sobre a clarividência, (Schlafwachen), volume I, encerra vinte histórias de mulheres sonâmbulas e cinco de homens sonâmbulos, narradas pelos médicos que os trataram. A história da clarividente Weiner, tratada pelo autor, é das mais curiosas. — Ver também os tratados de magnetismo de Dupotet, Deleuze e o livro extremamente curioso: *Die Sherin von Prévorst*, de Justinis Kerner.

mas o clarividente lê no pensamento dos assistentes, vê através dos muros, penetra em interiores a centenas de léguas, onde jamais esteve, e também na vida íntima de pessoas que não conhece. Seus olhos estão fechados e nada podem ver, mas seu espírito vê mais longe e melhor do que se os olhos estivessem abertos, parece viajar livremente pelo espaço[4].

Em sua palavra, se a clarividência é um estado anormal do ponto de vista do corpo, é um estado normal e superior do ponto de vista do espírito. Pois sua consciência tornou-se mais profunda, sua visão mais larga. O eu permanece o mesmo, mas ele passou a um plano superior, onde seu olhar, liberto dos órgãos grosseiros do corpo, abrange e penetra um horizonte mais vasto[5]. Deve-se notar que alguns sonâmbulos, ao receberem os passes do magnetizador, sentem-se inundados por uma luz cada vez mais brilhante, e que o despertar lhes parece um penoso retorno às trevas.

A sugestão, a leitura do pensamento e a visão à distância são fatos que já provam a existência independente da alma e nos transportam acima do plano físico do Universo, sem dele nos desligar completamente. Mas a clarividência tem variedades infinitas e uma escala de estados diversos, muito mais extensa do que a da vigília. À medida que nela se avança, os fenômenos se tornam mais raros e mais extraordinários. Citemos apenas as etapas principais.

---

4. Exemplos numerosos em Gregory: *Letters*, XVI, XVII e XVIII.
5. O filósofo alemão Schelling reconheceu a importância capital do sonambulismo na questão da imortalidade da alma. Ele observa que, no sono lúcido, produz-se uma elevação e uma liberação relativa da alma em relação ao corpo, como jamais acontece no estado normal. Nos sonâmbulos tudo demonstra a mais intensa consciência, como se todo o ser estivesse concentrado num foco luminoso que reúne o passado, o presente e o futuro. Longe de perderem a memória, o passado se esclarece para eles, o próprio futuro mesmo se revela às vezes num clarão intenso. Se isto é possível na vida terrestre — pergunta Schelling — não é certo que nossa personalidade espiritual que nos acompanha na morte, já está presente em nós atualmente, que ela não nasce nesta ocasião, que ela simplesmente é libertada e se revela assim que não está mais ligada ao mundo exterior pelos sentidos? O estado depois da morte é, pois, mais real do que o estado terrestre. Nesta existência, o acidental, se imiscuindo em tudo, paralisa em nós o essencial. Schelling muito simplesmente chama de clarividência o estado futuro. O espírito, desembaraçado de tudo que existe de acidental na vida terrestre, torna-se mais vivo e mais forte. O mau torna-se pior e o bom, melhor.

Muito recentemente, M. Charles Du Prel sustentou a mesma tese, com uma grande riqueza de fatos e de observações, num belo livro: *Philosophie der Mystik* (1886). Ele parte do seguinte fato: "A consciência do *eu* não esgota seu objeto. A alma e a consciência não são termos adequados. Não se ajustam, pois não têm uma extensão igual. A esfera da alma ultrapassa em muito a da consciência". Há, então, em nós um *eu latente*. Este eu latente, que se manifesta no sono e no sonho, é o verdadeiro eu supraterrestre e transcendente, cuja existência precedeu nosso eu terrestre, ligado ao corpo. O eu terrestre é perecível; o eu transcendente é imortal. Eis por que São Paulo disse: "Já nesta terra caminhamos para o céu."

A *retrospecção* é uma visão dos acontecimentos passados conservados na luz astral e reavivados pela simpatia do vidente. A *adivinhação* propriamente dita é uma visão problemática das coisas do futuro, seja por uma introspecção do pensamento dos seres vivos, que contém em germe as ações futuras, seja pela influência oculta de espíritos superiores que mostram o futuro em imagens vivas diante da alma do clarividente. Os dois casos são projeções de pensamento na luz astral. Enfim, o *êxtase* se define como uma visão do mundo espiritual, onde espíritos bons ou maus aparecem ao vidente sob forma humana e comunicam-se com ele. A alma parece realmente transportada para fora do corpo; parece que a vida quase o deixou e que se enrijece numa catalepsia vizinha da morte. Nada pode exprimir, segundo as narrativas dos grandes extáticos, a beleza e o esplendor dessas visões e nem o sentimento de inefável fusão com a essência divina, a que eles se referem como uma embriaguez de luz e de música. Pode-se duvidar da realidade destas visões, mas é preciso acrescentar que, se no estado médio da clarividência, a alma tem uma percepção exata dos lugares distantes e dos ausentes, é lógico admitir-se que, em sua mais alta exaltação, ela possa ter a visão de uma realidade superior e imaterial.

Esta será, segundo nosso pensamento, uma tarefa para o futuro: restituir às faculdades transcendentes da alma humana a sua dignidade e sua função social, reorganizando-as sob o controle da ciência e sobre as bases de uma religião verdadeiramente universal, aberta a todas as verdades. Então a ciência, regenerada pela verdadeira fé e pelo espírito de caridade, atingirá de olhos abertos as esferas onde a filosofia especulativa vagueia, tateando de olhos vendados. Sim, a ciência tornar-se-á vidente e redentora, à medida que nela aumentar a consciência e o amor à humanidade. E talvez, pela "porta do sono e dos sonhos" — como dizia o velho Homero — a divina Psiquê, banida de nossa civilização e que chora em silêncio, sob seu véu, retomará a posse de seus altares.

Seja como for, os fenômenos de clarividência, observados em todas as suas fases por sábios e médicos do século XIX, lançam nova luz sobre o papel da adivinhação da Antigüidade e sobre uma imensidade de fenômenos aparentemente sobrenaturais, de que estão repletos os anais de todos os povos. Certamente, é indispensável distinguir o que pertence à lenda e à História, à alucinação e à visão verdadeira. Mas a psicologia experimental de nossos dias nos ensina a não rejeitarmos sumariamente os fatos que estão na possibilidade da natureza humana, e a estudá-los do ponto de vista das leis constatadas. Se a clarividência é uma faculdade da alma, já não se pode atirar pura e simplesmente os profetas, os oráculos e as sibilas para o domínio da superstição. A adivinhação pôde ser conhecida e praticada pelos templos antigos, com princípios fixos, para um fim social e religioso. O estudo comparado das religiões e das tradições esotéricas mostra que esses princípios foram os mesmos por toda a parte, ainda que sua aplicação tenha variado infinitamente. O que desacreditou a arte da adivinhação é que sua corrupção deu margem aos piores abusos, e suas belas manifestações só foram possíveis em seres de grandeza e pureza excepcionais.

A adivinhação, tal como exercida em Delfos, estava fundada nos princípios que acabamos de expor, e a organização interior do templo também correspondia a eles. Como nos grandes templos do Egito, compunha-se de uma arte e de uma ciência. A arte consistia em penetrar o longínquo, o passado e o futuro, pela clarividência ou pelo êxtase profético; as ciências, em calcular o futuro segundo as leis da evolução universal. Arte e ciência controlavam-se reciprocamente.

Nada diremos desta ciência, chamada genetliologia pelos antigos, e da qual a astrologia da Idade Média é apenas um fragmento mal compreendido, a não ser que ela supunha a enciclopédia esotérica aplicada ao futuro dos povos e dos indivíduos. Muito útil como orientação, sua aplicação permaneceu sempre bastante problemática. Só os espíritos de primeira grandeza souberam dela fazer uso. Pitágoras aprofundou-a no Egito. Na Grécia, era exercida com dados menos completos e menos precisos. Ao contrário, a clarividência e a profecia tinham avançado bastante.

Sabe-se que esta se exercia em Delfos por intermédio de mulheres jovens e velhas, chamadas pítias ou pitonisas, que desempenhavam papel passivo, de sonâmbulas clarividentes. Os sacerdotes interpretavam, traduziam e ordenavam segundo uma interpretação pessoal esses oráculos, freqüentemente confusos. Os historiadores modernos viram na instituição de Delfos somente a exploração da superstição, por um charlatanismo inteligente. Mas, além da adesão de toda a Antigüidade filosófica à ciência divinatória de Delfos, vários oráculos referidos por Heródoto, como aqueles sobre Creso e sobre a batalha de Salamina, depõem a seu favor. Sem dúvida, esta arte teve seu começo, sua florescência e sua decadência. O charlatanismo e a corrupção acabaram por se imiscuir. Testemunha disto foi o rei Cleômenes, que corrompeu a superiora das sacerdotisas de Delfos para despojar Demarates da realeza. Plutarco escreveu um tratado onde pesquisou as razões da extinção dos oráculos; e toda esta degenerescência foi sentida como uma infelicidade por toda a sociedade antiga. Na época precedente, a adivinhação fora cultivada com uma sinceridade religiosa e uma profundidade científica que a elevaram às alturas de um verdadeiro sacerdócio. No frontão do templo, lia-se a seguinte inscrição: "Conhece-te a ti mesmo". E esta outra, acima da porta de entrada: "Que não se aproxime quem não tiver as mãos puras". Estas palavras diziam ao visitante que as paixões, as mentiras, as hipocrisias terrestres não deviam ultrapassar os umbrais do santuário, e que no interior a verdade divina reinava com uma seriedade terrível.

Pitágoras só foi a Delfos depois de ter passado por todos os templos da Grécia. Estivera com Epimênides, no santuário de Júpiter Idéon; assistira aos jogos olímpicos; presidira aos mistérios de Elêusis, onde o hierofante lhe cedera o lugar. Por toda a parte fora recebido como um mestre. Esperavam-no em Delfos. A arte divinatória definhava e Pitágoras queria devolver-lhe sua profundidade, força e prestígio. Vinha, portanto, menos para consultar Apolo do que para esclarecer seus intérpretes, reanimar seu entusiasmo e despertar sua energia. Agir sobre eles seria agir sobre a alma da Grécia e preparar seu futuro.

Felizmente, ele encontrou no templo um instrumento maravilhoso, que um desígnio providencial parecia ter-lhe reservado.

A jovem Teocléia pertencia ao colégio das sacerdotisas de Apolo. Originava-se de uma das famílias nas quais a dignidade sacerdotal é hereditária. A atmosfera do santuário, as cerimônias do culto, os peãs, as festas de Apolo pítio e hiperbóreo tinham alimentado sua infância. Era daquelas jovens que têm aversão inata e instintiva por tudo o que seduz as outras, e por isso não gostam de Ceres e temem Vênus. A pesada atmosfera terrestre as inquieta e o amor físico, vagamente entrevisto, parece-lhes uma violação da alma, uma quebra de seu ser intacto e virginal. Ao contrário, são estranhamente sensíveis a correntes misteriosas, a influências astrais. Quando a Lua incidia sobre os sombrios bosques da fonte de Castália, Teocléia via deslizarem formas brancas. Em pleno dia, ouvia vozes. Quando se expunha aos raios do Sol levante, sua vibração mergulhava-a em uma espécie de êxtase, em que ouvia coros invisíveis. No entanto, era insensível às superstições e às idolatrias populares do culto. As estátuas deixavam-na indiferente e tinha horror aos sacrifícios animais. Não falava a ninguém das aparições que perturbavam seu sono. Sentia, com o instinto das clarividentes, que os sacerdotes de Apolo não possuíam a suprema luz de que ela necessitava. Estes, contudo, não descuidavam dela para convencê-la a tornar-se Pitonisa. Ela sentia-se atraída por um mundo superior, do qual não tinha a chave. Que deuses seriam aqueles que se apoderavam dela mediante sopros e calafrios? Gostaria de sabê-lo, antes de consagrar-se a eles. Pois as grandes almas têm necessidade de ver claramente, mesmo quando se abandonam às potências divinas.

De que profunda comoção, de que pressentimento misterioso deverá ter-se agitado a alma de Teocléia, quando viu Pitágoras pela primeira vez e ouviu sua voz eloqüente repercutir entre as colunas do santuário apolíneo! Sentiu a presença do iniciador que esperava e reconheceu seu mestre. Ela queria saber. Ela saberia por ele; e este mundo interior, este mundo que ela carregava consigo ele iria revelá-lo! — Ele, por seu lado, com seu olhar seguro e penetrante, deve ter reconhecido nela a alma viva e vibrante que procurava para tornar-se intérprete de seu pensamento no templo e nele infundir um novo espírito. Desde o primeiro olhar, desde a primeira palavra, uma corrente invisível ligou o sábio de Samos à jovem sacerdotisa, que o escutava sem nada dizer, bebendo suas palavras, fitando-o com os grandes olhos atentos. Não sei quem disse que o poeta e a lira se reconhecem em uma vibração profunda, aproximando-se um do outro. Assim se reconheceram Pitágoras e Teocléia.

Desde o nascer do sol, Pitágoras mantinha longas conversas com os sacerdotes de Apolo, chamados santos e profetas. Ele pediu que a jovem sacerdotisa ali fosse admitida, a fim de iniciá-la em seu ensinamento secreto e prepará-la para desempenhar sua missão. Ela pôde então acompanhar as lições que o mestre dava todos os dias no santuário. Pitágoras estava no vigor da idade. Trazia a veste branca disposta à maneira egípcia; uma faixa púrpura cingia-lhe a larga fronte. Quando falava, seus olhos graves e lentos pousavam no interlocutor e o envolviam numa luz tépida. Em torno dele, a atmosfera parecia tornar-se mais leve e inteiramente intelectual.

As conversações do sábio de Samos com os mais altos representantes da religião grega foram da maior importância. Não se tratava somente de adivinhação e de inspiração, mas do futuro da Grécia e dos destinos do mundo inteiro. Os conhecimentos, os títulos e os poderes que ele adquirira nos templos de Mênfis e da Babilônia conferiam-lhe a maior autoridade. Tinha o direito de falar como superior e como guia aos inspiradores da Grécia. Fê-lo com a eloqüência de seu gênio, com o entusiasmo de sua missão. Para que melhor compreendessem, começou por narrar sua juventude, suas lutas, sua iniciação egípcia. Falou-lhes do Egito, mãe da Grécia, velho como o mundo, imutável como uma múmia coberta de hieróglifos, no fundo de suas pirâmides, que possuía em sua tumba o segredo dos povos, dos idiomas, das religiões. Desenrolou diante de seus olhos os mistérios da grande Ísis terrestre e celeste, mãe dos Deuses e dos homens; e, fazendo-os passar por suas provas, mergulhou-os com ele na luz de Osíris. Depois foi a vez da Babilônia, dos magos caldeus, de suas ciências ocultas, de seus templos profundos e maciços, onde evocam o fogo vivo onde se movem os demônios e os Deuses.

Ao escutar Pitágoras, Teocléia experimentava sensações surpreendentes. Tudo o que ele dizia ficava gravado com letras de fogo em seu espírito. Aquelas coisas pareciam-lhe ao mesmo tempo maravilhosas e conhecidas. Aprendendo-as, acreditava recordar. As palavras do mestre faziam-na folhear as páginas do Universo como em um livro. Ela não via mais os Deuses sob suas efígies humanas, mas em suas essências, que formam as coisas e os espíritos. Flutuava, subia, descia com eles nos espaços. Às vezes, tinha a ilusão de não mais sentir os limites de seu corpo e de se dissolver no infinito. Assim, sua imaginação entrava pouco a pouco no mundo invisível; e as marcas antigas que encontrava em sua própria alma diziam-lhe que era esta a verdade, a única realidade. O resto era apenas aparência. Ela sentia que em breve seus olhos interiores abrir-se-iam para contemplá-la diretamente.

Daquelas alturas o mestre a trouxe bruscamente de volta à terra, narrando as infelicidades do Egito. Depois de ter discorrido sobre a grandeza da ciência egípcia, ele mostrou-a sucumbindo sob a invasão persa. Narrou os horrores de Cambises, os templos saqueados, os livros sagrados jogados à fogueira, os sacerdotes de Osíris mortos ou dispersos, o monstro do despotismo persa concentrando sob sua mão de ferro toda a velha barbárie asiática; as raças errantes semi-selvagens do centro da Ásia e do fundo da Índia esperando somente uma ocasião para precipitar-se sobre a Europa. Sim, esse ciclone que aumentava devia um dia eclodir sobre a Grécia, tão seguramente quanto o raio deve sair de uma nuvem que se condensa no ar. A Grécia dividida estaria preparada para resistir a esse choque terrível? Ela nem sequer suspeitava disso. Os povos não evitam seus destinos, e, se não vigiarem incessantemente, os Deuses os precipitam. A sábia nação de Hermes, o Egito, não desmoronara após seis mil anos de prosperidade? E a Grécia, a bela Jônia, passaria mais depressa ainda! Chegará o tempo em que o Deus solar abandonará este templo, cujas pedras os bárbaros derrubarão, enquanto os pastores apascentarão seus rebanhos nas ruínas de Delfos...

Ante estas sinistras profecias, a fisionomia de Teocléia transformou-se, exibindo uma expressão de pavor. Ela se deixou cair por terra e, abraçada a uma coluna, olhos fixos, abismada em seus pensamentos, parecia o gênio da Dor chorando sobre o túmulo da Grécia.

"Mas estes, continuou Pitágoras, são segredos que devem ficar sepultados no fundo dos templos. O iniciado atrai a morte ou a repele à sua vontade. Formando a cadeia mágica das vontades, os iniciados prolongam também a vida dos povos. Cabe a vós retardar a hora fatal, cabe a vós fazer brilhar a Grécia, cabe a vós fazer resplandecer nela o verbo de Apolo. Os povos são o que deles fazem os seus Deuses. Mas os Deuses só se revelam àqueles que os invocam. O que é Apolo? O Verbo do Deus único que se manifesta eternamente no mundo. A verdade é a alma de Deus, seu corpo é a luz. Os sábios, os videntes, os profetas são os únicos que a vêem. Os homens só vêem sua sombra. Os espíritos glorificados, que denominamos heróis e semideuses, habitam esta luz, em legiões, em esferas inumeráveis. Eis o verdadeiro corpo de Apolo, o sol dos iniciados, e sem seus raios nada de grande se faz sobre a Terra. Como o ímã atrai o ferro, com nossos pensamentos, com nossas preces, com nossas ações, atraímos a inspiração divina. A vós cabe transmitir à Grécia o verbo de Apolo; e a Grécia brilhará com uma luz imortal!"

Foi com discursos semelhantes que Pitágoras conseguiu devolver aos sacerdotes de Delfos a consciência de sua missão. Teocléia absorvia-os com uma paixão silenciosa e concentrada. Transformava-se a olhos vistos, sob a influência do pensamento e da vontade do mestre, como sob um lento encantamento. De pé, em meio aos anciãos espantados, ela desfazia sua cabeleira negra e a afastava da testa, como se ali sentisse correr fogo. Já seus olhos, muito abertos e transfigurados, pareciam contemplar os gênios solares e planetários, em suas órbitas esplêndidas e intensa irradiação.

Um dia ela caiu espontaneamente num sono profundo e lúcido. Os cinco profetas cercaram-na; ela permaneceu insensível à sua voz e ao seu toque. Pitágoras aproximou-se e disse: "Levanta-te e vai onde meu pensamento te enviar. Pois de agora em diante és Pitonisa!"

À voz do mestre, um tremor percorreu-lhe todo o corpo e a soergueu numa longa vibração. Seus olhos estavam fechados; mas ela via interiormente.

Pitágoras perguntou-lhe:
— Onde estás?
— Eu subo... subo cada vez mais.
— E agora?

— Nado na luz de Orfeu...
— O que vês no futuro?
— Grandes guerras... homens de bronze... brancas vitórias... Apolo volta para habitar seu santuário e eu serei sua voz!... Mas, tu, seu mensageiro... Ai! Ai! Tu vais deixar-me... e levarás sua luz para a Itália.

A vidente, de olhos fechados, falou durante longo tempo com sua voz musical, ofegante, ritmada. Depois, com um soluço, caiu como morta.

Assim Pitágoras vertia os puros ensinamentos no seio de Teocléia e afinava-a como uma lira para o sopro dos Deuses. Uma vez exaltada a esta altura de inspiração, ela tornou-se uma chama, graças à qual ele pôde sondar seu próprio destino, desvendar o possível futuro, dirigindo-se às plagas sem margem do invisível. Esta contraprova palpitante das verdades que ele ensinava encheu os sacerdotes de admiração, despertou seu entusiasmo e reanimou sua fé. O templo tinha agora uma pitonisa inspirada, sacerdotes iniciados nas ciências e nas artes divinas. Delfos poderia transformar-se num centro de vida e de ação.

Pitágoras permaneceu ali um ano inteiro. Foi só depois de ter instruído os sacerdotes em todos os segredos de sua doutrina e de ter formado Teocléia para o seu ministério que ele partiu para a Magna Grécia.

IV

A ORDEM E A DOUTRINA

A cidade de Crotona ocupava a extremidade do golfo de Tarento, perto do promontório Laciniano, diante do alto mar. Era, com Síbaris, a cidade mais florescente da Itália meridional. Era admirada por sua constituição dórica, seus atletas vencedores nos jogos olímpicos, seus médicos rivais dos asclepíades. Os sibaritas devem sua imortalidade ao luxo e à indolência. Os crotoniatas seriam talvez esquecidos, apesar de suas virtudes, se não tivessem tido a glória de oferecer asilo à grande escola de filosofia esotérica, conhecida pelo nome de seita pitagórica, que se pode considerar mãe da escola platônica e avó de todas as escolas idealistas. Por mais nobres que sejam as descendentes, a avó as supera em muito. A escola platônica procede de uma iniciação incompleta; a escola estóica perdeu a verdadeira tradição. Os outros sistemas de filosofia antiga e moderna são especulações mais ou menos felizes, enquanto que a doutrina de Pitágoras estava baseada em uma ciência experimental e acompanhada de uma organização completa da da vida.

Como as ruínas da cidade desaparecida, os segredos da ordem e o pensamento do mestre estão hoje profundamente enterrados. Procuraremos, contudo, fazê-los reviver. Será para nós ocasião de penetrar no coração da doutrina teosófica, arcano das religiões e das filosofias, e erguer uma ponta do véu de Ísis, com a clareza do gênio grego.

Várias razões levaram Pitágoras a escolher esta colônia dórica para centro da ação. Seu fim não era unicamente ensinar a doutrina esotérica a um círculo de discípulos escolhidos, mas ainda aplicar seus princípios à educação da juventude e à vida do Estado. Esse plano comportava a fundação de um instituto para a iniciação laica, com a intenção oculta de transformar, pouco a pouco, a organização política das cidades, à imagem daquele ideal filosófico e religioso. É certo que nenhuma das repúblicas da Hélade ou do Peloponeso teria tolerado esta inovação. O filósofo foi acusado de conspirar contra o Estado. As cidades gregas do golfo de Tarento, menos minadas pela demagogia, eram mais liberais. Pitágoras não se enganou contando ali encontrar um acolhimento favorável para suas reformas, por parte do Senado de Crotona. Devemos acrescentar que suas pretensões se estendiam para além da Grécia. Adivinhando a evolução das idéias, ele previa a queda do helenismo e sonhava em depositar no espírito humano os princípios de uma religião científica. Fundando sua escola no golfo de Tarento, disseminava as idéias esotéricas na Itália e conservava, no vaso precioso de sua doutrina, a essência purificada da sabedoria oriental para os povos do Ocidente.

Ao chegar a Crotona, que tendia então à vida voluptuosa de sua vizinha, Síbaris, Pitágoras promoveu uma verdadeira revolução. Porfírio e Jamblico nos pintam suas apresentações iniciais mais como as de um mágico do que de um filósofo. Reuniu os jovens no templo de Apolo e conseguiu, com sua eloqüência, arrancá-los do deboche. Reuniu as mulheres no templo de Juno e as persuadiu a levarem suas roupas douradas e seus ornamentos a este mesmo templo, como troféus à derrota da vaidade e do luxo. Cercava de graça a austeridade de seus ensinamentos. De sua sabedoria emanava uma chama comunicativa. A beleza de sua fisionomia, a nobreza de sua pessoa, o encanto de seu rosto e de sua voz completavam sua sedução. As mulheres comparavam-no a Júpiter, os jovens, a Apolo hiperbóreo. Ele cativava, arrebatava a multidão pasmada que o ouvia, fazendo-a apaixonar-se pela virtude e pela verdade.

O Senado de Crotona ou *Conselho dos mil* inquietou-se com esta ascendência. Intimou Pitágoras a explicar diante dele sua conduta e os meios que empregava para dominar os espíritos. Para Pitágoras, esta foi uma oportunidade para desenvolver suas idéias sobre a educação e demonstrar que, longe de ameaçar a constituição dórica de Crotona, elas não fariam mais que fortalecê-la.

Quando conquistou para seu projeto os cidadãos mais ricos e a maioria do Senado, propôs-lhes a criação de um instituto, para si e seus discípulos. Essa confraria de iniciados leigos levaria vida comunitária, em um edifício construído especialmente com esse objetivo, mas sem abandonar a vida civil. Entre eles, aqueles que já mereciam o nome de mestres podiam ensinar as ciências físicas, psíquicas e religiosas. Quanto aos jovens, seriam admitidos nas lições dos mestres e nos diversos graus de iniciação, segundo sua inteligência e boa vontade, sob o controle do chefe da ordem. Para começar, deviam submeter-se às regras da vida comunitária e passar todo o dia no instituto, sob a supervisão dos mestres. Aqueles que quisessem entrar formalmente na ordem entregariam,sua fortuna a um curador, com a liberdade de retomá-la quando lhes aprouvesse. Haveria no Instituto uma fala para as mulheres, com iniciação paralela, mas diferenciada e adaptada aos deveres de seu sexo.

O projeto foi adotado com entusiasmo pelo Senado de Crotona. Alguns anos depois, erguia-se nos arredores da cidade um edifício cercado de imensos pórticos e belos jardins. Os habitantes de Crotona chamaram-no de Templo das Musas. E na realidade havia, no centro da construção, junto à modesta habitação do mestre, um templo dedicado àquelas divindades.

Assim nasceu o instituto pitagórico, que se tornou ao mesmo tempo um colégio de educação, uma academia de ciências e uma pequena cidade-modelo, sob a direção de um grande iniciado. Pela teoria e pela prática, pelas ciências e pelas artes' reunidas, chegava-se lentamente à ciência das ciências, à harmonia mágica da alma e do intelecto com o Universo, que os pitagóricos consideravam como o arcano da filosofia e da religião. A escola pitagórica tem para nós um interesse supremo, porque foi a mais notável tentativa de iniciação leiga. Síntese antecipada do helenismo e do cristianismo, ela enxertou o fruto da ciência na árvore da vida; conheceu a realização interna e viva da verdade, que somente a fé profunda pode proporcionar. Realização efêmera, mas de uma importância capital, revelou-se exemplo fecundo.

Para fazermos uma idéia do que foi, penetremos no instituto pitagórico com um noviço e acompanhemos, passo a passo, sua iniciação.

AS PROVAS

Brilhava sobre uma colina, entre ciprestes e oliveiras, a alva morada dos irmãos iniciados. Quem viesse de baixo, ladeando a costa, veria seus pórticos, seus jardins, seu ginásio. O templo das Musas ultrapassava as duas alas do edifício com sua colunata circular, de uma elegância etérea. Do terraço dos jardins exteriores dominava-se a cidade, o Pritaneu, o porto, o local das assembléias. Ao longe, o golfo estendia-se entre as cotas pontiagudas como uma taça de ágata, e o mar Jônio arrematava o horizonte com sua linha azulada. Algumas vezes viam-se mulheres vestidas de cores diversas saírem da ala esquerda e desceram para o mar, em longas filas, pela alameda dos ciprestes. Iam cumprir seus ritos no templo de Ceres. Freqüentemente, também da ala direita viam-se homens, em vestes brancas, subirem para o templo de Apolo. Não era o menor atrativo para a imaginação investigadora da juventude pensar que a escola dos iniciados estava colocada sob a proteção daquelas duas divindades, das quais uma, a Grande Deusa, era possuidora dos mistérios profundos da Mulher e da Terra, e a outra, o Deus solar, revelava os do Homem e do Céu.

Sorria pois acima da cidade populosa a pequena cidade dos eleitos. Sua tranqüila serenidade atraía os nobres instintos na juventude, mas nada se via do que se passava no interior, e sabia-se que não era fácil fazer-se admitir ali. Uma simples cerca viva servia como defesa aos jardins pertencentes ao instituto de Pitágoras e a porta de entrada permanecia aberta durante o dia. Porém havia lá uma estátua de Hermes em cujo pedestal se lia: *Eskato bébéloi:* Para trás os profanos! Todo mundo respeitava esta ordem dos Mistérios.

Pitágoras era muito exigente na admissão dos noviços, dizendo que "nem toda a madeira era própria para fazer um Mercúrio". Os jovens que quisessem entrar para a associação deviam submeter-se a um período de prova e de ensaio. Apresentados por seus pais ou por um dos mestres, era-lhes permitido, no início, entrar no ginásio pitagórico, onde os noviços entregavam-se aos jogos próprios de sua idade. O jovem notava, ao primeiro olhar, que esse ginásio não se assemelhava ao da cidade. Nada de gritos violentos, nada de grupos brigões, nada da fanfarronice ridícula ou da vã exibição da força dos atletas imaturos, desafiando-se entre si ou mostrando seus músculos. Havia grupos de jovens afáveis e distintos, passeando aos pares sob os pórticos ou jogando na arena. Eles o convidavam com graça e simplicidade a tomar parte em sua conversação, como se fosse um dos seus, sem tolhê-lo com um olhar desconfiado ou um sorriso malicioso. Na arena, exercitava-se a corrida, o arremesso do dardo e do disco. Executavam-se também combates simulados sob forma de danças dóricas; mas Pitágoras havia severamente banido de seu instituto a luta corporal, dizendo que era supérfluo e mesmo perigoso desenvolver o orgulho e o ódio com a força e a agilidade; que os homens destinados a praticar as virtudes da amizade não deviam começar por se lançarem por terra, rolando na areia como animais selvagens; que um verdadeiro herói sabia combater com coragem, sem furor; que o ódio nos torna inferiores a qualquer adversário.

O novato ouvia estas máximas do mestre repetidas pelos noviços, muito orgulhosos de lhe comunicarem sua sabedoria precoce. Ao mesmo tempo, eles o exortavam a manifestar suas opiniões, a contradizê-los livremente. Dessa forma estimulado, o pretendente ingênuo mostrava logo, abertamente, sua verdadeira natureza. Feliz por estar sendo ouvido e admirado, ele perorava e se desoprimia à vontade. Durante todo esse tempo, os mestres observavam-no de perto, sem repreendê-lo. Pitágoras vinha de improviso estudar seus gestos e suas palavras. Dava particular atenção ao modo de andar e ao riso dos jovens. O riso, segundo ele, manifesta o caráter de uma maneira indubitável; nenhuma dissimulação pode embelezar o riso do Homem mau. Ele realizara um estudo tão profundo da fisionomia humana que podia ler no fundo da alma[1].

Mediante estas observações minuciosas, o mestre fazia uma avaliação precisa de seus futuros discípulos. Após alguns meses vinham as provas decisivas. Imitavam as provas da iniciação egípcia, porém bastante suavizadas e adaptadas à natureza grega, cuja impressionabilidade não suportaria os pavores mortais das criptas de Mênfis e Tebas. Faziam o aspirante pitagórico passar a noite numa caverna, nos arredores da cidade, onde se dizia que havia monstros e aparições. Os que não tinham força para suportar as impressões fúnebres da solidão e da noite, os que recusavam entrar ou fugiam antes da manhã, eram considerados fracos para a iniciação e despedidos.

A prova moral era mais séria. Numa bela manhã, bruscamente, sem nenhuma preparação, encerrava-se o candidato a discípulo numa cela triste e nua. Deixavam-lhe uma ardósia e ordenavam-lhe friamente que encontrasse o significado de um dos símbolos pitagóricos, por exemplo: "O que significa o triângulo inscrito no círculo?" ou "por que o dodecaedro compreendido na esfera é o algarismo do Universo?" Ele passava doze horas na cela, com sua ardósia e seu problema, sem nenhuma outra companhia além de pão seco e um jarro de água. Depois levavam-no para uma sala, diante dos noviços reunidos. Nessa circunstância, estes tinham ordem de escarnecer sem piedade do infeliz que, aborrecido e faminto, parecia um culpado." — Eis, diziam eles, o novo filósofo. Seu semblante parece inspirado! Ele vai nos contar suas meditações. Não nos escondas o que descobriste. Vais passar por todos os símbolos. Com mais um mês deste regime, tu te tornarás um grande sábio!"

Nesse momento o mestre observava com profunda atenção as atitudes e a fisionomia do jovem. Irritado pelo jejum, coberto de sarcasmos, humilhado por não ter resolvido um enigma incompreensível, ele precisava fazer um esforço enorme para se dominar. Alguns choravam de raiva, outros respondiam com palavras cínicas; e outros, fora de si, quebravam a ardósia com furor, cobrindo de injúrias a escola, o mestre e seus discípulos. Pitágoras aparecia então e dizia com calma que, tendo suportado tão mal a prova do amór-próprio, pedia-lhe para não mais voltar a uma escola da qual tinha tão mau conceito e cujas virtudes elementares eram a amizade e o respeito aos mestres. O candidato recusado ia embora envergonhado, e algumas vezes tornava-se inimigo terrível da ordem, como o famoso Cilon, que depois amotinou o povo contra os Pitagóricos e contribuiu para a catástrofe da ordem. Aqueles que, ao contrário, suportavam com firmeza os ataques,

---

1. Orígenes acredita que Pitágoras tenha sido o inventor da fisiognomonia.

que respondiam às provocações por meio de reflexões justas e espirituais, e declaravam estar dispostos a recomeçar cem vezes a prova para obterem uma única parcela da sabedoria, estes eram solenemente admitidos no noviciado e recebiam as felicitações entusiastas de seus novos condiscípulos.

1º GRAU — PREPARAÇÃO

O noviciado e a vida pitagórica

Somente então começava o noviciado chamado *Preparação (paraskéié)*, que durava pelo menos dois anos e podia prolongar-se até cinco. Os noviços ou *ouvintes (akusikoi)* eram submetidos, durante as lições, à regra do absoluto silêncio. Não tinham nem o direito de fazer uma objeção aos mestres, nem de discutir seus ensinamentos. Deviam recebê-los com respeito, e depois meditar longamente sobre eles. Para gravar esta regra no espírito do *ouvinte* novato, mostravam-lhe uma estátua de mulher envolta num longo véu, com um dedo pousado nos lábios: a *Musa do silêncio*.

Pitágoras não acreditava que a mocidade fosse capaz de compreender a origem e o fim das coisas. Pensava que exercitá-la na dialética e no raciocínio, antes de ter-lhe dado o sentido da verdade, formaria cabeças vazias e sofistas pretensiosos. Sonhava em desenvolver em seus alunos, antes de tudo, a faculdade primordial e superior do homem: a intuição. E para isso não ensinava coisas misteriosas ou difíceis. Falava dos sentimentos naturais, dos primeiros deveres do homem em sua entrada na vida, e mostrava sua relação com as leis universais. Como inculcava primordialmente nos jovens o amor pelos pais, exaltava este sentimento assimilando a idéia de pai à de Deus, o grande criador do Universo. "Não há nada de mais venerável, dizia, do que a qualidade de pai. Homero denominou Júpiter rei dos Deuses, mas, para mostrar toda a sua grandeza, denominou-o "pai dos Deuses e dos homens". Comparava a mãe à natureza generosa e benfeitora. Como Cibele celeste produz os astros, como Deméter gera os frutos e as flores da Terra, assim a mãe nutre a criança com todas as alegrias. O filho devia, pois, honrar em seu pai e em sua mãe os representantes, as imagens terrestres daquelas grandes divindades. Mostrava ainda que o amor pela pátria vem do amor que se sentiu na infância pela mãe. Os pais não nos são dados por acaso, como acredita o vulgo, mas por uma ordem antecedente e superior, chamada fortuna ou necessidade. É *preciso* honrá-los, mas deve-se *escolher* seu amigo. Os noviços eram convidados a se reunirem dois a dois conforme suas afinidades. O mais jovem devia procurar no mais velho as virtudes que desejava para si e os dois companheiros deviam exercitar-se para uma vida melhor. Dizia o mestre: "O amigo é um outro eu. Deve-se honrá-lo como a um Deus". Se a regra pitagórica impunha ao noviço ouvinte uma submissão absoluta em face dos mestres, devolvia-lhe sua plena liberdade no encanto da amizade, dela fazendo o estimulante de todas as virtudes, a poesia da vida, o caminho do ideal.

As energias individuais eram assim despertadas; a moral tornava-se viva e poética; a regra, aceita com amor, deixava de ser uma violência e tornava-se a própria afirmação da individualidade. Pitágoras queria que a obediência fosse uma aceitação. Além do mais, o ensino moral preparava o ensino filosófico. Pois as relações que se estabeleciam entre os deveres sociais e as harmonias do Cosmos deixavam entrever a lei das analogias e das concordâncias universais. Nesta lei reside o princípio dos Mistérios, da doutrina oculta e de toda a filosofia. O espírito do aluno habituava-se assim a encontrar a marca de uma ordem invisível na realidade visível. Máximas gerais, prescrições sucintas abriam perspectivas sobre este mundo superior. De manhã e à noite soavam *versos dourados* aos ouvidos do aluno, com os acordes da lira:

Dedica aos Deuses imortais o culto consagrado,
E conserva tua fé.

Comentando-se esta máxima, mostrava-se que os Deuses, diversos na aparência, eram na realidade os mesmos entre todos os povos, pois correspondiam às mesmas forças intelectuais e anímicas, atuantes em todo o Universo. O sábio podia, portanto, honrar os Deuses de sua pátria tendo, de sua essência, uma concepção diferente da do vulgo. Tolerância para com todos os cultos; unidade dos povos na humanidade; unidade das religiões na ciência esotérica. . . Estas idéias novas se desenhavam vagamente no espírito do noviço, como divindades grandiosas entrevistas no esplendor do poente. E a lira de ouro continuava seus graves ensinamentos:

Reverencia a memória
Dos heróis benfeitores, dos espíritos semideuses.

Por trás destes versos, o noviço via reluzir, como que através de um véu, a divina Psiquê, a alma humana. A rota celeste brilhava como um foguete de luz. No culto dos heróis e dos semideuses, o iniciado contemplava a doutrina da vida futura e o mistério da evolução universal. Não se revelava este grande segredo ao noviço. Mas ele era preparado para compreendê-lo, ouvindo falar de uma hierarquia de seres superiores à humanidade, chamados heróis e semideuses, que são seus guias e seus protetores. Acrescentava-se que eles serviam de intermediários entre o homem e a divindade, que por meio deles ele poderia, gradativamente, se aproximar dela, praticando as virtudes heróicas e divinas. "Mas, como se comunicar com estes gênios invisíveis? De onde vem a alma? Para onde vai ela? E por que este sombrio mistério da morte?" O noviço não ousava formular estas questões, mas elas transpareciam em seus olhares. E como única resposta seus mestres mostravam-lhe combatentes na Terra, estátuas nos templos, e almas glorificadas no céu, "na cidadela ígnea dos Deuses", onde Hércules chegara.

No fundo dos mistérios antigos, todos os Deuses conduziam ao Deus único e supremo. Essa revelação, com todas as suas conseqüências, era a chave do Cosmos. Por isso ela era inteiramente reservada à iniciação propriamente dita. O noviço nada sabia dela. Só o deixavam entrever esta verdade através do que lhe diziam sobre as potências da Música e do Número. Os números, ensinava o mestre, contêm o segredo das coisas, e Deus é a harmonia universal. Os sete modos sagrados, construídos sobre as sete notas do heptacórdio, correspondem às sete cores da luz, aos sete planetas e aos sete modos de existência que se reproduzem em todas as esferas da vida material e espiritual, desde a menor até a maior. As melodias destes modos, sabiamente infundidas, deviam afinar a alma e torná-la suficientemente harmoniosa para vibrar ao sopro da verdade.

À purificação da alma correspondia necessariamente a do corpo, alcançada pela higiene e pela severa disciplina dos costumes. Vencer as paixões era o primeiro dever do iniciado. Quem não fez de seu próprio ser uma harmonia não pode refletir a harmonia divina. Entretanto, o ideal da vida pitagórica nada tinha da vida ascética, uma vez que o casamento era considerado uma coisa santa. Porém recomendava-se a castidade aos noviços e a moderação aos iniciados, como um elemento de força e perfeição. "Não cedas à volúpia senão quando consentires em ser inferior a ti mesmo", dizia o mestre. E acrescentava que a volúpia não existe espontaneamente, comparando-a "ao canto das sereias, que desaparecem quando alguém delas se aproxima, deixando no local apenas ossos partidos e carnes ensangüentadas, sobre um recife gasto pelas ondas, ao passo que a verdadeira alegria é semelhante ao concerto das musas, que deixa na alma uma celeste harmonia". Pitágoras acreditava nas virtudes da mulher iniciada, mas não confiava na mulher natural. A um discípulo que lhe perguntou quando lhe seria permitido aproximar-se de uma mulher, ele respondeu ironicamente: "Quando estiveres cansado de teu repouso."

O dia pitagórico ordenava-se da seguinte maneira: assim que o disco ardente do sol saía das ondas azuis do mar Jônio e dourava as colunas do templo das Musas, acima da morada dos iniciados, os jovens pitagóricos cantavam um hino a Apolo, executando uma dança dórica de caráter másculo e sagrado. Após as abluções de rigor, faziam um passeio ao templo, guardando silêncio. Cada despertar é uma ressurreição, que tem sua flor de inocência. A alma devia recolher-se no começo do dia e permanecer virgem para a lição da manhã. No bosque sagrado, agrupavam-se em torno do mestre ou de seus intérpretes, e a lição decorria sob a frescura das grandes árvores ou à sombra dos pórticos. Ao meio-dia faziam uma prece aos heróis, aos gênios benfazejos. A tradição esotérica supunha que os bons espíritos preferem se aproximar da terra com os raios do sol, enquanto os maus espíritos procuram a sombra e se espalham na atmosfera quando vem a noite. A refeição frugal de meio-dia compunha-se geralmente de pão, mel e azeitonas. A tarde era consagrada aos exercícios de ginástica, depois ao estudo, à meditação e a um trabalho mental sobre a lição da manhã. Após o pôr-do-sol faziam uma oração coletiva, cantavam um hino aos Deuses cosmogônicos, a Júpiter celeste, a Minerva Providência, a Diana protetora dos mortos. Durante esse tempo, o estirax, o maná ou o incenso queimavam no altar ao ar livre, e o hino, misturado ao perfume que dali exalava, subia docemente ao crepúsculo, enquanto as primeiras estrelas varavam o pálido firmamento. O dia terminava com a refeição da noite, depois da qual o mais jovem fazia uma leitura comentada pelo mais velho.

Assim decorria o dia pitagórico, límpido com uma fonte, claro como uma manhã sem nuvens. O ano se ritmava segundo as grandes festas astronômicas. Assim a volta de Apolo hiperbóreo e a celebração dos mistérios de Ceres reuniam os noviços e os iniciados de todos os graus, homens e mulheres. Viam-se ali moças tocando liras de marfim, mulheres casadas em peplos púrpura e açafrão executando coros alternados, acompanhados de cantos, com movimentos harmoniosos da estrofe e da ante-estrofe, que mais tarde foram imitados pela tragédia. Em meio destas grandes festas, em que a divindade parecia presente na graça das formas e dos movimentos, na melodia incisiva dos coros, o noviço tinha como que um pressentimento das forças ocultas, das leis todo-poderosas do Universo animado, do céu profundo e transparente. Os casamentos, os ritos fúnebres tinham um caráter mais íntimo, não menos solene. Uma cerimônia original era realizada para impressionar a imaginação. Quando um noviço saía voluntariamente do instituto para retomar a vida vulgar, ou quando um discípulo havia traído um segredo da doutrina, o que aconteceu somente uma vez, os iniciados erguiam-lhe um túmulo no recinto consagrado, como se ele tivesse morrido. O mestre dizia: "Ele está mais morto do que os mortos, pois voltou para a vida má; seu corpo passeia entre os homens, mas sua alma está morta. Choremos por ela". E este túmulo, erguido para um ser vivo, perseguia-o como seu próprio fantasma e como um sinistro augúrio.

SEGUNDO GRAU — PURIFICAÇÃO[2]

Os Números. — A Teogonia.

Era um dia feliz, "um dia de ouro", como diziam os antigos, aquele em que Pitágoras recebia o noviço em sua morada e o aceitava solenemente nas fileiras de seus discípulos. O noviço entrava primeiro em contatos seguidos e diretos com o mestre. Penetrava no pátio interno de sua habitação, reservado a seus fiéis. Daí o nome de *esotéricos* (os de dentro) oposto ao de *exotéricos* (os de fora). A verdadeira iniciação começava.

---

2. *Katharsis* em grego.

Essa revelação consistia numa exposição completa e racional da doutrina oculta, desde seus princípios contidos na ciência misteriosa dos números até às últimas conseqüências da evolução universal, os destinos e os fins supremos da divina Psiquê, da alma humana. Esta ciência dos números era conhecida sob diversos nomes nos templos do Egito e da Ásia. Como ela fornecia a chave de toda a doutrina, escondiam-se cuidadosamente do vulgo. As cifras, as letras, as figuras geométricas ou as representações humanas que serviam de sinais àquela álgebra do mundo oculto só eram entendidas pelo iniciado. Este somente revelava o seu significado ao adepto depois do juramento do silêncio.

Pitágoras formulou esta ciência em um livro escrito pessoalmente chamado *hiéros logos*, a palavra sagrada. Este livro não chegou até nós. Mas os escritos posteriores dos pitagóricos, Filolaus, Arquitas e Hiérocles, os diálogos de Platão, os tratados de Aristóteles, de Porfírio e de Jamblico, dão-nos a conhecer seus princípios. Se eles permaneceram ocultos, para os filósofos modernos, é porque só se pode compreender seu significado e seu alcance pela comparação de todas as doutrinas esotéricas do Oriente.

Pitágoras chamava seus discípulos de matemáticos, porque seu ensinamento superior começava pela doutrina dos números. Esta matemática sagrada, ou ciência dos princípios, era ao mesmo tempo mais transcendente e mais viva do que a matemática profana, a única conhecida por nossos sábios e filósofos. Nela, o número não era considerado uma quantidade abstrata, mas a virtude intrínseca e ativa do uno supremo, de Deus, fonte da harmonia universal. A ciência *dos números* era a das forças vivas, das *faculdades divinas* em ação nos mundos e no homem, no macrocosmo e no microcosmo... Penetrando-as, distinguindo-as e explicando seu jogo, Pitágoras elaborava nada menos do que uma teogonia ou uma teologia racional.

Uma teologia verdadeira deveria fornecer os princípios de todas as ciências. Ela só será a ciência de Deus se mostrar a unidade e o encadeamento das ciências da natureza. Só merece este nome sob a condição de constituir o órgão e a síntese de todas as outras. Ora, era justamente esta a função que desempenhava nos templos egípcios a ciência do verbo sagrado, formulada e aperfeiçoada por Pitágoras, sob o nome de ciência dos números. Ela acreditava poder fornecer a chave do ser, da ciência e da vida. O adepto, guiado pelo mestre, devia começar por contemplar-lhe os princípios com sua própria inteligência, antes de seguir suas múltiplas aplicações na imensidade concêntrica das esferas da evolução.

Um poeta moderno pressentiu esta verdade, quando fez Fausto descer até as *Mães,* para dar vida ao fantasma de Helena. Fausto toma a chave mágica, a Terra abre-se a seus pés, a vertigem dele se apodera, e ele mergulha na vida dos espaços. Finalmente, chega ao reino das Mães, que vigiam as formas originárias do grande Todo e fazem brotar os seres do molde dos arquétipos. Estas Mães são os Números de Pitágoras, as forças divinas do mundo. O poeta transmitiu-nos a comoção de seu próprio pensamento diante deste mergulho nos abismos do Insondável. Para o iniciado antigo, em que a visão direta da inteligência despertava pouco a pouco como um novo sentido, esta revelação interior parecia antes uma ascensão ao grande sol incandescente da Verdade, de onde ele contemplava, na plenitude da Luz, os seres e as formas, projetados no turbilhão das vidas por uma irradiação vertiginosa.

Não se chegava em um só dia a esta posse interna da verdade, em que o homem realiza a vida universal pela concentração de suas faculdades. Eram necessários anos de exercício, e a concordância tão difícil da inteligência e da vontade. Antes de manipular a palavra criadora — e quão poucos ali chegam! — é preciso soletrar o verbo sagrado, letra por letra, sílaba por sílaba.

Pitágoras tinha o hábito de ministrar estes ensinamentos no templo das Musas. Os magistrados de Crotona mandaram-no construir, atendendo a seu pedido expresso e conforme suas indicações, muito perto de sua morada, em um jardim fechado. Os discípulos do segundo grau ali penetravam sozinhos com o mestre. No interior do templo circular viam-se as nove Musas em mármore. De pé, no centro, velava Héstia, envolta num véu, solene e misteriosa. Com a mão esquerda ela protegia a chama de um lume, com a mão direita mostrava o céu. Para os gregos como para os romanos, Héstia ou Vesta é a guardiã do princípio divino presente em todas as coisas. Consciência do fogo sagrado, ela tem seu altar no templo de Delfos, no Pritaneu de Atenas, no lume menor. No santuário de Pitágoras, ela simbolizava a Ciência divina e central ou Teogonia. Ao redor dela, as Musas esotéricas traziam, além de seus nomes tradicionais e mitológicos, o nome das ciências ocultas e das artes sagradas, que elas guardavam. *Urânia* representava a astronomia e a astrologia; *Polínia*, a ciência das almas da outra vida e a arte da adivinhação; *Melpômene*, com sua máscara trágica, a ciência da vida e da morte, transformações e renascimentos. Estas três Musas superiores reunidas constituíam a cosmogonia ou física celeste. *Calíope, Clio* e *Euterpe* presidiam à ciência do homem ou psicologia, com as artes correspondentes: Medicina, Magia, Moral. O último grupo, *Terpsícore, Erato* e *Tália,* abrangia a física terrestre, a ciência dos elementos, das pedras, das plantas e dos animais. Assim, num primeiro estágio, o organismo das ciências, calcado sobre o organismo do Universo, aparecia ao discípulo no círculo vivo das Musas iluminadas pela chama divina.

Depois de ter conduzido seus discípulos àquele pequeno santuário, Pitágoras abria o livro do Verbo e começava seu ensinamento esotérico. "As Musas, dizia ele, são apenas as efígies terrestres dos poderes divinos, cuja beleza imaterial e sublime ides agora contemplar em vós mesmos. Assim como elas vêem o Fogo de Héstia, do qual emanam e que lhes dá o movimento, o ritmo e a melodia, assim também deveis mergulhar no Fogo central do Universo, no Espírito divino, para expandir-vos com ele nas suas manifestações visíveis". Então, com mão forte e audaciosa, Pitágoras arrancava seus discípulos ao mundo das formas e das realidades. Apagava o tempo e o espaço e os fazia descer com ele até *a grande Mônada*, a essência do Ser incriado.

Pitágoras denominava o Uno primeiro, composto de harmonia, o Fogo masculino que atravessa tudo, o Espírito que se move por si, o Indivisível e o grande Não-Manifesto, cujos mundos efêmeros manifestam o pensamento criador, o Único, o Eterno, o Imutável, oculto sob as coisas múltiplas que passam e que mudam. "A essência em si mesma escapa ao homem, diz o pitagórico Filolaus. Ele somente conhece as coisas deste mundo, onde o finito se combina com o infinito. E como pode conhecê-las? Porque há entre ele e as coisas uma harmonia, uma relação, um princípio comum. Esse princípio lhe é dado pelo Uno, o qual lhe dá, com sua essência, a medida e a inteligibilidade. Ele é a medida comum entre o objeto e o sujeito, a razão das coisas pela qual a alma participa da razão última do Uno[3]". Mas, como se aproximar d'Ele, do Ser que não se pode apreender? Alguém já viu o mestre do tempo, a alma dos sóis, a fonte das inteligências? Não. E somente confundindo-se com ele é que se penetra em sua essência. Ele é semelhante a um fogo invisível colocado no centro do Universo, cuja chama ágil circula em todos os mundos e movimenta a circunferência. Acrescentava que a obra da iniciação consistia em aproximar-se do grande Ser, assemelhando-se a ele, tornando-se tão perfeito quanto possível, dominando as coisas pela inteligência, chegando a ser *ativo* como ele e não *passivo* como elas. "Vosso próprio Ser, vossa alma, não é um microcosmo, um pequeno Universo? Mas ela está repleta de tempestades e discórdias. Pois bem, trata-se de realizar a unidade da harmonia. Então, somente então, Deus descerá em vossa consciência e participareis de seu poder, e fareis de vossa vontade a pedra do lar, o altar de Héstia, o trono de Júpiter!"

Portanto, Deus, a substância indivisível, tem por número a Unidade que contém o Infinito, por nome o de Pai, de Criador ou de Eterno-Masculino, por sinal o Fogo vivo, símbolo do Espírito, essência do Todo. Eis o primeiro dos princípios.

---

3. Na matemática transcendental, demonstra-se algebricamente que zero multiplicado pelo infinito é igual a Um. Zero, na ordem das idéias absolutas, significa o Ser indeterminado. O Infinito, o Eterno, na linguagem dos templos, marcava-se por um círculo ou por uma serpente a morder a cauda. Isto significava o Infinito movendo-se por si mesmo. Ora, no momento em que Infinito se determina, ele produz todos os números que contém em sua grande unidade e que governa numa harmonia perfeita.

Este é o sentido transcendente do primeiro problema da teogonia pitagórica, a razão pela qual a grande Mônada contém todas as pequenas e todos os números brotam da grande unidade em movimento.

Mas as faculdades divinas são semelhantes ao lótus místico que o iniciado egípcio, deitado em seu sepulcro, vê surgir na negra noite. A princípio não passa de um ponto brilhante, depois abre-se como uma flor e o centro incandescente desabrocha como uma rosa de luz com mil pétalas.

Pitágoras dizia que a grande Mônada age como *Díada criadora*. No momento em que se manifesta, Deus é duplo, essência indivisível e substância divisível; princípio masculino ativo, animador, e princípio feminino passivo ou matéria plástica animada. A Díada representava, pois, a união do Eterno-Masculino e do Eterno-Feminino em Deus, as duas faculdades divinas essenciais e correspondentes. Orfeu exprimira profeticamente essa idéia no seguinte verso:

Júpiter é o Esposo e a Esposa divina.

Intuitivamente, todos os politeísmos tiveram consciência desta idéia, representando a Divindade ora sob a forma masculina, ora sob a forma feminina.

E esta Natureza viva, eterna, esta grande Esposa de Deus, não é somente a natureza terrestre, mas a natureza celeste invisível a nossos olhos carnais, a Alma do mundo, a Luz primordial, alternadamente Maia, Ísis e Cibele, que, vibrando sob o impulso divino, encerra as essências de todas as almas, os tipos espirituais de todos os seres. Em seguida é Deméter, a terra viva e todas as terras com os corpos que encerram, em que aquelas almas vêm se encarnar. É depois a Mulher, companheira do Homem. Na humanidade a Mulher representa a Natureza; e a imagem perfeita de Deus não é só o Homem, mas o Homem e a Mulher. Daí sua invencível, sedutora e fatal atração; daí a embriaguez e o Amor, onde se representa o sonho das criações infinitas e o obscuro pressentimento de que o Eterno-Masculino e o Eterno-Feminino gozam de uma união perfeita no seio de Deus. "Honra, portanto, à Mulher, sobre a terra e no céu", dizia Pitágoras com todos os iniciados antigos; "ela nos faz compreender a grande Mulher, a Natureza. Que ela seja sua imagem santificada e que nos ajude a galgar os degraus que nos levam até a grande Alma do Mundo, que gera, conserva e renova, até a divina Cibele, que arrasta a multidão das almas em seu manto de luz."

A Mônada representa a essência de Deus; a Díada, sua faculdade geradora e reprodutora. Esta gera o mundo, manifestação visível de Deus no espaço e no tempo. Ora, o mundo real é tríplice. Porque, assim como o homem se compõe de três elementos distintos, mas fundidos um no outro: o corpo, a alma e o espírito, assim também o Universo é dividido em três esferas concêntricas: o mundo natural, o mundo humano e o mundo divino. A *Tríada* ou *lei do ternário* é, portanto, a lei constitutiva das coisas e a verdadeira chave da vida, pois ela se acha em todos os graus da escada da vida, desde a constituição da célula orgânica, através da constituição fisiológica do corpo animal, do funcionamento do sistema sangüíneo e do sistema cérebrospinal, até a constituição hiperfísica do homem, a do universo e de Deus. Assim, como por encanto ela abre ao espírito maravilhado a estrutura interna do Universo. Mostra as correspondências infinitas do macrocosmo e do microcosmo. Age como uma luz, que passaria nas coisas para torná-las transparentes, e faz reluzir os mundos pequenos e grandes como outras tantas lanternas mágicas.

Expliquemos esta lei pela correspondência essencial do homem e do Universo.

Pitágoras admitia que o espírito do homem ou do intelecto conserva de Deus sua natureza imortal, invisível, absolutamente ativa: o espírito é aquilo que se move por si mesmo. Ele considera o corpo sua parte mortal, divisível e passiva. Pensava que aquilo que chamamos *alma* está estreitamente unido ao espírito, formado porém de um terceiro elemento intermediário que provém do *fluido cósmico*. A alma se assemelha, portanto, a um corpo etéreo que o espírito tece e constrói para si mesmo. Sem este corpo etéreo, o corpo material não poderia se manifestar e não passaria de uma massa inerte e sem vida[4]. A alma tem uma forma semelhante à do corpo que ela vivifica, e a ele sobrevive após a dissolução ou morte. Ela se torna então, segundo expressão de Pitágoras, repetida por Platão, *o carro sutil* que leva o espírito às esferas divinas ou deixa-o cair nas regiões tenebrosas da matéria, conforme seja mais ou menos boa ou má. Ora, a constituição e a evolução do homem repetem-se em círculos crescentes em toda a escala dos seres e em todas as esferas. Assim como a humana Psiquê luta contra o espírito que a atrai e o corpo que a retém, também a humanidade evolui entre o mundo natural e animal, em que mergulha por meio de suas raízes terrestres, e o mundo divino dos puros espíritos, onde está sua fonte celeste e à qual ela aspira elevar-se. E o que se passa na humanidade ocorre em todas as terras e em todos os sistemas solares, em proporções sempre diversas, em modos sempre novos. Estendei o círculo até o infinito — e, se puderdes, abrangei com um só conceito os mundos sem limite. O que encontrareis ali? O pensamento criador, o fluido astral e dos mundos em evolução: o espírito, a alma e o corpo da divindade. Levantando véu por véu e sondando as faculdades da própria divindade, lá vereis a Tríada e a Díada envolvendo-se na sombria profundidade da Mônada como uma florescência de estrelas nos abismos da imensidade.

---

4. Encontra-se doutrina idêntica no iniciado São Paulo, que fala do *corpo espiritual*.

Por esta rápida exposição, pode-se perceber a importância capital que Pitágoras atribuía à lei do ternário. Pode-se dizer que ela constitui a pedra angular da ciência esotérica. Todos os grandes iniciadores religiosos tiveram consciência disto, todos os teósofos o pressentiram. Um oráculo de Zoroastro diz:

O número três por toda a parte reina no Universo
E a Mônada é seu princípio.

O mérito incomparável de Pitágoras é ter formulado esta lei com a clareza do gênio grego. Fez dela o centro de sua teogonia e o fundamento das ciências. Já velada nos escritos esotéricos de Platão e completamente incompreendida pelos filósofos posteriores, esta concepção somente foi compreendida, nos tempos modernos, por alguns raros iniciados das ciências ocultas[5]. Vê-se desde então que base larga e sólida a lei do ternário universal oferecia à classificação das ciências, à edificação da cosmogonia e da psicologia.

Assim como o ternário universal se concentra na unidade de Deus ou na Mônada, também o ternário humano se concentra na consciência do eu e na vontade, que reúne todas as faculdades do corpo, da alma e do espírito em sua viva unidade. O ternário humano e divino resumido na Mônada constitui a *Tétrada sagrada*. Mas o homem só realiza sua própria unidade de uma maneira relativa. Pois sua vontade, que age sobre todo o seu ser, não pode, entretanto, agir simultânea e plenamente em seus três órgãos, ou seja, no instinto, na alma e no intelecto. O universo e o próprio Deus apenas lhe aparecem alternada e sucessivamente refletidos por estes três espelhos:

1. Visto através do instinto e do caleidoscópio dos sentidos, Deus é múltiplo e infinito como suas manifestações. Daí o politeísmo, onde o número dos deuses não é limitado;

2. Visto através da alma racional, Deus é duplo, isto é, espírito e matéria. Daí o dualismo de Zoroastro, dos maniqueus e de várias outras religiões;

---

5. Como primeiro dessa série deve-se citar Fabre d'Olivet *(Vers dorés de Pythagore)*. Esta concepção viva das forças do Universo, atravessando-o de alto a baixo, nada tem a ver com as especulações vazias dos puros metafísicos, como, por exemplo, a *tese*, a *antítese* e a *síntese* de Hegel, simples jogos do espírito.

3. Visto através do intelecto puro, ele é triplo, ou seja, espírito, alma e corpo, em todas as manifestações do universo. Daí os cultos trinitários da Índia (Brahma, Visnu, Siva) e a própria trindade do cristianismo (Pai, Filho, Espírito Santo);

4. Concebido pela vontade que resume o todo, Deus é único; é o monoteísmo hermético de Moisés em todo o seu rigor. Aqui, nada de personificações, nada de encarnação. Saímos do universo visível e entramos no Absoluto. O Eterno reina só sobre o mundo reduzido a pó. A diversidade das religiões provém, portanto, do fato de que o homem só realiza a divindade através do seu próprio ser, que é relativo e finito, enquanto Deus realiza a todo instante a unidade dos três mundos da harmonia do Universo.

Esta última aplicação demonstraria, por si só, a virtude, de certa forma mágica, do *Tetragrama* na ordem das idéias. Não somente aí se encontravam os princípios das ciências, a lei dos seres e seu modo de evolução, mas ainda a razão das religiões diversas e de sua unidade superior. Era verdadeiramente a chave universal. Daí o entusiasmo com que Lísis dela fala no *Vers dorés;* e compreende-se agora por que os Pitagóricos juravam por este grande símbolo:

Juro por aquele que gravou em nossos corações
A Tétrada sagrada, imenso e puro símbolo,
Fonte da Natureza e modelo dos Deuses.

Pitágoras levava muito mais longe o ensino dos números. Em cada um deles definia um princípio, uma lei, uma força ativa do Universo. Mas afirmava que os princípios essenciais estão contidos nos quatro primeiros números, uma vez que adicionando-os ou multiplicando-os obtêm-se todos os outros. Do mesmo modo a infinita variedade dos seres que compõem o Universo é produzida pelas combinações das três forças primordiais: matéria, alma, espírito, sob o impulso criador da unidade divina que os mistura e os diferencia, concentra-os e ativa-os. Como os principais mestres da ciência esotérica, Pitágoras atribuía grande importância ao *número sete* e ao *número dez. Sete,* sendo composto de três e de quatro, significa a união do homem com divindade. É a cifra dos adeptos, dos grandes iniciados, e, como exprime a realização completa em qualquer coisa por sete graus, ele representa a lei da evolução. O *número dez,* formado pela adição dos quatro primeiros e que contém o precedente, é o número perfeito por excelência, pois representa todos os princípios da divindade evoluídos e reunidos numa nova unidade.

Terminando o ensino de sua teogonia, Pitágoras mostrava aos discípulos as nove Musas, personificando as ciências, agrupadas três a três, presidindo ao tríplice ternário evoluído em nove mundos, e formando, com Héstia, a Ciência divina, guardiã do Fogo primordial: *a Década sagrada.*

TERCEIRO GRAU — PERFEIÇÃO[6]

Cosmogonia e psicologia. — A evolução da alma.

O discípulo recebera do mestre os princípios da ciência. Esta primeira iniciação havia derrubado as escamas espessas da matéria que encobriam os olhos de seu espírito. Descerrando o véu brilhante da mitologia, ela o arrancara ao mundo visível para lançá-lo loucamente nos espaços sem limites e mergulhá-lo no sol da Inteligência, de onde a Verdade se irradia sobre os três mundos.

Mas a ciência dos números era apenas o preâmbulo da grande iniciação. Armado desses princípios, o discípulo iria agora descer das alturas do Absoluto para as profundezas da natureza, para lá colher o pensamento divino na formação das coisas e na evolução da alma através dos mundos. A cosmogonia e a psicologia esotéricas atingiam os maiores mistérios da vida, segredos perigosos e cuidadosamente guardados, das ciências e das artes ocultas. Por isso Pitágoras gostava de dar essas lições longe da luz profana, à noite, na praia, nos terraços do templo de Ceres, ao murmúrio leve do mar jônico, de uma cadência melodiosa, sob as distantes fosforescências do Cosmo estrelado; ou então, nas criptas do santuário onde candeias egípcias de nafta espalhavam uma claridade uniforme e suave. As mulheres iniciadas assistiam a estas reuniões noturnas. Algumas vezes, sacerdotes ou sacerdotisas, procedentes de Delfos ou de Elêusis, vinham confirmar os ensinamentos do mestre pela narrativa de suas experiências ou pela palavra lúcida do sono clarividente.

A evolução material e espiritual do mundo são dois movimentos inversos, mas paralelos e concordantes em toda a escalada do ser. Um não se explica sem o outro, e, vistos em conjunto, explicam o mundo. A evolução material representa a manifestação de Deus na matéria pela alma do mundo que a elabora. A evolução espiritual representa a elaboração da consciência das mônadas individuais e suas tentativas de se reunirem, através do ciclo das vidas, ao espírito divino do qual emanam. Ver o Universo do ponto de vista físico ou do ponto de vista espiritual não é considerar dois objetos diferentes; é considerar o mundo pelos dois pólos opostos. Do ponto de vista terrestre, a explicação racional do mundo deve começar pela evolução material, uma vez que é sob este ângulo que ele nos aparece; mas, fa-

---

6. Em grego: *Teleiótés*.

zendo-nos ver o trabalho do Espírito universal na matéria e acompanhar o desenvolvimento das mônadas individuais, esta explicação conduz insensivelmente ao ponto de vista espiritual e nos faz passar do lado de *fora* para o lado de *dentro* das coisas, do avesso' para o direito do mundo.

Assim, pelo menos, procedia Pitágoras, que considerava o Universo um ser vivo, animado por uma grande alma e penetrado por uma grande inteligência. A segunda parte de seu ensino começava, portanto, pela cosmogonia.

De acordo com as divisões do céu que constam dos fragmentos esotéricos dos pitagóricos, sua astronomia seria semelhante à astronomia de Ptolomeu: a Terra imóvel e o Sol girando ao redor, com os planetas e o céu todo. Mas o princípio mesmo desta astronomia nos adverte de que ela é puramente simbólica. No centro de seu Universo, Pitágoras coloca o Fogo (do qual o Sol é apenas um reflexo). Ora, em todo o esoterismo do Oriente o Fogo é o sinal representativo do Espírito, da Consciência divina, universal. O que nossos filósofos consideram geralmente como a Física de Pitágoras e de Platão não vai além de uma descrição metafórica de sua filosofia secreta, luminosa para os iniciados mas completamente impenetrável ao vulgo, fazendo-a passar, portanto, por uma simples física. Porém, devemos procurar nela uma espécie de cosmografia da vida das almas, e não outra coisa. A região sublunar designa a esfera onde se exerce a atração terrestre e é chamada o *círculo das gerações*. Os iniciados entendiam que a Terra é para nós a região da vida corporal. Nela se dão todas as operações que acompanham a encarnação e a desencarnação das almas. A esfera dos seis planetas e do Sol corresponde às categorias ascendentes de espíritos. O Olimpo, concebido como uma esfera rolante, é chamado *o céu dos inalteráveis*, por ser assimilado à esfera das almas perfeitas. Essa astronomia infantil encobre, portanto, uma concepção do Universo espiritual.

Todavia, tudo nos leva a crer que os antigos iniciados, e particularmente Pitágoras, tinham do Universo físico noções muito mais exatas. Aristóteles diz positivamente que os Pitagóricos acreditavam no movimento da Terra ao redor do Sol. Copérnico afirma que a idéia da rotação da Terra em torno de seu eixo veio-lhe lendo, em Cícero, que um certo Hicetas, de Siracusa, mencionara o movimento diurno da Terra. A seus discípulos do terceiro grau, Pitágoras ensinava o duplo movimento da Terra. Sem dispor das medidas exatas da ciência moderna, ele sabia, como os sacerdotes de Mênfis, que os planetas resultantes do Sol giram em torno dele; que as estrelas são outros sistemas solares governados pelas mesmas leis que o nosso e cada um dos quais tem seu lugar no imenso Universo. Sabia também que cada mundo solar forma um pequeno universo que tem sua correspondência no mundo espiritual e seu céu próprio. Os planetas serviam para marcar essa escala. Porém estas noções, que teriam subvertido a mitologia popular e que a multidão teria tachado de sacrílegas, jamais eram abordadas na escritura vulgar. Ensinavam-nas somente sob o mais profundo segredo[7].

O Universo visível, dizia Pitágoras, o céu com todas as suas estrelas, é só uma forma passageira da alma do mundo, da grande Maia, que concentra a matéria esparsa nos espaços infinitos, depois a dissolve e espalha como fluido cósmico imponderável. Cada turbilhão solar possui uma parcela dessa alma universal, que evolui em seu seio durante milhões de séculos, com força de impulsão e medida especiais. Quanto às potências, aos reinos, aos espaços e às almas vivas que aparecerão sucessivamente nos astros desse pequeno mundo, elas vêm de Deus, descendem do Pai. Isto é, como de uma evolução material anterior de um sistema solar extinto. Dessas potências invisíveis, algumas, absolutamente imortais, dirigem a formação deste mundo; outras aguardam sua eclosão no sono cósmico ou no sonho divino, para entrarem nas gerações visíveis, segundo sua posição e segundo a lei eterna. Entretanto, a alma solar e seu fogo central, que move diretamente a grande Mônada, manipulam a matéria em fusão. Os planetas são filhos do Sol. Cada um deles, elaborado pelas forças de atração e de rotação inerentes à matéria, está dotado de uma alma semiconsciente nascida da alma solar e tem seu caráter distinto, sua função particular na evolução. Como cada planeta é uma expressão diversa do pensamento de Deus, como exerce uma função especial na cadeia planetária, os antigos sábios identificaram os nomes dos planetas com os dos grandes deuses, que representam as faculdades divinas em ação no Universo.

Os *quatro elementos*, de que são formados os astros e todos os seres, designam quatro estados graduados da matéria. O primeiro, sendo mais denso e mais pesado, é o mais refratário ao espírito; o último, sendo o mais refinado, apresenta com ele grande afinidade. *A Terra* representa o estado sólido; *a água*, o estado líquido; *o ar*, o estado gasoso; *o fogo*, o estado imponderável. O quinto elemento, o elemento *etérico*, representa um estado tão sutil e vivaz da matéria que não é mais atômico, e é dotado de penetração universal. É o fluido cósmico originário, a luz astral ou a alma do mundo.

---

7. Certas definições estranhas, sob forma de metáfora, que nos foram transmitidas e que provêm do ensinamento secreto do mestre, deixam entrever, em seu sentido oculto, a concepção grandiosa que Pitágoras tinha do Cosmo. Falando das constelações, ele chamava a grande e a pequena Ursa de: as mãos de *Réa-Cibele*. Ora, Réa-Cibele significa esotericamente a luz astral que rola, a divina esposa do fogo universal ou do Espírito criador que, concentrando-se nos sistemas solares, atrai as essências imateriais dos seres, *apodera-se delas* e faz com que entrem no turbilhão das vidas. — Ele chamava também os planetas de *os cães de Proserpina*. Esta expressão singular só tem sentido esotericamente. Proserpina, a deusa das almas, presidia sua encarnação na matéria. Pitágoras chamava os planetas de cães de Proserpina porque eles guardam as almas encarnadas como o Cérbero mitológico guarda as almas no inferno.

Pitágoras falava também a seus discípulos do Egito e da Ásia. Sabia que a Terra em fusão era primitivamente cercada por uma atmosfera gasosa, que, liqüefeita por seu resfriamento sucessivo, tinha formado os mares. Conforme seu hábito, ele resumia metaforicamente esta idéia, dizendo que os mares eram produzidos pelas *lágrimas de Saturno* (o tempo cósmico).

Mas eis os reinos aparecendo, os germes invisíveis flutuando na *aura* etérea da terra, turbilhonando em seu invólucro gasoso, e depois sendo atraídos para o seio profundo dos mares e sobre os primeiros continentes que emergiram. Os mundos vegetal e animal, ainda confundidos, apareceram quase ao mesmo tempo. A doutrina esotérica admite a transformação das espécias animais, não somente segundo a lei secundária da *seleção*, mas ainda segundo a lei primária da *percussão* da Terra pelas potências celestes, e de todos os seres vivos pelos princípios inteligíveis e pelas forças invisíveis. Quando uma espécie nova aparece no globo, é que uma raça de almas de um tipo superior se encarna em dada época nos descendentes da espécie antiga, para fazê-la subir um degrau, remoldando-a e transformando-a à sua imagem. É assim que a doutrina esotérica explica o aparecimento do homem na Terra.

Do ponto de vista da evolução terrestre, o homem é a última ramificação e o coroamento de todas as espécies anteriores. Porém este ponto de vista não é suficiente para explicar sua entrada em cena, como não seria suficiente para explicar o aparecimento da primeira alga ou do primeiro crustáceo no fundo dos mares. Todas essas criações sucessivas supõem, como cada nascimento, a percussão da Terra pelos poderes invisíveis que criam a vida. A criação do homem supõe o reino anterior de uma humanidade celeste, que preside à eclosão da humanidade terrestre e envia-lhe, como ondas de uma maré formidável, novas torrentes de almas que se encarnam em seus flancos e fazem brilhar os primeiros raios de uma luz divina naquele ser saturado de animalidade, forçado para viver, a lutar com todas as potências da natureza.

Pitágoras, formado pelos templos do Egito, tinha noções precisas sobre as grandes revoluções do globo. A doutrina indiana e egípcia conhecia a existência do antigo continente austral que produzira a raça vermelha e uma poderosa civilização, chamada Atlântida pelos gregos. Atribuía a emergência e a imersão alternada dos continentes à oscilação dos pólos, e admitia que a humanidade tenha atravessado assim seis dilúvios. Cada ciclo interdiluviano resulta na predominância de uma grande raça humana. No meio dos eclipses parciais da civilização e das faculdades humanas, existe um movimento geral ascendente.

Eis, pois, a humanidade constituída e as raças que seguem sua evolução através dos cataclismos do globo. E sobre este globo que acreditamos ser a base imutável do mundo e que flutua por si mesmo levado no espaço, sobre estes continentes que emergem dos mares para novamente desaparecerem no meio desses povos que passam, dessas civilizações que se desmoronam, qual é o grande, o pungente, o eterno mistério? É esse o grande

259

problema interior, aquele de cada um e de todos. E o problema da alma, que descobre em si mesma um abismo de trevas e de luz, que se contempla com uma mistura de encantamento e de pavor e se diz: "Eu não sou deste mundo, pois ele não é suficiente para me explicar. Não venho da Terra; vou para outro lugar. Mas para onde?" É o mistério de Psiquê, no qual se encerram todos os outros.

A cosmogonia do mundo visível, dizia Pitágoras, nos conduziu à história da Terra, e esta, ao mistério da alma humana. Com ele chegamos ao santuário dos santuários, ao arcano dos arcanos. Uma vez despertada sua consciência, a alma se transforma por si mesma no mais extraordinário dos espetáculos. Mas esta consciência é apenas a superfície iluminada de seu ser, onde ela pressente abismos obscuros e insondáveis. Em sua profundidade desconhecida, a divina Psiquê contempla, com olhar fascinado, todas as vidas e todos os mundos: passado, presente e futuro que a eternidade reúne. "Conhece-te a ti mesmo e conhecerás o Universo dos Deuses." Eis o segredo dos sábios iniciados. Mas, para penetrar por esta porta estreita da imensidão do Universo invisível, despertemos em nós a vida reta da alma purificada e armemo-nos do facho da Inteligência, da ciência dos princípios e dos Números sagrados.

Pitágoras passava assim da cosmogonia física à cosmogonia espiritual. Após a evolução da Terra, ele narrava a evolução da alma através dos mundos. Fora da iniciação, esta doutrina é conhecida sob o nome de *transmigração das almas*. Sobre nenhuma outra parte da doutrina oculta se têm dito maiores disparates do que sobre aquela, de tal forma que a literatura antiga e moderna só a conhecem por meio de deturpações pueris. O próprio Platão que, de todos os filósofos, mais contribuiu para popularizá-la, dela nos deu apenas interpretações fantasiosas e às vezes extravagantes, talvez pelo fato de sua prudência ou de seus juramentos terem-no impedido dizer tudo o que sabia. Poucas pessoas imaginam hoje que esta doutrina possa ter tido para os iniciados um aspecto científico, ou possa ter aberto perspectivas infinitas e dado à alma consolações divinas. A doutrina da vida ascensional da alma através da série das existências é o traço comum das tradições esotéricas e o coroamento da teosofia. Acrescento que ela tem para nós uma importância capital. Atualmente, o homem rejeita com igual desprezo a imortalidade abstrata e vaga da filosofia e o céu infantil da religião primária. No entanto, a sequidão e a nulidade do materialismo lhe causam horror. Ele aspira inconscientemente à consciência de uma *imortalidade orgânica*, que corresponda ao mesmo tempo às exigências de sua razão e às necessidades indestrutíveis de sua alma. Compreende-se, de resto, por que os iniciados das religiões antigas, mesmo tendo completo conhecimento destas verdades, mantiveram-nas tão secretas. Pois elas são de natureza a provocar vertigem nos espíritos não cultivados. Ligam-se estreitamente aos profundos mistérios da geração espiritual, dos sexos e da geração da carne, de que dependem os destinos da humanidade futura.

Portanto, esperava-se com uma espécie de frêmito aquele momento decisivo do ensinamento esotérico. Pela palavra de Pitágoras, como por um lento encantamento, a matéria espessa parecia perder seu peso, as coisas da Terra tornavam-se transparentes, as do céu, visíveis ao espírito. Esferas azuis e douradas, sulcadas de essências luminosas, desenrolavam seus orbes até o infinito.

Nessa hora os discípulos, homens e mulheres, agrupavam-se em torno do mestre, em uma parte subterrânea do templo de Ceres chamada cripta de Proserpina, e escutavam com uma emoção palpitante *a história celeste de Psiquê.*

O que é a alma humana? Uma parcela da grande alma do mundo, uma centelha do espírito divino, uma mônada imortal. Mas, se seu possível futuro abre-se nos esplendores insondáveis da consciência divina, sua misteriosa eclosão remonta às origens da matéria organizada. Para tornar-se o que é na humanidade atual, foi preciso que ela atravessasse todos os reinos da natureza, toda a escala dos seres, desenvolvendo-se gradualmente por uma série de inumeráveis existências. O espírito que fermenta os mundos e condensa a matéria cósmica em massas enormes manifesta-se com intensidades diversas e uma concentração sempre maior nos reinos sucessivos da natureza. Força cega e indistinta no mineral, individualizada na planta, polarizada na sensibilidade e no instinto dos animais, ela tende para a mônada consciente nessa lenta elaboração. E a mônada elementar é visível no mais inferior dos animais. O elemento anímico e espiritual existe, pois, em todos os reinos, embora somente em quantidade infinitesimal nos reinos superiores. As almas que existem em estado de germes nos reinos inferiores aí permanecem sem sair, durante imensos períodos. E só depois de grandes revoluções cósmicas é que elas passam para um reino superior, mudando de planeta. Tudo o que elas podem fazer durante o período de vida num planeta é subir algumas espécies.

Onde começa a mônada? Seria o mesmo que perguntar a hora em que se formou a nebulosa, ou um sol brilhou pela primeira vez. Seja como for, o o que constitui a essência de qualquer homem teve de evoluir durante milhões de anos, através de uma cadeia de planetas e reinos inferiores, conservando, porém, através de todas essas existências um princípio individual que a acompanha por toda a parte. Esta individualidade obscura, mas indestrutível, constitui a marca divina da mônada, na qual Deus quer manifestar-se pela consciência.

Quanto mais ascende na série dos organismos, mais a mônada desenvolve os princípios latentes que já possui. A força polarizada torna-se sensível; a sensibilidade tornar-se instinto, e o instinto, inteligência. E à medida que se acende a chama vacilante da consciência esta alma torna-se mais independente do corpo, mais capaz de levar uma existência livre. A alma fluida e não polarizada dos minerais e dos vegetais está ligada aos elementos da Terra. A dos animais, fortemente atraída pelo fogo terrestre, ali permanece certo tempo após deixar seu cadáver; depois volta para a superfície do globo, para se reencarnar em sua espécie, sem jamais abandonar as baixas camadas do ar. Estas são povoadas de elementos ou almas animais, que desempenham sua função na vida atmosférica e uma grande influência oculta sobre o homem. Somente a alma humana vem do céu e para lá retorna após a morte. Mas em que época de sua longa existência cósmica a alma elementar tornou-se humana? Qual cadinho incandescente, qual chama etérea lhe teria possibilitado tal passagem? Essa transformação só seria possível, num período interplanetário, pelo reencontro de almas humanas já plenamente formadas, que desenvolveram na alma elementar seu princípio espiritual e lhe imprimiram seu divino protótipo como uma marca de fogo em sua substância plástica.

Mas quantas viagens, quantas encarnações, quantos ciclos planetários ainda a atravessar para que a alma humana, assim formada, se torne o homem que conhecemos! Segundo as tradições esotéricas da Índia e do Egito, os indivíduos que compõem a humanidade atual teriam começado sua existência humana em outros planetas, onde a matéria é muito menos densa do que no nosso. O corpo do homem era então quase vaporoso; suas encarnações, rápidas e fáceis. Suas faculdades de percepção espiritual direta teriam sido muito poderosas e sutis naquela primeira fase humana. A razão e a inteligência, ao contrário, estariam em estado embrionário. Neste estado semicorporal, semi-espiritual, o homem via os espíritos, tudo era esplendor e encanto para seus olhos, música para seus ouvidos. Ele ouvia até a harmonia das esferas. Não pensava, não refletia, quase não queria. Deixava-se viver, bebendo os sons, as formas e a luz, flutuando, como em um sonho, da vida para a morte e da morte para a vida. Eis os que os órficos chamavam *o céu de Saturno*. Foi só encarnando-se em planetas cada vez mais densos, segundo a doutrina de Hermes, que o homem se materializou. Encarnando-se em uma matéria mais espessa, a humanidade perdeu seu sentido espiritual. Mas, mediante luta cada vez mais forte com o mundo exterior, ela desenvolveu poderosamente a razão, a inteligência e a vontade. A Terra é o último degrau dessa descida na matéria, que Moisés chama de saída do paraíso, e Orfeu, de queda do círculo sublunar. Daí o homem pode voltar a subir penosamente os círculos em uma série de existências novas e recuperar seus sentidos espirituais, por meio do livre exercício do intelecto e da vontade. Somente então, dizem os discípulos de Hermes e de Orfeu, o homem adquire, por sua *ação*, a consciência e a posse do divino. Somente então ele se torna *filho de Deus*. E aqueles que, na Terra, tiveram este nome precisaram, antes de aparecerem entre nós, de descer e tornar a subir a terrível espiral.

O que é, pois, a humilde Psiquê, em sua origem? Um sopro que passa, um germe que flutua, um pássaro levado pelos ventos, que emigra de existência em existência. Entretanto, de naufrágio em naufrágio, através de milhões de anos, ela tornou-se a filha de Deus e não reconhece outra pátria além do céu! Eis por que a poesia grega, de um simbolismo tão profundo e tão luminoso, comparou a alma ao inseto alado: ora verme da terra, ora borboleta celeste. Quantas vezes tem ela sido crisálida e quantas vezes, borboleta? Jamais o saberá, mas sente que possui asas!

Tal é o vertiginoso passado da alma humana. Ele nos explica sua condição presente e nos permite entrever seu futuro.

Qual é a situação da divina Psiquê na vida terrestre? A menor reflexão mostra que seria impossível imaginar algo mais estranho e mais trágico. Desde que, penosamente, despertou na atmosfera espessa da Terra, a alma sentiu-se enlaçada nas sinuosidades do corpo. Não vive, não respira, não pensa, senão através dele. Entretanto, o corpo não é a alma. À medida que se desenvolve, ela sente crescer em si mesma uma luz vacilante, algo invisível e imaterial que ela chama *seu* espírito, *sua* consciência. Sim, o homem possui o sentimento inato de sua tríplice natureza, pois que ele distingue, em sua própria linguagem instintiva, corpo e alma; a alma e o espírito. Porém a alma cativa e atormentada se debate entre seus dois companheiros, como no amplexo de uma serpente de mil anéis e um gênio invisível que a chama, mas cuja presença só se faz sentir pelas batidas de asas e por clarões fugidios. Ora, este corpo a absorve a tal ponto que ela só vive através de suas sensações e paixões. Ela rola com ele nas orgias sangrentas da cólera ou na grosseira embriaguez das volúpias carnais, até que ela mesma se espante consigo pelo silêncio profundo do companheiro invisível. Atraída por este, a alma se perde em tal elevação de pensamento que esquece a existência do corpo, até que ele lhe recorde sua presença mediante um apelo tirânico. E, no entanto, uma voz interior lhe diz que entre ela e o hóspede invisível o liame é indissolúvel, enquanto a morte romperá sua ligação com o corpo. E, sacudida entre os dois em sua luta eterna, e alma busca inutilmente a felicidade e a verdade. Inutilmente ela busca a si mesma nas sensações que passam, nos pensamentos que lhe escapam, no mundo que se modifica como uma miragem. Não encontrando nada que dure, atormentada, arrastada como uma folha ao vento, ela duvida de si mesma e de um mundo divino que apenas se revela por sua dor e sua incapacidade para atingi-lo.

A ignorância humana está escrita nas contradições dos pretensos sábios, e a tristeza humana, na sede insondável do olhar humano. Enfim, qualquer que seja a extensão de seus conhecimentos, o nascimento e a morte encerram o homem entre dois limites fatais. São duas portas de trevas, além das quais ele nada vê. A chama de sua vida se acende ao entrar por uma, e se extingue ao sair por outra. Dar-se-ia o mesmo com a alma? Se não, o que lhe acontecerá?

A resposta que os filósofos já deram a esse problema pungente tem sido muito diversa. A dos teosofistas iniciados de todos os tempos é essencialmente a mesma. Está de acordo com o sentimento universal e com o espírito íntimo das religiões, que exprimiram a verdade apenas em forma de símbolos ou superstições. A doutrina esotérica abre perspectivas bem mais vastas e suas afirmações relacionam-se com as leis da evolução universal.

Eis o que os iniciados, instruídos pela tradição e por inúmeras experiências da vida psíquica, têm dito ao homem: o que se agita em ti, o que chamas *tua* alma, é um *duplo etéreo* do corpo, que encerra em si mesmo um espírito imortal. O espírito constrói e tece para si, por sua própria atividade, seu corpo espiritual. Pitágoras denomina-o o *carro sutil da alma*, porque ele está destinado a transportá-lo da terra após a morte. *Este corpo espiritual é o órgão do espírito,* seu invólucro sensitivo, seu instrumento volitivo, e serve para animar o corpo, que sem ele permaneceria inerte. Nas aparições dos moribundos ou mortos, esse *duplo* torna-se visível. Mas isto supõe sempre, no vidente, um estado nervoso especial. A sutileza, a potência, a perfeição do corpo espiritual variam segundo a qualidade do espírito que ele encerra. E existe entre as substâncias das almas, tecidas na luz astral mas impregnadas dos fluidos imponderáveis da terra e do céu, nuances mais numerosas, diferenças maiores do que entre todos os corpos terrestres e todos os estados da matéria ponderável. Esse corpo astral, embora muito mais sutil e mais perfeito que o corpo terrestre, não é imortal como a mônada que ele contém. Muda, apura-se, de acordo com os meios que atravessa. O espírito molda-o, transforma-o perpetuamente à sua imagem, mas jamais o abandona. Se dele se despoja pouco a pouco, é para se revestir de substâncias mais etéreas.

Isto ensinava Pitágoras, que não concebia a entidade espiritual abstrata, a mônada sem forma. O espírito em ato, tanto no fundo dos céus como na terra, deve ter um órgão. Esse órgão é a alma viva, bestial ou sublime, obscura ou radiosa, mas com a forma humana, a imagem de Deus.

O que acontece quando sobrevém a morte? No limiar da agonia, a alma geralmente pressente sua separação do corpo. Revê toda sua existência terrestre em quadros resumidos, em rápida sucessão e com assustadora nitidez. Mas quando a vida se esgota e cessa no cérebro, ela se perturba e perde totalmente a consciência. Se é uma alma santa e pura, seus sentidos espirituais já estão despertados pelo desligamento gradual da matéria. Antes de morrer, de alguma maneira, talvez pela introspecção de seu próprio estado, ela já teve o pressentimento da presença de outro mundo. Perante as solicitações silenciosas, os apelos longínquos, os vagos raios do Invisível, a terra já perdeu sua consistência. E quando a alma escapa, enfim, do cadáver frio, feliz por sua libertação, sente arrebatar-se em meio a uma intensa luz, para a família espiritual à qual pertence.

Mas o mesmo não acontece com o homem comum, cuja vida se dividiu entre os instintos materiais e as aspirações superiores. Ele desperta semiconsciente, como no torpor de um pesadelo. Não tem mais braços para apertar, nem voz para gritar, mas recorda, sofre, existe em um limbo de trevas e de pavor. A única coisa que percebe é a presença de seu cadáver, do qual está desligado, mas pelo qual ainda experimenta uma invencível atração, pois, é por seu intermédio que vivia. E agora, o que é ele? Procura-se com pavor nas fibras geladas de seu cérebro, no sangue congelado de suas veias, e não se encontra mais. Está morto? Está vivo? Queria ver, queria agarrar-se a alguma coisa. Mas não vê, não toca em nada. As trevas o envolvem. Ao redor dele, nele, tudo é caos. Vê apenas uma coisa, e esta coisa o atrai e causa-lhe horror... a fosforescência sinistra de seu próprio despojo... E o pesadelo recomeça.

Este estado pode prolongar-se por meses, anos. Sua duração depende da força dos instintos materiais da alma. Porém, boa ou má, infernal ou celeste, essa alma pouco a pouco tomará consciência de si mesma e de seu novo estado. Uma vez livre do corpo, ela se evadirá nos sorvedouros da atmosfera terrestre, cujas correntes elétricas transportam-na de um lado para outro, onde ela começa a perceber os errantes multiformes, mais ou menos semelhantes e ela mesma, como se fossem clarões fugazes em uma bruma espessa. Começa então uma luta vertiginosa, enfurecida, da alma ainda entorpecida, para subir às camadas superiores do ar, para livrar-se da atração terrestre e alcançar no céu de nosso sistema planetário a região que lhe é própria e que somente guias amigos podem mostrar-lhe. Mas até que possa ouvi-los e vê-los decorre um longo tempo. Esta fase da vida da alma tem recebido nomes diversos nas religiões e nas mitologias. Moisés denomina-a Horeb; Orfeu, Erebo; o cristianismo, Purgatório ou o *vale da sombra da morte*. Os iniciados gregos identificavam-na com o cone de sombra que a terra arrasta sempre atrás de si e que vai até a lua, denominando-a, por esta razão, *o abismo de Hécate*. Nesse poço tenebroso turbilhonam, segundo os órficos e os pitagóricos, as almas que procuram, por meio de esforços desesperados, alcançar o círculo da lua, e que a violência dos ventos torna a lançar aos milhares para a Terra. Homero e Virgílio comparam-nas a turbilhões de folhas, a bandos de pássaros enlouquecidos pela tempestade.

A lua desempenhava um grade papel no esoterismo antigo. Em sua face voltada para o céu, supunha-se que as almas purificavam seu corpo astral antes de continuarem sua ascensão celeste. Supunha-se também que os heróis e os gênios permaneciam algum tempo em sua face voltada para a terra, a fim de se revestirem de um corpo apropriado ao nosso mundo antes de se reencarnarem. Também se atribuía à Lua o poder de magnetizar a alma para a encarnação terrestre e de desmagnetizá-la para o céu. De maneira geral, estas asserções, às quais os iniciados atribuíam um sentido ao mesmo tempo real e simbólico, significavam que a alma deve passar por um estado intermediário de purificação e se desembaraçar das impurezas da terra antes de prosseguir sua viagem.

Porém, como descrever a chegada da alma pura em seu mundo? A Terra desapareceu como um sonho. Um sono novo, um desvanecimento delicioso envolve a alma, como uma carícia. Ela nada mais vê a não ser o seu guia alado, que a leva com a rapidez de um relâmpago pelas profundezas do espaço. O que dizer de seu despertar nos vales de um astro etéreo, sem a elementar atmosfera, onde tudo, montanhas, flores, vegetação, se constitui de uma natureza deliciosa, sensível e eloqüente? O que dizer sobretudo das formas luminosas, homens e mulheres, que a cercam como uma procissão sagrada, para iniciá-la no santo mistério de sua nova vida? São deuses ou deusas? Não, são almas como ela mesma. E a maravilha está em que o pensamento íntimo delas desabrocha-lhes na face; que a ternura, o amor, o desejo ou o temor brilham através daqueles corpos diáfanos numa gama de colorações luminosas. Ali, corpos e faces não são mais as máscaras da alma, mas a alma transparente aparece em sua forma verdadeira e brilha no dia claro de sua verdade pura. Psiquê reencontrou sua pátria divina; pois a luz secreta onde ela se banha, que dela emana e que volta para ela no sorriso dos bem-amados e das bem-amadas, aquela luz de felicidade é a alma do mundo... ela sente ali a presença de Deus! Agora não haverá mais obstáculos. Ela amará, saberá, viverá, sem qualquer outro limite que não seja seu próprio impulso. Que felicidade estranha e maravilhosa! Sente-se unida a todas as suas companheiras por afinidades profundas. Porque na vida do além aqueles que não se amam se evitam e só aqueles que se compreendem se procuram. Ela celebrará com as outras os divinos mistérios em templos mais belos, numa comunhão mais perfeita. Surgirão poemas vivos sempre renovados, onde cada alma será uma estrofe e onde cada uma reviverá sua existência na das outras. Depois, fremente, ela se lançará para a luz do alto, atendendo ao apelo dos Enviados, dos Gênios alados, daqueles que se chamam Deuses porque escaparam do círculo das gerações. Conduzida por estas inteligências sublimes, ela se esforçará para soletrar o grande poema do Verbo oculto, para compreender o que puder apreender da sinfonia do universo. Receberá os ensinamentos hierárquicos dos círculos do Amor divino; procurará ver as Essências que derramam nos mundos os Gênios animadores; contemplará os espíritos glorificados, raios vivos do Deus dos Deuses, e não poderá suportar seu esplendor ofuscante, que faz empalidecer os sóis como se fossem lâmpadas enfumaçadas! E quando, espantada. ela voltar dessas viagens resplandescentes — pois estremece diante daquelas imensidões —, ouvirá ao longe o apelo das vozes amadas e recairá nas plagas douradas de seu astro, sob o véu róseo de um sono embalador, pleno de formas brancas, de perfumes e melodia.

Assim é a vida celeste da alma que nosso espírito adensado pela Terra mal consegue imaginar, mas que os iniciados adivinham, os videntes vêem e a lei das analogias e das concordâncias universais demonstra. Nossas imagens grosseiras, nossa linguagem imperfeita tentam em vão traduzi-la, mas cada alma viva sente-lhe o germe em suas profundezas ocultas. Se, no estado atual, nos é impossível realizá-la, a filosofia do oculto formula suas condições psíquicas. A idéia de astros etéreos, invisíveis para nós, mas constitutivos de nosso sistema solar e que servem de morada às almas felizes, encontra-se freqüentemente nos arcanos da tradição esotérica. Pitágoras denomina-a uma contrapartida da Terra: a *antichtone* iluminada pelo Fogo central, isto é, pela luz divina. No final do *Fédon*, Platão descreve longamente, embora de forma disfarçada, essa terra espiritual. Diz que ela é leve como o ar e cercada por uma atmosfera etérea.

Na outra vida, a alma conserva, portanto, toda sua individualidade. De sua existência terrestre, ela só guarda lembranças nobres e deixa as outras caírem no esquecimento que os poetas chamaram as ondas do Lethê. Liberta de suas nódoas a alma humana sente sua consciência retornar. De fora do Universo ela voltou para seu interior. Cibele-Maia, a alma do mundo, retomou-a em seu seio com uma aspiração profunda. Ali Psiquê realizará seu sonho, aquele sonho interrompido a todo o instante e recomeçado sem cessar na Terra. Ela o realizará na medida de seu esforço terrestre e de sua luz conquistada, mas ampli-a-lo á ao cêntuplo. As esperanças esmagadas reflorescerão na aurora de sua vida divina. Os sombrios poentes da Terra se abrasarão em radiosos clarões. Sim, que o homem só tenha vivido uma hora de entusiasmo ou de abnegação, esta única nota pura, arrancada à gama dissonante de sua vida terrestre, se repetirá em seu além em progressões maravilhosas, em harmonias eolianas. As felicidades fugidias que obtemos dos encantamentos da música, dos êxtases do amor ou dos transportes da caridade são apenas as notas debulhadas de uma sinfonia que ouviremos então. Será que esta vida é apenas um longo sonho, uma grandiosa alucinação? Porém o que há de mais verdadeiro do que aquilo que a alma sente em si mesma e que ela realiza mediante sua comunhão divina com outras almas? Os iniciados, que são idealistas conseqüentes e transcendentes, sempre pensaram que as únicas coisas reais e duráveis da Terra são as manifestações da Beleza, do Amor e da Verdade expirituais. Como o Além não pode ter outro objeto que não seja essa Verdade, essa Beleza e esse Amor, para aqueles que deles fizeram o objeto de sua vida, eles estão persuadidos de que o céu será mais verdadeiro do que a Terra.

A vida celeste da alma pode durar centenas ou milhares de anos, de acordo com sua posição e sua força impulsora. Mas cabe apenas às mais perfeitas, às mais sublimes, àquelas que atravessaram o círculo das gerações, prolongá-la indefinidamente. Estas não somente atingiram o repouso temporário, mas a ação imortal na verdade. Criaram suas próprias asas. São invioláveis, porque são a luz. Governam os mundos, porque vêem através deles. Quanto às outras, são levadas, por uma lei inflexível, a se reencarnarem para se submeterem a uma nova prova elevando-se a um escalão superior ou caindo mais baixo ainda, se falharem.

Como a vida terrestre, a vida espiritual tem seu começo, seu apogeu e sua decadência. Quando esta vida se esgota, a alma sente-se dominada por lentidão, vertigem e melancolia. Uma força invencível a atrai de novo para as lutas e os sofrimentos da Terra. Esse desejo é um misto de apreensões terríveis e de imensa dor por deixar a vida divina. Mas chegou a hora. A lei deve ser cumprida. O peso aumenta, a escuridão a invade e só vê suas companheiras luminosas através de um véu, que cada vez mais espesso a faz pressentir a separação iminente. Ouve seus tristes adeuses. As lágrimas das bem-aventuranças que ama penetram-na como um orvalho celeste que deixará em seu coração a sede ardente de uma felicidade desconhecida. Então, com juramentos solenes, ela promete *recordar*... recordar a luz no mundo das trevas, a verdade no mundo da mentira, o amor no mundo do ódio. A volta, a coroa imortal, só existe a este preço!

Ela desperta numa atmosfera espessa. Astro etéreo, almas diáfanas, oceanos de luz, tudo desapareceu. Ei-la de volta à Terra, no abismo do nascimento e da morte. Entretanto ela ainda não perdeu a lembrança celeste, e o guia alado, ainda visível a seus olhos, mostra-lhe a mulher que será sua mãe. Esta traz dentro de si o germe de uma criança. E este germe só viverá se um espírito vier animá-lo. Então, durante nove meses, realiza-se o mistério mais impenetrável da vida terrestre: a encarnação e a maternidade.

A fusão misteriosa opera-se lentamente, sabiamente, órgão por órgão, fibra por fibra. À medida que a alma mergulha nesse antro quente embebido de vapor e pululante, à medida que se sente presa nos meandros das vísceras de mil pregas, a consciência de sua vida divina apaga-se e extingue-se; pois entre ela e a luz do alto interpõem-se as ondas do sangue, os tecidos da carne que a estreitam e envolvem em trevas. Aquela luz longínqua já não é mais do que um clarão agonizante. Afinal, uma dor horrível comprime-a, aperta-a num torno. Uma convulsão sangrenta arranca-a à alma materna e fixa-a num corpo palpitante. A criança nasceu, miserável efígie terrestre, e grita de pavor. Mas a lembrança celeste penetrou nas profundezas ocultas do Inconsciente, e só reviverá pela Ciência ou pela Dor, pelo Amor ou pela Morte!

A lei da encarnação e da desencarnação revela-nos pois o verdadeiro sentido da vida e da morte. Constitui o núcleo essencial na evolução da alma, e nos permite acompanhá-la para trás e para frente, até o mais profundo da natureza e da divindade; pois essa lei nos revela o ritmo e a medida, a razão e o fim de sua imortalidade. Abstrata ou fantástica, ela torna-a viva e lógica, mostrando as correspondências da vida e da morte. O nascimento terrestre é uma morte do ponto de vista espiritual; a morte, uma ressurreição celeste. A alternância das duas vidas é necessária ao desenvolvimento da alma, e cada uma das duas é ao mesmo tempo a conseqüência e a explicação da outra. Todo aquele que se penetrou dessas verdades encontra-se no coração dos mistérios, no centro da iniciação.

Entretanto, perguntarão, o que nos prova a continuidade da alma, da mônada, da entidade espiritual através de todas essas existências, uma vez que delas ela perde sucessivamente a memória?

E o que vos prova, responderemos, a identidade da vossa personalidade, durante a vigília e durante o sono? Despertais cada manhã de um estado tão estranho, tão inexplicável como a morte. Ressuscitais desse nada para recair nele à noite. Era o nada? Não. Pois sonhastes, e vossos sonhos foram para vós tão reais quanto a realidade da vigília. Uma alteração das condições fisiológicas do cérebro modificou as relações entre a alma e o corpo e deslocou vosso ponto de vista psíquico. Permanecestes o mesmo indivíduo, mas estivestes em outro meio e vivestes outra existência. Nos magnetizados, nos sonâmbulos e nos clarividentes, o sono desenvolve faculdades novas que nos parecem miraculosas, mas que são as faculdades naturais da alma desligada do corpo. Uma vez despertos, esses clarividentes não se lembram mais do que viram, do que disseram ou fizeram durante o sono lúcido. Mas em outro de seus sonos recordam-se perfeitamente do que aconteceu no sono anterior, e predizem às vezes com exatidão matemática o que acontecerá no próximo. Parecem ter duas consciências, duas vidas alternadas inteiramente distintas, cada uma com sua continuidade racional, envolvendo uma mesma individualidade como cordões de cores diversas em torno de um fio invisível.

Foi pois num sentido bastante profundo que os antigos poetas iniciados denominaram o sono *o irmão da morte*. Um véu de esquecimento separa o sono da vigília, como o nascimento da morte. E assim como nossa existência terrestre divide-se em duas partes sempre alternadas, também a alma se alterna, na imensidão de sua evolução cósmica, entre a encarnação e a vida espiritual, entre a terra e os céus. Essa passagem alternativa de um plano do Universo para outro, essa inversão dos pólos de seu ser não é menos necessária ao desenvolvimento da alma do que a alternativa da vigília e do sono é necessária à vida corporal do homem. Temos necessidade das ondas do *Lethê* ao passar de uma existência para outra. Nesta, um véu salutar nos esconde o passado e o futuro. O esquecimento porém não é total, e a luz atravessa o véu. As idéias inatas provam, por si sós, uma existência anterior. Todavia há mais: nascemos com um mundo de vagas recordações, de impulsos misteriosos, de pressentimentos divinos. Em crianças nascidas de pais mansos e tranqüilos às vezes irrompem paixões selvagens que o atavismo não é suficiente para explicar e que vêm de uma existência precedente. Nas vidas mais humildes muitas vezes há inexplicáveis e sublimes fidelidades a um sentimento, a uma idéia. Não virão elas das promessas e dos juramentos da vida celeste? Pois a lembrança oculta que dela a alma guardou é mais forte do que todas as razões terrestres. Conforme se prenda a esta lembrança ou a abandone, ela vence ou sucumbe. A verdadeira fé é aquela muda fidelidade da alma a si mesma. Compreende-se assim que Pitágoras, como todos os teósofos, tenha considerado a vida corporal como uma elaboração necessária da vontade, e a vida celeste como um crescimento espiritual e uma realização.

As vidas sucedem-se e não se assemelham, mas encadeiam-se com uma lógica impiedosa. Se cada uma delas tem sua lei própria e seu destino especial, sua seqüência é regida por uma lei geral que se poderia chamar de *repercussão das vidas*[8]. Segundo esta lei, as ações de uma vida repercutem fatalmente na seguinte. Não somente o homem renascerá com os instintos

---

8. A lei chamada *Karma*, dos brâmanes e budistas.

e as faculdades que desenvolveu em sua precedente encarnação, mas o próprio gênero de sua existência será determinado em grande parte pelo bom ou mau emprego que ele teria feito de sua liberdade na vida anterior. Não há palavra, não há ação que não tenha eco na eternidade, diz um provérbio. Segundo a doutrina esotérica, esse provérbio aplica-se literalmente de uma vida à outra. Para Pitágoras, as injustiças aparentes do destino, as deformidades, as misérias, os golpes da sorte, as infelicidades de todo gênero encontram sua explicação no fato de cada existência ser a recompensa ou o castigo da precedente. Uma vida criminosa engendra uma vida de expiação; uma vida imperfeita, uma vida de provas. Uma vida boa determina uma missão; uma vida superior, uma missão criadora. A sanção moral, que se aplica com imperfeição aparente do ponto de vista de uma única existência, aplica-se, no entanto, com perfeição admirável e justiça minuciosa na série de existências. Nessa série pode haver progressão rumo à espiritualidade e à inteligência, como pode haver progressão rumo à bestialidade e à matéria. À medida que a alma progride, adquire maior participação na escolha de suas reencarnações. A alma inferior submete-se. A alma média escolhe entre aquelas que lhe são oferecidas. A alma superior, que se impõe uma missão, elege-a por devotamento. Quanto mais a alma se eleva, mais ela conserva em suas encarnações a consciência clara, irrecusável, da vida espiritual, que reina além de nosso horizonte terrestre, que a envolve como uma esfera de luz e envia seus raios em nossas trevas. A tradição pretende mesmo que os iniciadores de primeira linha, os divinos profetas da humanidade, tenham recordado suas precedentes vidas terrestres. Segundo a lenda, Gautama Buda, Sáquia-Muni, teria encontrado em seus êxtases o fio das suas existências passadas. E conta-se que Pitágoras dizia dever a um favor especial dos Deuses o fato de lembrar-se de algumas de suas vidas anteriores.

Já dissemos que, na série das vidas, a alma pode retroceder ou avançar, conforme se entregue à sua natureza inferior ou à divina. Daí uma conseqüência importante, cuja verdade a consciência humana sempre sentiu com um estremecimento estranho. Em todas as existências há lutas a sustentar, escolhas a fazer, decisões a tomar, cujos resultados são incalculáveis. Mas, na rota ascendente do bem, que atravessa uma série considerável de encarnações, deve existir uma vida, um ano, um dia, uma hora talvez, em que a alma, alcançando a plena consciência do bem e do mal, pode elevar-se, por um derradeiro e supremo esforço, a uma altura tal que não terá mais de descer, iniciando o caminho dos pináculos. O mesmo acontece no caminho descendente do mal. Há um ponto do qual a alma perversa pode ainda voltar. Contudo, uma vez transposto esse ponto, a insensibilidade é definitiva. De existência em existência, ela rolará até o fundo das trevas e perderá sua humanidade. O homem tornar-se-á demônio, o demônio, animal, e sua indestrutível mônada será forçada a recomeçar a penosa, assustadora evolução através da série dos reinos ascendentes e inumeráveis existências. Eis o verdadeiro inferno, segundo a lei da evolução. E não é ele tão terrível e até mais lógico que o das religiões esotéricas?

A alma pode, portanto, subir ou descer na série das vidas. Quanto à humanidade terrestre, sua marcha opera-se segundo a lei de uma progressão ascendente, que faz parte da ordem divina. Esta verdade, que supomos ser descoberta recente, era conhecida e'ensinada nos Mistérios antigos. "Os animais são parentes do homem e o homem é parente dos deuses", dizia Pitágoras. Ele desenvolvia filosoficamente o que ensinavam também os símbolos de Elêusis: o progresso dos reinos ascendentes, a aspiração do mundo vegetal ao mundo animal, do mundo animal ao mundo humano e a sucessão, na humanidade, de raças cada vez mais perfeitas. Esse progresso não se realiza de maneira uniforme, mas em ciclos regulares e crescentes, contidos uns nos outros. Cada povo tem sua juventude, sua maturidade e seu declínio. Ocorre o mesmo com raças inteiras: a raça vermelha, a raça negra e a raça branca, têm reinado sucessivamente no globo. A raça branca, ainda em plena juventude, não atingiu sua maturidade em nossos dias. Em seu apogeu, ela desenvolverá, no próprio seio, uma raça aperfeiçoada, pelo restabelecimento da iniciação e pela seleção espiritual dos casamentos.

Assim se sucedem as raças, assim progride a humanidade. Os iniciados antigos iam muito mais longe do que os modernos em suas previsões. Admitiam que chegaria um momento em que a grande massa dos indivíduos que compõem a humanidade atual passaria a um outro planeta, a fim de lá começar um novo ciclo. Na série dos ciclos que constituem a cadeia planetária, a humanidade inteira desenvolverá os princípios intelectuais, espirituais e transcendentes que os grandes iniciados cultivaram em si mesmos já nesta vida, e os levará assim a uma florescência mais geral. Não é preciso dizer que tal desenvolvimento abrange não somente milhares, mas milhões de anos, e que provocará mudanças inimagináveis na condição humana. Para caracterizá-las, Platão disse que nesse tempo os Deuses habitarão realmente os templos dos homens. É lógico admitir que na cadeia planetária, isto é, nas evoluções sucessivas de nossa humanidade em outros planetas, suas encarnações se tornem de uma natureza cada vez mais etérea, o que as aproximará insensivelmente do estado puramente espiritual, daquela oitava esfera que está fora do círculo das gerações, e pela qual os antigos teósofos designavam o estado divino. É natural também que, não tendo todos o mesmo impulso, pois muitos ficam no caminho ou caem fora, o número dos eleitos vá diminuindo sempre nessa prodigiosa ascensão. Ela causa vertigem a nossas inteligências limitadas pela Terra; mas as inteligências celestes contemplam-na sem medo, como nós contemplamos uma única vida.

A evolução das almas, assim compreendida, não estaria de acordo com a unidade do Espírito, o princípio dos princípios; com a homogeneidade da Natureza, a lei das leis; com a continuidade do movimento, a força das forças? Visto através do prisma da vida espiritual, um Sistema Solar não constitui somente um mecanismo material, mas um organismo vivo, um reino celeste, em que as almas viajam de mundo em mundo como o próprio sopro de Deus que o anima.

Qual é pois o fim último do homem e da humanidade, segundo a doutrina esotérica? Após tantas vidas, mortes, renascimentos, calmarias e despertares pungentes, existirá um término para os labores de Psiquê? Sim, dizem os iniciados, quando a alma tiver definitivamente vencido a matéria; quando, desenvolvendo todas as suas faculdades espirituais, ela tiver encontrado em si mesma o princípio e o fim de todas as coisas. Então, não sendo mais necessária a encarnação, ela entrará no estado divino, mediante sua união completa com a inteligência divina. Se mal podemos pressentir a vida espiritual da alma após cada vida terrestre, como poderemos imaginar esta vida perfeita que deverá resultar de toda a série de suas existências espirituais? O céu dos céus será para suas venturas precedentes o que o Oceano é para os rios. Para Pitágoras, a apoteose do homem não era a imersão na inconsciência, mas a atividade criadora na consciência suprema. A alma transformada em puro espírito não perde sua individualidade; completa-a, pois reúne-se a seu arquétipo em Deus. Ela se lembra de todas as existências anteriores, que lhe parecem outros tantos degraus para atingir o degrau máximo, de onde ela abrange e penetra o universo. Nesse estado, o homem não é mais homem, como dizia Pitágoras. É semideus; porque reflete em todo o seu ser a luz inefável, com a qual Deus preenche toda a imensidade. Para ele, saber é poder; amar é criar; ser é irradiar a verdade e a beleza.

E esse término, será ele definitivo? A Eternidade espiritual tem outras medidas além do tempo solar. Mas tem também suas etapas, suas normas e seus ciclos. Acontece apenas que eles ultrapassam inteiramente as concepções humanas. Porém a lei das analogias progressivas nos reinos ascendentes da natureza permite-nos afirmar que o espírito, tendo chegado a este estado sublime, não pode mais voltar atrás e que se os mundos visíveis mudam e passam, o mundo invisível, que é sua razão de ser, sua fonte e sua embocadura – e do qual participa a divina Psiqué –, é imortal.

Com essas perspectivas luminosas, Pitágoras terminava a história da *divina Psiquê*. A última palavra tinha expirado nos lábios do sábio, mas o sentido da incomunicável verdade permanecia suspenso na atmosfera imóvel da cripta. Cada um acreditava ter acabado o sonho das vidas para despertar na grande paz, no doce oceano da vida única e sem limites. As lâmpadas de nafta iluminavam tranqüilamente a estátua de Perséfona, em pé, como ceifadora celeste, e faziam reviver sua história simbólica nas pinturas sagradas do santuário. Às vezes uma sacerdotisa entrava em êxtase sob o domínio da voz harmoniosa de Pitágoras, e parecia encarnar nas atitudes e na fisionomia radiante a inefável beleza de sua visão. E os discípulos, tomados de emoção religiosa, assistiam em silêncio. Mas logo o mestre, com um gesto lento e seguro, trazia de novo para a terra a *profântida inspirada*. Pouco a pouco, seus traços se descontraíam, ela tombava nos braços das companheiras e caía em profunda letargia, da qual despertava confusa, triste e como que esgotada pelo esforço despendido.

Então subiam todos na cripta para os jardins de Ceres, para a frescura da aurora que começava a branquear o mar, sob o céu estrelado.

QUARTO DEGRAU — EPIFANIA

O adepto. — A mulher iniciada. — O amor e o casamento.

Acabamos de atingir, com Pitágoras, o apogeu da iniciação antiga. Desta altura, a Terra parece inundada de sombra como um astro agonizante. Dali descortinam-se as perspectivas siderais, desenrola-se, como um conjunto maravilhoso, a visão de cima, a *epifania* do Universo[9]. Porém a finalidade desse ensinamento não era absorver o homem na contemplação ou no êxtase. O mestre levara seus discípulos a passear pelas regiões incomensuráveis do Cosmo, mergulhara-os nos abismos do invisível. Da assustadora viagem, os verdadeiros iniciados deviam voltar à terra melhores, mais fortes e mais preparados para as provas da vida.

À iniciação da inteligência devia suceder à da vontade, a mais difícil de todas. Pois trata-se agora de o discípulo deixar a verdade descer no mais profundo de seu ser, de pô-la em prática durante a vida. Para atingir este ideal, era preciso, segundo Pitágoras, reunir três perfeições: realizar a verdade na inteligência, a virtude na alma, a pureza no corpo. Uma higiene sábia, uma continência moderada deviam manter a pureza corporal, necessária não como fim, mas como meio. Todo o excesso corporal deixa um traço e uma nódoa no corpo astral, organismo vivo da alma, e por conseguinte, no espírito. Pois o corpo astral concorre para todos os atos do corpo material. É ele mesmo que os executa, porque sem ele o corpo material não passa de uma massa inerte. É preciso, portanto, que o corpo seja puro para que a alma o seja também. É preciso, em seguida, que a alma, incessantemente iluminada pela inteligência, adquira a coragem, a abnegação, o devotamento e a fé, em uma palavra, a virtude, e da mesma faça uma segunda natureza que substitua a primeira. É preciso, finalmente, que o intelecto atinja a sabedoria pela ciência, de tal sorte que saiba distinguir em tudo o bem e o mal, e ver Deus tanto no menor dos seres como no conjunto dos mundos. A essa altura, o homem torna-se *adepto* e, se possui energia suficiente, entra na posse de faculdades e poderes novos. Os sentidos internos da alma se abrem, a vontade resplandece nos outros. Seu magnetismo corporal, penetrado dos eflúvios de sua alma astral, eletrizado por sua vontade, adquire um poder aparentemente miraculoso. Às vezes, cura doentes pela imposição das mãos ou somente por sua presença. Muitas vezes, pene-

---

9. *Epifania* ou visão do alto; *autópsia* ou visão direta; *teofania* ou manifestação de Deus, são idéias correlatas e expressões diversas para marcar o estado de perfeição no qual o iniciado, tendo unido sua alma a Deus, contempla a verdade total.

tra nos pensamentos dos homens apenas com o olhar. Algumas vezes, em estado de vigília, vê acontecimentos que ocorrem longe[10]. Age à distância pela concentração do pensamento e da vontade sobre as pessoas que estão ligadas a ele por laços de simpatia pessoal, e lhes faz aparecer sua imagem à distância, como se seu corpo astral pudesse transportar-se para fora do corpo material. A aparição dos moribundos ou dos mortos aos amigos é exatamente o mesmo fenômeno. Só que a aparição que o moribundo ou a alma do morto produz geralmente, por um desejo inconsciente, na agonia ou na segunda morte, o adepto a produz em plena saúde e em plena consciência. Todavia, ele apenas o consegue durante o sono e, quase sempre, durante um sono letárgico. Enfim, o adepto sente-se cercado e protegido por seres invisíveis, superiores e luminosos, que lhe emprestam sua força e o ajudam em sua missão.

Raros são os adeptos, mais raros ainda aqueles que alcançam este poder. A Grécia só conheceu três: Orfeu, na aurora do helenismo; Pitágoras, em seu apogeu; Apolônio de Tiana, em seu declínio. Orfeu foi o grande inspirado e o grande iniciador da religião grega; Pitágoras, o organizador da ciência esotérica e da filosofia das escolas; Apolônio, o estóico moralizador e o mágico popular da decadência. Mas em todos os três, apesar dos graus e através das nuances, brilha o raio divino: o espírito apaixonado pela

---

10. Citaremos dois fatos célebres deste gênero, absolutamente autênticos. O primeiro passa-se na Antigüidade e seu herói é o ilustre filósofo-mágico Apolônio de Tiana.

1º fato — *Segunda visão de Apolônio de Tiana* — "Enquanto esses acontecimentos (o assassinato do imperador Domiciano) passavam-se em Roma, Apolônio os via em Éfeso. Domiciano foi atacado por Clemente, ao meio-dia. No mesmo dia, no mesmo momento, Apolônio discursava nos jardins junto ao Xisto. De repente ele abaixou um pouco a voz, como se tivesse sido tomado de um pavor súbito. Continuou o discurso, mas sua linguagem não tinha a força de sempre, como acontece com alguém que fala pensando em outra coisa. Depois calou-se como se tivesse perdido o fio do discurso, olhou assustado para o chão, deu três ou quatro passos para frente e gritou: "Abate o tirano!" Dir-se-ia que ele via não a imagem do fato em um espelho, mas o fato em si mesmo, com toda a sua realidade. Os efesianos (Éfeso inteira assistia ao discurso de Apolônio) ficaram muito espantados. Apolônio deteve-se, como se procurasse ver o resultado de um acontecimento duvidoso. Finalmente, exclamou: "Coragem, cidadãos de Éfeso, o tirano foi morto hoje. Eu disse hoje? Por Minerva! Ele foi morto no mesmo instante em que me interrompi." Os habitantes de Éfeso julgaram que Apolônio tivesse perdido a razão. Desejavam ardentemente que tivesse dito a verdade, mas temiam que algum perigo lhes resultasse desse discurso... porém logo os mensageiros vieram anunciar-lhes a boa nova e testemunhar em favor do conhecimento de Apolônio. O assassinato do tirano, o dia e a hora em que foi perpetrado, o autor, todos estes detalhes estavam perfeitamente de acordo com aqueles que os deuses lhes haviam mostrado no dia de seu discurso aos efesianos." — *Vida de Apolônio* por Filostrato, traduzida por Chassang.

salvação das almas, a indomável energia revestida de mansidão e serenidade. Todavia, não vos aproximeis muito dessas grandes frontes calmas. Elas queimam em silêncio. Sente-se sob a fornalha uma vontade ardente, mas sempre contida.

Pitágoras representa para nós, portanto, um adepto de primeira ordem, com o espírito científico e a fórmula filosófica que mais se aproximam do espírito moderno. Mas ele não podia nem pretendia fazer de seus discípulos adeptos perfeitos. Uma grande época tem sempre um grande inspirador em sua origem. Seus discípulos e os alunos de seus discípulos formam a cadeia imantada e propagam seu pensamento pelo mundo. No quarto grau da iniciação, Pitágoras se contentava, pois, em ensinar a seus fiéis as aplicações de sua doutrina à vida. Porque a *Epifania*, a visão do alto, dava um conjunto de visões profundas e gerais sobre as coisas terrestres.

A origem do bem e do mal permanece um mistério incompreensível para quem não percebeu a origem e o fim das coisas. Uma moral que não considera os supremos destinos do homem só será utilitária e bastante im-

---

2o fato – *Segunda visão de Swedenborg.* – O segundo fato relaciona-se com o maior vidente dos tempos modernos. Pode-se discutir a realidade objetiva das visões de Swedenborg, mas não se pode duvidar de sua segunda visão, atestada por inúmeros fatos. A visão que Swedenborg teve, a trinta léguas de distância, do incêndio de Estocolmo, teve grande repercussão na segunda metade do século XVIII. O célebre filósofo alemão, Kant, mandou fazer uma investigação em Gothenburgo, na Suécia, cidade onde ocorreu o fato, e eis o que ele escreveu a uma de suas amigas: "O fato que segue parece-me ter a maior força demonstrativa e pôr fim a toda espécie de dúvida. Foi no ano de 1759. M. de Swedenborg, lá pelo fim do mês de setembro, num sábado, às quatro horas da tarde, voltando da Inglaterra, tomou a direção de Gothenburgo. M. William Castel convidou-o para sua casa, com um grupo de quinze pessoas. À tarde, às seis horas, M. de Swedenborg, que saíra, voltou ao salão, pálido e consternado, dizendo que naquele mesmo instante tinha grassado um incêndio em Estocolmo em Sudermaln e que o fogo se espalhava com violência na direção de sua casa... Disse que a casa de um dos amigos, cujo nome citou, já estava reduzida a cinzas. e que a sua própria estava em perigo. Às oito horas, depois de uma nova saída, disse com alegria: "Graças a Deus, o incêndio foi extinto na terceira casa antes da minha." Nessa mesma noite, informaram disso o governador. No domingo pela manhã, Swedenborg foi chamado por este funcionário, que o interrogou a respeito. Swedenborg descreveu exatamente o incêndio, o começo, a duração e o fim. No mesmo dia, a novidade se espalhou por toda a cidade, que muito se comoveu, tanto mais porque o governador se ocupara do assunto e muitas pessoas se preocupavam com bens e amigos. Na tarde de segunda-feira chegou a Gothenburgo um estafeta que o comércio de Estocolmo havia despachado durante o incêndio. Nessas cartas, o incêndio era descrito exatamente da maneira como fora contado. O que se pode alegar contra a autenticidade deste acontecimento? O amigo que me escreveu examinou tudo isto, não somente em Estocolmo mas por cerca de dois meses em Gothenburgo mesmo. Ele conhecia ali as famílias mais importantes e pôde se informar completamente na própria cidade, na qual vive ainda a maioria das testemunhas oculares, devido ao pouco tempo decorrido (9 anos), desde 1859." – Carta à senhorita Charlotte de Knobloch, citada por Matter. *Vie de Swedenborg.*

perfeita. Além do mais, a liberdade humana não existe de fato para aqueles que são sempre escravos de suas paixões, e não existe de direito para aqueles que não acreditam nem na alma nem em Deus, e para quem a vida é um relâmpago entre dois nadas. Os primeiros vivem na servidão da alma acorrentada às paixões; os segundos, na servidão da inteligência limitada ao mundo físico. Não acontece o mesmo com o homem religioso, nem com o verdadeiro filósofo, e menos ainda com o teósofo iniciado, que realiza a verdade na trindade de seu ser e na unidade de sua vontade. Para compreender a origem do bem e do mal, o iniciado contempla *os três mundos* com os olhos do espírito. Vê o mundo tenebroso da matéria e da animalidade, onde domina o inelutável *Destino*. Vê o mundo luminoso do Espírito, que para nós é o mundo invisível, a imensa hierarquia das almas libertadas, onde reina a lei divina, e que são a *Providência em ato*. Entre os dois, ele vê numa penumbra a humanidade, que mergulha, pela base, no mundo natural e que toca, por seus pináculos, o mundo divino. Ela tem por gênio: *A Liberdade*. Porque, no momento em que o homem percebe a verdade e o erro, está livre para escolher: juntar-se à Providência, cumprindo a verdade, ou tombar sob a lei do destino, seguindo o erro. O ato da vontade unido ao ato intelectual é somente um ponto matemático, mas desse ponto brota o universo espiritual. Todo espírito sente parcialmente pelo instinto o que o teósofo compreende totalmente pelo intelecto: que o Mal é aquilo que faz descer o homem para a fatalidade da matéria; que o Bem é aquilo que o faz subir à lei divina do Espírito. Seu verdadeiro destino é subir sempre, cada vez mais alto e por seu próprio esforço. Para isto, porém, é preciso que ele seja livre também para descer. O círculo da liberdade amplia-se até o infinitamente grande, à medida que se sobe; e diminui, até o infinitamente pequeno, à medida que se desce. Quanto mais o homem sobe, mais se torna livre, pois penetra mais profundamente na luz, e mais força adquire para o bem. Quanto mais desce, mais se torna escravo; pois cada queda no mal diminui a inteligência do verdadeiro e a capacidade do bem.

O Destino reina, portanto, sobre o passado; a Liberdade, sobre o futuro; e a Providência sobre os dois, ou seja, sobre o presente sempre existente, que se pode denominar Eternidade[11]. Da ação combinada do Destino, da Liberdade e da Providência resultam os destinos inumeráveis, infernos e paraísos das almas. O mal, estando em desacordo com a lei divina, não é obra de Deus, mas do homem, e só tem uma existência relativa, aparente e tran-

---

11. Esta idéia ressalta logicamente do ternário humano e divino, da trindade do microcosmo e do macrocosmo, que expusemos nos capítulos precedentes. A correlação metafísica do Destino, da Liberdade e da Providência foi admiravelmente deduzida por Fabre d'Olivet, em seu comentário aos *Vers dorés de Pythagore*.

sitória. O bem, estando de acordo com a lei divina, existe só real e eternamente. Nem os sacerdotes de Delfos e de Elêusis, nem os filósofos iniciados jamais quiseram revelar essas profundas idéias ao povo, que poderia compreendê-las erroneamente e abusar delas. Nos Mistérios, representava-se simbolicamente essa doutrina pelo esfacelamento de Dionísio. Porém um véu impenetrável ocultava aos profanos o que se chamava de *os sofrimentos de Deus*.

As maiores discussões religiosas e filosóficas rolam sobre a questão da origem do bem e do mal. Acabamos de ver que a doutrina esotérica possui-lhe a chave em seus arcanos.

Existe outra questão capital, de que depende o problema social e político; a da *desigualdade das condições humanas*. O espetáculo do mal e da dor tem em si alguma coisa de assustador. Pode-se acrescentar que sua distribuição, aparentemente arbitrária e injusta, é a origem de todos os ódios, de todas as revoltas, de todas as negações. Ainda aqui, a doutrina profunda traz em nossas trevas terrestres sua luz soberana de paz e esperança. A diversidade das almas, das condições, dos destinos, pode-se justificar efetivamente apenas pela pluralidade das existências e pela doutrina da reencarnação. Se o homem nasce pela primeira vez nesta vida, como explicar os inúmeros males que parecem cair ao acaso sobre ele? Como admitir que há uma justiça eterna, uma vez que alguns nascem numa condição que arrasta fatalmente à miséria e à humilhação, enquanto que outros nascem afortunados e vivem felizes? Mas, se é verdade que vivemos outras vidas antes e que viveremos outras após a morte, se é verdade que através de todas essas existências reina a lei de recorrência e de repercussão — então as diferenças de alma, de condição, de destino, apenas serão efeitos das vidas anteriores e aplicações múltiplas dessa lei. As diferenças de condição provêm de um emprego desigual da liberdade nas vidas precedentes, e as diferenças intelectuais provêm de que os homens que atravessam a terra em um século pertencem a graus de evolução extremamente diversos. Estes graus se escalonam desde a semi-animalidade das pobres raças em regressão até os estados angélicos dos santos e até a realeza divina do gênio. Na realidade, a terra se assemelha a um navio, e nós todos que a habitamos, a viajantes que vêm de países longínquos e se dispersam por etapas em todos os pontos do horizonte. A doutrina da reencarnação dá uma razão de ser, segundo a justiça e a lógica eterna, aos males mais assustadores e às felicidades mais almejadas. O idiota nos parecerá compreensível se raciocinarmos que seu embrutecimento, do qual tem uma semiconsciência e com a qual sofre, é a punição de um emprego criminoso da inteligência em outra vida. Todas as nuances de sofrimentos físicos ou morais, de felicidade e de infelicidade, em suas inúmeras variedades, aparecerão como eflorescências naturais e sabiamente graduais dos instintos e das ações, das faltas e das virtudes de um longo passado, pois a alma conserva em suas profundezas ocultas tudo o que ela acumula em suas diversas existências. De acordo com a hora e a influência, as camadas antigas reaparecem e desaparecem. E o destino, isto é, os espíritos que o dirigem, proporcionam o gênero de reencarnação, quanto a seu lugar e sua qualidade. Lísis exprime esta verdade, ocultando-a sob um véu, em seus *versos dourados*:

> *Verás que os males que devoram os homens*
> *São o fruto de sua escolha; e que esses infelizes*
> *Procuram longe de si os bens cuja fonte carregam.*

Longe de enfraquecer o sentimento de fraternidade e de solidariedade humana, essa doutrina só pode fortificá-lo. Devemos a todos ajuda, simpatia e caridade, pois somos todos da mesma raça, embora em graus diversos. Todo o sofrimento é sagrado, porque a dor é o cadinho das almas. Toda a simpatia é divina, porque ela nos faz sentir, como que por um eflúvio magnético, a cadeia invisível que liga todos os mundos. A virtude da dor é a razão do gênio. Sim, sábios e santos, profetas e divinos criadores resplandecem com uma beleza mais comovente para aqueles que sabem que também eles resultam da evolução universal. Esta força que nos espanta, quantas vidas, quantas vitórias não foram necessárias para conquistá-la? Esta luz inata do gênio, de quais céus já atravessados ela lhe vem? Não o sabemos. Mas estas vidas existiram e esses céus existem. Não está, pois, enganada a consciência dos povos. Os profetas não mentiram quando chamaram os homens de filhos de Deus, enviados do céu profundo. Porque sua missão foi requerida pela eterna Verdade, legiões invisíveis os protegem e o Verbo vivo fala neles!

Há entre os homens uma diversidade que provém da essência primitiva dos indivíduos. Há uma outra, acabamos de dizê-lo, que provém do grau de evolução espiritual que eles atingiram. De acordo com este último ponto de vista, os homens podem situar-se em quatro classes, que compreendem todas as subdivisões e todas as nuances.

1º. Na grande maioria dos homens, a vontade age sobretudo no corpo. Podemos chamá-los de *instintivos*. São próprios não somente para os trabalhos corporais, mas ainda para o exercício e o desenvolvimento de sua inteligência no mundo físico; conseqüentemente, para o comércio e a indústria;

2º. No segundo grau do desenvolvimento humano, a vontade e portanto a consciência, reside na alma, ou seja, na sensibilidade acionada pela inteligência, que constitui o entendimento. São os *anímicos* e os *passionais*. Segundo seu temperamento, estão preparados para se tornarem homens de guerra, artistas ou poetas. Na grande maioria, os homens de letras e os sábios são desta espécie: vivem nas idéias relativas, modificadas pelas paixões ou limitadas por um horizonte pequeno, sem se elevarem até à Idéia pura e à Universalidade;

3º Numa terceira classe de homens, muito mais raros, a vontade age soberanamente no intelecto puro; desembaraça a inteligência da tirania das paixões e dos limites da matéria, o que dá a todas as suas concepções um caráter de universalidade. São os *intelectuais*. Esses homens constituem os heróis mártires da pátria, os poetas de primeira ordem; finalmente, e sobretudo, os verdadeiros filósofos e os sábios, aqueles que, segundo Pitágoras e Platão, deveriam governar a humanidade. Nesses homens, a paixão não está extinta, porque sem ela nada se faz; ela constitui o fogo e a eletricidade no mundo moral. Neles, porém, as paixões tornam-se servas da inteligência, enquanto que na categoria anterior a inteligência é, na maioria das vezes, serva das paixões;

4º O mais alto ideal humano é realizado por uma quarta classe de homens, que, ao império da inteligência sobre a alma e sobre o instinto, acrescentaram o da vontade sobre todo o seu ser. Pelo domínio e posse de todas as suas faculdades, eles exercem o grande poder. Realizaram a unidade na trindade humana. Graças a esta concentração maravilhosa, que reúne todas as potencialidades da vida, sua vontade, projetando-se nos outros, adquire uma força quase ilimitada, uma magia radiante e criadora. Na história, estes homens receberam nomes diversos. São os homens primordiais, *os adeptos, os grandes iniciados*, gênios sublimes que transformam a humanidade. São de tal maneira raros que se pode contá-los na história. A Providência semeia-os de tempos em tempos, com longos intervalos, como os astros no céu[12].

É evidente que esta última categoria escapa a toda regra, a toda classificação. Mas uma constituição da sociedade humana que não considere as três primeiras categorias, que não proporcione a cada uma delas sua função normal e os meios necessários para se desenvolver, é somente exterior e não *orgânica*. Numa época primitiva, que remonta provavelmente aos tempos védicos, os brâmanes da Índia fundaram a divisão da sociedade em castas com base no princípio ternário. Mas, com o tempo, essa divisão tão justa e fecunda transformou-se em privilégio sacerdotal e aristocrático. O princípio da vocação e da iniciação deu lugar ao da hereditariedade. As castas fechadas acabaram por petrificar-se, seguindo-se irremediavelmente a decadência da Índia. O Egito, que conservou, sob o domínio de todos os faraós, a constituição ternária com as castas móveis e abertas, o princípio

---

12. Essa classe de homens corresponde aos quatro graus da iniciação pitagórica, e constitui a base de todas as iniciações, até a dos franco-maçons primitivos, que possuíam algumas migalhas da doutrina esotérica. – Ver Fabre d'Olivet, *Les Vers dorés de Pythagore*.

da iniciação aplicada ao sacerdócio, o princípio do exame em todas as funções civis e militares, viveu cinco a seis mil anos sem mudar de constituição. Quanto à Grécia, seu temperamento instável fê-la passar rapidamente da aristocracia para a democracia e desta para a tirania. Ela girou neste círculo vicioso como um doente que passa da febre à letargia e volta à febre. Talvez tivesse necessidade desta excitação para produzir sua obra inigualável, a tradução da sabedoria profunda mas obscura do Oriente para uma linguagem clara e universal; a criação do Belo pela Arte, e a fundação da ciência aberta e racional sucedendo à iniciação secreta e intuitiva. Ela deveu ao princípio da iniciação sua organização religiosa e suas mais altas inspirações. Social e politicamente falando, pode-se dizer que viveu sempre no provisório e no excessivo. Em sua qualidade de adepto, Pitágoras tinha compreendido, do cume da iniciação, os princípios eternos que regem a sociedade e prosseguia, no plano de uma grande reforma, segundo essas verdades. Veremos dentro em pouco como ele e sua escola naufragaram nas tempestades da democracia.

Dos puros pináculos da doutrina, a vida dos mundos se desenrola de acordo com o ritmo da Eternidade. Esplêndida Epifania! Mas aos raios mágicos do firmamento desvendado a terra, a humanidade, a vida abrem-nos também suas profundezas secretas. É preciso encontrar o infinitamente grande no infinitamente pequeno, para sentir a presença de Deus. Isto é, o que sentiam os discípulos de Pitágoras, quando o mestre lhes mostrava, para coroar seu ensinamento, como a eterna Verdade se manifesta na união do Homem e da Mulher no casamento. A beleza dos números sagrados que eles tinham ouvido e contemplado no Infinito, iam encontrá-la no próprio coração da vida, e Deus emergiria para eles do grande mistério dos Sexos e do Amor.

A antiguidade compreendera uma verdade essencial, que as idades seguintes menosprezaram. A mulher, para bem cumprir suas funções de esposa e de mãe, tem necessidade de uma orientação, de uma iniciação especial. Daí a iniciação puramente feminina, isto é, inteiramente reservada às mulheres. Ela existia na Índia, nos tempos védicos, em que a mulher era sacerdotisa no altar doméstico. No Egito, ela remonta aos mistérios de Ísis. Orfeu organizou-a na Grécia. Até à extinção do paganismo, vemo-la florescer nos mistérios dionisíacos, assim como nos templos de Juno, Diana, Minerva e Ceres. Esta iniciação consistia em ritos simbólicos, cerimônias, festas noturnas, e depois em um ensinamento especial, ministrado por sacerdotisas mais velhas ou pelo grande sacerdote, e que tratava das coisas mais íntimas da vida conjugal. Davam-se conselhos e regras sobre as relações sexuais, as épocas do ano e do mês favoráveis às concepções felizes. Dava-se a maior importância à higiene física e moral da mulher durante a gravidez, para que a obra sagrada, a criação do filho, se cumprisse segundo as leis divinas. Em resumo, ensinava-se a ciência da vida conjugal e a arte da maternidade, que se estendia até muito além do nascimento. Até a idade de sete anos, os filhos ficavam no gineceu, sob a direção exclusiva da mãe, e onde o marido não penetrava. A sábia antigüidade considerava a criança uma planta delicada, que tem necessidade, para não se atrofiar, da quente atmosfera maternal. O pai a deformaria; eram necessários os beijos e carícias da mãe para desabrochar. Era necessário o amor forte, envolvente da mulher, que defendesse dos perigos externos esta alma que a vida assustava. Por cumprir em plena consciência estas altas funções, consideradas divinas pela Antigüidade, que a mulher era verdadeiramente a sacerdotisa da família, a guardiã do fogo sagrado da vida, a Vesta do lar. A iniciação feminina pode, portanto, ser considerada a verdadeira razão da beleza da raça, da força das gerações, da duração das famílias na Antigüidade greco-romana[13].

Estabelecendo uma ala para as mulheres em seu Instituto, Pitágoras não fez mais que purificar e aprofundar o que já existia antes dele. As mulheres iniciadas por ele recebiam, com os ritos e os preceitos, os princípios supremos de sua função. Ele dava assim, àquelas que eram dignas disso, a consciência de seu papel. Revelava-lhes a transfiguração do amor no casamento perfeito, que é a penetração de duas almas no próprio centro da vida e da verdade. O homem, em sua força, não é o representante do princípio e do espírito criador? A mulher, em todo o seu poder, não personifica a natureza na sua força plástica, em suas realizações maravilhosas, terrestres e divinas? Pois bem, quando esses dois seres chegarem a se penetrar completamente, corpo, alma, espírito, eles formarão juntos um resumo do Universo. Mas para crer em Deus a mulher tem necessidade de vê-lo viver no homem; e para isto é preciso que o homem seja iniciado. Só ele é capaz, por sua inteligência profunda da vida, por sua vontade criadora, de fecundar a alma feminina, de transformá-la pelo ideal divino. E este ideal, a mulher amada devolve-lhe multiplicado em seus pensamentos vibrantes, em suas sensações sutis, em suas profundas adivinhações. Ela envia-lhe sua imagem transfigurada pelo entusiasmo, *torna-se* seu ideal, pois o *realiza* pelo poder de seu amor em sua própria alma. Por meio dela, ele se torna vivo e visível, faz-se carne e sangue. Se o homem cria pelo desejo e pela vontade, a mulher, física e espiritualmente, gera por amor.

Em seu papel de amante, esposa, mãe ou inspirada, ela não é menor, e é mais divina ainda, do que o homem. Pois amar é esquecer. A mulher que se esquece e que se entrega em seu amor é sempre sublime. Ela encontra nesse aniquilamento seu renascimento celeste, sua coroa de luz e irradiação imortal de seu ser.

---

13. Montesquieu e Michelet são quase que os únicos autores a notarem a virtude das esposas gregas. Nenhum deles mostrou a causa que indico aqui.

O amor reina como senhor na literatura moderna, há dois séculos. Não é o amor puramente sensual que se ilumina à beleza do corpo, como nos poetas antigos. Não é o culto insípido de um ideal abstrato e convencional, como na Idade Média. Não! É o amor ao mesmo tempo sensual e psíquico que, deixado em total liberdade e em plena fantasia individual, avança. Mais freqüentemente os dois sexos se guerreiam no amor. Revoltas da mulher contra o egoísmo e a brutalidade do homem; desprezo do homem pela falsidade e a vaidade da mulher; gritos da carne, cóleras impotentes das vítimas da volúpia, dos escravos do deboche. No meio disto, paixões profundas, atrações terríveis, tanto mais poderosas quanto mais são entravadas pelas convenções mundanas e instituições sociais. Daí aqueles amores plenos de tormenta, de destruições morais, de catástrofes trágicas, sobre os quais se desenrolam, quase que exclusivamente, o romance e o drama modernos. Dir-se-ia que o homem, cansado, não encontrando Deus nem na ciência nem na religião, procura-o perdidamente na mulher. E faz muito bem. Entretanto, é só através da iniciação das grandes verdades que Ele o encontra n'Ela e Ela n'Ele. Entre estas almas que se ignoram reciprocamente e que se ignoram a si mesmas, que às vezes se deixam, amaldiçoando-se, existe uma sede imensa de se penetrarem e de encontrar nesta fusão a felicidade impossível. Apesar das aberrações e dos excessos que disso resultam, essa procura desesperada é necessária. Ela sai de um divino inconsciente e será um ponto vital para a reedificação do futuro. Porque quando o homem e a mulher se encontrarem a si mesmos e um ao outro pelo amor profundo e pela iniciação, sua fusão será a força radiante e criadora por excelência.

O amor psíquico, o amor-paixão da alma somente há pouco tempo entrou na literatura e, por esta, na consciência universal. Mas tem sua fonte na iniciação antiga. Se a literatura grega mal o deixa transparecer, era por ser uma exceção raríssima. Isso também decorre do segredo profundo dos mistérios. Todavia, a tradição religiosa e filosófica conservou os traços da mulher iniciada. Por trás da poesia e da filosofia oficiais, algumas figuras de mulheres aparecem meio veladas, mas luminosas. Já conhecemos a pitonisa Teocléia, que inspirou Pitágoras. Mais tarde virá a sacerdotisa Corina, rival muitas vezes feliz de Píndaro, o qual foi o mais iniciado dos líricos gregos. Finalmente, a misteriosa Diotima aparece no banquete de Platão, para fazer a suprema revelação sobre o Amor. Ao lado dessas missões excepcionais, a mulher grega exerceu seu verdadeiro sacerdócio no lar e no gineceu. Sua criação própria foram justamente os heróis, os artistas, os poetas, dos quais admiramos os cantos, os mármores e as ações sublimes. Foi ela que os concebeu no mistério do amor, que os moldou em seu seio com o desejo da beleza, que os fez desabrochar sob a proteção materna. Acrescentemos que para a mulher e o homem verdadeiramente iniciados, a criação do filho tem um sentido infinitamente mais belo, um alcance maior do que para nós. Quando o pai e a mãe sabem que a alma da criança preexiste a seu nascimento terrestre, a concepção torna-se um ato sagrado, o apelo de uma alma à encarnação.

Entre a alma encarnada e a mãe, existe quase sempre um profundo grau de semelhança. Assim como as mulheres más e perversas atraem os espíritos demoníacos, assim também as mães ternas atraem os espíritos divinos. Esta alma invisível que se espera, que está para vir e que vem tão misteriosamente e tão seguramente, não será ela algo divino? Seu nascimento, seu aprisionamento na carne será doloroso; pois se entre ela e seu céu abandonado um véu grosseiro se interpõe, e se ela deixa de lembrar, ah! ela não poderia sofrer menos! Por isso, santa e divina é a tarefa da mãe, que deve criar para ela uma nova morada, dulcificar-lhe a prisão e facilitar-lhe a prova.

Assim, o ensinamento de Pitágoras, que começara nas profundezas do Absoluto pela trindade divina, terminava no centro da vida pela trindade humana. No Pai, na Mãe e no Filho o iniciado sabia reconhecer agora o Espírito, a Alma e o Coração do Universo vivo. Esta última iniciação constituía para ele o fundamento da obra social concebida à altura e em toda a beleza do ideal, edifício para o qual cada iniciado devia trazer sua pedra.

V

A FAMÍLIA DE PITÁGORAS. A ESCOLA E SEUS DESTINOS

Entre as mulheres que seguiam o ensinamento do mestre, havia uma jovem de grande beleza. Seu pai, natural de Crotona, chamava-se Brontinos; ela, Teano. Pitágoras aproximava-se então dos sessenta anos. Mas o grande domínio sobre as paixões e uma vida pura, consagrada inteiramente à sua missão, haviam conservado intacta sua força viril. A juventude da alma, aquela chama imortal que o grande iniciado haure em sua vida espiritual e alimenta mediante as forças ocultas da natureza, brilhava nele e subjugava a todos os que o cercavam. O mago grego não estava no declínio, mas no apogeu de sua potência. Teano foi atraída para Pitágoras pela irradiação quase sobrenatural que emanava de sua pessoa. Grave, reservada, ela procurara junto ao mestre a explicação dos mistérios, que amava sem compreender. Mas, quando à luz da verdade, ao doce calor que a envolvia pouco a pouco, ela sentiu sua alma desabrochar do fundo de si mesma como a rosa mística de mil pétalas, quando ela sentiu que essa eclosão vinha dele e de sua palavra, apaixonou-se silenciosamente pelo mestre, com um entusiasmo sem limites e com um amor ardente.

Pitágoras não tinha procurado atraí-la. Sua afeição pertencia a todos os discípulos. Sonhava apenas com sua escola, com a Grécia e com o futuro do mundo. Como muitos dos grandes adeptos, tinha renunciado à mulher para entregar-se todo à sua obra. A magia de sua vontade, a posse espiritual de tantas almas que ele formara e que a ele permaneciam ligadas como a um pai adorado, o incenso místico de todos esses amores inexprimidos que subiam até ele, e esse perfume delicado de simpatia humana que unia os irmãos pitagóricos — tudo isto substituía para ele a volúpia, a felicidade, o amor.

Um dia, meditava sozinho sobre o futuro de sua Escola, na cripta de Proserpina. Viu então aproximar-se séria e resoluta, a bela virgem, com quem jamais falara em particular. Ela ajoelhou-se diante dele e abaixou a cabeça, suplicando ao mestre — a ele que tudo podia — que a livrasse de um amor impossível e infeliz, que consumia seu corpo e devorava sua alma. Pitágoras quis saber o nome daquele a quem ela amava. Após longas hesitações, Teano confessou que era ele, mas que, preparada para tudo, se submeteria à sua vontade. Pitágoras nada respondeu. Encorajada por esse silêncio, ela ergueu a cabeça e lançou-lhe um olhar suplicante, de onde escapavam a seiva de uma vida e o perfume de uma alma ofertada em holocausto ao mestre.

O sábio ficou abalado. Seus sentidos, ele sabia vencer, sua imaginação, ele lançara por terra. Mas, o clarão daquela alma penetrara a sua. Naquela virgem amadurecida pela paixão, transfigurada pelo pensamento de um devotamento absoluto, ele tinha encontrado sua companheira e entrevisto uma realização mais completa de sua obra. Pitágoras fez a jovem levantar-se com um gesto comovido, e Teano pôde ver nos olhos do mestre que seus destinos estavam para sempre unidos.

Por seu casamento com Teano, Pitágoras apôs *o selo da realização* à sua obra. A associação, a fusão das duas vidas foi completa. Um dia perguntaram à esposa do mestre quanto tempo é necessário a uma mulher para tornar-se pura após ter tido contacto com um homem. Ela respondeu: "Se for com seu marido, ela já está na mesma hora; se for com um outro, não ficará jamais". Muitas mulheres argumentarão, sorrindo, que para dizer estas palavras é preciso ser mulher de Pitágoras e amá-lo como Teano.

Elas têm razão. Não é o casamento que santifica o amor. É o amor que justifica o casamento. Teano penetrou tão completamente no pensamento de seu marido que, após sua morte, ela tornou-se o centro da ordem pitagórica, e é citada por um autor grego como autorizada na doutrina dos Números. Ela deu a Pitágoras dois filhos: Arimneste e Telauges, e uma filha: Damo. Telauges tornou-se mais tarde o mestre de Empédocles e transmitiu-lhe os segredos da doutrina.

A família de Pitágoras foi para a ordem um verdadeiro modelo. Chamaram sua casa de *o templo de Ceres* e seu pátio de *o templo das Musas*. Nas festas domésticas e religiosas, a mãe dirigia o coro das mulheres e Damo, o coro das jovens. Damo foi, em todos os pontos, digna de seus pais. Pitágoras havia-lhe confiado alguns escritos, sob a proibição expressa de mostrá-los a quem quer que fosse fora da família. Depois da dispersão dos pitagóricos, Damo ficou em extrema pobreza. Ofereceram-lhe então uma elevada quantia pelo precioso manuscrito. Porém, fiel à vontade do pai, ela sempre recusou entregá-lo.

Pitágoras viveu trinta anos em Crotona. Em vinte anos este homem admirável adquiriu um poder tal que aqueles que o chamavam de semideus não exageravam. Seu poder era um'prodígio. Nenhum outro filósofo obteve algo semelhante. Sua influência não se fazia sentir somente na escola de Crotona e em suas ramificações nas outras cidades das costas italianas, mas também na política de todos esses pequenos estados.

Pitágoras era um reformador em toda a acepção da palavra. Crotona, a colônia aqueana, tinha uma constituição aristocrática. O *conselho dos mil*, composto das grandes famílias, exercia o poder Legislativo e supervisionava o poder Executivo. As assembléias populares existiam, mas com poderes restritos. Pitágoras, que desejava para o Estado ordem e harmonia, não gostava da opressão oligárquica nem do caos da demagogia. Aceitando a constituição dórica, ele procurou simplesmente introduzir nela uma nova organização. A idéia era ousada: criar, acima do poder político, um poder científico, com voz deliberativa e consultiva nas questões vitais, tornando-se a chave do poder, o regulador supremo do Estado. Acima do conselho dos mil, ele organizou *o conselho dos trezentos*, escolhidos pelo primeiro mas recrutados só entre os iniciados. Eram agora em número suficiente para a tarefa. Porfírio conta que dois mil cidadãos de Crotona renunciaram à vida habitual e reuniram-se para viver em comunidade, com as mulheres e os filhos, depois de terem entregue seu patrimônio ao grupo.

Pitágoras queria pois à frente do Estado um governo científico menos misterioso, mas também tão elevado quanto o sacerdócio egípcio. O que ele realizou por um momento passou a ser o sonho de todos os iniciados que se ocuparam de política: introduzir o princípio da iniciação e do exame do governo do Estado, e reconciliar, nesta síntese superior, o princípio eletivo ou democrático com um governo constituído pela seleção dos inteligentes e virtuosos. O conselho dos trezentos formou, então, uma espécie de ordem política, científica e religiosa, da qual Pitágoras era o chefe reconhecido. O indivíduo alistava-se nele mediante um juramento solene e terrível de sigilo absoluto, como se fazia nos Mistérios. Essas sociedades ou *hetairias* estenderam-se de Crotona, onde se achava a sociedade-mãe, até quase todas as cidades da Magna-Grécia, exercendo uma poderosa ação política. A ordem pitagorica tendia também a tornar-se a cabeça do Estado em toda a Itália meridional. Tinha ramificações em Tarento, Heracléia, Metaponto, Regium, Himero, Catânia, Agrigento, Síbaris e, segundo Aristóxene, até entre os etruscos. Quanto à influência de Pitágoras no governo destas grandes e ricas cidades, não se poderia imaginar nada de mais elevado, liberal e pacífico. Em toda a parte onde aparecia, ele restabelecia a ordem, a justiça, a concórdia. Chamado para junto de um tirano da Sicília, conseguiu, com sua eloqüência, que ele se decidisse a renunciar às riquezas mal adquiridas e abdicasse do poder usurpado. Quanto às cidades, ele as tornava livres e independentes, depois de terem estado subjugadas umas às outras. Tão benéfica era sua ação que, quando ele chegava nas cidades, diziam: "Não é para ensinar, mas para curar".

A influência soberana de um grande espírito e de um grande caráter, essa magia de alma e de inteligência excita invejas tanto mais terríveis, ódios tanto mais violentos, quanto mais ela for inatacável. O império de Pitágoras durava já um quarto de século. E o adepto infatigável atingia a idade dos noventa anos, quando veio a reação. A fagulha partiu de Síbaris, a rival de Crotona. Houve lá um levante popular e o partido aristocrático foi vencido. Quinhentos exilados pediram asilo em Crotona mas os sibaritas exigiram sua extradição. Temendo a cólera de uma cidade inimiga, os magistrados de Crotona iam atender àquela exigência, quando Pitágoras interveio. A suas instâncias, recusaram a entregar aqueles infelizes suplicantes aos adversários implacáveis. Diante desta recusa, Síbaris declarou guerra a Crotona. Mas a armada de Crotona, comandada por um discípulo de Pitágoras, o célebre atleta Mílon, derrotou completamente os sibaritas. Seguiu-se o desastre de Síbaris. A cidade foi tomada, saqueada, completamente destruída e transformada em deserto.

É impossível admitir que Pitágoras aprovasse semelhantes represálias. Elas violentam seus princípios e de todos os iniciados. Contudo, nem ele nem Mílon puderam refrear as paixões desencadeadas de um exército vitorioso, atiçadas por antigas invejas e superexcitadas por um ataque injusto.

Toda vingança, seja de indivíduos, seja de povos, provoca um choque em resposta às paixões desencadeadas. A Nêmesis desta foi terrível. As conseqüências recaíram sobre Pitágoras e toda a sua ordem. Após a tomada de Síbaris, o povo pediu a divisão das terras. Não contente de tê-la obtido, o partido democrático propôs na constituição uma mudança que retirava do Conselho dos Mil seus privilégios e suprimia o Conselho dos Trezentos, só admitindo uma única autoridade: o sufrágio universal. Naturalmente os pitagóricos que faziam parte do Conselho dos Mil opuseram-se a uma reforma contrária a seus princípios e que solapava pela base a paciente obra do mestre. Os pitagóricos já eram objeto daquele ódio surdo que o mistério e a superioridade sempre excitam na multidão. Sua atitude política sublevou contra eles os furores da demagogia, e um ódio pessoal contra o mestre causou a explosão.

Um certo Cílon tinha-se candidatado outrora à Escola. Pitágoras, bastante severo na admissão dos discípulos, recusou-o por causa de seu caráter violento e voluntarioso. O candidato recusado tornou-se um adversário rancoroso. Quando a opinião pública começou a voltar-se contra Pitágoras, aquele organizou um grupo de oposição aos pitagóricos, uma grande sociedade popular. Conseguiu atrair os principais líderes do povo e preparou nas assembléias uma revolução que começaria pela expulsão dos pitagóricos. Perante uma multidão agitada, Cílon sobe à tribuna popular e lê trechos extraídos do livro secreto de Pitágoras, intitulado: A Palavra Sagrada (*hiéros logos*). Os textos foram desfigurados e deturpados. Alguns oradores tentam defender os irmãos do silêncio, que respeitam até os animais. Respondem-lhes com gargalhadas. Cílon sobe e torna a subir à tribuna, procurando demonstrar que o catecismo religioso dos pitágoricos atenta contra a liberdade.

"Dizer isto é pouco, acrescenta o tribuno. Quem é esse mestre, esse pretenso semideus, ao qual se obedece cegamente e basta que dê uma ordem para que todos os seus irmãos gritem: 'O mestre disse!' Não é ele o tirano de Crotona e o pior dos tiranos, um tirano oculto? De que é feita esta amizade indissolúvel que une todos os membros das *hetairias* pitagóricas, senão de desdém e de desprezo pelo povo? Eles repetem sempre as palavras de Homero, ou seja, que o príncipe deve ser o pastor de seu povo. Para eles, então, o povo não passa de um vil rebanho. Sim, a própria existência da ordem é uma conspiração permanente contra os direitos populares. Enquanto ela não for destruída, não haverá liberdade em Crotona!"

Um dos membros da assembléia popular, animado por um sentimento de lealdade, gritou: "Que se permita, pelo menos, a Pitágoras e aos pitagóricos que se justifiquem perante nossa tribuna, antes de condená-los". Mas Cílon respondeu com altivez: "Esses pitagóricos não vos roubaram o direito de julgar e decidir os negócios públicos? Com que direito eles solicitariam hoje serem ouvidos? Eles não vos consultaram quando vos despojaram do direito de exercer a justiça! Pois bem, chegou a vossa vez de atingi-los sem ouvi-los!" Retumbaram aplausos em resposta a estas saídas veementes; os espíritos se exaltavam cada vez mais.

Uma tarde, quando os quarenta principais membros da ordem estavam reunidos na casa de Mílon, o tribuno sublevou seus bandos. Cercaram a casa. Os pitagóricos, e o mestre entre eles, barricaram as portas. A multidão furiosa ateou fogo ao edifício. Trinta e oito pitagóricos, os primeiros discípulos do mestre, a nata da ordem, e o próprio Pitágoras pereceram; alguns nas chamas do incêndio, outros mortos pelo povo. Arquipo e Lísis foram os únicos que escaparam ao massacre[1].

---

1. Esta é a versão de Diógenes e Laércio sobre a morte de Pitágoras. Segundo Dicearco, citado por Porfírio, o mestre teria escapado ao massacre com Arquipo e Lísis. Mas teria caminhado de cidade em cidade, até Metaponto, onde se deixou morrer de fome no templo das Musas. Os habitantes de Metaponto pretendiam, ao contrário, que o sábio, acolhido por eles, tinha morrido pacificamente em sua cidade. Mostraram a Cícero sua casa, sua cadeira e seu túmulo. É de se notar que, muito tempo depois da morte do mestre, as cidades que mais perseguiram Pitágoras, por ocasião da reviravolta democrática, reclamaram a honra de tê-lo abrigado e salvado. As cidades do golfo de Tarento disputavam as cinzas do filósofo com a mesma obstinação com que as cidades da Jônia disputavam a honra de serem a cidade natal de Homero. Estes fatos são discutidos no minucioso livro de M. Chaignet: *Pythagore et la philosophie pythagoricienne*.

Assim morreu aquele grande sábio, aquele homem divino, que tentara aplicar sua sabedoria ao governo dos homens. O assassinato dos pitagóricos foi o sinal para uma revolução democrática em Crotona e no golfo de Tarento. As cidades da Itália expulsaram os infelizes discípulos do mestre. A ordem foi dispersa, mas seus remanescentes espalharam-se pela Sicília e pela Grécia, semeando por toda parte a palavra do mestre. Lísis tornou-se o mestre de Epaminondas. Depois de novas revoluções, os pitágoricos puderam voltar à Itália, sob a condição de não mais constituírem um corpo político. Uma comovente fraternidade nunca deixou de uni-los; consideravam-se uma mesma e única família. Certo dia, um deles, na miséria e doente, foi recolhido por um estalajadeiro. Antes de morrer, desenhou na porta da casa alguns sinais misteriosos e disse ao hospedeiro: "Fica trnqüilo. Um de meus irmãos pagará minha dívida". Um ano depois, passando pelo mesmo albergue, um estrangeiro viu os sinais e disse ao hospedeiro: "Eu sou pitagórico. Um de meus irmãos morreu aqui. Dize-me o quanto devo por ele". A ordem sobreviveu durante duzentos e cinqüenta anos. Quanto às idéias, às tradições do mestre, elas vivem até nossos dias.

A influência regeneradora de Pitágoras sobre a Grécia foi imensa, exercendo-se misteriosa mas seguramente, em todos os templos por onde ele passara. Vimo-lo em Delfos dar nova força à ciência divinatória, reafirmar a autoridade dos sacerdotes e formar uma pitonisa-modelo. Graças a essa reforma interior que despertou o entusiasmo no próprio coração dos santuários e na alma dos iniciados, Delfos tornou-se mais do que nunca o centro moral da Grécia. Isso se comprovou durante as guerras médicas.

Trinta anos apenas tinham decorrido desde a morte de Pitágoras quando o ciclone da Ásia, predito pelo sábio de Samos, veio estourar sobre as costas da Hélade. Nessa luta épica da Europa contra a Ásia bárbara, a Grécia, que representa a liberdade e a civilização, tem à sua retaguarda a ciência e o gênio de Apolo. É ele que, com seu sopro patriótico e religioso, agita e faz calar a rivalidade nascente entre Esparta e Atenas. É ele que inspira os Milcíades e os Temístocles. Em Maratona, o entusiasmo é tal que os atenienses acreditam ver dois guerreiros, claros como a luz, combater em suas fileiras. Uns reconheceram neles Teseu e Equetos; outros, Castor e Pólux. Quando a invasão de Xerxes, dez vezes mais formidável do que a de Dario, avança pelas Termópilas e submerge a Hélade, é a Pítia que, do alto de seu tripé, indica a salvação para os enviados de Atenas e ajuda Temístocles a vencer a batalha de Salamina. As páginas de Heródoto tremem com sua palavra ofegante: "Abandonai as residências e as altas colinas da cidade construída em círculo..., o fogo e o temível Marte, montado em um carro sírio, arruinarão vossas torres... os templos vacilam, de seus muros goteja um frio suor, de seu topo corre um sangue negro... Devereis sair de meu santuário. Um bosque vos servirá de muralha e de inexpugnável proteção. Fugi! Voltai as costas aos infantes e aos cavaleiros inumeráveis! Oh! divina Salamina! Serás funesta aos filhos da mulher!"[2]

No texto de Ésquilo, a batalha começa por um grito que se assemelha ao peã, o hino de Apolo: "Logo o dia, com os corcéis brancos, espalhou sobre o mundo sua resplandecente luz. Nesse instante, um clamor imenso, modulado como um cântico sagrado, eleva-se nas fileiras dos gregos. Os ecos da ilha respondem com mil vozes vibrantes". É de se admirar, portanto, que, inebriados pelo vinho da vitória, os helenos, na batalha de Micália, em face da Ásia vencida, tenham escolhido como brado de reunir as palavras: Hebe, a Eterna Juventude? Sim, o sopro de Apolo atravessa essas extraordinárias guerras dos medas. O entusiasmo religioso, que produz milagres, domina os vivos e os mortos, ilumina os troféus e doura os túmulos. Todos os templos foram saqueados, mas o de Delfos ficou de pé. A armada persa aproximava-se para espoliar a cidade santa. Todos tremiam. Porém o Deus solar disse pela voz do pontífice: "Eu mesmo me defenderei!"

Por ordem do templo, a cidade é evacuada. Os habitantes se refugiam nas grutas do Parnaso e só os sacerdotes permanecem à entrada do santuário, com a guarda sagrada. A armada persa entra na cidade silenciosa como um túmulo. Somente as estátuas olham-na passar. Uma nuvem negra acumula-se no fundo do precipício. O trovão ribomba e o raio cai sobre os invasores. Duas enormes rochas rolam do cume do Parnaso e esmagam grande número de persas. Ao mesmo tempo, clamores eclodem do templo de Minerva, chamas brotam do solo sob os passos dos assaltantes. Diante destes prodígios, os bárbaros apavorados recuam. Sua armada foge enlouquecida. O próprio Deus se defendera[3].

Teriam estas maravilhas ocorrido, estas vitórias que a humanidade conta como suas, teriam elas ocorrido se trinta anos antes Pitágoras não tivesse surgido no santuário délfico para ali reacender o fogo sagrado? É pouco provável.

---

2. Na linguagem dos templos, o termo *filhos da mulher* designava o grau inferior da iniciação. A mulher significava a natureza. Acima havia *os filhos do homem* ou iniciados no Espírito e na Alma, *os filhos dos Deuses* ou iniciados nas ciências cosmogônicas e *os filhos de Deus* ou iniciados da ciência suprema. A Pítia chama os persas de filhos da mulher, designando-os pelo caráter de sua religião. Tomadas ao pé da letra suas palavras não teriam sentido.

3. "Vê-se ainda no recinto de Minerva", diz Heródoto, VIII, 39. — A invasão gaulesa, que teve lugar 200 anos mais tarde, foi repelida de maneira análoga. Lá também forma-se uma tempestade, o raio cai várias vezes sobre os gauleses, o solo treme sob seus pés. Eles vêem aparições sobrenaturais. E o templo de Apolo fica incólume. Estes fatos parecem provar que os sacerdotes de Delfos possuíam a ciência do fogo cósmico e sabiam utilizar a eletricidade por meio de poderes ocultos, como os magos caldeus.
— Vide Amédée Thierry, *Histoire des Gaulois*, I, 246.

Uma palavra ainda a respeito da influência do mestre sobre a filosofia. Antes dele, houve físicos de um lado, moralistas de outro. Pitágoras fez entrar a moral, a ciência e a religião em sua vasta síntese. Esta síntese não é senão a doutrina esotérica, cuja plena luz procuramos encontrar no fundo da iniciação pitagórica. O filósofo de Crotona não foi o inventor, mas o organizador luminoso destas verdades primordiais na ordem científica. Portanto, escolhemos seu sistema como o quadro mais favorável para uma exposição completa da doutrina dos Mistérios e da verdadeira teosofia.

Aqueles que seguiram o mestre conosco terão compreendido que, no fundo dessa doutrina, brilha o sol da Verdade-Una. Encontram-se seus raios espalhados nas filosofias e nas religiões, mas o centro está lá. O que será preciso para alcançá-lo? A observação e o raciocínio não são suficientes. Necessita-se ainda, e acima de tudo, da *intuição*. Pitágoras foi um adepto, um iniciado de primeira ordem. Possuiu a visão direta do espírito, a chave das ciências ocultas e do mundo espiritual. Ele foi buscar, pois, na fonte primeira da Verdade. E como a essas faculdades transcendentes da alma intelectual e espiritualizada ele acrescentava a observação minuciosa da natureza física e a classificação magistral das idéias por sua elevada razão, ninguém melhor do que ele estava preparado para construir o edifício da ciência do Cosmo.

Na verdade, este edifício jamais foi destruído. Platão, que tomou a Pitágoras toda sua metafísica, teve dele uma idéia global, embora a tivesse exposto com menos rigor e nitidez. A escola alexandrina ocupou-lhe os pavimentos superiores. A ciência moderna tomou-lhe o rés-do-chão e consolidou-lhe os fundamentos. Numerosas escolas filosóficas, seitas místicas ou religiosas habitaram diversos de seus compartimentos. Mas nenhuma filosofia jamais abrangeu o seu conjunto. É este conjunto que nos propusemos reencontrar aqui, em sua harmonia e unidade.

LIVRO VII

PLATÃO

Os mistérios de Elêusis

Os homens chamaram de Eros ao Amor porque ele tem asas; os deuses chamaram-no de Pteros, porque ele tem a virtude de dá-las.

Platão (O Banquete)

No Céu, aprender é ver;
Na Terra, é lembrar-se. Feliz daquele que atravessou os Mistérios; Ele conhece a origem e o fim da vida.

Píndaro

PLATÃO

Os Mistérios de Elêusis

Após termos tentado ressuscitar em Pitágoras o maior dos iniciados da Grécia, e através dele o fundo primordial e universal da verdade religiosa e filosófica, poderíamos dispensar-nos de falar de Platão, que só fez dar a esta verdade uma forma mais fantasiosa e mais popular. Mas existe uma razão para nos determos um momento ante a nobre figura do filósofo ateniense.

Sim, há uma doutrina-mãe, síntese das religiões e das filosofias. Ela se desenvolve e se aprofunda no decorrer das idades; porém o fundo e o centro permanecem os mesmos. Já abordamos suas grandes linhas. Será isto suficiente? Não! É preciso ainda mostrar a razão providencial de suas formas diversas, segundo as raças e as idades. É preciso restabelecer a cadeia dos grandes iniciados, que foram os verdadeiros iniciadores da humanidade. Então a força de cada um deles multiplicar-se-á pela de todos os outros e a unidade da verdade aparecerá na próxima diversidade de sua expressão. Como tudo o mais, a Grécia teve sua aurora, seu apogeu e seu declínio. É a lei dos dias, dos homens, dos povos, das terras e dos céus. Orfeu é o iniciado da aurora; Pitágoras, o do dia claro; e Platão, o do poente Heleno, poente de púrpura ardente que se torna o rosado de uma nova aurora, a aurora da humanidade. Platão segue Pitágoras, como nos mistérios de Elêusis o portador da tocha seguia o grande hierofante. Com ele, vamos penetrar ainda uma vez, e por um caminho novo, nas avenidas do santuário até o coração do templo, na contemplação do grande arcano.

Mas antes de ir a Elêusis, escutemos um instante nosso guia, o divino Platão. Que ele nos mostre seu horizonte natal. Que ele nos conte a história de sua alma e nos conduza para junto de seu mestre bem-amado.

I

A JUVENTUDE DE PLATÃO E A MORTE DE SÓCRATES

Ele nasceu em Atenas, na cidade do Belo e da Humanidade. Não havia limites para seus jovens olhares. A Ática, aberta a todos os ventos, avança como a proa de um navio no mar Egeu e domina como rainha o ciclo das ilhas, brancas sereias sentadas no azul escuro das ondas.

Cresceu aos pés da Acrópole, sob a guarda de Palas Atenas, naquela extensa planície emoldurada por montanhas cor de violeta e envolta num azul luminoso, entre o Pentélico de flancos de mármore, Himeto coroado de pinheiros perfumados onde zumbem as abelhas, e a tranqüila baía de Elêusis.

Tanto mais sombrio e mais perturbado foi, ao contrário, o horizonte político na infância e na mocidade de Platão. Elas decorreram na época da implacável guerra do Peloponeso, a luta fratricida entre Esparta e Atenas, que preparou a dissolução da Grécia. Estavam longe os grandes dias das guerras médicas. Tinham-se posto os sóis de Maratona e de Salamina. O ano do nascimento de Platão (429 a.C.) foi o ano da morte de Péricles, o maior estadista da Grécia, tão íntegro quanto Aristides, tão hábil quanto Temístocles, o mais perfeito representante da civilização helênica, o fascinador daquela democracia turbulenta, patriota ardente, que soube entretanto conservar a calma de um semideus em meio às tempestades populares.

A mãe de Platão deve ter contado ao filho uma cena, à qual certamente teria assistido dois anos antes do nascimento do futuro filósofo. Os espartanos tinham invadido a Ática. Atenas, já ameaçada em sua existência nacional, lutara durante todo um inverno, e Péricles fora a alma da defesa.

Naquele ano sombrio, uma cerimônia imponente teve lugar no Cerâmico. Os féretros dos guerreiros mortos pela pátria foram colocados em carros fúnebres, e o povo foi convocado à frente do túmulo monumental destinado a reuni-los. Este mausoléu parecia o símbolo magnífico e sinistro do túmulo que a Grécia estava cavando para si mesma em sua luta criminosa. Foi então que Péricles pronunciou o mais belo discurso que a Antigüidade nos legou. Tucídides transcreveu-o em placas de bronze. E ali brilha, como um escudo no frontão de um templo, esta sentença: "O túmulo dos heróis é o todo Universo, e não se apóia em colunas enfeitadas de faustosas inscrições". Não será a consciência da Grécia e de sua imortalidade que respiram nessas palavras?

Mas, morto Péricles, o que restava da antiga Grécia, que vivia em seus homens de ação? No interior de Atenas, as discórdias de uma demagogia desesperadora. No exterior, a invasão lacedemônia sempre às portas, a guerra em terra e no mar, e o ouro do rei da Pérsia circulando como um veneno corruptor nas mãos dos tribunos e dos magistrados. Alcibíades substituíra Péricles no prestígio público. Aquele modelo de mocidade dourada de Atenas tinha-se tornado o do homem do momento. Político aventureiro, intrigante, sedutor, sorrindo ele levou a pátria à perda. Platão observara-o bem. Mais tarde, como mestre, descreveu a psicologia daquele caráter. Compara o desejo exacerbado de poder que ocupa a alma de Alcibíades a um grande zangão alado, "em torno de quem as paixões coroadas de flores, perfumadas de essências, inebriadas de vinho e de todos os prazeres desenfreados que marcham em seu séquito, vêm zumbir, alimentando-o, criando-o, armando-o, enfim, com o aguilhão da ambição. Então este tirano da alma, escoltado pela demência, agita-se com furor. Se encontra em torno pensamentos e sentimentos honestos que ainda poderiam enrubescer, mata-os, expulsa-os, até que tenha purgado a alma de toda a temperança e a tenha inundado do furor que carrega em si".

O céu de Atenas, portanto, teve cores bastante sombrias durante a mocidade de Platão. Aos vinte e cinco anos, ele assistiu à tomada de Atenas pelos espartanos, depois da desastrosa batalha naval de Aigos Pótamos. Depois, assistiu à entrada de Lisandro em sua cidade natal, o que significava o fim da independência ateniense. Viu as extensas muralhas, construídas por Temístocles, serem demolidas ao som de uma música festiva, e o inimigo, triunfante, literalmente dançar sobre as ruínas da pátria. Depois vieram os trinta tiranos e suas proscrições.

Esses espetáculos entristeceram a alma juvenil de Platão, mas não conseguiram perturbá-la. Aquela alma era tão doce, tão límpida, tão aberta quanto a abóbada do céu acima da Acrópole. Platão era um jovem de elevada estatura, ombros largos, grave, concentrado, quase sempre silencioso. Mas, quando falava, uma sensibilidade delicada, uma doçura encantadora emanavam de suas palavras. Nele nada havia de saliente, nada de excessivo. Suas aptidões variadas dissimulavam-se como que fundidas na harmonia superior de seu ser. Uma graça alada, uma modéstia natural ocultavam a seriedade de seu espírito. Uma ternura quase feminina servia de véu para a firmeza de seu caráter. Nele a virtude se revestia de um sorriso; o prazer, de uma castidade ingênua.

Contudo, o que constituía a marca dominante, extraordinária, única, daquela alma, é que, ao nascer, ela parecia ter concluído um pacto misterioso com a Eternidade. Sim, somente as coisas eternas pareciam vivas para seus grandes olhos; as outras ali passavam como vãs aparências em um espelho profundo. Por trás das formas visíveis, mutáveis, imperfeitas, do mundo e dos seres, apareciam-lhe as formas invisíveis, perfeitas, para sempre radiantes, destes mesmos seres, que o espírito vê e que são seus modelos eternos. Eis por que o jovem Platão, sem ter formulado sua doutrina, sem mesmo saber que um dia seria filósofo, tinha já consciência da realidade divina do Ideal e de sua onipresença. Eis por que, vendo passarem as mulheres, os carros fúnebres, os exércitos, as festas e os lutos, seu olhar parecia ver outra coisa e dizer: "Por que choram eles e por que gritam de alegria? Eles acreditam ser e não são. Por que não consigo ligar-me ao que nasce e ao que morre? Por que só posso amar o Invisível, que não nasce e não morre jamais, e que existe sempre?"

Amor e Harmonia: eis o fundo da alma de Platão. Mas, qual Harmonia e qual Amor? O Amor pela Beleza eterna e pela Harmonia que abrange o Universo. Quanto mais a alma é grande e profunda, mais necessita de tempo para se conhecer a si mesma. Seu primeiro entusiasmo dirigiu-se para as Artes. Ele era de origem nobre, pois seu pai pretendia descender do rei Codrus e sua mãe, de Sólon. Sua mocidade, portanto, foi a de um ateniense rico, cercado de todos os luxos e todas as seduções de uma época de decadência. Desfrutou-as sem excessos e sem hipocrisia, vivendo a vida de seus semelhantes, gozando de uma bela herança, cercado e festejado por numerosos amigos. Em *Fedro*, bem descreveu a paixão do amor em todas as suas fases para não ter experimentado seus transportes e suas cruéis desilusões. Um único verso nos resta dele, tão apaixonado como um verso de Safo, tão fervilhante de luz como uma noite estrelada sobre o mar das Cíclades: "Eu quisera ser o céu, a fim de ser todo olhos para te olhar". Buscando o Belo supremo através de todos os modos e de todas as formas da beleza, ele cultivou, alternadamente, a pintura, a música e a poesia. Esta parecia responder a todos os seus anseios e terminou por fixar seus desejos. Tinha uma maravilhosa facilidade para todos os gêneros. Sentia com igual intensidade a poesia amorosa e ditirâmbica, a epopéia, a tragédia, a própria comédia com o seu mais fino tempero ático. O que lhe faltava para tornar-se um outro Sófocles e reerguer da decadência o teatro de Atenas? Esta ambição tentou-o e os amigos encorajaram-no. Aos vinte e sete anos, tinha composto várias tragédias e ia apresentar uma delas em concurso.

Foi nessa época que Platão encontrou Sócrates, que discutia com os jovens nos jardins da Academia. Ele falava sobre o Justo e o Injusto, sobre o Belo, o Bom e o Verdadeiro. O poeta aproximou-se do filósofo, escutou-o, voltou no dia seguinte e em todos os outros. Em algumas semanas, uma revolução completa tinha-se operado em seu espírito. O jovem feliz, o poeta cheio de ilusões não se reconhecia mais. O curso de seus pensamentos, o objetivo de sua vida haviam mudado. Um outro Platão acabava de nascer nele às palavras daquele que chamava a si mesmo de "parteiro de almas". O que se passara, afinal? Por qual sortilégio aquele raciocinador com rosto de sátiro arrebatara ao luxo, às volúpias, à poesia o belo, o genial Platão, para convertê-lo à grande renúncia da sabedoria?

Um homem muito simples; mas que grande original era Sócrates! Filho de um escultor, esculpiu as três Graças na época da adolescência. Depois abandonou o cinzel, dizendo que gostava mais de esculpir sua alma do que o mármore. A partir desse momento, consagrou sua vida à busca da sabedoria. Era visto no ginásio, em praças públicas e no teatro, conversando com os jovens, os artistas, os filósofos e perguntando a cada um a razão daquilo que afirmava.

Já há alguns anos os sofistas tinham-se abatido como uma nuvem de gafanhotos sobre a cidade de Atenas. O sofista é a falsificação e a negação viva do filósofo, como o demagogo é a falsificação do homem de Estado, o hipócrita é o oposto do sacerdote, a magia-negra é a falsificação infernal da verdadeira iniciação. O tipo grego do sofista é mais sutil, mais raciocinador, mais corrosivo do que os outros. Mas o gênero pertence a todas as civilizações decadentes. Os sofistas ali pululam, tão inevitavelmente quanto os vermes em um corpo em decomposição. Chamem-se eles ateus, niilistas ou pessimistas, os sofistas de todos os tempos se parecem. Sempre negam Deus e a Alma, ou seja, a Verdade e a Vida supremas. Os sofistas do tempo de Sócrates, os Górgias, os Pródicus e os Protágoras, diziam que não existe diferença entre a verdade e o erro. Empenhavam-se em provar qualquer idéia e o seu contrário, afirmando que só há uma justiça, a força; que só há uma verdade, a opinião do indivíduo. Com essas idéias, contentes consigo mesmos, espertos, cobrando muito caro suas lições, impeliam os jovens para o deboche, para a intriga e para a tirania.

Sócrates aproximava-se dos sofistas com sua doçura insinuante, sua fina bonomia, como se fosse um ignorante que quisesse instruir-se. Seu olhar brilhava com humor e benevolência. Depois, de pergunta em pergunta, forçava-os a afirmar o contrário do que tinham pretendido no início e a confessar implicitamente que nem sabiam de que estavam falando. Sócrates demonstrava em seguida que os sofistas não conheciam a causa nem o princípio de nada, embora pretendessem possuir a ciência universal. Após tê-los assim reduzido ao silêncio, não se vangloriava de sua vitória, mas, sorrindo, agradecia a seus adversários terem-no instruído com suas respostas, acrescentando que reconhecer que nada se sabe é o começo da verdadeira sabedoria.

O que acreditava, o que afirmava o próprio Sócrates? Ele não negava os deuses, prestando-lhes o mesmo culto que seus concidadãos. Mas dizia que a natureza deles era impenetrável e confessava nada compreender da Física e da Metafísica que se ensinavam nas escolas. O importante, dizia, é crer na Justiça e na Verdade e aplicá-las na vida. Estes argumentos adquiriam grande força em sua boca, pois ele mesmo fornecia o exemplo: cidadão irrepreensível, soldado intrépido, juiz íntegro, amigo fiel e desinteressado, senhor absoluto de todas suas paixões.

Assim, a tática da educação moral muda segundo os tempos e os meios. Pitágoras, diante de seus discípulos iniciados, trazia a moral das alturas da cosmogonia. Em Atenas, em praça pública, entre os Cléon e os Górgias, Sócrates falava do sentimento inato do Justo e do Verdadeiro para reconstituir o mundo e o estado social enfraquecido. E ambos, um na ordem descendente dos princípios, o outro na ordem ascendente, afirmavam a mesma verdade. Pitágoras representa os princípios e o método da mais elevada iniciação. Sócrates anuncia a era da ciência aberta. Para não se afastar do papel de vulgarizador, êle recusou fazer-se iniciar nos mistérios de Elêusis. Mas nem por isso deixava de ter o sentido e a fé da verdade total e suprema que os grandes Mistérios ensinavam. Quando falava disso, o bom, o espiritual Sócrates mudava de fisionomia, como se fosse um fauno inspirado do qual se apodera um Deus. Seu olhar se iluminava, um raio iluminava sua cabeça calva, e de sua boca saía uma daquelas sentenças simples e luminosas que clareiam o fundo das coisas.

Por que Platão ficou irresistivelmente encantado e subjugado por aquele homem? Ele compreendeu, vendo-o, a superioridade do Bem sobre o Belo. Pois o Belo só realiza o Verdadeiro na miragem da Arte, enquanto que o Bem a realiza no fundo das almas. Rara e poderosa fascinação, pois os sentidos dela não participam. A visão de um verdadeiro justo fez se apagarem na alma de Platão os esplendores resplandecentes da arte visível, para ser substituída por um sonho mais divino.

Aquele homem mostrou-lhe a inferioridade da beleza e da glória tal como as concebera até então, diante da beleza e da glória da alma em ação, que atrai para sempre outras almas à sua verdade, enquanto as pompas da Arte só conseguem espelhar, por um instante uma verdade enganadora, sob um véu falacioso. Esta Beleza radiante, eterna, que é o "Esplendor da Verdade", matou a beleza volúvel e mentirosa na alma de Platão. Eis por que, esquecendo e abandonando tudo o que havia amado até então, deu-se a Sócrates, com toda a poesia de sua alma na flor da juventude. Grande vitória da Verdade sobre a Beleza, e que teve incalculáveis conseqüências para a história do espírito humano.

Enquanto isso, os amigos de Platão esperavam vê-lo estrear como trágico. Ele os convidou para um grande festim em sua casa, e todos se admiraram que quisesse dar uma festa naquele momento, pois o costume era só oferecê-la depois de ter obtido o prêmio e de a tragédia premiada ter sido representada. Mas ninguém recusava um convite para a casa do rico filho da família, onde as Musas e as Graças se encontravam em companhia de Eros. Há longo tempo sua casa era o ponto de encontro da mocidade elegante de Atenas. Platão gastou uma fortuna para aquele festim. Ergueu-se um tablado no jardim. Jovens empunhando tochas iluminavam o caminho para os hóspedes. As três mais belas hetairas de Atenas compareceram. O festim durou toda a noite. Entoaram-se hinos ao Amor e a Baco. Os tocadores de flauta executaram suas danças mais voluptuosas. Afinal, pediram a Platão que ele próprio declamasse um de seus ditirambos. Ele levantou-se e, sorrindo, disse: "Este festim é o último que vos ofereço. A partir de hoje, renuncio aos prazeres da vida para consagrar-me à sabedoria e seguir o ensinamento de Sócrates. Sabei todos o seguinte: renuncio até à poesia, porque reconheci sua impotência para exprimir a verdade que procuro. Não farei mais nenhum verso, e vou queimar em vossa presença todos que já compus".

Um grito unânime de espanto e protesto ergueu-se de todos os pontos da mesa, em torno da qual estavam reclinados sobre leitos suntuosos os convivas coroados de rosas. Entre aquelas fisionomias enrubescidas pelo vinho, pelas brincadeiras e alegres conversas de mesa, algumas exprimiam surpresa; outras, indignação. Houve entre os elegantes e os sofistas risos de incredulidade e desprezo. Tacharam o projeto de Platão de loucura e de sacrilégio. Intimaram-no a voltar atrás no que havia dito. Todavia, ele reafirmou sua resolução, com uma calma e uma segurança que não permitiam réplicas. Terminou dizendo: "Agradeço a todos os que quiseram tomar parte nesta festa de adeus. Mas só reterei junto a mim aqueles que quiserem participar de minha vida nova. Os amigos de Sócrates, de hoje em diante, serão meus únicos amigos".

Estas palavras passaram como uma geada sobre um campo de flores, dando àquelas fisionomias o ar triste e perturbado de pessoas que assistem a um enterro. As cortesãs levantaram-se e partiram em suas liteiras, lançando um olhar despeitado ao dono da casa. Os elegantes e os sofistas esquivaram-se com palavras irônicas e joviais: "Adeus, Platão! Sê feliz! Um dia voltarás para nós! Adeus! Adeus!" Somente dois jovens mais sérios permaneceram junto dele. Platão tomou pela mão estes amigos fiéis e, abandonando as ânforas de vinho meio vazias, as rosas desfolhadas, as liras e flautas largadas em meio às taças ainda cheias, conduziu-os ao pátio interno da casa. Eles ali viram, num pequeno altar, uma pirâmide de rolos de papiro. Eram todas as obras poéticas de Platão. O poeta, pegando uma tocha, ateou-lhes fogo com um sorriso, pronunciando estas palavras: "Vulcano, vem! Platão tem necessidade de ti".[1]

---

1. Fragmento das obras completas de Platão, conservado sob o título: "Platão queimando suas poesias."

Quando as chamas dançantes se extinguiram no ar, os dois amigos tinham lágrimas nos olhos e, silenciosamente, disseram adeus a seu futuro mestre. **Platão ficou só.** Não chorava. Uma paz, uma serenidade maravilhosa ocupava todo o seu ser. Pensava em Sócrates, a quem logo ia ver. A aurora nascente iluminava os terraços das casas, as colunatas, os frontões dos templos. E logo o primeiro raio do sol fez cintilar o capacete de Minerva no alto da Acrópole.

II

A INICIAÇÃO DE PLATÃO E A FILOSOFIA PLATÔNICA

Três anos após Platão ter-se tornado discípulo de Sócrates, este foi condenado à morte pelo Areópago. Morreu cercado de seus discípulos, bebendo cicuta.

Poucos acontecimentos históricos são tão discutidos quanto este. E poucos, não obstante, têm tido suas causas e seu alcance tão mal compreendidos. Chega-se a dizer, hoje, que o Areópago teve razão, de seu ponto de vista, ao condenar Sócrates como inimigo da religião do Estado porque, negando os deuses, ele abalava as bases da República ateniense.

Mostraremos, dentro em pouco, que esta asserção encerra dois erros profundos. Lembremos primeiro o que Victor Cousin ousou escrever na introdução da *Apologia de Sócrates,* em sua bela tradução das obras de Platão: "Anitus, deve-se dizer, era um cidadão respeitável, o Areópago, um tribunal eqüitativo e moderado. E, se houvesse algo para espantar, é que Sócrates tenha sido acusado tão tarde e não ter sido condenado por uma maioria mais representativa".

O filósofo, ministro da Instrução Pública, não viu que, se ele tivesse razão, seria preciso condenar ao mesmo tempo a filosofia e a religião, para glorificar unicamente a política da mentira, da violência e do arbítrio. Pois se a filosofia abala inevitavelmente as bases do estado social, este não passa de uma loucura pomposa. E se a religião não pode subsistir a não ser suprimindo a procura da verdade, ela não passa de uma tirania funesta. Precisamos ser mais justos para com a religião e a filosofia gregas.

Existe um fato essencial e surpreendente que escapou à maioria dos historiadores e filósofos modernos. Na Grécia, as perseguições, aliás, bastante raras, contra os filósofos, jamais partiram dos templos, mas sempre dos intrigantes políticos. A civilização helênica não conheceu a guerra entre os sacerdotes e os filósofos, que desempenha papel tão grande em nossa civilização desde a destruição do esoterismo cristão, no segundo século de nossa era. Tales pôde professar tranqüilamente que o mundo vem da água; Heráclito, que ele sai do fogo; Anaxágoras pôde dizer que o Sol é uma massa de fogo incandescente; Demócrito, pretender que tudo vem dos átomos. Nenhum templo se preocupou com isto. Nos templos, sabiam todas estas coisas e muito mais ainda. Sabiam também que os pretensos filósofos que negavam os deuses não podiam destruí-los na consciência nacional, e que os filósofos verdadeiros acreditavam à maneira dos iniciados e viam nos deuses os símbolos das grandes categorias da hierarquia espiritual, do Divino que penetra na Natureza, do Invisível que governa o Visível. A doutrina esotérica servia, portanto, de ligação entre a verdadeira filosofia e a verdadeira religião. Eis o fato profundo, primordial e final, que explica seu acordo secreto na civilização helênica.

Quem, então, acusou Sócrates? Os sacerdotes de Elêusis, que haviam amaldiçoado os autores da guerra do Peloponeso, sacudindo a poeira de suas túnicas em direção ao Ocidente, não pronunciaram uma palavra contra ele. O templo de Delfos deu-lhe o mais belo testemunho que se pode prestar a um homem. A Pítia, consultada sobre o que Apolo pensava de Sócrates, respondeu: "Não existe homem mais livre, mais justo, mais sensato".[1]

As duas principais acusações contra Sócrates foram: corromper a mocidade e não crer nos deuses — não passaram, portanto, de pretexto. À segunda acusação Sócrates respondeu vitoriosamente perante os juízes: "Eu creio em meu espírito familiar. Com mais razão ainda devo crer nos deuses, que são os grandes espíritos do Universo". Então, por que esse ódio implacável contra o sábio? Ele combatera a injustiça, desmascarara a hipocrisia, mostrara a falsidade de tantas vãs pretensões. Os homens perdoam todos os vícios e todos os ateísmos, mas não perdoam àqueles que os desmascaram. Foi por isso que os verdadeiros ateus, que tinham assento no Areópago, fizeram morrer o justo e inocente, acusando-o do crime que eles cometiam.

Em sua defesa admirável, reproduzida por Platão, o próprio Sócrates explicava isso com perfeita simplicidade: "Foram minhas buscas infrutíferas para encontrar homens sábios entre os atenienses que excitaram contra mim tantas inimizades perigosas. Daí todas as calúnias levantadas contra mim. Pois todos aqueles que me ouvem supõem que eu sei todas as coisas

---

1. Xenofonte: *Apologia de Sócrates.*

e que desmascaro a ignorância dos outros... Intrigantes, ativos e numerosos, falando de mim segundo um plano combinado e com uma eloqüência muito capaz de seduzir, há muito tempo encheram vossos ouvidos dos rumores mais pérfidos, e prosseguem sem descanso em seu sistema de calúnias. Entre eles se destacam Mélitus, Anitus e Lícon. Mélitus representa os poetas; Anitus, os políticos e os artistas; Lícon, os oradores".

Um poeta trágico sem talento, um ricaço mau e fanático, um demagogo cínico conseguiram fazer condenar à morte o melhor dos homens. E esta morte tornou-o imortal. Ele pôde dizer altivamente a seus juízes: "Eu creio mais nos deuses do que qualquer um de meus acusadores. É tempo de nos deixarmos. Eu, para morrer, e vós, para viverdes. Quem de nós fica com a melhor parte? Ninguém o sabe, exceto Deus"[2].

Longe de abalar a verdadeira religião e seus símbolos nacionais, Sócrates tudo fizera para reafirmá-los. Ele teria sido o maior sustentáculo de sua pátria, se ela tivesse sabido compreendê-lo. Como Jesus, ele morreu perdoando a seus carrascos e tornou-se para toda a humanidade o modelo dos sábios mártires, pois representa o advento definitivo da iniciação individual e da ciência aberta.

A serena imagem de Sócrates morrendo pela verdade e passando sua derradeira hora conversando com seus discípulos sobre a imortalidade da alma, gravou-se no coração de Platão como o mais belo espetáculo e o mais santo mistério. Foi sua primeira, sua grande iniciação. Mais tarde, ele deveria estudar a Física, a Metafísica e muitas outras ciências. Mas permaneceu sempre o discípulo de Sócrates. Platão nos legou sua imagem viva, colocando na boca do mestre os tesouros de seu próprio pensamento. Esta prova de modéstia fez dele o discípulo ideal, como o fogo do entusiasmo faz dele o poeta dos filósofos. Sabemos muito bem que ele fundou sua escola aos cinqüenta anos e morreu aos oitenta; porém só podemos imaginá-lo jovem. Porque a eterna juventude é o quinhão das almas que somam à profundidade dos pensamentos uma candura divina.

Platão recebera de Sócrates o grande impulso, o princípio ativo e masculino de sua vida, sua fé na justiça e na verdade. Deveu a ciência e a substância de seus ideais à sua iniciação nos Mistérios. Seu gênio consiste na forma nova, ao mesmo tempo poética e dialética, que soube dar-lhes. Essa iniciação, ele não a tomou somente com Elêusis. Procurou-a em todas as fontes acessíveis do mundo antigo. Após a morte de Sócrates, ele se pôs a viajar. Acompanhou as lições de vários filósofos da Ásia Menor. De lá foi para o Egito, a fim de entrar em contato com seus sacerdotes, e passou pela iniciação de Ísis. Ele não atingiu, como Pitágoras, o grau superior em

---

2. Platão, *Apologia de Sócrates*.

que se torna adepto e se adquire a visão efetiva e direta da verdade divina, com poderes sobrenaturais do ponto de vista terrestre. Deteve-se no terceiro grau, que confere a perfeita claridade intelectual, com o domínio da inteligência sobre a alma e sobre o corpo. Depois, seguiu para a Itália meridional, a fim de juntar-se aos pitagóricos; bem sabia que Pitágoras havia sido o maior dos sábios gregos. Comprou a preço de ouro um manuscrito de mestre. Tendo bebido assim a tradição esotérica de Pitágoras em sua própria fonte, recebeu deste filósofo as idéias-mães e o arcabouço de seu sistema.[3]

Voltando a Atenas, Platão ali fundou sua escola, que se tornou célebre sob o nome de Academia. Para continuar a obra de Sócrates era preciso divulgar a verdade. Entretanto Platão não podia ensinar publicamente as coisas que os pitagóricos mantinham encobertas com um triplo véu. Os juramentos, a prudência, sua própria finalidade o proibiam. É, certamente, a doutrina esotérica que encontramos em seus *Diálogos,* mas dissimulada, moderada, carregada de uma dialética argumentativa, como uma bagagem estranha disfarçada em lenda, em mito, em parábola. Ela não se apresenta aqui como o conjunto imponente que lhe conferiu Pitágoras — que tentamos reconstruir — como o edifício fundado sobre uma base imutável e cujas partes estão fortemente cimentadas, e sim por fragmentos analíticos. Platão, como Sócrates, coloca-se no mesmo plano dos jovens de Atenas, dos mundanos, dos retóricos e dos sofistas. Combate-os com suas próprias armas. Mas seu gênio está sempre lá. A cada instante, ele rompe como uma águia a malha da dialética, para elevar-se num vôo audacioso às verdades sublimes, que são sua pátria e sua atmosfera natal. Esses diálogos têm um encanto picante e único. Sente-se ali, ao lado do entusiasmo de Delfos e de Elêusis, uma clareza maravilhosa, o sal ático, a malícia do homem simples que foi Sócrates, a ironia fina e ligeira do sábio.

Nada mais fácil do que encontrar as diferentes partes da doutrina esotérica em Platão e descobrir, ao mesmo tempo, as fontes em que ele bebeu. A doutrina das idéias típicas das coisas, expostas no *Fedro,* é um corolário da doutrina dos *Números Sagrados* de Pitágoras.[4] O *Timeu* apresenta uma exposição bastante confusa e obscura da cosmogonia esotérica. Quanto à doutrina da alma, suas migrações e evolução, ela permeia toda a obra de

---

3. "O que Orfeu promulgou por meio de obscuras alegorias, diz Próclus, Pitágoras ensinou após ter-se iniciado nos mistérios órficos, e Platão disso teve pleno conhecimento pelos escritos órficos e pitagóricos." Esta opinião da escola alexandrina sobre a filiação das idéias platônicas é plenamente confirmada pelo estudo comparado das tradições órficas e pitagóricas com os textos de Platão. E esta filiação, mantida secreta durante séculos, só foi revelada pelos filósofos alexandrinos, porque eles foram os primeiros a publicar o sentido esotérico dos Mistérios.
4. Ver esta doutrina no livro precedente.

Platão, mas em nenhuma parte transparece tão claramente quanto no *Banquete*, no *Fédon* e na *Lenda de Er*, no final desse diálogo. Percebemos Psiquê sob um véu; mas quão bela e comovente ela brilha através dele, com suas formas delicadas e sua graça divina!

Vimos no livro anterior que a chave do Cosmo, o segredo de sua constituição, de alto a baixo, encontra-se no *princípio dos três mundos*, refletidos pelo microcosmo e pelo macrocosmo, no ternário humano e divino. Pitágoras havia magistralmente formulado e resumido esta doutrina, sob o símbolo da *Tétrada sagrada*. Esta doutrina do Verbo vivo, eterno, constituía o grande arcano, a fonte da magia, o templo de diamante do iniciado, sua cidadela inexpugnável acima do oceano das coisas. Platão não podia nem queria revelar esse arcano em seus ensinamentos públicos. Inicialmente, o juramento dos mistérios cerrava-lhe os lábios. Além disso, ninguém o teria compreendido e o vulgo teria profanado indignamente este mistério teogônico, que contém a geração dos mundos. Para combater a corrupção dos costumes e o desencadeamento das paixões políticas, era preciso outra coisa. Com a grande iniciação ia fechar-se logo a porta do além, aquela porta que, aliás, só se abre luminosamente para os grandes profetas, aos raríssimos, aos verdadeiros iniciados.

Platão substituiu a doutrina dos três mundos por três conceitos que, na ausência da iniciação organizada, permaneceram por dois mil anos como três caminhos abertos para a finalidade suprema. Esses três conceitos relacionam-se igualmente com o mundo humano e o mundo divino. Eles têm a vantagem de uni-los, embora de maneira abstrata. Aqui se revela o gênio vulgarizador e criador de Platão. Lançou torrentes de luz sobre o mundo, colocando na mesma linha as idéias da Verdade, da Beleza e do Bem. Elucidando-as uma através da outra, ele demonstrou que elas são três raios que partem do mesmo foco que, juntando-se, reconstituem esse mesmo foco, isto é, Deus.

Buscando o Bem, ou seja, o Justo, a alma se purifica. Prepara-se para conhecer a Verdade. Esta é a primeira indispensável condição de seu progresso. Buscando, alargando a idéia do Belo, ela atinge o Belo intelectual, aquela luz inteligível, mãe das coisas, animadora das formas, substância e órgão de Deus. Mergulhando na alma do mundo, a alma humana sente crescerem-lhe as asas. Buscando a idéia do Verdadeiro, ela atinge a pura Essência, os princípios contidos no Espírito puro. Ela reconhece sua imortalidade pela identidade de seu princípio com o princípio divino. Perfeição; epifania da alma.

Abrindo estas grandes vias ao espírito humano, Platão definiu e criou, fora dos sistemas estreitos e das religiões particulares, *a categoria do Ideal*, que devia substituir por séculos, e substitui até nossos dias, *a iniciação orgânica* e completa. Ele franqueou as três vias sagradas que conduzem a

Deus, como a via sagrada de Atenas conduzia a Elêusis pela porta do Cerâmico. Tendo penetrado no interior do templo com Hermes, Orfeu e Pitágoras, julgamos melhor a solidez e a retidão daqueles largos caminhos construídos pelo divino engenheiro Platão. O conhecimento da Iniciação nos dá a justificação e a razão de ser do Idealismo.

O *idealismo* é a afirmação ousada das verdades divinas pela alma que se interroga na solidão e julga realidades celestes por suas faculdades íntimas e suas vozes interiores.

A *iniciação* é a penetração dessas mesmas verdades pela experiência da alma, pela visão direta do espírito, pela ressurreição interior. No grau supremo, é a comunicação da alma com o mundo divino.

O *Ideal* é uma moral, uma poesia, uma filosofia. A *Iniciação* é uma ação, uma visão, uma presença sublime da Verdade. O *Ideal* é o sonho e a saudade da pátria divina. A *Iniciação*, templo dos eleitos, é sua lembrança clara, a própria posse.

Estabelecendo a categoria do Ideal, o iniciado Platão criou portanto um refúgio, abriu o caminho da salvação a milhões de almas que não podem, nesta existência, alcançar a iniciação direta, mas aspiram dolorosamente à verdade. Assim, Platão fez da filosofia o vestíbulo de um santuário futuro, a ele convidando todos os homens de boa vontade. O idealismo de seus numerosos filhos, pagãos ou cristãos, aparece-nos como a sala de espera da grande iniciação.

Isto nos explica a imensa popularidade e a força irradiante das idéias platônicas. Essa força reside em seu fundo esotérico. Aí está a razão de a Academia de Atenas, fundada por Platão, ter durado séculos e ter-se prolongado na grande escola da Alexandria. E eis por que os primeiros Pais da Igreja renderam homenagem a Platão, tendo Santo Agostinho retomado dois terços de sua teologia.

Dois mil anos decorreram desde que o discípulo de Sócrates exalara seu último suspiro, à sombra da Acrópole. O cristianismo, as invasões dos bárbaros, a Idade Média tinham passado pelo mundo. Mas a Antigüidade renascia de suas cinzas. Em Florença, os Médicis quiseram fundar uma academia e chamaram um sábio grego, exilado de Constantinopla, para organizá-la. Que nome lhe deu Marcílio Ficino? Chamou-a academia platônica. Mesmo hoje, depois que tantos sistemas filosóficos se sobrepuseram, se tornaram pó; hoje, que a ciência pesquisou a matéria em suas últimas transformações, e se vê face ao inexplicável e ao invisível, hoje ainda Platão volta para nós. Sempre simples e modesto, mas radiante de mocidade eterna, ele nos estende o ramo sagrado dos Mistérios, o ramo de mirta e de cipreste, com o narciso: *a flor da alma*, que promete o divino renascimento em uma nova Elêusis.

III

OS MISTÉRIOS DE ELÊUSIS

Os mistérios de Elêusis foram, na Antigüidade greco-latina, objeto de uma veneração especial. Os próprios autores que ridicularizaram as fábulas mitológicas não ousaram tocar no culto das "grandes deusas". O seu reinado, menos barulhento do que o dos olímpicos, mostrou-se mais seguro e mais eficaz.

Em tempo imemorial, uma colônia grega vinda do Egito havia trazido para a tranqüila baía de Elêusis o culto da grande Ísis, sob o nome de Deméter ou mãe universal. Desde esse tempo Elêusis ficou sendo um centro de iniciação.

Deméter e sua filha, Perséfona, presidiam aos pequenos e aos grandes mistérios; daí seu prestígio. Se o povo reverenciava em Ceres a terra-mãe e a deusa da agricultura, os iniciados nela viam a luz celeste, mãe das almas, e a Inteligência divina, mãe dos deuses cosmogônicos. Seu culto era oficiado por sacerdotes pertencentes à mais antiga família sacerdotal da Ática. Diziam-se filhos da Lua, isto é, nascidos para serem mediadores entre a Terra e o Céu, oriundos da esfera onde se encontra a ponte lançada entre as duas regiões, pela qual as almas descem e sobem. Desde a origem sua função havia sido "cantar, neste abismo de misérias, as delícias da celeste morada e ensinar os meios de encontrar-lhe o caminho". Daí o nome de Eumólpidas ou "cantores das melodias benéficas", doces regeneradoras dos homens. Os sacerdotes de Elêusis ensinaram sempre a grande doutrina esotérica que lhes vinha do Egito. Porém, no decorrer das eras, revestiram-na de todo o encanto de uma mitologia plástica e encantadora. Por uma arte sutil e profunda, esses mágicos souberam servir-se das paixões terrestres para exprimir idéias celestes. Aproveitaram o atrativo dos sentidos, a pompa das cerimônias, as seduções da arte, para induzir a alma a uma vida melhor, e o espírito à compreensão das verdades divinas. Em nenhuma parte dos mistérios aparecem sob forma tão humana, tão viva e colorida.

O mito de Ceres e de sua filha Proserpina formam o coração do culto de Elêusis.[1] Como uma teoria brilhante, toda a iniciação eleusiana gira e desenvolve-se em torno desse círculo luminoso. Ora, em seu sentido íntimo, esse mito é a representação simbólica da história da alma, de sua descida na matéria, de seus sofrimentos nas trevas do esquecimento, depois sua reascensão e volta à vida divina. Em outros termos, é o drama da queda e da redenção sob sua forma helênica.

Pode-se afirmar, por outro lado, que, para o ateniense culto e iniciado do tempo de Platão, os mistérios de Elêusis ofereciam o complemento explicativo, a contrapartida das representações trágicas de Atenas. Lá, no teatro de Baco, diante do povo agitado e trovejante, as encantações terríveis de Melpômene evocavam o homem terrestre cego pelas paixões, perseguido pela Nêmesis de seus crimes, abatido por um Destino implacável e muitas vezes incompreensível. Lá ecoavam as lutas de Prometeu, as imprecações das Erínias; lá rugiam o desespero de Édipo e o furor de Orestes. Lá reinavam o sombrio Terror e a Piedade lamentável.

Em Elêusis, no recinto de Ceres, tudo se esclarecia. O círculo das coisas estendia-se para os iniciados tornados videntes. A história de Psiquê-Perséfona era para cada alma uma revelação surpreendente. A vida explicava-se como uma expiação ou como uma prova. Aquém e além de seu presente terrestre, o homem descobria as zonas estreladas de um passado, de um futuro divino. Depois da agonia da morte, as esperanças, as liberações, as alegrias elisianas e, através dos pórticos escancarados do grande templo, os cânticos dos bem-aventurados, a luz submergente de um maravilhoso além.

Eis o que eram os Mistérios em face da Tragédia: O drama divino da alma completando, explicando o drama terrestre do homem.

Os pequenos Mistérios celebravam-se no mês de fevereiro, em Agrae, burgo vizinho de Elêusis. Os aspirantes que tinham se submetido a um exame prévio e dado provas de seu nascimento, de sua educação e honorabilidade, eram recebidos, à entrada do recinto fechado, pelo sacerdote de Elêusis, chamado *hierocérix* ou arauto sagrado, representando Hermes com a cabeça coberta, como ele, pelo pétaso e empunhando o caduceu. Era o guia, o mediador, o intérprete dos Mistérios, que conduzia os recém-chegados a um pequeno templo de colunas jônicas, dedicado a *Koré*, a grande Virgem

---

1. Ver o hino homérico a Deméter.

Perséfona. O gracioso santuário da deusa escondia-se no fundo de um vale tranqüilo, no meio de um bosque sagrado, entre grupos de teixos e de choupos brancos. Então as sacerdotisas de Proserpina, as hierofântidas, saíam do templo; usavam túnicas imaculadas sem mangas, coroadas de narcisos. Elas se colocavam em fila no alto da escadaria e entoavam uma melopéia grave, à moda dórica. Diziam, escandindo suas palavras com grandes gestos:

"Aspirantes aos Mistérios, estais no átrio de Proserpina. Tudo o que ides ver surpreender-vos-á. Aprendereis que vossa vida presente é apenas um tecido de sonhos mentirosos e confusos. O sono que vos rodeia numa zona de trevas leva vossos sonhos e vossos dias em seu fluxo, como destroços flutuantes que desaparecem. Mas além estende-se uma região de luz eterna. Que Perséfona vos seja propícia e vos ensine pessoalmente a atravessar o rio das trevas e a penetrar até Deméter celeste".

Depois, a profântida ou profetisa que dirigia o coro descia três degraus da escadaria e proferia esta maldição, com voz solene e olhar assustador: "Infelizes daqueles que vierem para profanar os Mistérios! A deusa perseguirá esses corações perversos durante toda sua vida e, no reino das sombras, não deixará sua presa!"

Em seguida, vários dias passavam-se em abluções, em jejuns, em orações e instruções.

Na tarde do último dia, os neófitos se reuniam na parte mais secreta do bosque sagrado, para lá assistirem ao *rapto de Perséfona*. A cena era representada ao ar livre pelas sacerdotisas do templo. O costume remontava a uma época muito distante, e a base dessa representação, a idéia dominante permanecia sempre a mesma, embora a forma variasse muito com o passar dos anos. No tempo de Platão, graças ao desenvolvimento recente da tragédia, a antiga severidade hierática dera lugar a um gosto mais humano, mais apurado e a uma tendência passional. Guiados pelo hierofante, os poetas anônimos de Elêusis fizeram dessa cena um pequeno drama, que se desenrolava mais ou menos assim:

(Os neófitos chegam aos pares a uma clareira. Ao fundo vêem-se rochedos e uma gruta, rodeados de um bosque de mirta e alguns choupos. À frente, uma campina onde há ninfas deitadas em torno de uma fonte. No fundo da gruta, vê-se *Perséfona*, sentada num trono. Nua até a cintura como uma Psiquê, seu busto esbelto emerge castamente de um drapeado que lhe envolve os flancos como uma névoa azulada. Ela parece feliz, inconsciente de sua beleza, e borda um longo véu de fios multicores. *Deméter*, sua mãe, está de pé, junto dela; a cabeça coberta com o *kalatos*, e o cetro na mão.)

HERMES *(O arauto dos Mistérios, aos assistentes)* — Deméter nos dá dois presentes excelentes: os frutos, para que não vivamos como animais, e a iniciação, que transmite uma esperança mais doce a quem dela participa até o fim desta vida e por toda a eternidade. Prestai atenção às palavras que ides ouvir e às coisas que ides ver.

DEMÉTER *(com uma voz grave)* — Filha amada dos Deuses, fica nesta gruta até minha volta e borda meu véu. O céu é a tua pátria, o Universo te pertence. Vês os Deuses. Eles atendem a teu apelo. Não escutes a voz de Eros, o astuto de suaves olhares, de 'pérfidos conselhos. Evita saíres da gruta, e não colhas jamais as flores sedutoras da terra. O seu perfume perturbador e funesto te faria perder a luz do céu e até sua lembrança. Tece o meu véu e vive feliz até minha volta, com as ninfas, tuas companheiras. Então, em meu carro de fogo, puxado por serpentes, eu te levarei aos esplendores do Éter, acima da via-láctea.

PERSÉFONE — Sim, mãe augusta e temível, por esta luz que te rodeia e que me é querida, prometo-o. E que os Deuses me castiguem, se eu não mantiver meu juramento. *(Deméter sai.)*

O CORO DAS NINFAS — Perséfone! Virgem casta e noiva do Céu! Tu, que bordas a imagem dos deuses em teu véu, possas jamais conhecer as vãs ilusões e os inúmeros males da terra! A eterna Verdade te sorri. Teu esposo celeste, Dionísio, te espera no Empíreo. Às vezes ele te aparece sob a forma de um sol distante. Seus raios te acariciam. Ele respira o teu hálito e tu bebes a sua luz... Por antecipação, vós vos possuís!... Virgem, quem é mais feliz do que tu?

PERSÉFONE — Neste véu azul, de pregas intermináveis, bordo com minha agulha de marfim as inúmeras figuras dos seres e de todas as coisas. Acabei a história dos deuses. Bordei o Caos assustador, com cem cabeças e mil braços. Daí devem sair os seres mortais. Quem os fez nascer? O Pai dos Deuses disse-me que foi Eros. Contudo, jamais o vi, ignoro sua forma. Quem pintará para mim sua face?

AS NINFAS — Não penses nisto. Por que esta pergunta vã?

PERSÉFONE — *(levanta-se e repele o véu)* — Eros! O mais antigo e no entanto o mais jovem dos deuses, fonte inesgotável das alegrias e das lágrimas — pois foi assim que me falaram de ti — Deus terrível, o único desconhecido, o Unico invisível dos Imortais e o único desejável, oh! misterioso Eros! que emoção, que vertigem se apodera de mim ao pronunciar o teu nome!

O CORO — Não procures saber mais. As perguntas perigosas arruinaram homens e até mesmo deuses!

PERSÉFONE *(fixando no vazio os olhos cheios de espanto)* — Será uma recordação? Será um pressentimento horrível? O Caos... os homens ... o abismo das gerações... o grito dos partos... os clamores furiosos do ódio e da guerra... o abismo da morte! Ouço, vejo tudo isso! E esse abismo me atrai, me chama. É preciso que eu desça lá. Eros para lá me impele com sua tocha incendiária. Ah! e eu vou morrer... Longe de mim este sonho horrível! *(Ela cobre o rosto com as mãos e soluça.)*

O CORO — Virgem divina, isto ainda não passa de um sonho, mas ele poderia corporificar-se, ele poderia tornar-se inelutável realidade, e teu céu desaparecia como um sonho vão, se cedesses a teu desejo culposo. Obedece a esta advertência salutar, retoma tua agulha e tece o teu véu. Esquece o astucioso, o imprudente, o criminoso Eros!

PERSÉFONE *(Ela tira as mãos do rosto, que mudou de expressão, e sorri através das lágrimas)* — Como sois loucas! Como eu era insensata! Lembro-me agora, ouvi dizer nos mistérios olímpicos: Eros é o mais belo dos deuses. Em seu carro alado, ele preside às evoluções dos Imortais, à mistura das essências básicas. É ele que conduz os homens audaciosos, os heróis, do fundo do Caos para os pináculos do Éter. Ele sabe tudo. Como o Fogo-Princípio, ele atravessa todos os mundos, ele possui as chaves da terra e do céu! Eu quero vê-lo!

O CORO — Infeliz! Pára!

EROS *(sai do bosque sob a forma de um adolescente alado)* — Tu me chamas, Perséfone? Eis-me aqui!

PERSÉFONE *(tornando a sentar-se)* — Dizem que és astucioso, mas tua fisionomia é a própria inocência. Dizem que és todo-poderoso, mas pareces uma frágil criança. Dizem que és traidor, mas quanto mais contemplo teus olhos, mais meu coração se alegra, mais confio em ti, belo menino jovial! Dizem que és sábio e hábil. Podes ajudar-me a bordar este véu?

EROS — De bom grado. Eis-me junto de ti, a teus pés! Que véu maravilhoso! Ele parece umedecido no azul de teus olhos. Que figuras admiráveis tua mão aí bordou, menos belas, no entanto, do que a divina bordadeira, que jamais se viu a si mesma em um espelho. *(Ele sorri maliciosamente).*

PERSÉFONE — Ver-me a mim mesma! Seria isto possível? *(Ela enrubesce).* Mas reconheces estas figuras?

EROS — Se as conheço! A história dos Deuses! Mas, por que deter-te no Caos? É lá que a luta começa. Não tecerás a guerra dos Titãs, o nascimento dos homens e seus amores?

PERSÉFONE — Meu conhecimento pára aqui e minha memória falha. Não me ajudarás a bordar a continuação?

EROS *(lançando-lhe um olhar inflamado)* — Sim, Perséfone, mas com uma condição: primeiro vens comigo colher uma flor na campina; a mais bela de todas!

PERSÉFONE *(séria)* — Minha augusta e sábia mãe mo proibiu. "Não escutes a voz de Eros, disse-me ela. Não colhas flores na campina. Se não, serás a mais miserável dos Imortais!"

EROS — Compreendo. Tua mãe não quer que conheças os segredos da terra e dos infernos. Se respirasses as flores do prado, eles te seriam revelados.

PERSÉFONE — Tu os conheces?

EROS — Todos. E tu vês, eu sou apenas o mais jovem e o mais ágil. Oh! filha dos Deuses! O abismo possui terrores e emoções que o céu ignora. Mas não compreende o céu quem não atravessou a terra e os infernos!

PERSÉFONE — E podes fazer-me compreender tudo isto?

EROS — Sim. Olha! *(Ele toca o solo com a ponta de seu arco; um grande narciso brota ali.)*

PERSÉFONE — Oh! que flor admirável! Ela me faz estremecer e surgir em meu coração uma divina recordação... Algumas vezes, adormecida no alto de meu astro amado, que um eterno crepúsculo doura, ao despertar eu vi, sobre a púrpura do horizonte, flutuar uma estrela de prata, no seio nacarado do céu verde pálido. Parecia-me então que ela era a tocha do esposo imortal, promessa dos deuses, do divino Dionísio. Mas a estrela descia... descia... e a tocha extinguia-se ao longe... Esta flor maravilhosa parece aquela estrela.

EROS — Eu, que transformo e renovo tudo; eu, que faço do pequeno a imagem do grande, da profundeza o espelho do céu; eu, que misturo o céu e o inferno sobre a terra, que elaboro todas as formas no profundo oceano, eu fiz renascer tua estrela do abismo sob a forma de uma flor, a fim de que possas tocá-la, colhê-la e aspirar-lhe o perfume.

O CORO — Cuidado! Esta magia pode ser uma armadilha!

PERSÉFONE — Como chamas esta flor?

EROS — Os homens chamam-na de Narciso. Eu a chamo Desejo. Vê como ela te olha, como ela se volta para ti. Suas pétalas brancas estremecem como seres vivos, de seu coração de ouro evola um perfume que enche de volúpia toda a atmosfera. Quando aproximares esta flor mágica de tua face, verás, num quadro imenso e maravilhoso, os monstros do abismo, a terra profunda e o coração dos homens. Nada te será ocultado.

PERSÉFONE — Oh! flor maravilhosa, de perfume inebriante, meu coração palpita, meus dedos queimam ao tocar-te. Quero aspirar teu perfume, apertar-te contra meus lábios, pousar-te sobre o meu coração — ainda que eu tenha de morrer por isso!

(A terra abre-se ao lado dela. Da fenda escancarada e negra, vê-se surgir lentamente, até meia altura, *Plutão,* em um carro atrelado por dois cavalos negros. Ele agarra Perséfone no momento em que ela colhe a flor e a atrai violentamente para si. Ela debate-se inutilmente em seus braços e solta um grito. Logo o carro afunda na terra e desaparece. O ruído de suas rodas perde-se ao longe como um trovão subterrâneo. No bosque, as ninfas dispersam-se gemendo. Eros foge, soltando uma gargalhada.)

A VOZ DE PERSÉFONE (sob a terra) — Minha mãe! Socorro! Minha mãe!

HERMES — Oh! aspirantes aos Mistérios, cuja vida está ainda obscurecida pelas fumaças da vida má, esta é vossa história. Guardai-a e meditai sobre estas palavras de Empédocles: "A geração é uma destruição terrível que faz passarem os vivos para os mortos. Outrora vivestes a verdadeira vida, e depois, atraídos por um encantamento, caístes no abismo terrestre, subjugados pelo corpo. Vosso presente é somente um sonho fatal. O passado, o futuro, só eles existem verdadeiramente. Aprendei a recordar-vos, aprendei a prever".

Durante esta cena, a noite caía. As tochas fúnebres acendiam-se entre os negros ciprestes, nas proximidades do pequeno templo, e os espectadores afastavam-se em silêncio, seguidos pelos cânticos chorosos das hierofântidas, chamando: Perséfone! Perséfone!

Os pequenos mistérios tinham terminado. Os neófitos tinham-se tornado *místicos*, ou seja, *velados*. Voltariam a suas ocupações habituais, mas o grande *véu dos mistérios* tinha-se desdobrado a seus olhos. Entre eles e o mundo exterior, uma nuvem tinha-se interposto. Ao mesmo tempo, uma visão interior abrira-se em seu espírito, por meio do qual eles percebiam vagamente um outro mundo, repleto de formas atraentes, que se moviam nos abismos ora esplêndidos, ora tenebrosos.

Os grandes mistérios, que se seguiam aos *pequenos mistérios* e se chamavam também *Orgias sagradas*, só eram celebrados de cinco em cinco anos, no mês de setembro, em Elêusis. Essas festas, todas simbólicas, duravam nove dias. No oitavo, distribuíam-se aos místicos as insígnias da iniciação: o tirso e uma corbelha, chamada ciste, rodeada de ramos de hera. Esta encerrava os objetos misteriosos, cujo entendimento forneceria o segredo da vida. Mas a corbelha estava cuidadosamente selada. Só era permitido abri-la no fim da iniciação e diante do hierofante.

Depois, entregavam-se a uma alegria exultante, agitavam tochas que eram passadas de um para o outro e soltavam gritos de contentamento. Nesse dia, um cortejo carregava, de Atenas para Elêusis, a estátua de Dionísio coroado de mirta, que se chamava Iaco. Sua vinda a Elêusis anunciava o grande renascimento; pois ele representava o espírito divino que penetra tudo, o regenerador das almas, o mediador entre a terra e o céu.

Desta vez, entrava-se no templo pela porta mística, para se passar lá dentro a noite santa ou noite da iniciação.

Passava-se primeiro sob um vasto pórtico existente no recinto exterior. Lá, o arauto, com ameaças terríveis e o grito — *Eskato BeBeloï* (fora daqui profanos!) —, afastava os intrusos que às vezes se insinuavam no recinto juntamente com os místicos. A estes ele fazia jurar, sob pena de morte, nada revelarem do que vissem. E acrescentava: "Estais no átrio subterrâneo de Perséfone. Para compreender a vida futura e vossa condição presente, é preciso atravessar o império da morte — a prova dos iniciados. É preciso saber enfrentar as trevas, a fim de gozar da luz". Em seguida, vestiam a pele de corça, imagem da laceração e do dilaceramento da alma mergulhada na vida corporal. Depois apagavam-se as tochas e as lâmpadas e entrava-se no labirinto subterrâneo.

No início, os místicos tateavam nas trevas. Logo ouviam-se ruídos, gemidos e vozes terríveis. Relâmpagos acompanhados de trovões cortavam as trevas. A seu clarão, percebiam-se visões assustadoras: ora um monstro, quimera ou dragão; ora um homem dilacerado aos pés de uma esfinge; ora uma larva humana. Essas aparições eram tão súbitas que não se tinha tempo de distinguir o artifício que as produzia, e a obscuridade completa que lhes sucedia redobrava o horror. Plutarco comparava o terror causado por essas visões ao estado de um homem em seu leito de morte.

A cena mais estranha, referente à magia verdadeira, passava-se em uma cripta, onde um sacerdote frígio, vestido com uma túnica asiática de listas verticais vermelhas e pretas, estava de pé, diante de um braseiro de cobre que iluminava vagamente a sala com seus clarões intermitentes. Com um gesto que não admitia réplica, ele forçava os recém-chegados a sentarem à entrada e lançava no braseiro grandes porções de um perfume narcotizante. A sala enchia-se logo de densos turbilhões de fumaça, onde se distinguia uma mistura de formas cambiantes, ora animalescas, ora humanas. Algumas vezes eram enormes serpentes que se estiravam como sereias ou se emaranhavam num enrolamento interminável. Outras vezes, bustos de ninfas voluptuosamente curvados, com os braços estendidos, se transformavam em morcegos; cabeças encantadoras de adolescentes, em focinhos de cachorro. E todos esses monstros, alternadamente bonitos e hediondos, aéreos, fluidos, enganosos, irreais, tão subitamente aparecendo e desaparecendo, rodopiavam, reluziam, provocavam vertigem e envolviam os místicos fascinados, como que para barrar-lhes o caminho. De vez em quando o sacerdote de Cibele estendia sua varinha no meio dos vapores, e o eflúvio de sua vontade parecia imprimir àquela ronda multiforme um movimento turbilhonante e uma vitalidade inquietante. E o Frígio dizia: "Entrai!" Os místicos levantavam-se e entravam no círculo. Então, sentiam-se roçados estranhamente, ou rapidamente tocados por mãos invisíveis, ou violentamente lançados por terra. Alguns recuavam aterrorizados e voltavam para o lugar de onde tinham vindo. Somente os mais corajosos prosseguiam, sendo atacados várias vezes. Uma firme resolução punha fim ao sortilégio.[2]

Então, chegava-se a uma grande sala circular, iluminada pela luz fúnebre de raros lampadários. No centro, uma única coluna, uma árvore de bronze, cuja folhagem metálica se estende por todo o teto[3]. Nessa folhagem incrustam-se quimeras, górgonas, hárpias, mochos, esfinges e estrígias, imagens

---

2. A ciência contemporânea só veria nesses fatos simples alucinações ou sugestões. A ciência do esoterismo antigo atribuía a esse gênero de fenômenos, que se produziam freqüentemente nos Mistérios, um valor ao mesmo tempo subjetivo e objetivo. Ela acreditava na existência de espíritos elementares, sem alma individualizada e sem razão, semiconscientes, que enchem a atmosfera terrestre e são, de certo modo, as almas dos elementos. A magia, que é a vontade colocada em ação no manejo das forças ocultas, torna-os visíveis às vezes. É deles que fala Heráclito quando diz: "A natureza, em todos os lugares, está cheia de demônios." Platão chama-os "demônios dos elementos"; Paracelso, "elementais". Segundo esse médico teósofo, do século XVI, eles são atraídos pela atmosfera magnética do homem; eletrizam-se e são capazes de assumir todas as formas imagináveis. Quanto mais o homem está entregue às suas paixões, mais ele se torna sua presa, sem o perceber. Somente o mago domina-os e se utiliza deles. Constituem uma esfera de ilusões falazes e de loucuras que ele deve dominar e transpor, à sua entrada no mundo oculto. São eles que Bulwer chama "os *guardiães do umbral*", em seu curioso romance, *Zanoni*.

3. É a árvore dos sonhos, mencionada por Virgílio, na descida de Enéias aos Infernos, no livro VI da *Eneida*, que reproduz as cenas principais dos mistérios de Elêusis, com amplificações poéticas.

que falavam de todos os males terrestres, de todos os demônios que se enfurecem contra o homem. Esses monstros, reproduzidos em metais reluzentes, enrolam-se na ramagem e, do alto, parecem espreitar sua presa. Sob a árvore, num trono magnífico, está sentado Plutão-Aidoneu com um manto purpurino. A seus pés, a nébride. Sua mão segura o tridente; seu semblante está carregado. Ao lado do rei dos Infernos, que jamais sorri, sua esposa: a alta e esbelta Perséfone. Os místicos a reconhecem como a hierofântida que já havia representado a deusa nos pequenos mistérios. Ela continua bela, mais bela talvez em sua melancolia. Mas, como está mudada, em sua veste de luto com lágrimas de prata, e com o diadema de ouro! Não é mais a Virgem da gruta. Agora ela conhece a vida de baixo e sofre. Reina sobre os poderes inferiores, é soberana entre os mortos, mas estrangeira em seu império. Um pálido sorriso aflora à sua fisionomia entristecida pela sombra do Inferno. Ah! nesse sorriso vê-se a ciência do Bem e do Mal, o encanto inexprimível da dor vivida e muda. O sofrimento ensina a piedade. Ela acolhe com um olhar de compaixão os místicos que se ajoelham e depõem a seus pés coroas de narciso. Então brilha em seus olhos uma chama lânguida, esperança perdida, longínqua lembrança do céu!

De repente, no fundo de uma galeria que sobe, luzem tochas e, como o som de uma trombeta, conclama uma voz: "Vinde, místicos! Iaco voltou! Deméter espera sua filha. Evoé!" Os ecos sonoros do subterrâneo repetem este grito. Perséfone ergue-se no trono, como que despertada em sobressalto de um longo sono e trespassada por um pensamento fulgurante: "A luz! Minha mãe! Iaco!" Ela quer avançar, mas Aidoneu retém-na com um gesto, segurando suas vestes. E ela torna a cair sobre o trono, como morta. Então, os lampadários apagam-se subitamente e uma voz grita: "Morrer é renascer!" Os místicos apressam-se pela galeria dos heróis e dos semideuses, em direção da abertura do subterrâneo, onde os esperam Hermes e o porta-tochas. Despojam-nos da pele da corça, borrifam-nos com água lustral, revestem-nos de linho fresco e conduzem-nos para o templo esplendidamente iluminado, onde os recebe o hierofante, o grão-sacerdote de Elêusis, um ancião majestoso vestido de púrpura.

E agora, deixemos falar Porfírio. Eis como ele narra a iniciação suprema de Elêusis:

"Coroados de mirta, entramos com os outros iniciados no vestíbulo do templo, cegos ainda. O hierofante, que está no interior, vai logo abrir-nos os olhos. Mas primeiro, pois não se deve fazer nada com precipitação, lavamo-nos na água sagrada; porque é com mãos puras e coração puro que devemos entrar no recinto sagrado. Levados diante do hierofante, ele nos lê em um livro de pedra coisas que não devemos divulgar, sob pena de morte. Digamos somente que elas são adequadas ao local e às circunstâncias.

Vós talvez rísseis, se ouvísseis aquelas coisas fora do templo. Mas lá dentro não teríeis nenhuma vontade de rir, ao escutar as palavras ditas pelo ancião, pois, sempre é ele quem fala, contemplando os símbolos revelados.[4] E estaríeis longe de rir quando Deméter confirmasse, em sua lunguagem particular e seus sinais, por meio de vivas cintilações de luz e de nuvens empilhadas sobre nuvens, tudo o que vimos e ouvimos de seu sacerdote sagrado. Então, finalmente, a luz de uma serena maravilha enche o Templo. Vemos os puros campos de Elísio. Ouvimos o coro dos bem-aventurados. Então não é somente por uma aparência exterior ou por uma interpretação filosófica, mas de fato e em realidade, que o hierofante torna-se o criador *(demiurgo)* e o revelador de todas as coisas. O Sol é apenas seu porta-tochas, a Lua, seu oficiante junto do altar, e Hermes, seu arauto místico. Enfim, a última palavra foi pronunciada: *Konx Om Pax.*[5].

O rito foi consumado e nós somos Videntes (epoptai) para sempre."

O que dizia o grande hierofante? Quais seriam aquelas palavras sagradas, aquela revelação suprema?

Os iniciados aprendiam que a divina Perséfone, que eles tinham visto no meio dos terrores e dos suplícios dos infernos, era a imagem da alma humana acorrentada à matéria nesta existência, ou entregue a quimeras e tormentos maiores ainda, se viveu escrava de suas paixões. Sua vida terrestre é uma expiação ou uma provação de existências anteriores. Mas a alma pode purificar-se pela disciplina, pode lembrar-se e pressentir, pelo esforço combinado da intuição, da razão e da vontade, e participar por antecipação das vastas verdades, das quais deve tomar posse plena e total no imenso além. Somente então, Perséfone tornar-se-á pura, luminosa, a Virgem inefável, distribuidora do amor e da alegria. Quanto à sua mãe, Ceres, ela era, nos mistérios, o símbolo da Inteligência divina e do princípio intelectual do homem, que a alma deve alcançar para atingir sua perfeição.

Se podemos acreditar em Platão, Jâmblico, Próclus e todos os filósofos alexandrinos, a elite dos iniciados tinha no interior do templo visões de caráter extático e maravilhoso. Já citei o testemunho de Porfírio. Eis agora o de Próclus:

"Em todas as iniciações e mistérios, os deuses (aqui esta palavra significa todas as ordens de espíritos) mostram-se sob muitas formas e aparecem com grande variedade de figuras. Às vezes é uma luz sem forma, às vezes esta luz reveste-se da forma humana ou de uma forma diferente"[6].

---

4. Os objetos de ouro contidos no cisto eram: a pinha (símbolo da fecundidade, da geração), a serpente em espiral (evolução universal da alma: queda na matéria e redenção pelo espírito), o ovo (lembrando a esfera ou perfeição divina, finalidade do homem).

5. Essas palavras misteriosas não têm sentido em grego. Isto prova, em todo o caso, que são bastante antigas e vêm do Oriente. Wilford atribui-lhes origem sânscrita. *Konx* viria de *Kansha,* que significa o objeto do mais profundo desejo; *Om,* de *Oum,* alma de Brahma, e *Pax,* de *Pasha,* giro, troca, ciclo. A bênção suprema do hierofante de Elêusis significava, portanto: "Que teus desejos sejam cumpridos: volta à alma universal!"

6. Próclus, *Commentaire de la République de Platon.*

Eis a passagem de Apuleio: "Aproximei-me dos confins da morte e tendo atingido o átrio de Proserpina, voltei, transportado através de todos os elementos (espíritos elementares da terra, da água, do ar e do fogo). Nas profundezas da meia-noite, vi o Sol resplandecente de uma luz esplêndida, ao mesmo tempo que os deuses infernais e os deuses superiores. E aproximando-me dessas divindades paguei-lhes o tributo de uma piedosa adoração".

Por mais vagos que sejam esses testemunhos, eles parecem reportar-se a fenômenos ocultos. Segundo a doutrina dos mistérios, as visões estáticas do templo seriam produzidas através do mais puro dos elementos: a luz espiritual assimilada à Ísis celeste. Os oráculos de Zoroastro chamam-na: a Natureza que fala por si mesma, isto é, um elemento pelo qual o Mago dá uma expressão visível e instantânea ao pensamento, e que serve igualmente de corpo e de vestimenta para as almas, as quais são os mais belos pensamentos de Deus. Por isso o hierofante, tendo o poder de produzir esse fenômeno, de colocar os iniciados em contacto com as almas dos heróis e dos deuses (anjos e arcanjos), identificava-se, nesse momento, ao Criador, ao Demiurgo; o Porta-tocha, ao Sol, isto é, à luz hiperfísica; e Hermes, à palavra divina, que é sua intérprete. Quaisquer que sejam essas visões, não há, na antigüidade, uma só voz discordante sobre a exaltação serena produzida pelas últimas revelações de Elêusis. Uma felicidade desconhecida, uma paz sobre-humana descia no coração dos iniciados. A vida parecia vencida; a alma, liberta, e cumprido o ciclo terrível das existências. Todos sentiam uma alegria límpida, uma certeza inefável no puro éter da alma universal.

Acabamos de reviver o drama de Elêusis com seu significado íntimo e oculto. Indiquei o fio condutor que atravessa aquele labirinto. Mostrei a grande unidade que domina sua riqueza e complexidade. Por uma harmonia sábia e soberana, um laço estreito unia as cerimônias variadas ao drama divino, que formava o centro ideal, o foco luminoso daquelas festas religiosas. Assim os iniciados identificavam-se pouco a pouco com a ação. De simples espectadores, tornavam-se atores e reconheciam, afinal, que o drama de Perséfona ocorria no íntimo deles mesmos. E que surpresa, que alegria naquela descoberta! Se sofriam, se lutavam como ela na vida presente, tinham também, como ela, a esperança de reencontrar a felicidade divina, a luz da grande Inteligência. As palavras do hierofante, as cenas e as revelações do templo proporcionavam-lhes o antegozo.

Não é preciso dizer que cada um compreendia estas coisas de acordo com seu grau de cultura e sua capacidade intelectual. Porque, como diz Platão, e isto é verdadeiro para todos os tempos, muitas são as pessoas que carregam o tirso e a varinha, mas poucos são os inspirados.

Após a época de Alexandre, os Mistérios de Elêusis foram atingidos, até certo ponto, pela decadência pagã; mas seu fundo sublime subsistiu e salvou-os da desgraça que se abateu sobre os outros templos. Pela profundidade de sua doutrina sagrada, pelo esplendor de sua encenação, os Mistérios mantiveram-se dùrante três séculos, frente ao Cristianismo que crescia. Eles reuniam então aquela elite que, sem negar Jesus como manifestação da ordem heróica e divina, não queriam esquecer, como já o fazia a Igreja de então, a velha ciência e a doutrina sagrada. Foi preciso um édito de Teodósio, proibindo as cerimônias do templo de Elêusis, para pôr fim àquele augusto culto, onde a magia da arte grega comprazia-se em incorporar as mais elevadas doutrinas de Orfeu, de Pitágoras e de Platão.

Hoje, o asilo da antiga Deméter desapareceu sem deixar vestígios na baía silenciosa de Elêusis. E só a borboleta, o inseto de Psiquê que atravessa o golfo azulado nos dias de primavera, lembra que ali, outrora, a grande Exilada, a Alma humana, evocou os Deuses e reconheceu sua eterna pátria.

LIVRO VIII

JESUS

A Missão de Cristo

Eu não vim para abolir a Lei e os Profetas, mas para cumpri-los.

Mateus, V, 17.

A Luz estava no mundo, e o mundo foi feito por ela; mas o mundo não a conheceu.

João, I, 10.

A vinda do Filho do Homem será como um relâmpago que sai do Oriente e vai até o Ocidente.

Mateus, XXIV, 27.

JESUS

A Missão de Cristo[1]

I

A SITUAÇÃO DO MUNDO NA ÉPOCA DO NASCIMENTO DE JESUS

A hora do mundo fazia-se solene. O céu do planeta estava sombrio e cheio de presságios sinistros.

Apesar do esforço dos iniciados, o politeísmo culminara com a derrocada da civilização na Ásia, na África e na Europa. Isto não atinge a sublime cosmogonia de Orfeu, tão esplendidamente cantada, mas já diminuída por Homero. Disso só se pode acusar a dificuldade, para a natureza humana, de conservar uma certa elevação intelectual. Para os grandes espíritos da antigüidade, os deuses jamais passaram de uma expressão poética das forças hierárquicas da natureza, uma imagem que falava de seu organismo inter-

---

1. O trabalho executado há cem anos pela crítica, sobre a vida de Jesus, é certamente um dos mais consideráveis deste tempo. Encontrar-se-á dele uma visão completa no luminoso resumo feito por M. Sabatier (Dictionnaire des Sciences religieuses, por Lichtenberger, tomo VII. Artigo: Jesus.) Esse belo estudo fornece todo o histórico da questão e marca com precisão seu estado atual. Lembrarei simplesmente as duas fases principais que ele atravessou, com Strauss e Renan, para melhor estabelecer o novo ponto de vista, com o qual concordo.

Saindo da escola filosófica de Hegel e ligando-se à escola crítica e histórica de Bauer, Strauss, sem negar a existência de Jesus, tentou provar que sua vida, tal como é narrada nos Evangelhos, é um mito, uma lenda criada pela imaginação popular para as necessidades do cristianismo que nascia e segundo as profecias do Antigo Testamento. Sua tese, puramente negativa, defendida com extrema engenhosidade e profunda eruno, e é também como símbolos das forças cósmicas e anímicas que esses deuses vivem indestrutíveis na consciência da humanidade. No pensamento dos iniciados, essa diversidade de deuses ou de forças era dominada e penetrada pelo Deus supremo ou Espírito puro. O fim principal dos santuários de Mênfis, Delfos e Elêusis havia sido precisamente ensinar essa unidade de Deus, com as idéias teosóficas e a disciplina moral que a ela se prendem.

Mas os discípulos de Orfeu, de Pitágoras e de Platão fracassaram diante do egoísmo dos políticos, diante da mesquinhez dos sofistas e das paixões da multidão. A decomposição social e política da Grécia foi a conseqüência de sua decomposição religiosa, moral e intelectual. Apolo, o verbo solar, a manifestação do Deus supremo e do mundo supraterrestre pela beleza, a justiça e a adivinhação, cala-se. Não há mais oráculos, não há mais inspirados, não há mais verdadeiros poetas: Minerva (Sabedoria e Providência) vela-se diante de seu povo transformado em sátiro, que profana os Mistérios, que insulta os sábios e os deuses no teatro de Baco, nas farças aristofanescas. Os próprios Mistérios corrompem-se, pois admitem-se as sicofantas e as cortesãs nas festas de Elêusis. Quando a alma se embrutece, a religião torna-se idólatra; quando o pensamento se torna rude, a filosofia cai no ceticismo. Assim vemos Luciano, micróbio nascente sobre o cadáver do paganismo, zombar dos mitos, depois que Carnéades menosprezou-lhes a origem científica.

---

dição, é verdadeira em certos detalhes, mas absolutamente insustentável no conjunto e nos pontos essenciais. Ela tem, além do mais, o grave defeito de não explicar nem o caráter de Jesus, nem a origem do cristianismo. A vida de Jesus, para Strauss, é um sistema planetário sem Sol. É preciso admitir-lhe, contudo, um mérito considerável: o de ter transferido o problema do domínio da teologia dogmática para o da crítica dos textos e da história.

A vida de Jesus, de M. Renan, deve sua grande acolhida às suas altas qualidades estéticas e literárias, e também à audácia do escritor, que foi o primeiro a ousar fazer da vida do Cristo um problema de psicologia humana. Conseguiu-o? Depois do sucesso surpreendente do livro, a opinião geral da crítica séria disse que não. O Jesus de M. Renan começa sua carreira como doce sonhador, como moralista entusiasta e altivo; e terminou-a como um taumaturgo violento que perdeu o sentido da realidade. "Apesar de todo o comedimento do historiador, diz M. Sabatier, é a marcha de um espírito sadio para a loucura. O Cristo de M. Renan flutua entre os cálculos do ambicioso e os sonhos do iluminado." O fato é que ele se torna o Messias sem o querer e quase sem o saber. Só aceita esse nome para comprazer aos apóstolos e ao desejo popular. Não é com uma fé tão fraca que um verdadeiro profeta cria uma religião nova e transforma a alma da terra. A vida de Jesus, de M. Renan, é um sistema planetário iluminado por um pálido sol, sem magnetismo vivificador e sem calor criador.

Como Jesus tornou-se o Messias? Eis a questão primordial, essencial à concepção do Cristo. Foi justamente diante desta que M. Renan hesitou e desviou-se. M. Théodore Keim compreendeu que era preciso abordá-la de frente. *(Das Leben Jesu*, Zurique, 1875, 3ª ed.). Sua Vida de Jesus é a mais notável que se tem escrito desde M. Renan. Ela esclarece a questão com toda luz que se pode tirar dos textos e da história interpretados *esotericamente.* Mas o problema não é dos que se podem resolver sem a intuição e sem a tradição *esotérica.*

Supersticiosa em religião, agnóstica em filosofia, egoísta e dissolvente em política, ébria de anarquia e fatalmente votada à tirania: eis o que se tornara aquela Grécia divina, que nos transmitiu a ciência egípcia e os mistérios da Ásia sob as formas imortais da Beleza...

Se alguém compreendeu o que faltava ao mundo antigo, se alguém tentou reerguê-lo por um esforço de heroísmo e de gênio, esse alguém foi Alexandre, o Grande. Este legendário conquistador, iniciado, como seu pai Felipe, nos Mistérios de Samotrácia, mostrou-se ainda mais filho intelectual de Orfeu do que discípulo de Aristóteles. Sem dúvida o Aquiles da Macedônia, que se lançou com um punhado de gregos através da Ásia até a Índia, sonhou com o império universal; mas não à maneira dos césares, pela opressão dos povos, pelo esmagamento da religião e da ciência livre. Sua grande idéia foi a reconciliação entre a Ásia e Europa, por uma síntese das religiões apoiada na autoridade científica. Movido por esse pensamento, ele reverenciou a ciência de Aristóteles como a Minerva de Atenas, o Jeová de Jerusalém, como o Osíris egípcio e o Brama hindu, reconhecendo, como verdadeiro iniciado, a mesma divindade e a mesma sabedoria sob todos esses símbolos. Que larga visão, que soberba adivinhação a desse novo Dionísio! A espada de Alexandre foi o último clarão da Grécia de Orfeu: iluminou o Oriente e o Ocidente O filho de Felipe morreu na embriaguez de sua vitória e de seu sonho, deixando os farrapos de seu império aos generais rapaces. Mas seu pensamento não morreu com ele. Fundara Alexandria, onde a filosofia oriental, o judaísmo e o helenismo deviam fundir-se no cadinho do esoterismo egípcio, esperando a palavra de ressurreição do Cristo.

É com essa luz esotérica, chama interior de todas as religiões, verdade central de toda a filosofia fecunda, que tentei reconstruir a Vida de Jesus em suas grandes linhas, levando em conta todo o trabalho anterior da crítica histórica que desobstruiu o terreno. Não vejo necessidade de definir aqui o que entendo por ponto de vista esotérico, síntese da Ciência e da Religião. Todo este livro é o desenvolvimento dele, e acrescentarei simplesmente, no que concerne ao valor histórico e relativo dos Evangelhos, que tomei os três sinóticos (Mateus, Marcos e Lucas) por base, e João como o arcano da doutrina esotérica de Cristo, sempre admitindo a redação posterior e a tendência simbólica desse Evangelho.

É preciso comparar os Evangelhos entre si e retificá-los. Eles são autênticos, mas de formas diferentes. Mateus e Marcos são os Evangelistas preciosos da letra e do fato; neles encontram-se os atos e as palavras públicas. O doce Lucas deixa entrever o sentido dos Mistérios sob o véu poético da lenda; é o Evangelho da Alma, da Mulher e do Amor. São João desvela estes Mistérios. Encontram-se nele as bases profundas da doutrina, o ensinamento secreto, o sentido da promessa, a reserva esotérica.

Clemente de Alexandria, um dos raros bispos cristãos que possuíram a chave do esoterismo universal, chamou-o, com muita propriedade, de Evangelista do Espírito. João tem uma visão profunda das verdades transcendentes reveladas pelo Mestre e uma maneira poderosa de resumi-las Tem ele também por símbolo a Águia, cujas asas transpõem os espaços e cujo olho chamejante os possui.

À medida que os astros gêmeos da Grécia, Apolo e Minerva, desciam empalidecendo no horizonte, os povos viram subir em seu céu tempestuoso um signo ameaçador: a loba romana.

Qual é a origem de Roma? A conjuração de uma oligarquia ávida, em nome da força bruta; a opressão do intelecto humano, da religião, da ciência e da arte pelo poder político deificado. Em outros termos, o contrário da verdade, segundo o qual um governo só usufrui do direito emanado dos princípios supremos da Ciência, da Justiça e da Economia[2]. Toda a história romana é simplesmente a conseqüência desse pacto de iniqüidade, pelo qual os Pais Conscritos declararam guerra à Itália primeiro, e em seguida ao gênero humano. Eles escolheram muito bem seu símbolo! A loba de bronze, que eriça seu pêlo fulvo e avança a cabeça de hiena sobre o Capitólio, é a imagem desse governo, o demônio que possuirá até o fim a alma romana.

Na Grécia, pelo menos, respeitaram-se sempre os santuários de Delfos e de Elêusis. Em Roma, desde a origem, a Ciência e a Arte foram renegadas. A tentativa do sábio Numa, o iniciado etrusco, falhou diante da ambição desconfiada dos Pais-Conscritos. Ele trouxe consigo os livros sibilinos, que continham uma parte da ciência de Hermes. Criou os juízes, árbitros eleitos pelo povo; distribuiu-lhe terras; ergueu um templo à Boa-Fé e a Jano, hierograma que significa a universidade da Lei; submeteu o direito de guerra aos fécios. O rei Numa, que se perpetuou na memória do povo como inspirado por um gênio divino, parece, portanto, uma intervenção histórica da ciência sagrada no governo. Ele não representa o gênio romano, mas o gênio da iniciação etrusca, que seguia os mesmos princípios da escola de Mênfis e de Delfos.

Depois de Numa, o Senado queimou os livros sibilinos, anulou a autoridade dos flamínios, extinguiu as instituições arbitrais e voltou ao sistema em que a religião não passava de um instrumento de domínio político. Roma tornou-se a hidra que devora os povos e seus Deuses. As nações da terra foram, pouco a pouco, sendo subjugadas e espoliadas. A prisão mamertina encheu-se de reis do Norte e do Sul. Roma, não desejando outros sacerdotes que não fossem escravos e charlatães, assassina na Gália, no Egito, na Judéia e na Pérsia, os últimos detentores da tradição esotérica. Finge adorar os Deuses, mas adora somente sua Loba.

Então, numa aurora sangrenta, surge diante dos povos o último filho daquela loba, o qual sintetiza o gênio de Roma: César! Roma absorvera todos os povos. César, sua encarnação, devora todos os poderes. César não aspira

---

2. Esse ponto de vista, diametralmente oposto à escola empírica de Aristóteles e de Mostesquieu, foi o dos grandes iniciados, dos sacerdotes egípcios, e também de Moisés e Pitágoras. Ele foi mencionado e esclarecido de forma vigorosa em uma obra já citada: *La Mission des Juifs*, de M. Saint-Yves. Ver seu notável capítulo sobre a fundação de Roma.

somente a ser imperador das nações. Sobrepondo, em sua cabeça, a tiara ao diadema, ele se faz nomear grão-pontífice. Após a batalha de Tapsus, votam-lhe a apoteose heróica; após a de Munda, a apoteose divina; depois sua estátua é erguida no templo de Quirino, com um colégio de vigários que traziam seu nome: os sacerdotes-Julianos. Por uma suprema ironia e uma suprema lógica das coisas, este mesmo César, que se faz Deus, nega a imortalidade da alma em pleno Senado. Haverá melhor forma de dizer que não há outro Deus além de César?

Com os césares, Roma, herdeira da Babilônia, estende seus tentáculos sobre o mundo inteiro. Ora, o que se tornou o Estado romano? O Estado romano destruiu externamente toda a vida coletiva. Ditadura militar na Itália; exações dos governadores e dos publicanos da província. Roma conquistadora deita-se como um vampiro sobre o cadáver das sociedades antigas.

E então a orgia romana pode expor-se às claras, com sua bacanal de vícios e seu desfile de crimes. Começa pelo voluptuoso encontro de Marco Antônio e Cleópatra; terminará com os debochos de Messalina e os furores de Nero. Estréia com a paródia lasciva e pública dos mistérios; acabará no circo romano, onde as feras lançam-se sobre as virgens nuas, mártires de sua fé, diante dos aplausos de vinte mil espectadores.

No entanto, entre os povos conquistados por Roma, havia um que se denominava o povo de Deus, e cujo gênio era o oposto do gênio romano. Como explicar que Israel, gasta por suas lutas intestinas, esmagada por trezentos anos de servidão, tenha conservado sua fé indomável? Por que este povo vencido erguia-se em face da decadência grega e da orgia romana, como um profeta, com a cabeça coberta de cinzas e os olhos chamejantes de cólera terrível? Por que ousava ele predizer a queda dos senhores que calcavam os pés sobre sua garganta e falar de certo triunfo final, enquanto parecia aproximar-se de sua ruína irremediável? É que uma grande idéia vivia nela, inculcada por Moisés. Sob o domínio de Josué, as doze tribos tinham erguido um monumento com esta inscrição: "Nós damos testemunho de que Iavé é o único Deus".

Como e por que o legislador de Israel havia feito do monoteísmo a pedra angular de sua ciência, de sua lei social e de uma idéia religiosa universal, nós o vimos no livro de Moisés. Ele tivera o gênio de compreender que do triunfo daquela idéia dependia o futuro da humanidade. Para conservá-la, escrevera um livro hieroglífico, construiu uma Arca de ouro, arregimentou um Povo da poeira nômade do deserto. Sobre estes testemunhos da idéia espiritualista, Moisés fez pairar o fogo do céu e trovejar o raio. Contra eles conjuraram-se não somente os moabitas, os filisteus, os amalecitas, todas as populações da Palestina, mas ainda as paixões e as fraquezas do próprio povo judeu.

O livro deixou de ser compreendido pelo sacerdócio; a Arca foi tomada pelos inimigos e cem vezes o povo quase esqueceu sua missão. Por que então a ela permaneceu fiel, apesar de tudo? Por que a idéia de Moisés ficou gravada na fronte e no coração de Israel com letras de fogo? A quem se deve essa perseverança exclusiva, essa fidelidade grandiosa através das vicissitudes de uma história agitada, cheia de catástrofes, fidelidade essa que confere a Israel sua fisionomia única entre as nações? Pode-se responder temerariamente: aos profetas e à instituição do profetismo. Rigorosamente e pela tradição oral, ela remonta a Moisés. O povo hebreu teve os seus *Nabi* em todas as épocas de sua história, até a dispersão. Mas a instituição do profetismo nos aparece pela primeira vez sob uma forma orgânica na época de Samuel.

Foi Samuel quem fundou as confrarias de *Nebiim,* aquelas escolas de profetas para enfrentar a realeza nascente e um sacerdócio já degenerado. Ele fez delas as guardiãs austeras da tradição esotérica e do pensamento religioso universal de Moisés, contra os reis, em quem devia predominar a idéia política e o objetivo nacional. Nessas confrarias conservaram-se, com efeito, os restos da ciência de Moisés, a música sagrada com todas as suas modalidades e seus poderes, a terapêutica oculta, enfim, a arte da adivinhação que os grandes profetas desdobraram com uma eficácia, uma elevação e uma abnegação magistrais.

A adivinhação existiu sob as formas e pelos meios mais diversos em todos os povos do antigo ciclo. Mas o profetismo em Israel tem uma envergadura, uma elevação, uma autoridade com que o monoteísmo sustenta a alma humana. O profetismo, apresentado pelos teólogos como a comunicação direta de um Deus pessoal, negado pela filosofia naturalista como simples superstição, é na realidade apenas a manifestação superior das leis universais do Espírito.

Diz Ewald, em seu belo livro sobre os profetas: "As verdades gerais que governam o mundo, em outros termos, *os pensamentos de Deus,* são imutáveis e inatacáveis, inteiramente independentes das flutuações das coisas, da vontade e da ação dos homens. O homem é originariamente chamado para delas participar, para compreendê-las e traduzi-las livremente em atos. É por aí que ele atinge seu próprio, seu verdadeiro destino. Mas, para que o Verbo do Espírito penetre no homem de carne, é preciso que o homem seja profundamente sacudido pelas grandes comoções da história. Então a verdade explode como um jato de luz. Por isso está dito, tantas vezes, no Antigo Testamento, que *Iavé é um Deus vivo.* Quando o homem escuta o apelo divino, constrói-se nele uma nova vida, na qual ele não se sente mais só, mas em comunhão com Deus e com todas as verdades, e está pronto para marchar de uma verdade a outra, até o infinito. Nessa vida nova, seu pensamento identifica-se com a vontade universal. Ele tem a visão clara do tempo presente e a fé total no sucesso final da idéia divina. O homem que experimenta isso é profeta, ou seja, sente-se irresistivelmente impelido a manifestar-se aos outros como representante de Deus. *Seu pensamento torna-se visão* e esta força superior que faz brotar a verdade de sua alma, algumas vezes despedaçando-a, constitui o elemento profético. *As manifestações proféticas têm sido, na história, os raios e os relâmpagos da verdade* "[3].

Eis aqui a fonte de onde os gigantes chamados Elias, Isaías, Ezequiel, Jeremias, hauriram sua força. No fundo de suas cavernas ou no palácio dos reis, eles foram verdadeiramente as sentinelas do Eterno e, como disse Eliseu a seu mestre Elias, "as carruagens e os cavaleiros de Israel". Freqüentemente predizem com perfeita clarividência a morte dos reis, a queda dos reinos, os castigos de Israel. Às vezes também enganam-se. Embora iluminada pelo sol da verdade divina, a chama profética vacila e se obscurece algumas vezes em suas mãos, ao sopro das paixões nacionais. Mas jamais tropeçam sobre as verdades morais, sobre a verdadeira missão de Israel, sobre o triunfo final da justiça na humanidade. Como verdadeiros iniciados eles pregam o desprezo ao culto exterior, a abolição aos sacrifícios sangrentos, a purificação da alma e a caridade. Sua visão é admirável no que concerne à vitória final do monoteísmo, seu papel libertador e pacificador para todos os povos. As mais terríveis desgraças que possam abater-se sobre uma nação, a invasão estrangeira, a deportação em massa para Babilônia, não podem abalar esta fé.

Escutai Isaías durante a invasão de Senaqueribe: "Eu, que faço parir os outros, não farei Sião parir? disse o Eterno. Eu, que faço nascer, impedi-lo-ei de gerar? disse teu Deus. Rejubilai-vos com Jerusalém e permanecei na alegria por causa dela, vós todos que a amais; vós todos que chorais sobre ela, rejubilai-vos com ela numa grande alegria. Porque assim disse o Eterno: Eu vou fazer correr sobre ela a paz como um rio e a glória das nações como uma torrente transbordante; e vós sereis aleitados, e sereis carregados ao colo, e vos embalarão nos joelhos. Eu vos consolarei como uma mãe consola seu filho, e sereis consolados em Jerusalém. — Vendo suas obras e seus pensamentos, venho para reunir todas as nações e todas as línguas. Elas virão e verão minha glória"[4]. Não é senão hoje, e diante do túmulo de Cristo, que esta visão começa a realizar-se. Mas quem poderia negar sua verdade profética, pensando no papel de Israel na história da humanidade?

Não menos inquebrantável do que esta fé na glória futura de Jerusalém, em sua grandeza moral, em sua universalidade religiosa, é a fé dos profetas em um Salvador ou Messias. Todos falam dele. O incomparável Isaías é quem o vê mais nitidamente, quem o retrata com a máxima força de sua

---

3. Ewald, Die *Propheten*. — Introdução.
4. Isaías, LXVI, 10-18.

ousada linguagem: "Sairá um rebento do tronco de Jessé, um renovo crescerá de suas raízes e o Espírito do Eterno repousará sobre ele, o Espírito da Sabedoria e do Entendimento, o Espírito do Conselho e da Fortaleza, o Espírito do Conhecimento e do Temor ao Eterno. Ele julgará com justiça os pequenos e condenará com eqüidade para proteger os mansos da Terra. Ele tocará a terra com a verga e com sua boca fará morrer o mau pelo espírito de seus lábios"[5].

Diante dessa visão, a alma sombria do profeta acalma-se e torna-se clara como um céu tempestuoso quando, ao fremir de uma harpa celeste, todas as tempestades afastam-se; porque agora é verdadeiramente a imagem do galileu que se desenha na sua visão interior: "Ele saiu como uma flor da terra seca, cresceu sem brilho. Ele foi desprezado e o último dos homens, um homem de dores. Ele carregou nossas dores e nós pensamos que tivesse sido ferido por Deus. Mas ele foi trespassado por nossos crimes e ferido por nossas iniqüidades. O castigo que nos traz a paz caiu sobre ele e nós tivemos a salvação por intermédio de seu martírio... Esmagam-no, abatem-no ... Foi levado ao matadouro como um cordeiro e não abriu a boca"[6].

Durante oito séculos, acima das dissensões e dos infortúnios nacionais, o verbo trovejante dos profetas fez planar a idéia e a imagem do Messias, ora como um vingador terrível, ora como um anjo de misericórdia. Alimentada sob a tirania assíria no exílio da Babilônia, despontando sob o domínio persa, a idéia messiânica não fez senão crescer sob o reino dos seleúcidas e dos macabeus. Quando veio o domínio romano e o reinado de Herodes, o Messias vivia em todas as consciências. Se os grandes profetas tinham-no visto sob os traços de um justo, de um mártir, de um verdadeiro filho de Deus, o povo, fiel à idéia judaica, imaginava-o como um Davi, como um Salomão ou como um novo Macabeu. Mas, quem quer que fosse esse restaurador da glória de Israel, todo mundo nele acreditava, esperava-o, chamava-o. Tal é a força da ação profética.

Assim, como a história romana chega fatalmente a César pelo caminho instintivo e pela lógica infernal do Destino, também a história de Israel conduz livremente ao Cristo pelo caminho consciente e pela lógica divina da Providência, manifestada em seus representantes visíveis: os profetas. O mal é fatalmente condenado a contradizer-se e a destruir-se a si mesmo, porque é falso. Mas o Bem, apesar de todos os obstáculos, engendra a luz e a harmonia na série dos tempos, porque é a fecundidade do Verdadeiro. De seu triunfo, Roma só extraiu o cesarismo; de seu desmoronamento, Israel gerou o Messias, dando razão às belas palavras de um poeta moderno: "de seu próprio naufrágio, a Esperança cria a coisa contemplada!"

---

5. Isaías, XI, 1-5.
6. Isaías, LIII, 2-8.

Uma vaga expectativa pairava sobre os povos. No excesso de seus males, a humanidade inteira pressentia um salvador. Há séculos as mitologias vinham sonhando com um menino divino. Os templos falavam dele misteriosamente. Os astrólogos calculavam sua vinda. Sibilas em delírio tinham vociferado a queda dos deuses pagãos. Os iniciados haviam anunciado que um dia o mundo seria governado por um dos seus, por um filho de Deus.[7] A terra esperava um rei espiritual que seria compreendido pelos pequenos, pelos humildes e pelos pobres. O grande Ésquilo, filho de um sacerdote de Elêusis, quase foi morto pelos atenienses porque ousou dizer em pleno teatro, pela boca de seu Prometeu, que findaria o reinado de Júpiter Destino.

Quatro séculos mais tarde, à sombra do trono de Augusto, o doce Virgílio anuncia uma idade nova e sonha com um menino maravilhoso: "Veio a última idade, predita pela sibila de Cumas. Recomeça a grande ordem dos séculos esgotados. Já volta a Virgem e com ela o reinado de Saturno. Já do alto dos céus desce uma raça nova. Esse menino, cujo nascimento deve banir o século de ferro e trazer a idade de ouro para o mundo inteiro, dignai-vos, casta Lucina, a protegê-lo. Já reina Apolo, vosso irmão. Vede, sobre seu eixo abalado, oscilar o mundo. Vede a Terra, os mares em sua imensidão, o céu e a sua abóbada profunda, toda a natureza, estremecerem na esperança do século que está para vir!"[8]

Esse menino, onde nascerá? De que mundo divino virá essa alma? Por qual clarão de amor descerá ela sobre esta terra? Por qual pureza maravilhosa, por qual energia sobre-humana lembrar-se-á do céu que deixou? Por qual esforço gigantesco saberá saltar do fundo de sua consciência terrestre e arrastar a humanidade atrás de si?

Ninguém podia dizê-lo, mas esperavam-no. Herodes, o Grande, o usurpador idumeu, o protegido de César Augusto, agonizava então em seu castelo de Cipros, em Jericó, após um reinado suntuoso e sangrento que tinha coberto a Judéia de palácios esplêndidos e de hecatombes humanas. Morria de uma doença horrível, de uma decomposição do sangue, odiado por todos, corroído pelo furor e pelo remorso, atormentado pelos espectros de

---

7. Tal é o sentido esotérico da bela lenda dos reis magos, que vieram dos confins do Oriente para adorar o menino de Belém.
8. Virgílio, *Écloga*, IV – 4.10, 50.53.
Ultima Cumoei venit jam carminis aetas, Magnus ab integro soeculorum nascitur ordo, Jam redit er Virgo, redeunt Saturnia regna; Jam nova progenies coelo demittitur alto. Tu modo nascenti puero, quo ferrea primum Desinet, ac toto surget gens aurea mundo, Casta, fave, Lucina; tuus jam regnat Apollo.
Aspice convexo natantem pondere mundum, Terrasque, tractusque maris, coelumque profundum; Aspice venturo laetantur ut omnia soeclo.

Virgílio, Écloga, *IV*.

suas inúmeras vítimas, entre as quais erguia-se sua mulher inocente, a nobre Mariana, da raça dos macabeus, e três de seus próprios filhos. As sete mulheres de seu harém tinham fugido diante do fantasma real, que, vivo ainda, já cheirava a sepulcro. Seus próprios guardas abandonaram-no. Impassível ao lado do moribundo velava sua irmã Salomé, seu mau gênio, instigadora de seus mais negros crimes. O diadema na fronte, o colo cintilante de pedrarias, numa atitude altaneira, ela espreitava o último suspiro do rei para, por sua vez, tomar o poder.

Assim morreu o último rei dos Judeus. Nesse mesmo momento, acabava de nascer o futuro rei espiritual da humanidade[9], e os poucos iniciados de Israel preparavam em silêncio seu reinado, numa humildade e numa obscuridade profundas.

---

9. Herodes morreu no ano 4 antes de nossa era. Hoje quase todos os cálculos da crítica concordam em fazer remontar àquela data o nascimento de Jesus. Ver *Kleim, das Leben Jesu.*

II

MARIA
PRIMEIRO DESENVOLVIMENTO DE JESUS

Ieroshua, que chamamos *Jesus,* segundo seu nome helenizado *Iesous,* nasceu provavelmente em Nazaré.[1] Foi certamente nesse recanto perdido da Galiléia que decorreu sua infância, cumprindo-se ali o primeiro, o maior dos mistérios cristãos: a eclosão da alma de Cristo. Era filho de Myriam, que chamamos Maria, mulher do carpinteiro José, um galileu de estirpe nobre, filiada aos essênios.

A lenda envolveu o nascimento de Jesus em uma teia de maravilhas. Se a lenda abriga muitas superstições, às vezes também encobre verdades psíquicas pouco conhecidas, porque estão acima da percepção comum. Um fato parece ressaltar da história legendária de Maria: que Jesus foi uma criança consagrada a uma missão profética pelo desejo da mãe, antes do nascimento. Fala-se a mesma coisa com referência a vários heróis e profetas do Antigo Testamento. Esses filhos consagrados a Deus por suas mães chamavam-se *nazarenos.* A propósito, é interessante relembrar as histórias de Sansão e Samuel. Um anjo anuncia à mãe de Sansão que ela vai ficar grávi-

---

1. Não seria absolutamente impossível que Jesus tenha nascido em Belém, por uma circunstância fortuita. Mas essa tradição parece fazer parte do ciclo de lendas posteriores sobre a santa família e a infância de Cristo.

da e gerará um filho, e que a navalha não passará sobre sua cabeça "porque o menino será nazareno desde o seio de sua mãe; e será ele quem começará a livrar Israel das mãos dos filisteus."[2] A mãe de Samuel pediu, ela mesma, um filho a Deus. "Ana, mulher de Elkana, era estéril. Fez um voto orando: Eterno dos exércitos celestes! se deres um filho varão à tua serva, eu o consagrarei ao Eterno por todos os dias de sua existência, e nenhuma navalha passará em sua cabeça... *Então Elkana conheceu sua mulher...* Algum tempo depois, Ana, tendo concebido, deu à luz um filho, a quem chamou Samuel, *porque*, disse ela, *eu o pedi ao Eterno.*"[3] Ora, segundo raízes semíticas primitivas, SAM-U-EL significa: *esplendor interior de Deus*. A mãe, sentindo-se como que iluminada por aquele que ela encarnava, considerava-o *a essência etérea do Senhor.*

Estas passagens são extremamente importantes, porque nos introduzem na tradição esotérica, constante e viva em Israel e, por ela, no sentido verdadeiro da lenda cristã.

Elkana, o marido, é o pai terrestre de Samuel segundo a carne. Mas o Eterno é seu pai celeste segundo o Espírito. A linguagem figurada do monoteísmo judaico encobre aqui a doutrina da preexistência da alma. A mulher iniciada faz um apelo a uma alma superior, para recebê-la em seu seio e dar ao mundo um profeta. Esta doutrina muito velada entre os judeus, completamente ausente de seu culto oficial, fazia parte da tradição secreta dos iniciados. Manifesta-se nos profetas. Afirma-o Jeremias, nestes termos: "A palavra do Eterno foi-me dirigida e ele disse-me: *Antes que eu te formasse no seio de tua mãe, eu te conheci*, antes que tivesses saído de seu seio, eu te santifiquei e te instituí profeta para as nações"[4]. Jesus dirá o mesmo aos fariseus escandalizados: "Em verdade vos digo: antes que Abraão fosse, eu o era"[5].

De tudo isto, o que se deve atribuir a Maria, mãe de Jesus? Parece que, nas primeiras comunidades cristãs, Jesus foi considerado filho de Maria e José, visto que Mateus nos apresenta a árvore genealógica de José para provar que Jesus descende de Davi. Lá, sem dúvida, como em algumas seitas agnósticas, via-se em Jesus um filho dado pelo Eterno, no mesmo sentido que Samuel. Mais tarde, a lenda, preocupada em mostrar a origem sobrenatural de Cristo, teceu seu véu de ouro e azul: a história de José e de Maria, a Anunciação e mesmo a infância de Maria no templo.[6]

---

2. Juízes, XIII, 3-5.
3. Samuel, Liv. I, cap, I, 11-20
4. Jeremias, I, 4.
5. João, Ev. VIII, 58.
6. Evangelho apócrifo de Maria e da infância do Salvador, publicado por Tischendorff.

Se tentarmos interpretar o sentido esotérico da tradição judaica e da lenda cristã, diremos: A ação da Providência, ou, para falar mais claramente, o influxo do mundo espiritual, que concorre para o nascimento de cada homem, seja este qual for, é mais poderoso e mais visível no nascimento de todos os homens de gênio, cujo aparecimento não se explica somente pela lei do atavismo físico. Esse influxo atinge sua maior intensidade quando se trata de um desses divinos profetas, destinados a mudarem a face do mundo. A alma eleita para uma missão divina vem de um mundo divino. Ela vem livremente, conscientemente. Mas para que entre em cena na vida terrestre é necessário um invólucro, é necessário o apelo de uma mãe de elite, que, por seu estofo moral, pelo anseio de sua alma e a pureza de sua vida, pressinta, atraia, encarne em seu sangue e em sua carne a alma do redentor, destinado a tornar-se aos olhos dos homens um filho de Deus. Tal é a verdade profunda que encobre a antiga idéia da Virgem-Mãe. O gênio hindu já a havia expresso na lenda de Krishna. Os Evangelhos de Mateus e Lucas apresentam-na com uma simplicidade e uma poesia mais admiráveis ainda.

"Para a alma que vem do céu, o nascimento é uma morte", havia dito Empédocles, quinhentos anos antes de Cristo. Por mais sublime que seja um espírito, uma vez absorvido na carne ele perde temporariamente a lembrança de todo o seu passado. Uma vez colhido pela engrenagem da vida corporal, o desenvolvimento de sua consciência terrestre submete-se às leis do mundo em que se encarna; tomba sob a força dos elementos. Quanto mais elevada foi sua origem, maior será o esforço para ocultar seus poderes adormecidos, seus inatos dons celestes e tomar consciência de sua missão.

As almas profundas e ternas têm necessidade de silêncio e paz para desabrocharem. Jesus cresceu na calma da Galiléia. Suas primeiras impressões foram doces, austeras e serenas. O vale natal parecia um recanto do céu caído em uma dobra da montanha. O burgo de Nazaré não mudou nada no decurso dos séculos.[7] Suas casas assentadas ao pé da rocha assemelhavam-se, no dizer dos viajantes, a cubos brancos semeados em uma floresta de romãzeiras, figueiras e vinhas, e sulcada por longos vôos de pombas. Em torno desse ninho fresco e verde, circula o ar vivo das montanhas; vê-se nas alturas o horizonte livre e luminoso da Galiléia.

Acrescentai a esse quadro grandioso o interior grave de uma família piedosa e patriarcal. A força da educação judaica esteve, em todos os tempos, na unidade da lei e da fé, assim como na poderosa organização da família, dominada pela idéia nacional e religiosa. A casa paterna era para o menino uma espécie de templo. Em lugar dos afrescos risonhos de faunos e ninfas que ornavam o átrio das casas gregas, como se podiam ver em Séforis e Ti-

---

7. Todos recordam as descrições magistrais da Galiléia de M. Renan, em sua *Vida de Jesus*, e as não menos notáveis de M. E. Melchior de Vogüé, *Voyage en Syrie et en Palestine*.

beríade, viam-se nas casas judaicas somente passagens da lei e dos profetas, cujas faixas rígidas estendiam-se por cima das portas e sobre as paredes, em caracteres caldaicos. Mas a união do pai e da mãe no amor dos filhos aquecia e iluminava a nudez desse interior impregnado de uma vida toda espiritual. Foi aí que Jesus recebeu seu primeiro ensinamento. Foi aí que, pela boca do pai e da mãe, ele primeiro aprendeu a conhecer as Escrituras. Desde seus primeiros anos o longo e estranho destino do povo de Deus desenrolou-se diante de seus olhos nas festas periódicas que se celebravam em família com leituras, cânticos e orações. Na festa dos Tabernáculos, erguia-se uma cabana de ramos de mirta e oliveira no pátio ou no telhado da casa, evocando o tempo imemorável dos patriarcas nômades. Acendia-se o candelabro de sete braços, depois abriam-se os rolos de papiro e liam-se as santas histórias. Para a alma infantil, o Eterno estava presente não somente no céu estrelado, mas também no candelabro que refletia sua glória, na palavra do pai e no amor silencioso da mãe.

Assim os grandes dias de Israel embalaram a infância de Jesus; dias de alegria e tristeza, de triunfo e exílio, de aflições inúmeras e esperança eterna. Ante as perguntas ardentes, incisivas, do menino, o pai calava-se. Mas a mãe, erguendo seus grandes olhos de síria sonhadora e encontrando o olhar interrogador do filho, dizia-lhe: "A palavra de Deus vive só em seus profetas. Um dia os sábios essênios, os solitários do monte Carmelo e do Mar Morto te darão a resposta".

Imaginamos também o menino Jesus em meio a seus companheiros, exercendo sobre eles o singular prestígio que dá a inteligência precoce unida ao sentimento da justiça e à simpatia ativa. Acompanhemo-lo à sinagoga, onde ele ouve discutirem os escribas e os fariseus, onde ele próprio exerceria seu poder dialético. Vêmo-lo cedo desgostoso com a sequidão daqueles doutores da lei, que torturavam a palavra até tirar-lhe todo o espírito. Vêmo-lo ainda avizinhar-se da vida pagã, adivinhando-a e envolvendo-a com um olhar, ao visitar a opulenta Séforis, capital da Galiléia, residência de Antipas, dominada por sua acrópole e guardada pelos mercenários de Herodes, gauleses, trácios, bárbaros de todas as regiões. Talvez mesmo, em uma daquelas viagens tão freqüentes entre as famílias judias, ele tenha chegado até uma das cidades fenícias, verdadeiros formigueiros humanos pululando à beira-mar. Viu de longe templos baixos de colunas atarracadas, rodeados de bosques sombrios, de onde vinha, ao som das flautas chorosas, o cântico das sacerdotisas de Astarté. Seu grito de volúpia, agudo como a dor, deve ter despertado em seu coração espantado um longo estremecimento de angústia e piedade. Então o filho de Maria voltava para suas queridas montanhas com um sentimento de libertação. Subia para o rochedo de Nazaré e interrogava o vasto horizonte da Galiléia e da Samária. Contemplava o Carmelo, o Gelboé, o Tabor, os montes Sichem, velhos testemunhos dos patriarcas e dos profetas. Os altos picos desdobravam-se em círculo; erguiam-se na imensidão do firmamento como altares audaciosos esperando o fogo e o incenso. Esperariam eles por alguém?

Contudo, por mais poderosas que fossem as impressões mundanas na alma de Jesus, elas empalideciam diante da verdade soberana, inenarrável, de seu mundo interior. Esta verdade desabrochava no fundo de si mesmo como uma flor luminosa que emerge da água sombria. Parecia que uma claridade crescente se fazia nele, quando ficava só e recolhia-se em si mesmo. Então os homens e as coisas, próximos ou longínquos, eram-lhe transparentes em sua essência íntima. Ele lia os pensamentos, via as almas. Depois, via em sua lembrança, como através de um véu diáfano, seres divinamente belos e radiosos, inclinados diante dele ou reunidos em adoração a uma luz ofuscante. Visões maravilhosas freqüentavam seu sono ou interpunham-se entre ele e a realidade, por um verdadeiro desdobramento de sua consciência. No cume desses êxtases, que o arrastavam de região em região, como que na direção de outros céus, sentia-se às vezes atraído por uma lua fulgurante e depois imerso em um sol incandescente. Desses arrebatamentos guardava uma ternura inefável, uma força singular. Como então ele se sentia reconciliado com todos os seres, em harmonia com o Universo!

Que luz misteriosa seria esta, porém mais familiar e mais viva do que a outra, que brotava do fundo de si mesmo para transportá-lo aos mais longínquos espaços, cujos primeiros eflúvios tinham-no inundado através dos grandes olhos de sua mãe, e que agora unia-o a todas as almas por meio de secretas vibrações? Não seria a fonte das almas e dos mundos? Ele chamou-a "o Pai celeste".[8]

Esse sentimento originário de unidade com Deus na luz do Amor; eis a primitiva, a grande revelação de Jesus. Uma voz interior dizia-lhe para encerrá-la no mais profundo de si mesmo; mas ela devia iluminar toda a sua vida. Deu-lhe uma certeza invencível; tornou-o doce e indomável; fez de seu pensamento um escudo de diamante, e de seu verbo um gládio de luz.

Essa vida mística, profundamente oculta, unia-se, no adolescente, a uma completa lucidez para as coisas da vida real. Lucas nô-lo apresenta com a idade de doze anos, "crescendo em força, em graça e em sabedoria". A consciência religiosa em Jesus foi inata, absolutamente independente do

---

8. Os anais místicos de todos os tempos demonstram que verdades morais ou espirituais de ordem superior têm sido percebidas por certas almas de elite sem interferência do raciocínio, pela simples contemplação interna e sob forma de visão. Fenômeno psíquico ainda pouco conhecido da ciência moderna, mas fato incontestável. Catarina de Siena, filha de um pobre tintureiro, teve, desde a idade de quatro anos, visões extremamente notáveis. (Ver *Sua Vida*, de Albana Mignaty, Fischbacher). Swedenborg, homem de ciência, de espírito ponderado, observador e argumentador, começou com a idade de quarenta anos e em perfeita saúde, a ter visões sem qualquer relação com sua vida precedente (*Vie de Swedenborg*, de Mater, casa Perrin). Não pretendo colocar esses fenômenos exatamente na mesma linha daqueles que se passaram na consciência de Jesus, mas simplesmente estabelecer a universalidade de uma percepção interna, independente dos sentidos corporais.

mundo exterior. Sua consciência profética e messiânica só pôde despertar ao choque do exterior, ao espetáculo de seu tempo; enfim, por uma iniciação especial e uma longa elaboração interior. Encontram-se traços disso nos Evangelhos e alhures.

A primeira grande comoção veio-lhe da primeira viagem a Jerusalém com seus pais, à qual Lucas se referiu. Aquela cidade, orgulho de Israel, tornara-se o centro das aspirações judaicas. Suas desgraças só tinham conseguido exaltar os espíritos. Dir-se-ia que quanto mais túmulos ali se acumulavam, mais esperanças ela gerava. Sob o domínio dos selêucidas, dos macabeus, de Pompeu, finalmente de Herodes, Jerusalém sofreu cercos terríveis. O sangue correra em torrentes: as legiões romanas tinham feito carnificina do povo nas ruas; crucificações em massa tinham enlameado as colinas de cenas infernais. Após tantos horrores, após a humilhação da ocupação romana, após ter dizimado o Sinédrio e reduzido o pontífice a um escravo trêmulo, Herodes, como por ironia, reconstruíra o templo, mais magnificamente do que o de Salomão. Jerusalém nem por isso deixava de ser a cidade santa. Isaías, cuja leitura Jesus preferia, não a chamara "a noiva diante da qual se prosternarão os povos"? Ele havia dito: "Chamarão tuas muralhas: Salvação. E tuas portas: Louvor! E as nações marcharão ao esplendor que se erguerá sobre ti!"[9] Ver Jerusalém e o templo de Jeová era o sonho de todos os judeus, sobretudo depois que a Judéia se tornara província romana. Vinham de todas as partes: da Peréia, da Galiléia, de Alexandria e de Babilônia. No caminho, pelo deserto, à sombra de palmeiras, junto dos poços, cantavam-se salmos, suspirava-se pelos adros do templo do Eterno, procurava-se com os olhos a colina de Sião.

Um estranho sentimento de opressão deve ter invadido a alma de Jesus quando avistou, em sua primeira peregrinação, a cidade com seus muros formidáveis, assentada sobre a montanha como uma sombria fortaleza; quando viu o anfiteatro romano de Herodes às suas portas; a torre Antonina dominando o templo; legionários romanos de lança em punho, vigiando-o do alto. Subiu os degraus do templo. Admirou o esplendor daqueles pórticos de mármore, onde perambulavam os fariseus em suas vestimentas suntuosas. Atravessou o pátio dos gentios, o pátio das mulheres. Aproximou-se, com a multidão de israelitas, da porta Nicanor e da balaustrada de três côvados, atrás da qual viam-se sacerdotes em hábitos litúrgicos, de cor violeta e púrpura, reluzentes de ouro e de pedrarias, a oficiar diante do santuário, a imolar bodes e touros e a aspergir o povo com seu sangue, enquanto pronunciavam uma bênção. Isto não se parecia com o templo de seus sonhos, nem com o céu de seu coração.

---

9. Isaías, LX. 3 e 18.

Depois desceu aos quarteirões populares da cidade baixa. Viu mendigos pálidos de fome, faces angustiadas que conservavam o reflexo das últimas guerras civis, dos suplícios, das crucificações. Saindo por uma das portas da cidade, pôs-se a vagar pelos vales pedregosos, pelos barrancos lúgubres onde estão as pedreiras, as piscinas, os túmulos dos reis, que formam um cinto sepulcral em torno de Jerusalém. Lá viu loucos saírem das cavernas e gritarem blasfêmias contra os vivos e os mortos. Depois, descendo por uma larga escadaria até a fonte de Siloé, profunda como uma cisterna, viu, à margem da água amarelada, arrastarem-se leprosos, paralíticos, desgraçados cobertos de todas as espécies de úlceras. Uma necessidade irresistível forçava-o a olhar no fundo de seus olhos, a beber toda a sua dor. Alguns pediam-lhe socorro; outros eram apáticos e sem esperança; outros, bestificados, pareciam não mais sofrer. Mas quanto tempo fora necessário para que ficassem assim?

Então Jesus disse a si mesmo: Por que este templo, estes sacerdotes, estes hinos, estes sacrifícios, se eles não podem remediar todas essas dores? E de repente, como uma torrente grossa de lágrimas sem fim, ele sentiu afluir para seu coração as dores daquelas almas, daquela cidade, daquele povo, de toda a humanidade. Compreendeu que era inútil uma felicidade que não podia comunicar aos outros. Aqueles olhares... aqueles olhares desesperados nunca mais sairiam de sua memória. Como uma noiva sombria, a Dor humana marchava a seu lado e dizia-lhe: "Não te abandonarei mais!"

Ele se foi cheio de tristeza e de angústia. E, enquanto voltava para os cumes luminosos da Galiléia, este grito profundo saiu de seu coração: "Pai celeste!... Eu quero saber! Eu quero curar! Eu quero salvar!"

III

OS ESSÊNIOS. JOÃO BATISTA. A TENTAÇÃO

O que ele queria saber só podia ser aprendido com os essênios.

Os Evangelhos mantiveram um silêncio absoluto sobre os fatos e sobre as ações de Jesus antes de seu encontro com João Batista, no qual, afirmam, Jesus de algum modo tomou posse de seu ministério. Logo depois ele aparece na Galiléia com uma doutrina definida, com a segurança de um profeta e a consciência de ser o Messias.

Mas é evidente que este início ousado e premeditado foi precedido de um longo desenvolvimento e de uma verdadeira iniciação. Não é menos certo que essa iniciação deve ter-se processado na única associação que conservava em Israel as verdadeiras tradições e o gênero de vida dos profetas. Disso não há qualquer dúvida para aqueles que, elevando-se acima da superstição da palavra e da mania mecânica do documento escrito, ousam descobrir o encadeamento das coisas por meio de seu espírito. Essa dedução ressalta não somente das relações íntimas entre a doutrina de Jesus e a dos essênios, mas ainda do próprio silêncio mantido por Cristo e os seus sobre aquela seita. Por que ele, que ataca com uma liberdade sem igual todas as seitas religiosas de seu tempo, jamais se refere aos essênios? Por que os apóstolos e os evangelistas também não falam sobre eles? Evidentemente, porque consideram os essênios como irmãos, ligados a eles pelo juramento dos Mistérios, e porque a seita foi fundada com a dos cristãos.

A ordem dos essênios constituía, no tempo de Jesus, o último remanescente daquelas confrarias de profetas organizadas por Samuel. O despotismo dos senhores da Palestina, a inveja de um sacerdócio ambicioso e servil forçaram-nos ao recolhimento e ao silêncio. Eles não mais lutavam como seus predecessores; contentavam-se em conservar a tradição.

Os essênios tinham dois centros principais: um no Egito, à margem do lago Maoris; outro na Palestina, em Engaddi, à margem do mar Morto. O nome essênios provinha do termo sírio *Asaya*, que em grego significa médicos, terapeutas, porque sua única missão publicamente difundida era a de curar as doenças físicas e morais. Segundo Josefo, "eles estudavam com grande interesse certos escritos de Medicina que tratavam das virtudes ocultas das plantas e dos minerais"[1]. Alguns possuíam o dom da profecia, como Menahem, que predisse a Herodes que ele seria rei. "Eles servem a Deus, diz Fílon, com uma grande piedade, não oferecendo-lhe vítimas, mas santificando o espírito. Evitam as cidades e dedicam-se às artes da paz. Não existe um só escravo entre eles. São todos livres e trabalham uns pelos outros."[2]

As regras da ordem eram severas. Para ingressar era necessário um noviciado de um ano. Quem dava provas suficientes de temperança era admitido nas abluções, sem contudo entrar em contacto com os mestres. Eram precisos mais dois anos de provas para ser recebido na confraria. Jurava-se "por terríveis juramentos" observar os deveres da ordem e nada revelar de seus segredos. Somente então tomava-se parte nas refeições comuns, que se celebravam com grande solenidade e constituíam o culto íntimo dos essênios. Consideravam sagrada a vestimenta que traziam nessas refeições e tiravam-na antes de se entregarem ao trabalho. Esses ágapes fraternais, forma primitiva da Ceia instituída por Jesus, começavam e terminavam com uma prece. Lá se dava a primeira interpretação dos livros sagrados de Moisés e dos profetas. Mas, tanto na explicação dos textos como na iniciação, havia três significados e três graus. Muito poucos chegavam ao grau superior. Tudo isto assemelha-se espantosamente à organização dos pitagóricos;[3] mas é certo que esta organização era aproximadamente a mesma entre os antigos profetas, porque encontravam-se em toda a parte onde existiu a iniciação. Acrescentemos que os essênios professavam o dogma essencial da doutrina

---

1. Josefo, *Guerra dos Judeus,* II, etc. "Antigüidades"; XIII, 5-9, XVIII, 1-5.
2. Filon, *Da vida contemplativa.*
3. *Pontos comuns entre os essênios e os pitagóricos:* A oração ao nascer do sol. As vestes de linho. Os ágapes fraternais. O noviciado de um ano. Três graus de iniciação. A organização da ordem e a comunidade dos bens, regidos por curadores. A lei do silêncio. O juramento dos Mistérios. A divisão dos ensinamentos em três partes: 1) Ciência dos princípios universais ou Teogonia, que Fílon chama *a Lógica;* 2) *A Física* ou a Cosmogonia; 3) *A Moral,* isto é, tudo o que se refere ao homem, ciência à qual se consagravam especialmente os terapeutas.

órfica e pitagórica, o da pré-existência da alma, conseqüência e razão de sua imortalidade. Diziam eles: "A alma, que desce do éter mais sutil e é atraída para o corpo por um certo encanto natural, nele permanece como em uma prisão. Livre dos laços do' corpo como de uma longa escravidão, ela voa com alegria". (Josefo, A.J.H, 8).

Entre os essênios, os irmãos propriamente ditos viviam na comunidade dos bens e no celibato, em regiões retiradas, lavrando a terra e, algumas vezes, educando crianças estrangeiras. Quanto aos essênios casados, constituíam uma espécie de terceira ordem, filiada e submetida à outra. Silenciosos, suaves e graves, eram vistos aqui e ali cultivando as artes pacíficas: tecelões, carpinteiros, vinhateiros ou jardineiros, jamais armeiros nem comerciantes. Espalhados em pequenos grupos por toda a Palestina, no Egito, e até no monte Horeb, eles se ofereciam mutuamente a mais completa hospitalidade. É assim que veremos Jesus e seus discípulos viajarem de cidade em cidade, de província em província, sempre seguros de encontrarem abrigo.

Segundo Josefo, "os essênios eram de uma moralidade exemplar. Esforçavam-se para reprimir toda paixão e todo movimento de cólera. Eram sempre benevolentes em suas relações, pacíficos e com a melhor boa fé. Sua palavra tinha mais força do que um juramento; por isso consideravam o juramento, na vida comum, uma coisa supérflua e um perjúrio. Suportavam com admirável energia de alma e com o sorriso nos lábios as mais cruéis torturas, mas não violavam o menor preceito religioso".

Indiferente à pompa exterior do culto de Jerusalém, repelido pela dureza dos saduceus, pelo orgulho farisaico, pelo pedantismo e secura da sinagoga, Jesus foi atraído para os essênios por uma afinidade natural.[4] A morte prematura de José tornou inteiramente livre o filho de Maria, já homem adulto. Seus irmãos continuaram o ofício do pai e sustentaram a casa. Sua mãe deixou-o partir secretamente para Engaddi.

Acolhido como irmão, saudado como eleito, ele deve ter conquistado rapidamente sobre os próprios mestres uma invencível ascendência, por suas faculdades superiores, sua ardente caridade e algo de divino que transparecia em todo o seu ser. Recebeu deles o que só os essênios podiam dar-lhe: a tradição esotérica dos profetas e, por ela, sua própria orientação histórica e religiosa. Compreendeu o abismo que separava a doutrina judaica oficial da antiga sabedoria dos iniciados, verdadeira mãe das religiões, mas sempre perseguida por Satã, isto é, pelo espírito do Mal, espírito de egoís-

---

4. *Pontos comuns entre a doutrina dos essênios e a de Jesus:* O amor ao próximo colocado como primeiro dever. A proibição de jurar para atestar a verdade. O ódio à mentira. A humildade. A instituição da Ceia, conforme os ágapes fraternais dos essênios, mas com um sentido novo, o do sacrifício.

mo, de ódio e de negação, unido ao poder político absoluto e à impostura sacerdotal. Aprendeu que o Gênese encerrava, sob a chancela de seu simbolismo, uma teogonia e uma cosmogonia tão afastadas de seu sentido literal quanto a ciência mais profunda está distante da fábula mais infantil. Contemplou os dias de Eloim, ou a criação eterna pela emanação dos elementos e pela formação dos mundos; a origem das almas flutuantes e seu retorno a Deus através das existências progressivas ou as gerações de Adão. Foi tocado pela grandeza do pensamento de Moisés, que pretendera preparar a unidade religiosa das nações, criando o culto do Deus único e encarnando essa idéia em um povo.

Comunicaram-lhe em seguida a doutrina do Verbo divino, já ensinada por Krishna na Índia, pelos sacerdotes de Osíris no Egito, por Orfeu e Pitágoras na Grécia, e conhecida pelos profetas sob a denominação de *Mistério do Filho do Homem e do Filho de Deus*. Segundo essa doutrina, a mais alta manifestação de Deus é o Homem, que, por sua constituição, sua forma, seus órgãos e sua inteligência, é a imagem do Ser universal, dele possuindo as faculdades. Porém, na evolução terrestre da humanidade, Deus está como que esparso, fracionado e mutilado, na multiplicidade dos homens e da imperfeição humana. Ele sofre, busca-se a si mesmo e luta nela. Ele é o Filho do Homem. O Homem perfeito, o Homem-Modelo, que é o pensamento mais profundo de Deus, permanece oculto no abismo infinito de seu desejo e de sua potência. No entanto, em certas épocas, quando se trata de arrancar a humanidade de um abismo, de reuni-la para lançá-la mais alto, um Eleito identifica-se com a divindade, atraindo-a para si pela Força, pela Sabedoria e pelo Amor, manifestando-se de novo aos homens. Então a divindade, pela virtude e sofrimento do Espírito, mostra-se completamente presente nele. *O Filho do Homem* torna-se *o Filho de Deus* e seu verbo vivo.

Em outras eras e em outros povos já tinham existido filhos de Deus. Mas desde Moisés isso não acontecia em Israel. Todos os profetas esperavam esse Messias. Os Videntes diziam mesmo que dessa vez ele se chamaria *o Filho da Mulher*, da Ísis celeste, da luz divina que é a Esposa de Deus, porque a luz do Amor brilharia nele acima de todos os outros, com um brilho fulgurante ainda desconhecido na terra.

Essas coisas ocultas que o patriarca dos essênios revelava ao jovem galileu nas praias desertas do mar Morto, na solidão de Engaddi, pareciam-lhe ao mesmo tempo maravilhosas e conhecidas. Foi com singular emoção que ouviu o chefe da ordem comentar as palavras que ainda hoje se podem ler no livro de Enoch: "Desde o começo, o Filho do Homem estava no Mistério, o Altíssimo mantinha-o junto de seu poder e *o manifestava a seus eleitos*

... Mas os reis ficarão assustados e prostrarão o rosto contra a terra e o pavor se abaterá sobre eles, quando virem o *filho da mulher* sentado sobre o trono de sua glória... Então o Eleito chamará todas as forças do céu, todos os santos das alturas e o poder de Deus. Então os querubins, os serafins, os ofanins, todos os anjos da *força*, todos os anjos do *Senhor*, isto é, do Eleito e da *outra força*, que servem sobre a terra e acima das águas, elevarão suas vozes"[5].

A essas revelações, as palavras dos profetas, cem vezes relidas e meditadas, cintilaram aos olhos do nazareno com clarões novos, profundos e terríveis, como relâmpagos na noite. Quem seria, portanto, este Eleito? E quando chegaria ele a Israel?

Jesus passou vários anos com os essênios. Submeteu-se à sua disciplina, estudou com eles os segredos da natureza e exercitou-se na terapêutica oculta. Dominou inteiramente os sentidos para desenvolver o espírito. Nenhum dia passava sem que meditasse sobre os destinos da humanidade e e não se interrogasse a si mesmo.

Foi uma noite memorável para a ordem dos essênios e para seu novo adepto aquela em que ele recebeu, no mais profundo segredo, a iniciação superior do quarto grau, que só se concedia no caso especial de uma missão profética, desejada pelo irmão e confirmada pelos anciãos. Reuniam-se numa gruta talhada no interior da montanha como uma imensa sala, com um altar e assentos de pedra. O chefe da ordem lá estava, com alguns anciãos. Algumas vezes, duas ou três essênias, profetisas iniciadas, também eram admitidas na misteriosa cerimônia. Carregando tochas e palmas, elas saudavam o novo iniciado, vestido de linho branco, como "o Esposo e o Rei" que elas tinham pressentido e que viam talvez pela última vez! A seguir, o chefe da ordem, em geral um velho centenário (Josefo diz que os essênios viviam muito tempo) apresentava-lhe *o cálice de ouro,* símbolo da iniciação suprema, que continha *o vinho da vinha do Senhor,* símbolo da inspiração divina.

Diziam que Moisés bebera nesse cálice aos setenta anos. Alguns remontavam a prática desse ritual até Abraão, que recebera de Malquisedec a mesma iniciação, sob as espécies do pão e do vinho.[6] Jamais o Ancião apresentava a taça a um homem no qual não reconhecesse com certeza os sinais de uma missão profética. Porém, esta missão, ninguém a podia definir para ele; devia encontrá-la sozinho. Tal é a lei dos iniciados: nada do exterior, tudo do interior. De agora em diante, estava livre, senhor de suas ações, liberado pela ordem, hierofante ele próprio, entregue ao vento do Espírito, que podia lançá-lo ao abismo ou transportá-lo para os cumes, acima das regiões das tormentas e das vertigens.

---

5. Livro de Enoch — cap. XLVIII e LXI. Esta passagem demonstra que a doutrina do Verbo e da Trindade, que se acha no Evangelho de João, existia em Israel muito tempo antes de Jesus, e saía do fundo do profetismo esotérico. No livro de Enoch, o Senhor dos Espíritos representa o Pai. O *Eleito* representa o Filho. E a *outra força,* o Espírito Santo.

6. Gênese, XIV, 18.

Quando, depois dos cânticos, das orações, das palavras sacramentais do Ancião, o Nazareno tomou a taça, um pálido raio da aurora, penetrando por uma fenda da montanha, deslizou tremulante sobre as tochas e as longas vestes brancas das jovens essênias. Elas também tremeram quando o raio de luz caiu sobre o pálido galileu, pois uma grande tristeza pairou em sua bela fisionomia. Seu olhar perdido revia os doentes de Siloé e, no fundo daquela dor sempre presente, já entrevia, talvez, a estrada que deveria percorrer?

Ora, naquele tempo, João Batista pregava às margens do Jordão. Ele não era um essênio, mas um profeta popular da forte raça de Judá. Impelido para o deserto por uma piedade feroz, ele levava a vida mais dura, em orações, jejuns e macerações. Sobre o corpo nu curtido pelo sol, trazia, à guisa de cilício, uma veste tecida com pêlo de camelo, como sinal da penitência que queria impor a si mesmo e a seu povo; pois sentia profundamente a aflição de Israel e esperava libertá-la. Imaginava, conforme a idéia judaica, que o Messias viria logo, como vingador e justiceiro; que, como um novo macabeu, sublevaria o povo, expulsaria o romano, castigaria todos os culpados, e depois entraria triunfalmente em Jerusalém, reestabelecendo o reinado de Israel acima de todos os povos, na paz e na justiça. Ele anunciava às multidões a vinda próxima desse Messias, acrescentando que para isso era necessário preparar-se através do arrependimento no coração.

Tomando emprestado aos essênios o costume das abluções, transformando-o à sua maneira, João Batista havia imaginado o batismo do Jordão como um símbolo visível, como uma realização pública da purificação interior que ele exigia. Essa cerimônia nova, essa pregação veemente diante das multidões imensas, na moldura do deserto, em face das águas sagradas do Jordão, entre as montanhas severas da Judéia e da Peréia, dominava as imaginações e atraía as multidões. Relembrava os dias gloriosos dos velhos profetas e dava ao povo o que ele não mais encontrava no templo: aquela comoção interior e, após os terrores do arrependimento, uma esperança vaga e prodigiosa. Acorria-se de todos os pontos da Palestina e até de mais longe para ouvir o santo do deserto que anunciava o Messias. As multidões, atraídas por sua voz, lá ficavam acampadas por várias semanas para ouvi-lo todos os dias, e não queriam mais ir embora, esperando que o Messias aparecesse. Muitos só desejavam tomar as armas sob seu comando para recomeçar a guerra santa.

Herodes Antipas e os sacerdotes de Jerusalém começavam a inquietar-se com esse movimento popular. Além disso, os sinais do tempo eram graves. Tibério, com setenta e quatro anos, terminava sua velhice nos deboches de Capri. Pôncio Pilatos redobrava sua violência contra os judeus. No Egito, sacerdotes tinham anunciado que a Fênix ia renascer das cinzas.[7]

---

7. Tácito, *Anais*, VI, 28,31.

Jesus, que sentia crescer interiormente sua vocação profética, mas ainda procurava seu caminho, veio também ao deserto do Jordão, com alguns irmãos essênios que já o seguiam como mestre. Ele quis ver o Batista, ouvi-lo e submeter-se ao batismo público. Desejava entrar em cena por um ato de humildade e de respeito ante o profeta que ousava erguer a voz contra os poderosos do momento, e despertar de seu sono a alma de Israel.

Ele viu o rude asceta, peludo e cabeludo, com sua cabeça de leão visionário, de pé em um púlpito de madeira sob um tabernáculo rústico coberto de ramagens e peles de cabras. Em volta dele, entre os magros arbustos do deserto, uma multidão estava acampada: peões, soldados de Herodes, samaritanos, levitas de Jerusalém, idumeus com seus rebanhos de carneiros, até árabes estavam lá com seus camelos, tendas e caravanas, por causa da "voz que retumbava no deserto". E essa voz tonitruante rolava sobre aquela multidão, dizendo: "Emendai-vos, preparai os caminhos do Senhor, endireitai suas veredas". Dizia que os fariseus e os saduceus eram "uma raça de víboras". Proclamava que "o machado já estava na raiz das árvores" e referia-se ao Messias, dizendo: "Eu somente vos batizo com água, mas ele vos batizará com fogo".

Em seguida, ao pôr-do-sol, Jesus viu aquelas massas populares se apressarem na direção de um ancoradouro, às margens do Jordão, e mercenários de Herodes, até bandidos inclinarem-se sob a água que lhes derramava Batista. Ele mesmo aproximou-se. João não conhecia Jesus, nada sabia sobre ele, mas reconheceu o essênio por suas vestes de linho. Ele o viu, perdido na multidão, entrar na água até a cintura e curvar-se humildemente para receber a aspersão. Quando o neófito se levantou, o olhar temível do feroz pregador e o olhar do galileu se encontraram. O homem do deserto estremeceu sob a irradiação da doçura maravilhosa daquele olhar, e estas palavras escaparam-lhe involuntariamente: "Serás tu o Messias?"[8] O misterioso essênio nada respondeu, mas, inclinando a cabeça pensativa e cruzando as mãos sobre o peito, pediu ao Batista sua bênção. João sabia que o silêncio era a lei dos essênios noviços. Então, solenemente, estendeu as duas mãos. Depois o Nazareno desapareceu com seus companheiros entre os caniços às margens do rio.

O Batista viu-o partir com uma mistura de dúvida, de alegria secreta e de melancolia profunda. Que eram sua ciência e sua esperança profética

---

8. Segundo os Evangelhos, João reconheceu imediatamente Jesus como o Messias e o batizou como tal. A este respeito os relatos são contraditórios, pois mais tarde João, prisioneiro de Antipas em Makerus, mandou perguntar a Jesus: "És tu aquele que deve vir, ou ainda devemos esperar um outro?" (Mateus, XI, 3). Esta dúvida tardia prova que, se tinha suspeitado o Messias em Jesus, João não estava totalmente convencido. Mas os primeiros redatores dos Evangelhos, sendo judeus, apresentavam Jesus como tendo recebido sua missão e sua consagração de João Batista, profeta judeu e popular.

diante da luz que havia percebido nos olhos do desconhecido, luz que parecia iluminar todo o seu ser? Ah! Se o jovem e belo galileu fosse o Messias, ele teria visto a alegria de seus dias! E sua missão estaria terminada, sua voz iria calar-se! A partir daquele dia, ele' pôs-se a pregar com voz mais profunda e mais comovida sobre o tema melancólico: "É preciso que ele cresça e que eu diminua". Começava a sentir a lassidão e a tristeza dos velhos leões que, cansados de rugir, deitam-se em silêncio para esperar a morte...

Seria ele o Messias? A pergunta do Batista ecoava ainda na alma de Jesus. Desde a eclosão de sua consciência, ele encontrara Deus em si mesmo e a certeza do reino do céu na beleza grandiosa de suas visões. Depois, o sofrimento humano tinha lançado em seu coração seu terrível grito de angústia. Os sábios essênios haviam-lhe ensinado o segredo das religiões, a ciência dos mistérios; mostraram-lhe a decadência espiritual da humanidade e sua espera de um salvador. Mas, como encontrar a força para arrancá-la do abismo? Eis que o apelo direto de João Batista caía no silêncio de sua meditação como o raio do Sinai. Seria ele o Messias?

Jesus só podia responder àquela pergunta recolhendo-se no mais profundo de seu ser. Daí o retiro, o jejum de quarenta dias que Mateus resume sob a forma de uma lenda simbólica. *A Tentação* representa na realidade, na vida de Jesus, a grande crise e a visão soberana da verdade, pela qual devem passar infalivelmente todos os profetas, todos os iniciadores religiosos antes de encetarem sua obra.

Acima de Engaddi, onde os essênios cultivaram o sésamo e a vinha, uma vereda escarpada conduzia a uma gruta que se abria na muralha do monte. Entrava-se ali por duas colunas dóricas talhadas na rocha bruta, semelhantes à do Retiro dos Apóstolos, no vale de Josafá. Lá, ficava-se suspenso acima do abismo a pique, como em um ninho de águia. No fundo de uma garganta, viam-se vinhedos e habitações humanas; mais distante o mar Morto, imóvel e cinzento, e as montanhas isoladas de Moab. Os essênios tinham reservado esse retiro àqueles que queriam submeter-se à prova da solidão. Havia ali vários rolos de papiro dos profetas, arômatas fortificantes, figos secos e um filete de água, único alimento para o asceta em meditação. Jesus para lá se retirou.

Primeiro reviu em seu espírito todo o passado da humanidade. Pesou a gravidade da hora presente. Roma vencia; com ela, o que os magos persas tinham chamado o reinado de Arimã e os profetas, o reinado de Satã, o signo da Besta, a apoteose do Mal. As trevas invadiam a humanidade, a alma da terra. O povo de Israel recebera de Moisés a missão real e sacerdotal de representar a varonil religião do Pai, do Espírito puro, de ensiná-la às outras nações e de fazê-la triunfar. Seus reis e sacerdotes teriam cumprido aquela missão? Os profetas, os únicos que tinham consciência disso, respodiam unanimemente: Não! Israel agonizava sob a opressão de Roma. Seria necessário arriscar, pela centésima vez, um levante, como ainda sonhavam os fariseus, uma restauração da realeza temporal de Israel pela força? Seria necessário declarar-se filho de Davi e proclamar como Isaías: "Enlouquecerei os povos na minha cólera e os embriagarei na minha indignação e derrubarei sua força por terra"? Seria necessário ser um novo Macabeu e fazer-se nomear pontífice-rei?

Jesus podia tentá-lo. Ele vira multidões prontas a erguer-se à voz de João Batista, e a força que sentia em si mesmo era ainda bem maior! Mas a violência teria razão sobre a violência? A espada poria fim ao reino da espada? Não seria isso fornecer novos recrutas aos poderes das trevas que espreitavam suas presas na sombra? Não seria melhor tornar acessível a todos aquela verdade que até então se mantivera como privilégio de alguns santuários e de raros iniciados, abrir-lhes os corações esperando que ela penetrasse nas inteligências pela revelação interior e pela ciência? Pregar o reino dos céus aos simples, substituir o reino da Lei pelo reino da Graça? Transformar a humanidade profundamente e pela base, regenerando as almas?

Mas de quem seria a vitória? De Satã ou de Deus? Do espírito do mal, que reina com as terríveis potências da terra, ou do espírito divino, que reina nas invisíveis legiões celestes e dorme no coração do homem como a centelha na pedra? Qual seria a sorte do profeta que ousasse encerrar o véu do templo para mostrar o vazio do santuário, desafiar ao mesmo tempo Herodes e César?

Entretanto, era preciso fazê-lo! A voz interior não lhe dizia como a Isaías: "Toma um grande volume e escreve nele com uma pena de homem!" A voz do Eterno gritava-lhe: "Levanta-te e fala!" Tratava-se de encontrar o Verbo vivo, a fé que transporta montanhas, a força que derruba fortalezas.

Jesus pôs-se a orar com fervor. Então uma inquietação, uma perturbação crescente apoderaram-se dele. Teve a sensação de perder a felicidade maravilhosa que tinha partilhado até então e de despencar num abismo tenebroso. Uma nuvem negra o envolveu, cheia de sombras de toda espécie. Distinguiam-se nela as figuras dos irmãos, os mestres essênios, de sua mãe. As sombras diziam-lhe, uma após outra: "Insensato, queres o impossível! Não sabes o que te espera! Renuncia!" A invencível voz interior respondia: "É necessário!" Ele lutou assim durante muitos dias e noites, ora de pé, ora de joelhos, ora prosternado. E mais profundo tornava-se o abismo em que descia, e mais densa a nuvem que o envolvia. Tinha a sensação de aproximar-se de algo assustador e inominável.

Afinal entrou naquele estado de êxtase lúcido que lhe era próprio, em que a parte profunda da consciência desperta, entra em comunicação com o Espírito vivo das coisas e projeta sobre a tela diáfana do sonho as imagens do passado e do futuro. O mundo exterior desaparece, os olhos se fecham. O Vidente contempla a Verdade sob a luz que inunda seu ser e faz de sua inteligência um foco incandescente.

O trovão rolou. A montanha tremeu até a base. Um turbilhão de vento, vindo do fundo dos espaços, transportou o Vidente para o pináculo do templo de Jerusalém. Telhados e minaretes reluziam nos ares como uma floresta de ouro e prata. Hinos ecoavam do Santo dos Santos. Ondas de incenso subiam de todos os altares e vinham rodopiar aos pés de Jesus. O povo, com roupas de festa, enchia os pórticos. Mulheres soberbas cantavam para ele hinos de amor ardente. Trombetas soavam e cem mil vozes proclamavam: "Glória ao Messias! Glória ao rei de Israel!" Então, uma voz vinda de baixo disse-lhe: "Tu serás esse rei, se quiseres me adorar". E Jesus perguntou: "Quem és tu?" De novo o vento levou-o, através dos espaços, para o cimo de uma montanha. A seus pés, os reinos da terra estendiam-se numa claridade dourada. E a mesma voz lhe disse: "Eu sou o rei dos espíritos e o princípe da Terra". Ao que Jesus respondeu: "Sei quem és. Tuas formas são inúmeras, teu nome é Satã. Aparece sob tua forma terrestre!" A figura de um monarca coroado apareceu entronizado sobre uma nuvem. Uma auréola baça cingia sua cabeça imperial. A figura sombria destacava-se sobre um nimbo sangrento; sua face era pálida e o olhar parecia o corte de um machado. E falou: "Eu sou César. Curva-te somente, e eu te darei todos esses reinos". Jesus respondeu-lhe: "Para trás, tentador! Está escrito: Só adorarás o Eterno, teu Deus!" Logo a visão desapareceu.

Vendo-se sozinho na caverna de Engaddi, Jesus falou consigo mesmo: "Por que sinal vencerei as potências da terra?" "Pelo sinal do Filho do Homem", respondeu-lhe uma voz do alto. "Mostra-me este sinal", pediu Jesus.

Uma constelação brilhante apareceu no horizonte. Tinha quatro estrelas em forma de cruz. O galileu reconheceu nela o signo das antigas iniciações, familiar no Egito e conservado pelos essênios. No começo do mundo, os filhos de Jafé haviam-no adorado como o signo do fogo terrestre e celeste, o signo da Vida com todas as suas alegrias, o signo do Amor com todas as suas maravilhas. Mais tarde, os iniciados egípcios nele tinham visto o símbolo do grande mistério, a Trindade dominada pela Unidade, a imagem do sacrifício do Ser inefável que rompe a si mesmo para se manifestar nos mundos. Símbolo ao mesmo tempo da vida, da morte e da ressurreição, ele cobria hipogeus, túmulos, templos inumeráveis.

A cruz esplêndida crescia e aproximava-se, como que atraída pelo coração do Vidente. As quatro estrelas vivas flamejavam como sóis de poder e de glória. A voz celeste falou: "Eis o sinal mágico da Vida e da Imortalidade. Outrora os homens o possuíram. Perderam-no depois. Tu o queres devolver-lhes?" "Eu quero", respondeu Jesus. "Então, olha! Eis aí teu destino."

Bruscamente as quatro estrelas se apagaram. Fez-se noite. Um trovão subterrâneo abalou as montanhas e, do fundo do Mar Morto, surgiu uma montanha sombria, cujo cume ostentava uma cruz negra. Pregado nela estava um homem agonizante. Uma multidão demoníaca cobria a montanha e urrava em zombaria infernal: "Se és o Messias, salva-te!"

O Vidente arregalou os olhos, depois caiu para trás, banhado de um suor frio. Aquele homem crucificado era ele próprio... Havia compreendido. Para vencer, era preciso que se identificasse com aquela imagem assustadora, evocada por ele mesmo e colocada diante de si como uma sinistra interrogação. Suspenso na incerteza como no vazio dos espaços infinitos, Jesus sentia ao mesmo tempo as torturas do crucificado, os insultos dos homens e o silêncio profundo do céu. E a voz angélica continuou: "Tu podes tomá-la ou recusá-la".

A visão já tremia e a cruz-fantasma começava a empalidecer com seu supliciado, quando de repente Jesus reviu junto de si os doentes do poços de Siloé, e atrás deles uma multidão de almas desesperadas que imploravam, com as mãos unidas: "Sem ti, estamos perdidas! Salva-nos, tu, que sabes amar!"

Então o galileu ergueu-se lentamente e, abrindo os braços cheios de amor, exclamou: "Vinde a mim, cruz! E que o mundo seja salvo!" Logo Jesus sentiu uma forte dilaceração em todos os seus membros e soltou um grito terrível... Ao mesmo tempo a montanha escura desmoronou-se, a cruz sumiu, uma luz suave e uma felicidade divina inundaram a imensidão, dizendo: "Satã não é mais o senhor! A Morte foi vencida! Glória ao Filho do Homem! Glória ao Filho de Deus!"

Quando Jesus despertou daquela visão, nada mudara em torno dele. O sol levante dourava as paredes da gruta de Engaddi. Um orvalho tépido como lágrimas de amor angélico molhava seus pés doloridos e brumas flutuantes elevaram-se do Mar Morto. Ele, porém, não era mais o mesmo. Um acontecimento definitivo ocorrera no abismo insondável de sua consciência. Ele resolvera o enigma de sua vida, conquistara a paz; a grande certeza penetrara nele. Do esfacelamento de seu ser terrestre, que ele havia pisado e lançado no abismo, uma consciência nova surgira radiosa. Ele sabia que se tinha tornado o Messias por um ato irrevogável de sua vontade.

Logo depois desceu à aldeia dos essênios. Soube que João Batista acabava de ser preso por Antipas e fora encarcerado na fortaleza de Makerus. Longe de assustar-se com este presságio, viu nele um sinal de que os tempos tinham chegado e era preciso agir por sua vez. Anunciou então aos essênios que ia pregar na Galiléia "o Evangelho do reino dos céus". Isto queria dizer: levar os grandes Mistérios ao alcance dos simples, traduzir-lhes a doutrina dos iniciados. Semelhante audácia nunca mais fora vista desde os tempos em que Sáquia-Muni, o último Buda, movido por uma imensa piedade, havia pregado às margens do Ganges. A mesma compaixão sublime pela humanidade animava Jesus, acrescida de uma luz interior, um poder de amor, uma grandeza de fé e uma energia de ação que só pertenciam a ele. Do fundo da morte que sondara e experimentara de antemão, trazia a seus irmãos a esperança e a vida.

IV

A VIDA PÚBLICA DE JESUS.
O ENSINAMENTO POPULAR E O ENSINAMENTO ESOTÉRICO.
AS CURAS. OS APÓSTOLOS E AS MULHERES

Até agora, procurei esclarecer com sua luz própria a parte da vida de Jesus que os Evangelhos deixaram na sombra ou envolveram com o véu da lenda. Mencionei a iniciação e o desenvolvimento de alma e de pensamento, pelos quais o grande nazareno chegou à consciência messiânica. Em uma palavra, tentei refazer a gênese interior de Cristo. Uma vez reconhecida essa gênese, mais fácil será o resto de minha tarefa.

A vida pública de Jesus foi narrada pelos Evangelhos. Nesses textos existem divergências, contradições, falhas. A lenda, encobrindo ou exagerando certos mistérios, reaparece ainda aqui e ali. Mas no conjunto distingue-se uma tal unidade de pensamento e de ação, um caráter tão forte e tão original, que nos sentimos indiscutivelmente em presença da realidade, da vida. Não é possível reconstituir as inimitáveis narrativas, que, em sua simplicidade infantil ou em sua beleza simbólica, dizem mais do que todas as ampliações. Mas o que importa hoje é esclarecer o papel de Jesus pelas tradições e as verdades esotéricas; é mostrar o sentido e o alcance transcendental de seu duplo ensinamento.

Qual a grande nova de que era portador o essênio já célebre, que voltava das margens do Mar Morto à sua pátria, a Galiléia, para ali pregar o Evangelho do Reino? Como iria ele mudar a face do mundo?

O pensamento dos profetas completara-se nele. Forte pela doação inteira de seu ser, vinha partilhar com os homens aquele reino do céu que conquistara com suas meditações e lutas, com suas dores infinitas e alegrias sem limite. Ele vinha descerrar o véu que a antiga religião de Moisés havia lançado sobre o além. Vinha dizer: "Crede, amai, agi, e que a esperança seja a alma de vossas ações. Há, no além desta terra, um mundo das almas, uma vida mais perfeita. Eu o sei; venho de lá e a ela vos conduzirei. Mas não é suficiente aspirar a ela. Para alcançá-la, é preciso começar por realizá-la aqui embaixo, em vós mesmos primeiro, na humanidade em seguida. Como? Pelo Amor, pela Caridade ativa".

Viram, portanto, chegar o jovem profeta à Galiléia. Ele não dizia que era o Messias, mas discutia sobre a lei e os profetas nas sinagogas. Pregava às margens do lago de Genesaré, nos barcos dos pescadores, junto das fontes, nos oásis de verdura que abundavam então entre Cafarnaum, Betsaída e Korasim. Curava os doentes pela imposição das mãos, por um olhar, por uma ordem, freqüentemente só por sua presença. Multidões o seguiam e numerosos discípulos já se ligavam a ele. Ele os recrutava entre as pessoas do povo, os pescadores, os peões; pois queria naturezas retas e virgens, ardentes e crentes, e delas se apoderava irresistivelmente. Na sua escolha, era guiado por aquela segunda visão que, em todos os tempos, tem sido própria dos homens de ação, mas sobretudo dos iniciadores religiosos. Um olhar era-lhe suficiente para sondar uma alma. Não tinha necessidade de outra prova. E quando dizia: "Segue-me!", seguiam-no. Com um gesto chamava a si os tímidos, os indecisos e dizia-lhes: "Vinde a mim, vós que estais sobrecarregados, e eu vos aliviarei. Meu jugo é fácil e meu fardo é leve"[1]. Ele adivinhava os mais secretos pensamentos dos homens que, perturbados, confusos, reconheciam o Mestre. Algumas vezes, diante da incredulidade, saudava a retidão. Tendo Natanael dito: "Alguma coisa de bom pode vir de Nazaré?" Jesus respondeu: "Eis um verdadeiro israelita, em quem nada há de artifício"[2]. De seus adeptos não exigia nem juramento, nem profissão de fé, mas somente que o amassem, que acreditassem nele. Pôs em prática a comunhão dos bens, não como uma regra absoluta mas como princípio de fraternidade entre os seus.

Jesus começava assim a realizar em seu pequeno grupo o reino do céu que queria fundar na Terra. O sermão da montanha oferece-nos uma imagem desse reino já germinando, com um resumo do ensinamento popular de Jesus. No cume da colina está sentado o Mestre. Os futuros iniciados agrupam-se a seus pés. Mais abaixo, o povo comprimido colhe avidamente as palavras que saem de sua boca.

---

1. Mateus, XI, 28.
2. João, I, 46.

O que anuncia o novo doutor? O jejum? A maceração? As penitências públicas? Não. Ele diz: "Bem-aventurados os pobres de espírito, porque o reino dos céus lhes pertence! Bem-aventurados aqueles que choram, porque serão consolados!" Desenrola a' seguir, numa ordem ascendente, as quatro virtudes dolorosas: o poder maravilhoso da humildade, da tristeza pelos outros, o poder da bondade íntima do coração, da fome e da sede de justiça. Depois, vêm radiosas, as virtudes ativas e triunfantes: a misericórdia, a pureza do coração, a bondade militante, afinal o martírio pela justiça. "Bem-aventurado aqueles que têm o coração puro, porque eles verão a Deus!"

Como o som de um sino de ouro, estas palavras entreabrem aos olhos dos ouvintes o céu que se semeia de estrelas acima da cabeça do Mestre. Eles ali vêem as humildes virtudes, não mais como pobres mulheres emancipadas, com vestes cinzentas de penitentes, mas transformadas em beatitudes, em virgens de luz, apagando com seu brilho o esplendor dos lírios e a glória de Salomão. Com a aragem de suas palmas elas espalham sobre aqueles corações alterados os perfumes do reino celeste.

O maravilhoso é que esse reino não desabrocha nas distâncias longínquas do céu, mas no interior dos assistentes. Eles trocam entre si olhares admirados, e os pobres de espírito tornam-se de repente tão ricos! Mais poderoso do que Moisés, o mágico da alma tocou-lhes o coração; uma fonte imortal dele emana. Seu ensinamento popular está contido nesta palavra: o reino do céu está dentro de vós mesmos!

Agora que lhes expôs os meios necessários para atingir essa felicidade inaudita, eles não se admiram mais com as coisas extraordinárias que lhes pede: matar até o desejo do mal, perdoar as ofensas, amar seus inimigos. Tão poderoso é o rio de amor que transborda de seu coração, que os arrasta. Em sua presença tudo lhes parece fácil. Imensa novidade, singular ousadia desse ensinamento; o profeta galileu coloca a vida interior da alma acima de todas as práticas exteriores, o invisível acima do visível, o reino dos céus acima dos bens da terra. Ele ordena escolher entre Deus e Mamon. Resumindo, enfim, sua doutrina, ele diz: "Amai vosso próximo como a vós mesmos, e sede perfeitos como vosso Pai celeste é perfeito". Ele deixava entrever assim, sob uma forma popular, toda a profundeza da moral e da ciência. Pois o supremo mandamento da iniciação é reproduzir a perfeição divina na perfeição da alma, e o segredo da ciência reside na cadeia das semelhanças e correspondências que une em círculos crescentes o particular ao universal, o finito ao infinito.

Se tal foi o ensinamento público e puramente moral de Jesus, é evidente que a seus discípulos ele deu um ensinamento íntimo, paralelo, que explicava o primeiro, que dele mostrava os recônditos e penetrava até o fundo as verdades espirituais que ele recebera da tradição esotérica dos essênios e de sua própria experiência. Tendo essa tradição sido violentamente sufocada pela Igreja a partir do século II, a maior parte dos teólogos não conhece mais o verdadeiro alcance das palavras do Cristo, com seu sentido às vezes duplo e triplo, e nelas só vêem o sentido primário e literal. Para aqueles que se aprofundaram na doutrina dos Mistérios na Índia, no Egito e na Grécia, o pensamento esotérico de Cristo anima não somente suas mínimas palavras mas também todos os atos de sua vida. Já visível nos três sinóticos, manifesta-se completamente no Evangelho de João. Eis um exemplo, que se refere a um ponto essencial da doutrina:

Jesus está de passagem em Jerusalém. Não prega ainda no templo, mas cura os doentes e ensina em casa de amigos. A obra de amor deve preparar o terreno em que cairá a boa semente. Nicodemos, fariseu instruído, ouvira falar do novo profeta. Cheio de curiosidade, mas não querendo comprometer-se diante dos seus, pede uma entrevista secreta ao galileu. Jesus concorda. Nicodemos chega à noite em sua morada e lhe diz: "Mestre, sabemos que és um doutor vindo da parte de Deus; pois ninguém poderia fazer estes milagres que fazes, se Deus não estivesse com ele". Jesus respondeu-lhe: "Em verdade, em verdade, digo-te que, se um homem não *nasce de novo*, ele não pode ver o reino de Deus". Nicodemos pergunta se é possível a um homem entrar de novo no ventre da mãe e nascer uma segunda vez. Jesus responde: "Em verdade te digo que, se um homem *não nascer pela água e pelo espírito,* não poderá entrar no reino de Deus"[3].

Jesus resume, sob essa forma evidentemente simbólica, a antiga doutrina da regeneração já conhecida nos Mistérios do Egito. Renascer pela água e pelo espírito, ser batizado com água e com fogo indica dois graus da iniciação, duas etapas do desenvolvimento interno e espiritual do homem. A água representa aqui a verdade percebida intelectualmente, isto é, de uma maneira abstrata e geral. Ela purifica a alma e desenvolve seu germe espiritual. O renascimento pelo espírito ou o batismo pelo fogo (celeste) significa a assimilação daquela verdade pela vontade, de tal sorte que ela se torna o sangue e a vida, a alma de todas as ações. Disso resulta a completa vitória do espírito sobre a matéria, o domínio absoluto da alma espiritualizada sobre o corpo transformado em instrumento dócil; domínio que desperta suas faculdades adormecidas, abre seu sentido interior, dá-lhes a visão intuitiva da verdade e a ação direta da alma sobre a alma. Esse estado equivale ao estado celeste, chamado reino de Deus por Jesus Cristo. O batismo pela água ou iniciação intelectual é portanto um começo de renascimento. O batismo pelo espírito é um renascimento total, uma transformação da alma pelo fogo da inteligência e da vontade e, por conseguinte, até certo ponto, dos elementos do corpo; numa palavra, uma regeneração radical. Daí os poderes excepcionais que confere ao homem.

Eis o sentido terrestre da conversa eminentemente teosófica entre Nicodemos e Jesus. Há um segundo significado, que se poderia chamar, em poucas palavras, a doutrina esotérica sobre a constituição do homem. Segundo

---

3. João, III, 15.

essa doutrina, o homem é tríplice: corpo, alma, espírito. Ele tem uma parte imortal e indivisível: o espírito; uma parte perecível e divisível: o corpo. A alma que os liga participa da natureza dos dois. Organismo vivo, ela possui um corpo etéreo e fluido, semelhante ao corpo material, que, sem esse duplo invisível, não teria vida, nem movimento, nem unidade. Conforme o homem obedece às sugestões do espírito ou às incitações do corpo, conforme ele se liga de preferência a um ou a outro, o corpo fluido eteriza-se ou adensa-se, unifica-se ou desagrega-se. Acontece então que, após a morte física, a maior parte dos homens tem de passar por uma segunda morte, a da alma, que consiste em livrar-se dos elementos impuros de seu corpo astral, algumas vezes mesmo suportar sua lenta decomposição; enquanto o homem completamente regenerado, tendo formado desde aqui embaixo seu corpo espiritual, possui seu céu em si mesmo e se lança para a região a que o atrai sua afinidade. Ora, a água, no esoterismo antigo, simboliza a matéria fluida infinitamente transformável, como o fogo simboliza o espírito uno. Falando do renascimento pela água e pelo espírito, Cristo faz alusão àquela dupla transformação de seu ser espiritual e de seu invólucro fluido, que espera o homem depois da morte, e sem a qual ele não pode entrar no reino das almas gloriosas e dos puros espíritos. Pois "o que nasceu da carne é carne (isto é, acorrentado e perecível), e o que nasceu do espírito é espírito (isto é, livre e imortal). O vento sopra onde quer e ouves seu ruído. Mas não sabes de onde ele vem nem para onde vai. Acontece o mesmo com todo o homem que nasceu do espírito"[4].

Assim fala Jesus diante de Nicodemos, no silêncio das noites de Jerusalém. Uma pequena lamparina colocada entre eles ilumina vagamente as figuras dos dois interlocutores e a colunata da alta câmara. Os olhos do Mestre galileu brilham com um clarão misterioso na obscuridade. Como não acreditar na alma ao ver esses olhos ora doces, ora chamejantes? O doutor fariseu viu ruir a sua ciência dos textos, mas entrevê ao mesmo tempo um mundo novo. Viu o raio de luz nos olhos do profeta, cujos longos cabelos ruivos caem pelas espáduas. Sentiu o calor poderoso que emana de seu ser atraindo-o para ele. Viu aparecerem e desaparecerem, como uma auréola magnética, três pequenas chamas brancas em torno de suas têmporas e de sua fronte. Então teve a impressão de sentir o vento do Espírito passar em seu coração. Comovido, silencioso, Nicodemos volta furtivamente para casa, na noite profunda. Ele continuará a viver entre os fariseus, mas, no íntimo de seu coração, permanecerá fiel a Jesus.

Notemos ainda um ponto capital desse ensinamento. Na doutrina materialista, a alma é um resultado efêmero e acidental das forças do corpo. Na doutrina espiritualista ordinária, ela é uma coisa abstrata, sem liame conce-

---

4. João. III, 6-8.

bível com ele. Na doutrina esotérica, a única racional, o corpo físico é um produto do trabalho incessante da alma, que age sobre ele pelo organismo similar do corpo astral, assim como o Universo visível é apenas um dinamismo do Espírito infinito. Eis por que Jesus apresenta essa doutrina a Nicodemos como a explicação dos milagres que opera. Ela pode servir, com efeito, de chave à terapêutica oculta, praticada por ele e por um pequeno número de adeptos e de santos, antes e depois de Cristo.

A medicina ordinária combate os males do corpo agindo sobre o corpo. O adepto ou o santo, sendo um foco de força espiritual e fluida age diretamente sobre a alma do doente e, mediante o corpo astral, sobre o corpo físico. Acontece o mesmo em todas as curas magnéticas. Jesus opera por meio das forças que existem em todos os homens, mas opera em alta dose, por projeções poderosas e concentradas. Apresenta aos escribas e aos fariseus seu poder de curar os corpos como uma prova de seu poder de perdoar ou de curar a alma, o que é sua finalidade superior. A cura física torna-se assim a contraprova de uma cura moral, que lhe permite dizer ao homem como um todo: Ergue-te e anda!

A ciência de hoje quer explicar o fenômeno, que os antigos e a Idade Média denominavam possessão, como uma simples perturbação nervosa. Explicação insuficiente. Psicólogos, que procuram penetrar mais fundo no mistério da alma, vêem nela um desdobramento da consciência, uma erupção de sua parte latente. Essa questão relaciona-se com a dos diversos planos da consciência humana, que age ora sobre um, ora sobre outro, e cujo jogo móvel se estuda nos diversos estados sonambúlicos. Relaciona-se igualmente com o mundo supra-sensível. Seja como for, é certo que Jesus possuiu a faculdade de restabelecer o equilíbrio nos corpos perturbados e de restituir as almas a sua consciência melhor. Plotino disse: "A verdadeira magia é o amor, e o ódio é seu contrário. É por amor e ódio que os mágicos agem, em meio a seus filtros e encantamentos." O amor, em sua mais alta consciência e em sua potência suprema, tal foi a magia do Cristo.

Numerosos discípulos participaram de seu ensinamento íntimo. Entretanto, para fazer perdurar a nova religião, era necessário um grupo de escolhidos ativos, que se tornassem os pilares do templo espiritual que ele queria edificar diante do outro. Daí a instituição dos apóstolos. Ele não os escolheu entre os essênios, porque necessitava de naturezas vigorosas e virgens, e porque queria implantar sua religião no coração do povo.

Dois grupos de irmãos: Simão-Pedro e André, filhos de Jonas, de um lado; João e Tiago, filhos de Zebedeu, do outro, todos os quatro pescadores de profissão e de famílias abastadas, formaram o núcleo dos apóstolos. No início de sua missão, Jesus aparece em casa deles, em Cafarnaum, às margens do lago de Genesaré, onde tinham suas pescarias. Aloja-se na casa deles, ensina e converte toda a família. Pedro e João se destacam em primeiro plano e dominam do alto os doze, como as duas figuras principais. Pedro, coração reto e simples, espírito ingênuo e limitado, tão inclinado à esperança quanto ao desânimo, mas homem de ação capaz de conduzir os outros, por seu caráter enérgico e sua fé absoluta. João, natureza fechada e profunda, de um entusiasmo tão fervente que Jesus o chamava "filho do trovão"; além disso, espírito intuitivo, alma ardente, quase sempre concentrada em si mesma, habitualmente sonhadora e triste, com impulsos formidáveis, furores apocalípticos, mas também profundezas de ternura, que os outros eram incapazes de supor, e que somente o Mestre via. Só ele, o silencioso, o contemplativo, compreenderá seu pensamento íntimo. Ele será o evangelista do Amor e da Inteligência divina, o apóstolo esotérico por excelência.

Persuadidos por sua palavra, convencidos por suas obras, dominados por sua grande inteligência e envolvidos por sua irradiação magnética, os apóstolos seguiam o Mestre de aldeia em aldeia. As pregações populares alternavam com os ensinamentos íntimos. Pouco a pouco ele abria-lhes seu pensamento. Todavia guardava ainda profundo silêncio sobre si mesmo, sobre seu papel e seu futuro. Havia-lhes dito que o reino dos céus estava próximo, que o Messias viria. Já os apóstolos murmuravam entre si: "É ele!" E o repetiam aos outros. Mas ele próprio, com uma gravidade suave, denominava a si mesmo simplesmente "o filho do Homem", expressão cujo sentido esotérico eles ainda não compreendiam, mas que em sua boca parecia significar: mensageiro da humanidade sofredora. Pois acrescentava ele: "os lobos têm os seus covis, mas o filho do Homem não tem onde repousar a cabeça".

Os apóstolos ainda viam o Messias segundo a idéia judaica popular e, em suas ingênuas esperanças, concebiam o reino dos céus como um governo político, do qual Jesus seria o rei coroado e eles, seus ministros. Combater esta idéia, transformá-la totalmente, revelar aos apóstolos o verdadeiro Messias, a realeza espiritual; comunicar-lhes aquela verdade sublime que ele denominava o Pai, aquela força suprema que ele denominava o Espírito, força misteriosa que une todas as almas ao invisível; mostrar-lhes através de seu verbo, de sua vida e de sua morte, um verdadeiro filho de Deus; deixar-lhes a convicção de que eles e todos os homens eram seus irmãos e podiam reunir-se a ele novamente se quisessem; só deixá-los depois de ter aberto a sua esperança toda a imensidão do céu — eis a obra prodigiosa de Jesus junto a seus apóstolos. Eles acreditarão ou não? Eis o cerne do drama que se desenrola entre eles e Cristo. Mas há um drama mais pungente e mais terrível que se passa no mais fundo de si mesmo. Logo chegaremos lá.

Naquele momento, uma onda de alegria submerge o trágico pensamento na consciência de Cristo. A tempestade ainda não soprara sobre o lago de Tiberíades. É a primavera galiléia do Evangelho, é a aurora do reino de Deus, é o casamento místico do iniciado com sua família espiritual. Esta o segue, viaja com ele, com o cortejo dos padrinhos segue o esposo da parábola. A multidão crente comprime-se, para seguir pegadas do mestre bem-amado até as plagas do lago azul encerrado em suas montanhas como em uma taça de ouro. Ela vai das frescas margens de Cafarnaum aos maciços laranjais de Betsaída, à montanhosa Korasim, onde galhos de palmeiras umbrosas dominam todo o Mar de Genesaré. Nesse cortejo de Jesus, as mulheres têm um lugar à parte. Mães ou irmãs de discípulos, virgens tímidas ou pecadoras arrependidas rodeiam-no por toda parte. Atentas, fiéis, apaixonadas, elas derramam por onde ele passa, como um rastro de amor, seu eterno perfume de tristeza e esperança. Não é para elas que ele precisa demonstrar que é o Messias. Vê-lo é suficiente. A estranha felicidade que emana de sua atmosfera, misturada à nota de sofrimento divino e inexprimido que ressoa no fundo de seu ser, já as convence de que ele é o filho de Deus. Jesus muito cedo havia sufocado em si mesmo a voz da carne, havia dominado, durante sua estada entre os essênios, o poder dos sentidos. Por isso conquistara o império das almas e o divino poder de perdoar, aquela volúpia dos anjos. Diz à pecadora que se arrasta a seus pés, com uma onda de cabelos esparsos e seu bálsamo derramado: "Muito lhe será perdoado, porque ela muito amou". Palavra sublime que contém toda uma redenção, pois quem perdoa liberta.

Cristo é o restaurador e o libertador da mulher, apesar do que tenham dito São Paulo e os Padres da Igreja, que, rebaixando a mulher ao papel de serva do homem, falsearam o pensamento do Mestre. Os tempos védicos tinham-se glorificado. Buda não confiava nela. Cristo elevou-a, conferindo-lhe sua missão de amor e de providência. A Mulher iniciada representa a Alma da Humanidade, *Aisha,* como a havia chamado Moisés, ou seja, o Poder da Intuição, a Faculdade de amar e de ver. A tempestuosa Maria Madalena, da qual Jesus expulsou sete demônios segundo a expressão bíblica, tornou-se a mais ardente de suas discípulas. Foi a primeira que viu, segundo São João, o divino Mestre, o Cristo espiritual ressuscitado em seu túmulo. A lenda procurou ver, obstinadamente, na mulher apaixonada e crente a maior adoradora de Jesus, a iniciada do coração. E não se enganou: sua história representa toda a regeneração da mulher, almejada por Cristo.

Era na quinta de Betânia, entre Marta e Maria Madalena, que Jesus gostava de repousar dos labores de sua missão, a fim de se preparar para as supremas provas. Era lá que prodigalizava suas mais doces consolações e que, em suaves colóquios, falava dos divinos mistérios que ainda não ousara confiar aos discípulos. Às vezes, na hora em que o ouro do poente empalidecia entre os ramos das oliveiras, na hora em que o crepúsculo já baralhava suas finas folhagens, Jesus tornava-se pensativo. Um véu caía sobre sua fisionomia luminosa. Ele pensava nas dificuldades de sua obra, na fé vacilante dos apóstolos, nas potências inimigas do mundo. O templo, Jerusalém, a humanidade com seus crimes e suas ingratidões, desabavam sobre ele como uma montanha viva. Seus braços erguidos para o céu seriam bastante fortes para reduzi-la a pó ou ele ficaria esmagado sob a massa enorme? Então falava vagamente de uma prova terrível que o esperava e de seu próximo fim. Impressionadas com a solenidade de sua voz, as mulheres não ousavam interrogá-lo. Apesar da inalterável serenidade de Jesus, elas compreendiam que sua alma estava como que envolta por um sudário de indizível tristeza, que o separava das alegrias da Terra. Pressentiam o destino do profeta, sentiam sua resolução inquebrantável. Por que aquelas nuvens sombrias que se erguiam para os lados de Jerusalém? Por que aquele vento ardente de febre e de morte, que passava pelo coração delas como sobre as colinas fenecidas da Judéia, de tonalidades violáceas e cadavéricas?

Uma tarde... misteriosa estrela, uma lágrima brilhou nos olhos de Jesus. As três mulheres estremeceram e suas lágrimas silenciosas deslizaram também, na paz de Betânia. Elas choravam por ele. Ele chorava pela humanidade.

V

LUTA COM OS FARISEUS. A FUGA PARA CESARÉIA. A TRANSFIGURAÇÃO

Durou dois anos aquela primavera na Galiléia, em que, sob a palavra de Cristo, os lírios cintilantes dos anjos pareciam desabrochar no ar embalsamado, e erguer-se sobre as multidões atentas a aurora do reino do céu. Mas de repente o céu enegreceu, cortado por sinistros relâmpagos, prenúncios de uma catástrofe. A tempestade desabou sobre a pequena família espiritual, como uma daquelas tempestades que agitam o lago de Genesaré e engolem em sua fúria os frágeis barcos dos pescadores.

Se os discípulos ficaram consternados, Jesus não se surpreendeu. Já esperava. Era impossível que sua pregação e sua popularidade crescente não perturbassem as autoridades religiosas dos judeus. Era impossível ainda que a luta não fosse intensa. Ainda mais: a luz só poderia brotar deste choque.

Os fariseus formavam no tempo de Jesus um corpo compacto de seis mil homens. Seu nome, *Perishin*, significava: os separados ou distintos. De um patriotismo exaltado, muitas vezes heróico, mas estreito e orgulhoso, eles representavam o partido da restauração nacional. Sua existência datava apenas do tempo dos macabeus. Ao lado da tradição escrita, admitiam uma tradição oral. Acreditavam nos anjos, na vida futura, na ressurreição. Mas esses clarões de esoterismo que lhes vinham da Pérsia eram sufocados sob as trevas de uma interpretação grosseira e material. Estritos observadores da lei, mas inteiramente opostos ao espírito dos profetas, que colocavam a religião no amor a Deus e aos homens, eles concentravam a piedade nos ritos e nas práticas, nos jejuns e nas penitências públicas. Eram vistos, nos grandes dias, a percorrer as ruas, com o rosto coberto de cinza, recitando orações com um ar constrito e distribuindo esmolas com ostentação. Fora isto, viviam no luxo, tramando grosseiramente pelos cargos e pelo poder. Ainda assim eram os chefes do partido democrático e tinham o povo em suas mãos.

Os saduceus, ao contrário, representavam o partido sacerdotal e aristocrático. Originavam-se de famílias que pretendiam exercer o sacerdócio por direito de herança desde o tempo de Davi. Conservadores extremados, eles rejeitavam a tradição oral, admitindo apenas a Lei em sentido estrito e negavam a alma e a vida futura. Zombavam igualmente das práticas turbulentas dos fariseus e de suas crenças extravagantes. Para eles a religião consistia unicamente nas cerimônias sacerdotais. Tinham detido o pontificado sob o domínio dos selêucidas, entendendo-se perfeitamente com os pagãos, impregnando-se mesmo da sofística grega e do epicurismo elegante. Sob o domínio dos macabeus, os fariseus afastaram-nos do pontificado. Porém sob o domínio de Herodes e dos romanos conseguiram retomar seu lugar. Eram homens duros e tenazes, sacerdotes que usufruíam a boa vida e que tinham apenas uma fé: a fé em sua superioridade; e apenas uma idéia: conservar o poder que possuíam por tradição.

O que podia ver nessa religião Jesus, o iniciado, o herdeiro dos profetas, o vidente de Engaddi, que buscava na ordem social a imagem da ordem divina, em que a justiça reina sobre a vida, a ciência sobre a justiça, o amor e a sabedoria sobre todos os três? No templo, em lugar da ciência suprema e da iniciação, a ignorância materialista e agnóstica, manejando a religião como um instrumento de poder. Em outros termos: a impostura sacerdotal. Nas escolas e nas sinagogas, em lugar do pão da vida e do orvalho celeste caindo nos corações, uma moral interesseira, encoberta por uma devoção formalista, isto é, a hipocrisia. Muito longe, acima de todos eles, entronizado em um nimbo, César todo-poderoso, apoteose do mal, deificação da matéria; César, único Deus do mundo, único mestre dos saduceus e dos fariseus, quisessem eles ou não.

Teria Jesus, tomando ao esoterismo persa uma idéia, como os profetas, cometido um erro ao denunciar aquele reino como *reino de Satã* ou *Arimã,* isto é, o domínio da matéria sobre o espírito, que queria substituir pelo domínio do espírito sobre a matéria? Como todos os grandes reformadores, ele atacava, não aos homens, que podiam ser excelentes por exceção, mas às doutrinas e às instituições, que são os moldes da maioria. Era preciso que o desafio fosse lançado, que a guerra fosse declarada aos poderosos do momento.

A luta travou-se inicialmente nas sinagogas da Galiléia, para continuar sob os pórticos do templo de Jerusalém, onde Jesus passou vários dias pregando e desafiando seus adversários. Nisto, como em toda sua prática, Jesus agiu com um misto de prudência e audácia, de reserva meditativa e ação impetuosa, que caracterizavam sua natureza maravilhosamente equilibrada. Não tomou a ofensiva contra os adversários. Esperou seu ataque, para rebatê-lo. E ele não tardou.

Desde o início da vida pública do profeta, os fariseus tinham-lhe inveja por causa de suas curas e de sua popularidade. Logo perceberam nele seu mais perigoso inimigo. Então o abordaram com a urbanidade zombeteira, a malevolência astuciosa, velada de doçura hipócrita que lhes era própria. Como sábios doutores, como homens de importância e de autoridade, pediram-lhe explicações para seu relacionamento com homens do povo e pessoas de má vida. Por que, enfim, seus discípulos ousavam tratar as espigas de trigo aos sábados? Tantas violações graves contra suas prescrições!

Jesus respondeu-lhes com doçura e grandeza, por meio de parábolas de ternura e mansidão. Experimentou com eles sua palavra de amor. Falou-lhes do amor de Deus, que se alegra mais por um pecador arrependido do que por alguns justos. Contou-lhes a parábola da ovelha perdida e do filho pródigo. Confundidos, eles calaram-se. Porém, tendo novamente confabulado entre si, voltaram à carga, reprovando-o por curar os doentes no sábado. "Hipócritas! replicou Jesus com súbita indignação no olhar. Não tirais a corda do pescoço de vossos bois, para conduzi-los ao bebedouro, no dia de sábado? E a filha de Abraão não foi libertada neste mesmo dia das cadeias de Satã?" Não sabendo mais o que dizer, os fariseus acusaram-no de expulsar os demônios em nome de Belzebu. Jesus respondeu-lhes, com graça e profundeza, que o demônio não se expulsa a si mesmo. E acrescentou que o pecado contra o filho do Homem seria perdoado, mas não o pecado contra o Espírito Santo, querendo dizer com isto que pouco se importava com as injúrias contra sua pessoa, mas que negar o Bem e a Verdade depois de constatados é a perversidade intelectual, o vício supremo, o mal irremediável. Estas palavras foram uma declaração de guerra. Chamavam-no: "Blasfemador!" Ele respondia: "Hipócritas!" Eles: "Preposto de Belzebu!" E Jesus respondia: "Raça de víboras!"

A partir de então, a luta foi-se envenenando e crescendo sempre. Jesus desenvolveu uma dialética cerrada, incisiva. Sua palavra flagelava como um chicote, transpassava como um dardo. Mudara de tática: em lugar de defender-se, atacava e respondia às acusações com acusações mais graves, sem piedade para com o vício radical, a hipocrisia. "Por que transgredis a lei de Deus por causa de vossa tradição? Deus ordenou: Honra teu pai e tua mãe. E vós dispensais de honrar os pais quando o dinheiro aflui para o templo. Vós só servis a Isaías com os lábios. Sois devotos sem coração."

Jesus dominava-se, mas também exaltava-se e crescia nessa luta. Quanto mais o atacavam mais ele afirmava ser o Messias. Começava a ameaçar o templo, a predizer as desgraças de Israel, a apelar aos pagãos, dizendo que o Senhor enviaria outros obreiros para sua vinha. Com isso os fariseus de Jerusalém perturbaram-se. Vendo que não podiam fechar-lhe a boca nem retrucar-lhe, eles também mudaram de tática. Arquitetaram atraí-lo para uma armadilha. Enviaram delegados para fazê-lo dizer uma heresia que permitisse ao sinédrio considerá-lo blasfemador em nome da lei de Moisés, ou então condená-lo como rebelde por intermédio do governador romano. Daí a questão insidiosa sobre a mulher adúltera e sobre o denário de Cesar. Percebendo sempre os desígnios de seus inimigos, Jesus os desarmou com suas respostas, plenas de profundidade psicológica e hábil estratégia.

Encontrando-o inatacável, os fariseus tentaram intimidá-lo, assediando-o a cada passo. Grande parte da população trabalhada por eles já se afastava dele, ao perceber que não lhes restauraria o reino de Israel. Por toda parte, na menor das aldeias, ele encontrava faces cautelosas e suspeitas, espiões para vigiá-lo, emissários pérfidos para desencorajá-lo. Alguns vieram dizer-lhe: "Retira-te daqui, pois Herodes (Antipas) quer mandar matar-te". Ele respondia altivamente: "Dizei a essa raposa que nenhum profeta morre fora de Jerusalém!" Entretanto, teve de atravessar várias vezes o mar de Tiberíades e refugiar-se na margem oriental, para fugir das emboscadas. Não estava mais em segurança em parte alguma.

Nesse ínterim deu-se a morte de João Batista, a quem Antipas mandou degolar a cabeça, na fortaleza de Makerus. Dizem que Aníbal, ao ver a cabeça de seu irmão Asdrúbal, morto pelos romanos, exclamou: "Agora reconheço o destino de Cartago!" Jesus pôde antever seu próprio destino na morte de seu precursor. Aliás, não tinha dúvida alguma, desde sua visão de Engaddi. Já começara sua obra aceitando-o por antecipação. Contudo a notícia, trazida pelos discípulos contristados do pregador do deserto, atingiu Jesus como um pressentimento fúnebre. E clamou: "Eles não o reconheceram e fizeram com ele o que quiseram. É assim que o filho do Homem sofrerá por eles".

Os doze inquietavam-se. Jesus hesitava quanto ao caminho que devia seguir. Não queria deixar-se prender, e sim oferecer-se espontaneamente uma vez terminada a obra, e acabar como profeta na hora escolhida por ele. Perseguido já há um ano, habituado a escapar ao inimigo por marchas e contramarchas, desprezado pelo povo, cujo distanciamento sentiu depois daqueles dias de entusiasmo, Jesus resolveu ainda uma vez fugir com os seus. Chegando ao alto de uma montanha, com os doze, voltou-se para contemplar uma derradeira vez seu lago bem-amado, em cujas margens pretendera fazer reluzir a alvorada do reino dos céus. Abraçou com o olhar aquelas cidades deitadas à borda das ondas ou dispostas sobre os montes, submersas em seus oásis de vegetação e brancas sob o véu dourado do crepúsculo, todas elas aldeias queridas, onde ele tinha semeado a palavra da vida e que agora o abandonavam. Nesse momento teve o pressentimento do futuro. Com um olhar profético, viu aquele país esplêndido transformado em deserto sob a mão vingadora de Ismael, e estas palavras sem cólera, mas cheias de amargura e de melancolia, saíram de sua boca: "Desgraça para ti, Cafarnaum! Desgraça para ti, Korasim! Desgraça para ti, Betsaída!" Depois, voltando-se para o mundo pagão, tomou com os apóstolos o caminho que leva ao vale do Jordão, de Gadara a Cesaréia de Felipe.

Triste e longa foi a jornada do bando fugitivo através das grandes planícies cobertas de caniços e pântanos do alto Jordão, sob o sol ardente da Síria. Passavam a noite sob as tendas, dos pastores de búfalos ou em casas de essênios estabelecidos nas pequenas aldeias daquele país perdido. Os discípulos, deprimidos, baixavam a cabeça. O Mestre, triste e silencioso, mergulhava em meditação. Refletia sobre a impossibilidade de fazer triunfar sua doutrina entre o povo pela pregação, e sobre as maquinações terríveis de seus adversários. A luta suprema tornava-se iminente. Chegara a um impasse. Como sair dele? Por outro lado, seu pensamento reportava-se com uma solicitude infinita à sua família espiritual disseminada, e sobretudo aos doze apóstolos, que, fiéis e confiantes, tudo tinham abandonado para segui-lo: a família, profissão, fortuna; e que, no entanto, teriam seus corações despedaçados e seriam desiludidos da grande esperança de ver o Messias triunfante. Poderia ele abandoná-los a si mesmos? Teria a verdade neles penetrado suficientemente? Pelo menos acreditariam nele e em sua doutrina? Saberiam quem era ele?

Dominado por esta preocupação, perguntou-lhes um dia: "Quem dizem os homens que eu sou, eu, o filho do Homem?" E eles responderam: "Uns dizem que és João Batista. Outros pensam que és Jeremias ou um dos profetas". "E vós, quem dizeis que eu sou?" Então, Simão Pedro, tomando a palavra, disse: "Tu és o Cristo, o Filho do Deus vivo!"[1]

Na boca de Pedro e no pensamento de Jesus, aquelas palavras não significavam, como o pretendeu mais tarde a Igreja: "Tu és a única encarnação do Ser absoluto e todo-poderoso, a segunda pessoa da Trindade", mas simplesmente: "Tu és o eleito de Israel anunciado pelos profetas". Na iniciação hindu, egípcia e grega, o termo *Filho de Deus* significava *uma consciência identificada com a verdade divina, uma vontade capaz de manifestá-la*. Segundo os profetas, aquele Messias devia ser a maior dessas manifestações. Ele seria o filho do Homem, isto é, o Eleito da Humanidade terrestre; o Filho de Deus, isto é, o Enviado da Humanidade celeste; e como tal, tendo nele o Pai ou o Espírito, que por Ela reina sobre o universo.

Diante daquela afirmação da fé dos apóstolos por intermédio de seu porta-voz, Jesus sentiu uma alegria imensa. Então seus discípulos tinham-no compreendido. Ele viveria neles. O laço entre o céu e a terra seria restabelecido. Jesus então disse a Pedro: "Tu és feliz, Simão, filho de Jonas. Porque não foi a carne e o sangue que te revelaram isto, mas meu Pai, que está nos céus".

Por estas palavras, Jesus dá a entender a Pedro que o considera iniciado assim como a ele mesmo: pela visão interior e profunda da verdade. Eis a verdadeira, a única revelação; eis "a pedra sobre a qual Cristo quer cons-

---

1. Mateus, XVI, 13-16.

truir sua Igreja e contra a qual as portas do inferno não prevalecerão." Jesus somente conta com o apóstolo Pedro na medida em que ele tiver esta compreensão. Um instante depois, tendo Pedro voltado a ser o homem natural, temeroso e limitado, o Mestre trata-o de outro modo. Tendo Jesus anunciado aos discípulos que ia ser condenado à morte em Jerusalém, Pedro se pôs a protestar: "Deus não há de permitir que isto aconteça, Senhor!" E Jesus, como visse nessa manifestação de simpatia uma tentação da carne procurando abalar sua grande resolução, voltou-se vivamente para o apóstolo e disse: "Afasta-te de mim, Satanás! És um escândalo para mim pois não compreendes as coisas que são de Deus, mas somente as que são dos homens"[2]. E o gesto imperioso do Mestre dizia: Para a frente, através do deserto! Intimidados por sua voz solene, por seu olhar severo, os apóstolos curvaram a cabeça em silêncio e recomeçaram a caminhada através das colinas pedregosas da Gaulanítida. Essa fuga, na qual Jesus arrastava seus discípulos para fora de Israel, assemelhava-se a uma marcha para o enigma de seu destino messiânico, cuja derradeira palavra ele buscava.

Tinham chegado às portas de Cesaréia. A cidade, que se tornara pagã desde Antíoco, o Grande, abrigava-se num oásis verdejante, nas nascentes do Jordão, ao pé dos picos nevados do Hermon. Ela possuía seu anfiteatro e resplandecia com os palácios luxuosos e os templos gregos. Jesus atravessou-a e avançou até a região em que o Jordão desaparece, numa onda borbulhante e clara, em uma caverna da montanha, como a vida que jorra do seio profundo da imutável natureza. Havia ali um pequeno templo dedicado a Pã; e na gruta, sobre as margens do rio nascente, uma imensidão de colunas, de ninfas de mármore e de divindades pagãs. Os judeus tinham horror a estas imagens de um culto idólatra. Jesus olhou-as sem cólera, com um sorriso indulgente. Reconheceu nelas as efígies imperfeitas da beleza divina, cujos radiosos modelos ele trazia na alma. Não viera para amaldiçoar o paganismo, mas para transfigurá-lo. Não viera para lançar o anátema à Terra e a seus poderes misteriosos, mas para mostrar-lhe o céu. Seu coração era bastante grande, sua doutrina bastante vasta para abranger todos os povos e dizer a todos os cultos: "Levantai a cabeça e reconhecei que todos vós tendes o mesmo Pai".

E no entanto ali estava ele, no extremo limite de Israel, acuado como um animal, oprimido, sufocado entre dois mundos que o repeliam igualmente. Diante dele, o mundo pagão que não o compreendia ainda e onde sua palavra expirava impotente. Atrás, o mundo judeu, o povo que apedrejava seus profetas, tapava os ouvidos para não ouvir o seu Messias. O bando de fariseus e de saduceus espreitava sua presa. Que coragem sobre-humana, que ação inaudita ser-lhe-ia então necessária para romper todos aqueles

---

2. Mateus, XVI, 21-28.

obstáculos, a fim de penetrar para além da idolatria pagã e da dureza judaica, até o coração daquela humanidade sofredora que ele amava com todas as suas fibras, e fazê-la ouvir seu verbo de ressurreição?

Então, subitamente, seu pensamento retrocedeu e tornou a descer pelo curso do Jordão, o rio sagrado de Israel. Voou do templo de Pã ao templo de Jerusalém. Mediu toda a distância que separava o paganismo antigo do pensamento universal dos profetas e, remontando à sua própria origem, como a águia a seu ninho, retornou da angústia de Cesaréia à visão de Engaddi! E novamente ele viu surgir do Mar Morto aquele fantasma terrível da cruz!...

Teria chegado a hora do grande sacrifício? Como todos os homens, Jesus tinha em si duas consciências. Uma, terrestre, embalava-o em ilusões e dizia-lhe: Quem sabe? Talvez evitarei o destino! A outra, divina, repetia implacavelmente: O caminho da vitória passa pela porta da agonia! Afinal, era-lhe necessário obedecer a esta última?

Em todos os grandes momentos de sua vida, vimos Jesus refugiar-se na montanha para orar. Não dissera o sábio veda: "A oração sustenta o céu e a terra e domina os deuses"? Jesus conhecia esta força das forças. Habitualmente, não admitia nenhuma companhia naqueles retiros, em que descia no arcano de sua consciência. Dessa vez, porém, levou Pedro e os dois filhos de Zebedeu, João e Tiago, para uma alta montanha, a fim de lá passar a noite. A lenda quer que tenha sido o monte Tabor. Foi ali que teve lugar, entre o Mestre e os três discípulos mais iniciados, aquela cena misteriosa que os Evangelhos narram sob o nome de *Transfiguração*.

Segundo Mateus, os apóstolos viram na penumbra transparente de uma noite do Oriente a forma do Mestre fazer-se luminosa e como que diáfana. Viram sua face resplandecer como o sol e suas vestes tornarem-se brilhantes como a luz. Depois duas figuras surgiram ao seu lado, as quais tomaram por Moisés e Elias. Quando saíam trêmulos de sua estranha prostração, que lhes parecia ao mesmo tempo um sono mais profundo e uma vigília mais intensa, viram o mestre sozinho ao seu lado, tocando-os para despertá-los completamente. E o Cristo transfigurado, que eles tinham contemplado naquele sonho, jamais apagou-se em sua memória.[3]

Mas o próprio Jesus, o que havia visto ele, o que havia ele sentido e atravessado durante aquela noite que precedeu o ato decisivo de sua missão profética? Um enfraquecimento gradual das coisas terrestres sob o fogo da oração; uma ascensão de esfera em esfera sobre as asas do êxtase. Pouco a pouco pareceu-lhe que reentrava, por sua consciência profunda, em uma existência anterior, toda espiritual e divina. Distante dele, os sóis, os mundos, as terras, turbilhões das encarnações dolorosas. Mas, em uma atmosfe-

---

3. Mateus, XVII, 1-3.

ra homogênea, uma substância fluida, uma luz inteligente. Nessa luz, legiões de seres celestes formam uma abóbada móvel, um firmamento de corpos etéreos, brancos como a neve, de onde jorram doces fulgurações. Sobre a nuvem brilhante em que ele mesmo está de pé, seis homens, com vestimentas sacerdotais e de poderosa estatura, erguem, com as mãos unidas, um Cálice resplandecente. São os seis Messias que já apareceram sobre a terra. O sétimo é ele. E aquele Cálice significa o Sacrifício que ele deve suportar, encarnando-se por sua vez.

Sob a nuvem estruge o trovão. Um negro abismo se abre: o círculo das gerações, a voragem da vida e da morte, o inferno terrestre. Os filhos de Deus, com um gesto suplicante, erguem o Cálice. O céu, imóvel, espera. Jesus, em sinal de consentimento, estende os braços em forma de cruz, como se quisesse abraçar o mundo. Então os filhos de Deus se prosternam, a face contra a terra. Um grupo de anjos femininos, de longas asas e de olhos baixos, leva o Cálice incandescente para a cúpula de luz. O *Hosana* retumbou pelos céus, melodioso, inefável... Mas, Ele, sem mesmo escutá-lo, mergulha no abismo...

Eis o que ocorrera outrora no mundo dos essênios, no seio do Pai, onde se celebram os mistérios do Amor eterno e onde as revoluções dos astros passam leves como ondas. Eis o que ele tinha jurado cumprir. Eis por que nascera e por que havia lutado até aquele dia. E eis que o grande juramento retomava-o no término de sua obra, pela plenitude de sua consciência divina que retornara no êxtase.

Juramento formidável, cálice assustador! Era necessário bebê-lo. Após a embriaguez do êxtase, ele despertava no fundo do abismo à beira do martírio. Nenhuma dúvida mais. O tempo tinha chegado. O céu falara. A terra gritava por socorro!

Então, voltando atrás, por lentas etapas, Jesus desceu o vale do Jordão e tomou o caminho de Jerusalém.

VI

ÚLTIMA VIAGEM A JERUSALÉM. A PROMESSA. A CEIA. O PROCESSO. A MORTE E A RESSURREIÇÃO

"Hosana ao filho de Davi!"
Esse grito repercutia sobre os passos de Jesus à sua entrada pela porta oriental de Jerusalém; ramos de palmeira estendiam-se sob seus pés. Aqueles que o acolhiam com tanto entusiasmo eram os adeptos do profeta galileu, que acorreram das regiões vizinhas e do interior da cidade para aquela ovação. Eles saudavam o libertador de Israel, que logo seria coroado rei. Os doze apóstolos que o acompanhavam partilhavam ainda dessa ilusão obstinada, apesar das predições formais de Jesus. Somente ele, o Messias aclamado, sabia que marchava para o suplício e que os seus só penetrariam no santuário de seu pensamento depois de sua morte. Ele se oferecia resolutamente, com plena consciência e plena vontade. Daí sua resignação, sua doce serenidade. Enquanto passava sob o pórtico colossal, aberto na sombria fortaleza de Jerusalém, o clamor ecoava sob a abóbada e o perseguia como a voz do Destino que agarrou sua presa: "Hosana ao filho de Davi!" Com aquela entrada solene, Jesus declarava publicamente às autoridades religiosas de Jerusalém que assumia o papel do Messias, com todas as suas conseqüências.
No dia seguinte, apareceu no templo, no pátio dos gentios e, avançando para os mercadores de animais e os cambistas que com suas fisionomias de usurários e com o tinido ensurdecedor das moedas profanavam o adro do

santo lugar, proferiu aquela frase de Isaías: "Está escrito: minha casa é uma casa de oração, e vós fazeis dela um covil de ladrões". Os mercadores fugiram, levando suas mesas e suas bolsas de dinheiro, intimidados pelos partidários do profeta que o cercavam como uma muralha sólida, mais ainda por seu olhar flamejante e seu gesto imperioso.

Os sacerdotes, estupefatos, admiraram-se daquela audácia e ficaram assustados com tanto poder. Uma delegação do Sinédrio veio perguntar-lhe a razão daquilo, com estas palavras: "Com que autoridade fazes estas coisas?" A esta pergunta capciosa, Jesus, segundo seu hábito, respondeu com outra pergunta não menos embaraçosa para seus adversários: "O batismo de João, de onde vinha? Do céu ou dos homens?" Se os fariseus respondessem "vem do céu", Jesus lhes diria: Então, por que não acreditastes nele? E se eles dissessem "vem dos homens", eles teriam de temer o povo, que considerava João Batista um profeta. Então responderam "Nada sabemos sobre isso". Jesus então declarou: "Eu também não vos direi com que autoridade faço estas coisas". Mas, tendo aparado o golpe, ele tomou a ofensiva e acrescentou: "Em verdade vos digo que os humildes e as mulheres de má vida alcançarão o reino de Deus antes de vós". Depois ele os comparou, em uma parábola, ao mau vinhateiro que matou o filho do Senhor para herdar a vinha, e chamou a si mesmo "a pedra angular que os esmagaria".

Por estes atos, por estas palavras, vê-se que, em sua última viagem à capital de Israel, Jesus quis cortar totalmente suas possibilidades de fuga. Há muito tempo tinham, de sua própria boca, os dois grandes argumentos de acusação necessários para perdê-lo: suas ameaças contra o templo e a afirmação de que era o Messias.

Aqueles últimos ataques acabaram de exasperar seus inimigos. A partir de então sua morte, decidida já pelas autoridades, foi só uma questão de tempo. Desde sua chegada, os membros mais influentes do Sinédrio, saduceus e fariseus, reconciliados no ódio contra Jesus, tinham-se entendido para matar "o sedutor do povo". Hesitavam somente em detê-lo publicamente, porque temiam um levante popular. Várias vezes já, soldados enviados contra ele voltavam, ou seduzidos por sua palavra ou assustados com a multidão que o cercava. Várias vezes os soldados do templo tinham-no visto desaparecer no meio deles de forma incompreensível. Foi assim que o imperador Domiciano, fascinado, sugestionado e como que cego pelo mago que queria condenar, viu desaparecer Apolônio de Tiana, diante do tribunal e rodeado de guardas!

A luta entre Jesus e os sacerdotes continuava assim, dia após dia, com um ódio crescente da parte deles; e de sua, com um vigor, uma impetuosidade, um entusiasmo exaltados pela certeza do resultado fatal. Foi o último ataque de Jesus contra os poderes constituídos. Nele empregou uma extrema energia e toda a força masculina que revestia, como uma armadura, a ternura sublime que se pode chamar de o Eterno-Feminino de sua alma. Esse combate formidável terminou com as terríveis maldições contra os falsificadores da religião: "Desgraçados de vós, escribas e fariseus, que fechais o reino dos céus àqueles que nele querem entrar!" "Insensatos e cegos, que pagais o dízimo e negligenciais a justiça, a misericórdia e a fidelidade!" "Vós vos assemelhais a sepulcros caiados, que parecem belos por fora, mas dentro estão cheios de ossos de mortos e de toda espécie de podridão!"

Após ter assim estigmatizado, por todos os séculos, a hipocrisia religiosa e a falsa autoridade sacerdotal, Jesus considerou sua luta terminada. Saiu de Jerusalém acompanhado de seus discípulos, e tomou o caminho do Monte das Oliveiras. Lá em cima contemplava do alto o templo de Herodes em toda a sua majestade, com seus terraços, seus vastos pórticos, seu revestimento de mármore branco incrustado de jaspe e de pórfiro, o brilho de seu teto chapeado de ouro e prata. Os discípulos, desanimados, pressentiam uma catástrofe e chamaram-lhe a atenção para o esplendor do edifício que o Mestre abandonava para sempre. Havia no tom de sua voz um misto de melancolia e desgosto, porque tinham esperado até o derradeiro momento lá sentarem-se como juízes de Israel, em torno do Messias coroado pontífice-rei. Jesus voltou-se, contemplou longamente o templo e disse: "Estais vendo tudo isto? Não restará pedra sobre pedra"[1].

Ele julgava a duração do templo de Jeová pelo valor moral daqueles que o dominavam. Compreendia que o fanatismo, a intolerância e o ódio não eram armas suficientes contra os aríetes e os machados do César romano. Com seu olhar de iniciado, tornado mais penetrante por aquela clarividência que dá a aproximação da morte, via o orgulho judaico, a política dos reis, toda a história dos judeus terminar fatalmente nesta catástrofe. O triunfo não estava lá; estava no pensamento dos profetas, naquela religião universal, naquele tempo invisível do qual somente ele tinha plena consciência naquele momento. Quanto à antiga cidadela de Sião e ao templo de pedra, ele via já o anjo da destruição de pé às suas portas, empunhando uma tocha.

Jesus sabia que sua hora estava próxima. Mas não queria deixar-se supreender pelo Sinédrio; retirou-se para Betânia. Como tinha predileção pelo Monte das Oliveiras, ali vinha quase todos os dias conversar com seus discípulos. Daquela altura gozava-se de uma vista admirável. Vislumbram-se as severas montanhas da Judéia e de Moab, de coloridos violáceos e azulados. Percebe-se ao longe uma ponta do Mar Morto, como um espelho de chumbo de onde evolam vapores sulfurosos. Ao pé do monte estende-se Jerusalém, que o templo e a cidadela de Sião dominam. Ainda hoje, quando o crespúsculo desce nas gargantas fúnebres de Hinom e de Josafá, a cidade de Davi e do Cristo, protegida pelos filhos de Ismael, surge imponente desses sombrios vales. Suas cúpulas, seus minaretes refletem a luz agonizante do

---

1. Mateus, XXIV, 24.

céu e parecem sempre esperar os anjos do julgamento. Foi ali que Jesus transmitiu a seus discípulos as últimas instruções sobre o futuro da religião que tinha vindo fundar e sobre os destinos futuros da humanidade, legando-lhes assim sua promessa terrestre e divina, profundamente ligada a seu ensinamento esotérico.

É claro que os redatores dos *Evangelhos sinóticos* nos transmitiram os discursos apocalípticos de Jesus numa confusão que os torna quase indecifráveis. Seu sentido só começa a tornar-se inteligível no evangelho de João. Se Jesus havia realmente acreditado em sua volta sobre as nuvens, alguns anos após sua morte, como o admite a exegese naturalista; ou ainda, se imaginou que o fim do mundo e o último julgamento dos homens teriam lugar daquela forma, como o crê a teologia ortodoxa, então não passaria de um iluminado quimérico, um visionário bastante medíocre, ao invés do sábio iniciado, do Vidente sublime que evidencia cada palavra de seu ensinamento, cada passo de sua vida.

Evidentemente, aqui mais do que nunca, suas palavras devem ser entendidas no sentido alegórico, segundo o simbolismo transcendente dos profetas. Dos quatro Evangelhos, o que melhor nos transmitiu o ensinamento esotérico do Mestre, o de João, impõe-nos, ele próprio, aquela interpretação tão conforme ao gênio parabólico de Jesus, quando nos relembra aquelas palavras do Mestre: "Eu teria ainda muitas coisas a dizer-vos, mas elas estão acima de vosso alcance... *Eu vos tenho dito estas coisas por analogias;* mas virá o tempo em que não lhes falarei mais por analogias, mas falarei abertamente a vós, de meu Pai."

A promessa solene de Jesus aos apóstolos visa quatro objetivos, quatro esferas crescentes da vida planetária e cósmica: a vida psíquica individual; a vida nacional de Israel; toda a evolução humana. Retomemos um a um esses quatro objetivos da promessa, essas quatro esferas onde brilha o pensamento de Cristo antes de seu martírio, como um sol poente que enche com sua glória toda a atmosfera terrestre até o zênite, antes de luzir em outros mundos.

1. *O primeiro juízo* significa o destino ulterior da alma depois da morte. Ele está determinado por sua natureza íntima e pelos atos de sua vida. Expus anteriormente essa doutrina, a propósito da conversa de Jesus com Nicodemos. No monte das Oliveiras, ele disse, a propósito, aos seus apóstolos: "Cuidai de vós mesmos, para que vossos corações não sejam oprimidos pela gula e que esse dia não vos surpreenda"[2]. E ainda: "Estai preparados, porque o filho do Homem virá numa hora que não pensais"[3].

---

2. Lucas, XXI, 34.
3. Mateus, XXIV, 66.

2. *A destruição do templo e o fim de Israel.* "Uma nação se erguerá contra outra... Sereis entregues aos governadores para serdes atormentados.... Em verdade vos digo que esta geração não passará sem que estas coisas aconteçam."[4]

3. *O fim terrestre da humanidade,* que não está fixado para uma época determinada, mas que deve ser atingido através de uma série de acontecimentos escalonados e sucessivos. Esse fim é o advento do Cristo social, ou do homem divino sobre a terra. É a implantação da Verdade, da Justiça e do Amor na sociedade humana e, por conseguinte, a pacificação dos povos. Isaías já previra essa época longínqua numa visão magnífica, que começa com estas palavras: "Quanto a mim, vendo suas obras e seus pensamentos, eu venho para reunir todas as nações e todas as línguas. Elas virão e verão a minha glória e eu imprimirei nelas o meu sinal..."[5] Jesus, completando esta profecia, explica aos discípulos qual será esse sinal: será a revelação completa dos mistérios ou o advento do Espírito Santo, que ele denomina também o Consolador ou "o Espírito de Verdade que vos conduzirá a toda a verdade". "Eu pedirei a meu Pai e ele vos enviará um outro Consolador, a fim de que ele fique eternamente convosco, o Espírito de Verdade que o mundo não pode receber porque não o vê; mas vós o conheceis, porque ele está convosco e estará sempre em vós."[6] Os apóstolos terão esta revelação antecipadamente; a humanidade a terá mais tarde, na seqüência dos tempos. Mas, cada vez que ela ocorre em uma consciência ou um grupo humano, ela os atravessa de lado a lado e até o fundo. "A vinda do filho do Homem será como um relâmpago que sai do Oriente e vai até o Ocidente."[7] Assim, quando se acender a verdade central e espiritual, ela iluminará todas as outras e todos os mundos.

4. *O juízo final* significa o fim da evolução cósmica da humanidade ou sua entrada em um estado espiritual definitivo. É o que o esoterismo persa denomina a vitória de Ormuz sobre Arimã ou do Espírito sobre a matéria. O esoterismo hindu chamou-o de reabsorção completa da matéria pelo Espírito ou de o fim de um dia de Brama. Depois de milhares e milhões de séculos, virá uma época em que, através da série de nascimentos e renascimentos, de encarnações e regenerações, os indivíduos que compõem a humanidade terão definitivamente entrado no estado espiritual; ou então serão aniquilados, como almas conscientes, pelo mal, isto é, por suas próprias paixões, que são simbolizadas pelo fogo da geena e pelo ranger de dentes. "Então o sinal do Filho do Homem aparecerá no céu. O Filho do Homem virá

---

4. Mateus, XXIV, 4-34.
5. Isaías, XXIV, 18-33.
6. João, XXIV, 16-17.
7. Mateus, XXIV, 27.

sobre uma nuvem. Ele enviará seus anjos com um grande som de trombetas e reunirá seus eleitos dos quatro cantos da terra."[8] *O filho do Homem*, termo genérico, significa aqui a humanidade em seus representantes perfeitos, ou seja, o pequeno número daqueles que se elevaram até a posição de filhos de Deus. Seu *signo* é o Cordeiro e a Cruz, isto é, o Amor e a Vida eterna. A *Nuvem* é a imagem dos Mistérios que se tornaram translúcidos, assim como da matéria sutil transfigurada pelo espírito, da substância fluídica que não é mais um véu espesso e obscuro, mas um vestuário leve e transparente da alma; não mais um obstáculo grosseiro, mas a expressão da verdade; não mais uma aparência enganosa, mas a própria verdade espiritual, o mundo interior manifestado, instantânea e diretamente. Os *Anjos* que reunem os eleitos são os espíritos glorificados, saídos, eles mesmos, da humanidade. A *Trombeta* que eles fazem ressoar simboliza o verbo vivo do Espírito, que mostra as almas como são e destrói todas as aparências mentirosas da matéria.

Jesus, sentindo-se às vésperas da morte, abriu e revelou assim, diante dos apóstolos pasmados, as altas perspectivas que, desde os tempos antigos, tinham feito parte da doutrina dos mistérios, mas às quais cada fundador religioso sempre conferiu uma forma e uma cor pessoais. Para gravar essas verdades em seu espírito, para facilitar a sua propagação, ele as resumiu naquelas imagens de extrema ousadia e de incisiva energia. A imagem reveladora, o símbolo falante era a linguagem universal dos iniciados antigos. Possui uma virtude comunicativa, uma força de concentração e de permanência que falta ao termo abstrato. Assim, servindo-se dos símbolos, Jesus só fez seguir o exemplo de Moisés e dos profetas. Ele sabia que a Idéia não seria compreendida imediatamente, mas queria imprimi-la em letras flamejantes na alma ingênua dos seus, deixando aos séculos a tarefa de gerar as forças contidas em sua palavra.

Jesus sente-se *um* com todos os profetas da terra que o precederam, a ele, o porta-voz da Vida e do Verbo eterno. Nesse sentimento de unidade e de solidariedade com a verdade imutável, diante dos horizontes ilimitados, de uma irradiação sideral, que só se percebem do zênite das Causas primeiras, ele ousou dizer aos discípulos aflitos estas palavras altivas: "O céu e a terra passarão, mas minhas palavras não passarão!"

Assim transcorriam as manhãs e as tardes sobre o monte das Oliveiras. Um dia, por um daqueles movimentos de simpatia próprios à sua natureza ardente e impressionável, que o faziam voltar bruscamente das mais sublimes alturas aos sofrimentos da terra que sentia como se fossem seus, ele derramou lágrimas por Jerusalém, pela cidade santa e por seu povo, cujo destino pavoroso pressentia.

---

8. Mateus, XXIV, 30-31.

O seu destino também se aproximava a passos de gigante. O Sinédrio já havia deliberado sobre ele e decidido sua morte. Judas Escariotes já havia prometido entregar o Mestre. O que determinou esta negra traição não foi a avareza sórdida, mas a ambição e o amor-próprio ferido. Judas, modelo de egoísmo frio e de positivismo absoluto, incapaz do menor idealismo, só se fizera discípulo de Cristo por especulação mundana. Ele contava com o triunfo terrestre, imediato, do profeta, e com o proveito que poderia tirar disso. Nada havia compreendido daquela profunda palavra do Mestre: "Aqueles que quiserem ganhar sua vida, perdê-la-ão. E aqueles que quiserem perdê-la, ganhá-la-ão".

Jesus, em sua caridade ilimitada, havia-o admitido entre os seus na esperança de mudar-lhe a natureza. Quando Judas viu que as coisas iam mal, que Jesus estava perdido, seus discípulos comprometidos, ele mesmo frustrado em todas as suas esperanças, sua decepção transformou-se em raiva. O infeliz denunciou aquele que, a seus olhos, era apenas um falso Messias e pelo qual se considerava enganado. Com seu olhar penetrante, Jesus adivinhara o que se passava no íntimo do apóstolo infiel. Resolveu não mais evitar o destino, cuja inextricável rede apertava-se a cada dia mais em torno dele. Estava-se na véspera da Páscoa. Jesus ordenou aos discípulos que preparassem a ceia, na cidade, em casa de um amigo. Pressentia que esta seria a última e queria dar-lhe uma solenidade excepcional.

Eis-nos chegando ao último ato do drama messiânico. Para apreender a alma e a obra de Jesus em sua fonte, era necessário primeiro esclarecer interiormente os dois primeiros atos de sua vida: sua iniciação e sua carreira pública. O drama interior de sua consciência lá se desenrolou. O último ato de sua vida, ou o drama da paixão, é a conseqüência lógica dos dois precedentes. Conhecido de todos, ele se explica por si só pois é próprio do sublime ser ao mesmo tempo simples, imenso e claro. O drama da paixão contribuiu muitíssimo para formar o cristianismo. Ele arrancou lágrimas de todos os homens que têm um coração e converteu milhões de almas. Em todas essas cenas, os Evangelhos são de uma beleza incomparável. O próprio João desce de suas alturas. Sua narrativa detalhada assume aqui a verdade pungente de um testemunho ocular. Cada um pode reviver em si mesmo o drama divino, ninguém saberia refazê-lo.

Para terminar minha tarefa, devo, no entanto, concentrar os raios da tradição esotérica sobre os três acontecimentos essenciais pelos quais findou a vida do divino Mestre: a santa ceia, o processo do Messias e a ressurreição. Se a luz brilhar sobre esses pontos, ela brilhará para trás sobre toda a carreira do Cristo, e para diante sobre toda a história do cristianismo.

Os doze, formando treze com o Mestre, estavam reunidos na ampla sala de uma casa de Jerusalém. O amigo desconhecido, o hospedeiro de Jesus, havia ornado a sala com um rico tapete. Segundo a moda oriental, os discípulos e o Mestre deitaram-se, três a três, sobre quatro largos divãs em forma de triclínio, dispostos em redor da mesa. Quanto trouxeram o cordeiro pascal, os vasos cheios de vinho e a taça preciosa, o cálice de ouro emprestado pelo amigo desconhecido, Jesus, sentado entre João e Pedro, disse: "Eu desejei ardentemente comer convosco esta Páscoa, pois, não mais comeremos dela, até que se tenha realizado no reino do céu"[9]. Depois destas palavras, as fisionomias ficaram sombrias e o ambiente tornou-se pesado. "O discípulo que Jesus amava", o único que adivinhava tudo, inclinou em silêncio a cabeça sobre o peito do Mestre.

Conforme o costume dos judeus, na refeição da Páscoa, comeram, sem falar, as ervas amargas e o assado. Então Jesus tomou o pão e, tendo dado graças, partiu-o e o deu aos discípulos, dizendo:

"Isto é o meu corpo, que é dado por vós. Fazei isto em minha memória".

Da mesma forma, depois da ceia, tomou o cálice e apresentou-lhes, dizendo: "Este é o cálice da nova aliança, com meu sangue, derramado por vós"[10].

Tal é a instituição da ceia em toda a sua simplicidade. Ela encerra muito mais coisas do que se supõe e se sabe comumente. Este ato simbólico e místico não somente é a conclusão e o resumo de toda a doutrina de Cristo; é ainda a consagração e o revigoramento de um símbolo de iniciação bastante antigo. Entre os iniciados do Egito e da Caldéia, como entre os profetas e os essênios, o ágape fraternal marcava o primeiro grau da iniciação. A comunhão sob a espécie do pão, fruto do trigo, significava o conhecimento dos mistérios da vida terrestre ao mesmo tempo que a partilha dos bens da terra e, por conseguinte, a união perfeita dos irmãos filiados. No grau superior, a comunhão sob a espécie do vinho, o sangue da vinha penetrado pelo sol, significava a partilha dos bens celestes, a participação nos mistérios espirituais e na ciência divina.

Jesus, legando esses símbolos aos Apóstolos, ampliou-os, porque através deles estende a fraternidade e a iniciação, outrora limitadas a alguns, à humanidade inteira. Acrescenta a eles o mais profundo dos mistérios, a maior das forças: o seu sacrifício, que estabeleceu a cadeia do amor invisível, mas inquebrantável, entre ele e os seus. Ela dará a sua alma glorificada um poder divino sobre os seus corações e sobre os de todos os homens. Aquele cálice da verdade vindo do fundo das trevas das eras proféticas, o cálice de ouro da iniciação que o velho essênio havia-lhe apresentado, chamando-o profeta, o cálice do amor celeste que os filhos de Deus haviam-lhe ofertado no transporte de seu mais elevado êxtase, aquele cálice em que agora ele vê brilhar seu próprio sangue, ele o estende aos discípulos bem-amados, com a ternura inefável do adeus supremo.

---

9. Lucas, XXII, 15.
10. Lucas, XXII, 19.20.

Vêem eles, compreendem eles, os Apóstolos, aquele pensamento redentor que abraça os mundos? Ele brilha no profundo e doloroso olhar que o Mestre transfere do discípulo amado para aquele que vai traí-lo. Não, eles não compreendem ainda. Respiram penosamente, como em um sonho mau. Uma espécie de vapor pesado e avermelhado flutua no ar e eles se perguntam de onde vem a estranha irradiação que paira sobre a cabeça de Cristo. Quando afinal Jesus declara que vai passar a noite em oração, no jardim das Oliveiras, e levanta-se dizendo: Vamos!, eles não têm dúvidas quanto ao que está para acontecer.

Jesus atravessou a noite e a angústia de Getsêmani. Primeiro viu, com uma assustadora lucidez, estreitar-se o círculo infernal que vai sufocá-lo. No terror daquela situação, na terrível espera, no momento de ser preso pelos inimigos, ele estremeceu. Por um instante sua alma recuou diante das torturas que o esperavam. Um suor de sangue brotou em sua fronte. Depois, a oração revigorou-o.

Rumores de vozes confusas, clarões de tochas sob as sombrias oliveiras, um tilintar de armas... é a tropa dos soldados do Sinédrio. Judas, que os conduz, abraça seu Mestre, para que reconheçam o profeta. Jesus retribui-lhe o beijo com uma inefável piedade e lhe diz: "Meu amigo, o que fazes aqui?" O efeito daquela doçura, daquele beijo fraternal em troca da mais baixa traição, será tal sobre aquela alma tão dura que, um instante depois, Judas, dominado pelo remorso e pelo horror a si mesmo, irá suicidar-se.

Com suas mãos rudes, os soldados agarraram o rabino galileu. Após uma curta resistência, os discípulos, atemorizados, fugiram como punhado de caniços levados pelo vento. Somente João e Pedro permaneceram nas proximidades e seguirão o Mestre até o tribunal, com o coração partido e a alma ligada indissoluvelmente a seu destino. Jesus, entretanto, readquiriu a calma. A partir daquele momento, nenhum protesto, nenhuma queixa mais sairá de sua boca.

O Sinédrio reuniu-se às pressas em sessão plenária. No meio da noite Jesus é conduzido para lá, pois o tribunal quer acabar rapidamente com o perigoso profeta. Os sacrificadores, os sacerdotes de túnicas púrpuras, amarelas, violetas, turbantes na cabeça, estão solenemente sentados em semicírculo. No meio deles, em um assento mais elevado, no trono de Caifás, o grande-pontífice, com a cabeça coberta pelo migbá. Em cada extremidade do semicírculo, sobre duas pequenas tribunas, onde estava colocada uma mesa, mantêm-se dois escribas: um para a absolvição, outro para a condenação, *advogado de Deus, advogado do Diabo*. Jesus, impassível, está de pé no centro, com sua veste branca de essênio. Oficiais de justiça, armados de correias e de cordas, cercam-no de braços nus, mãos nos quadris e olhar mau. Só há testemunhas de acusação. Nem ao menos um único defensor. O pontífice, juiz supremo, é o acusador principal; o processo é uma pretensa medida de proteção pública contra um crime de lesa-religião. Mas na realidade é a vingança preventiva de um sacerdote inquieto que se sente ameaçado em seu poder.

Caifás levanta-se e acusa Jesus de ser um sedutor do povo, um mistificador. Algumas testemunhas, reunidas ao acaso na multidão, fazem seu depoimento, mas se contradizem. Finalmente, uma delas refere-se àquela frase, considerada blasfêmia, que o nazareno havia lançado mais de uma vez em rosto dos fariseus sob o pórtico de Salomão: "Eu posso destruir o templo e reconstruí-lo em três dias." Jesus cala-se. Pergunta-lhe o grão-sacerdote: "Não respondes nada?" Jesus, sabendo que será condenado, não quer prodigalizar seu verbo inutilmente e guarda silêncio.

Porém aquela acusação, mesmo provada, não seria suficiente para motivar uma pena capital. É preciso uma acusação mais grave. Para arrancá-la ao acusado, o hábil saduceu Caifás dirige-lhe uma questão de honra, a questão vital de sua missão. A maior habilidade consiste em ir direto ao fato essencial: "Se és o Messias, dize-nos!" Jesus responde primeiro de maneira evasiva, o que prova que não está alheio ao estratagema: "Se eu vô-lo digo, vós não me acreditais. E se eu vô-lo pergunto, não me respondereis".

Caifás, vendo fracassar sua astúcia de juiz de instrução, usa de seu direito de grão-pontífice e continua com solenidade: "Conjuro-te, pelo Deus vivo, a dizer-nos se és o Messias, o Filho de Deus". Assim interpelado, intimado a desmentir ou a afirmar sua missão diante do mais alto representante da religião de Israel, Jesus não hesita mais. E responde tranqüilamente: "Tu o disseste. Mas, eu vos declaro que, a partir deste momento, vereis o Filho de Deus sentado à direita do Pai, vindo sobre as nuvens do céu"[11].

Exprimindo-se assim na linguagem profética de Daniel e do livro de Enoch, o iniciado Essênio *Ieoshua* não fala a Caifás como indivíduo. Ele sabe que o saduceu agnóstico é incapaz de compreendê-lo. Fala, sim, a todos os futuros pontífices, a todos os sacerdotes da terra e afirma-lhes: "Depois que minha missão for selada com minha morte, o reino da Lei religiosa sem explicação estará terminado, em princípio e de fato. Os Mistérios serão revelados e o homem verá o divino através do humano. As religiões e os cultos que não souberem demonstrar e vivificar um pelo outro, não terão autoridade".

Este é, segundo o esoterismo dos profetas e dos essênios, o sentido do Filho sentado à direita do Pai. Assim compreendida, a resposta de Jesus ao sumo sacerdote de Jerusalém contém o testamento intelectual e científico de Cristo às autoridades religiosas da terra, como a instituição da Ceia contém seu testamento de amor e de iniciação aos Apóstolos e aos homens.

---

11. Mateus, XXVI, 64.

Olhando acima da cabeça de Caifás, Jesus falou para o mundo. Mas o saduceu, tendo obtido o que desejava, não o escuta mais. Rasgando-lhe a veste de linho fino, exclama: "Ele blasfemou! Para que precisamos de mais testemunhas? Ouvistes sua blasfêmia! Que vos parece?" Um murmúrio unânime e lúgubre do Sinédrio responde: "Ele merece a morte!" Logo, a vil injúria e o ultraje brutal dos subalternos fazem eco à sentença dos seus superiores. Os soldados escarram-lhe, batem-lhe no rosto e gritam-lhe: "Profeta, adivinha quem te bateu?" Sob esse transbordamento de ódio baixo e feroz, a sublime e pálida face do grande sofredor retoma sua imobilidade marmórea e visionária. Dizem que existem estátuas que choram, mas existem também dores sem lágrimas; existem orações mudas de vítimas, que assombram os carrascos e os perseguem pelo resto de sua vida.

Mas ainda não está terminado. O Sinédrio pode pronunciar a pena de morte; porém para executá-la é preciso o braço secular e a aprovação da autoridade romana. O encontro com Pilatos, relatado em seus detalhes por João, não é menos notável do que aquele com Caifás. O curioso diálogo entre Cristo e o governador romano, em que as interjeições violentas dos sacerdotes judeus e os gritos de uma população fanática fazem a parte dos coros na tragédia antiga, tem a persuasão da grande verdade dramática. Ele desnuda a alma dos personagens, mostra o choque dos três poderes em jogo: o cesarismo romano, o judaísmo estreito e a religião universal do Espírito representada pelo Cristo. Pilatos, indiferente àquela disputa religiosa, mas bastante aborrecido com o caso, porque teme que a morte de Jesus provoque um levante popular, interroga-o com precaução e estende-lhe uma tábua de salvação, esperando que Jesus se aproveite dela. "És tu o rei dos Judeus?" "Meu reino não é deste mundo." "És rei, então?" "Sim. Nasci para isto. Vim ao mundo para dar testemunho da verdade."

Pilatos não compreende aquela afirmação da realeza espiritual de Jesus mais do que Caifás compreendeu seu testemunho religioso. "O que é a verdade?", pergunta ele indiferentemente; esta resposta, no cavaleiro romano cético, revela o estado de alma da sociedade pagã de então, como de toda sociedade decadente. No entanto, vendo no acusado somente um sonhador inocente, acrescenta: "Não encontro nenhum crime nele". E propõe aos judeus soltarem-no; mas a populaça, instigada pelos sacerdotes, vocifera: "Solta Barrabás!"

Então Pilatos, que detesta os judeus, dá-se o prazer irônico de fazer açoitar com varas seu pretenso rei. Ele acredita que isto será suficiente para aqueles fanáticos. Todavia eles se tornam mais furiosos ainda e gritam com raiva: "Crucifica-o!"

Apesar do desencadeamento das paixões populares, Pilatos continua resistindo. Está cansado de ser cruel. Já viu tanto sangue correr em sua vida, enviou tantos revoltados para o suplício, ouviu tantos gemidos e maldições sem sair de sua indiferença! Mas o sofrimento mudo e estóico do profeta galileu, sob o manto de púrpura e a coroa de espinhos, provocou-lhe um tremor desconhecido. Em uma visão estranha e fugitiva de seu espírito, sem medir-lhes o alcance soltou estas palavras: *"Ecce Hommo!"* (Eis o Homem!) O duro romano está quase comovido. Ele vai pronunciar a absolvição. Os sacerdotes do Sinédrio, que observam-no atentamente, percebem aquela emoção e ficam assustados. Sentem a presa escapar-lhes. Astuciosamente confabulam entre si. Depois, a uma só voz, gritam, avançando a mão direita estendida e voltando a cabeça com um gesto de horror hipócrita: "Ele se diz Filho de Deus!" Quando Pilatos ouviu aquelas palavras, diz João, teve ainda mais medo. Medo de quê? O que aquele homem poderia provocar no romano incrédulo, que desprezava de todo o seu coração os judeus e sua religião e só acreditava na religião política de Roma e em César?

Há uma razão séria para isto. Embora lhe atribuíssem sentidos diferentes, o termo *filho de Deus* era bastante difundido no esoterismo antigo; e Pilatos, apesar de cético, tinha seu lado supersticioso. Em Roma, nos pequenos mistérios de Mitras, nos quais os cavaleiros romanos se faziam iniciar, ele escutara que um filho de Deus era uma espécie de intérprete da divindade. Em qualquer nacionalidade, em qualquer religião, atentar contra sua vida era um grande crime. Pilatos não acreditava naqueles devaneios persas, mas aquelas palavras o inquietavam apesar de tudo e aumentavam seu embaraço. Percebendo isto, os judeus apresentam ao procônsul a acusação suprema:

"Se libertares este homem, não és amigo de César. Porque *quem se diz rei declara-se contra César... nós não temos outro rei senão César"*.

Argumento irresistível. Negar Deus é pouco, matar é nada, mas conspirar contra César é o crime dos crimes. Pilatos é forçado a render-se e pronunciar a condenação. Assim, no término de sua carreira pública, Jesus encontra-se diante do senhor do mundo que ele combatera indiretamente, como adversário oculto, durante toda sua vida. A sombra de César o envia à cruz. Profunda lógica das coisas: os judeus entregaram-no, mas o espectro romano, estendendo a mão, mata-o. Mata o seu corpo. Mas é Ele, o Cristo glorificado, que, por seu martírio, tirará de César, para sempre, a auréola usurpada, a apoteose divina, a infernal blasfêmia do poder absoluto.

Pilatos, depois de lavar as mãos do sangue do inocente, pronunciou a frase terrível: *Condemno, ibis in crucem.* A multidão impaciente já se apressa em direção ao Gólgota.

Eis-nos no monte desnudo e semeado de ossos humanos, que domina Jerusalém e tem o nome de Gilgal, Gólgota ou lugar de crânio; deserto sinistro, consagrado desde séculos a horríveis suplícios. A montanha calva não tem árvores; ali só germinam cadafalsos. Lá Alexandre Jané, rei judeu, assistira com todo o seu harém à execução de centenas de prisioneiros. Lá Varus fizera crucificar dois mil rebeldes. E foi lá também que o doce Messias, predito pelos profetas, devia sofrer o horrível suplício inventado pelo gênio atroz dos fenícios e adotado pela lei implacável de Roma.

A coorte dos legionários formou um grande círculo no cimo da colina, afastando a golpes de lança os últimos fiéis que seguiram o condenado. São mulheres galiléias, comovidas e desesperadas, que prostram a face contra a terra. A hora suprema chegou para Jesus. É preciso que o defensor dos pobres, dos fracos e dos oprimidos termine sua obra no martírio abjeto reservado aos escravos e aos bandidos. É preciso que o profeta consagrado pelos essênios se deixe pregar na cruz aceita na visão de Engaddi. É preciso que o Filho de Deus beba o cálice entrevisto na Transfiguração. É preciso que ele desça até o fundo inferno e do horror terrestre.

Jesus recusou a bebida tradicional preparada pelas piedosas mulheres de Jerusalém e destinada a entorpecer os supliciados. É em plena consciência que ele sofrerá aquelas agonias. Enquanto o prendem no infame madeiro, enquanto os duros soldados enterram, com fortes golpes de martelo, os pregos naqueles pés adorados pelos infelizes, naquelas mãos que só sabiam abençoar, a nuvem negra de um sofrimento dilacerante extingue-lhe a visão, sufoca-lhe a garganta. Todavia, do fundo daquelas convulsões e daquelas trevas infernais, a consciência do Salvador, sempre viva, só tem uma palavra para seus algozes: "Pai, perdoai-os, porque não sabem o que fazem!"

Eis que chega o fundo do cálice: as horas da agonia, do meio-dia até o pôr-do-sol. A tortura moral sobrepõe-se, e ultrapassa a tortura física. O iniciado abdicou de seus poderes. O filho de Deus vai eclipsar-se. Só resta o homem que sofre. Por algumas horas ele perderá seu céu para medir o abismo do sofrimento humano. A cruz ergue-se lentamente com sua vítima e sua inscrição, última ironia do procônsul: *Este é o rei dos Judeus*!

Agora o olhar do crucificado vê flutuar, em um nevoeiro angustiante, Jerusalém, a cidade santa que ele quis glorificar e que lhe atira o anátema. Onde estão seus discípulos? Desaparecidos. Eles só ouve as injúrias dos membros do Sinédrio, que, supondo que o profeta não precisa mais ser temido, tripudiam sobre sua agonia e dizem: "Ele salvou os outros e não pode salvar-se a si mesmo!"

Por meio dessas blasfêmias, por meio dessa perversidade, em uma visão terrificante do futuro, Jesus vê todos os crimes que iníquos potentados, que sacerdotes fanáticos vão cometer em seu nome. Utilizarão o seu signo para amaldiçoar! Crucificarão com sua cruz! Não é o sombrio silêncio do céu velado para ele, mas a luz perdida pela humanidade que o faz soltar este grito de desespero: "Meu Pai, por que me abandonastes?" Então a consciência do Messias, a vontade de toda a sua vida, jorra um último clarão e sua alma liberta-se com este grito: "Tudo está consumado!"

Oh! Sublime nazareno, oh! divino filho do Homem! Já não estás mais aqui! Em um único vôo, sem dúvida, tua alma encontrou, em uma luz mais brilhante, teu céu de Engaddi, teu céu do monte Tabor! Viste teu Verbo vitorioso voando para além dos séculos e não quiseste outra glória senão as mãos e os olhares, erguidos para ti, daqueles que curaste e consolaste...

Mas a teu derradeiro grito, incompreendido pelos guardas, um tremor passou por eles. Os soldados romanos voltaram-se e, diante do estranho clarão deixado por teu espírito na face tranqüila daquele cadáver, teus algozes espantados entreolham-se e dizem: "Seria ele um deus?"

Está verdadeiramente acabado o drama? Está terminada a luta formidável e silenciosa entre o divino Amor e a Morte que se abateu sobre ele com os poderes reinantes da terra? Onde está o vencedor? Seriam aqueles sacerdotes que descem do Calvário, contentes consigo mesmos, seguros de sua realização, uma vez que viram o profeta expirar? Ou seria o pálido crucificado, já lívido? Para aquelas mulheres fiéis que os legionários deixaram aproximar-se e que soluçam aos pés da cruz, para os discípulos consternados e refugiados em uma gruta no vale de Josafá, tudo está terminado. O Messias que devia sentar no trono de Jerusalém morreu miseravelmente pelo suplício infame da cruz. O mestre desapareceu; e com ele a esperança, o Envagelho, o reino do céu...

Um morno silêncio, um profundo desespero pesa sobre a pequena comunidade. Até mesmo Pedro e João estão abatidos. Tudo escureceu em torno deles. Nenhum raio mais brilha em sua alma. No entanto, assim como nos mistérios de Elêusis, uma luz resplandecente sucedia às trevas profundas, assim também, nos Evangelhos, ao desespero profundo sucede uma alegria súbita, instantânea, prodigiosa. Ela explode, ela irrompe como a luz ao nascer do sol. E o grito fremente de alegria propaga-se em toda a Judéia. "Ele ressuscitou!"

Maria Madalena foi a primeira que, vagando nas proximidades do túmulo, no auge da dor, viu o Mestre e o reconheceu pela voz que a chamava: Maria! Louca de alegria, ela precipitou-se a seus pés. Viu ainda Jesus olhá-la, fazer um gesto como que para impedir que o tocasse. Depois, a aparição esvaneceu-se bruscamente, deixando em torno de Madalena a quente atmosfera e a embriaguez de uma presença real. Depois as santas mulheres encontraram o Senhor e ouviram-no dizer estas palavras: "Ide e dizei a meus irmãos que se dirijam para a Galiléia. É lá que eles me verão".

Na mesma noite, estando os onze reunidos a portas fechadas, viram Jesus entrar. Ele tomou seu lugar entre eles, falou-lhes docemente, reprovando-lhes a incredulidade. Depois disse. "Ide por todo o mundo e pregai o Evangelho a todas as criaturas humanas."[12]

Coisa estranha: enquanto o escutavam, sentiam-se como em um sonho. Tinham esquecido completamente a morte dele, acreditavam-no vivo e estavam persuadidos de que o Mestre não os deixaria mais. No momento em que iam falar, viram-no desaparecer como uma luz que se extingue. O eco de sua voz vibrava ainda em seus ouvidos. Os apóstolos, ofuscados, ta-

---

12. Marcos, XVI, 15.

tearam seu lugar vazio. Uma vaga claridade flutuava ali. De repente apagou-se. Segundo Mateus e Marcos, Jesus reapareceu pouco depois em uma montanha, diante de quinhentos irmãos reunidos pelos apóstolos. Mostrou-se ainda uma vez aos onze, reunidos. Depois as aparições cessaram. Mas a fé estava criada, o impulso dado, o cristianismo vivia. Os apóstolos, cheios do fogo sagrado, curavam os doentes e pregavam o Evangelho de seu Mestre.

Três anos depois, um jovem fariseu de nome Saulo, animado contra a nova religião por um ódio violento, e que perseguia os cristãos com ardor juvenil, dirigiu-se a Damasco com vários companheiros. No caminho, viu-se subitamente envolvido por um relâmpago tão ofuscante que caiu por terra. Tremendo todo, gritou: "Quem és tu?" Então ouviu uma voz que dizia: "Eu sou Jesus, que tu persegues. Seria duro para ti resistir aos aguilhões". Seus companheiros, tão assustados quanto ele, ergueram-no. Eles tinham ouvido a voz sem nada ver. O jovem, ofuscado pelo relâmpago, só recobrou a visão após três dias.[13] Converteu-se à fé do Cristo e tornou-se Paulo, o apóstolo dos gentios. Todo o mundo concorda em que, sem essa conversão, o cristianismo, confinado na Judéia, não teria conquistado o Ocidente.

Tais são os fatos referidos pelo Novo Testamento. Qualquer esforço que se faça para reduzi-los ao mínimo, e qualquer que seja, aliás, a idéia religiosa ou filosófica que a eles se ligue, é impossível fazê-los passar por puras lendas e recusar-lhes o valor de um testemunho autêntico quanto ao essencial. Há dezoito séculos as ondas da dúvida e da negação têm investido contra o rochedo desse testemunho. Há cem anos a crítica se abateu encarniçada contra ele, com todos os engenhos e todas as armas. Conseguiu abrir-lhe algumas brechas, mas não abalá-lo.

O que há por trás das visões dos apóstolos? Os teólogos primários, os exegetas do texto literal e os sábios agnósticos poderão discutir sobre isso até o infinito e bater-se na obscuridade; eles não se converterão uns aos outros e raciocinarão no vazio, até que a Teosofia, que é a ciência do Espírito, amplie suas concepções, e até que uma psicologia experimental superior, que é a arte de descobrir a alma, lhes abra os olhos. Mas para nos colocarmos aqui simplesmente do ponto de vista do historiador consciencioso, isto é, da autenticidade daqueles fatos como fatos psíquicos, há algo de que não se pode duvidar. É que os apóstolos tenham presenciado aquelas aparições e que sua fé na ressurreição de Cristo era inquebrantável.

Se rejeitarmos as narrativas de João por terem tido redação definitiva cerca de cem anos após a morte de Jesus, e a de Lucas sobre Emaús como uma ampliação poética, restam-nos as afirmações simples e positivas de Marcos e de Mateus, que são a própria raiz da tradição e da religião cristã. Resta alguma coisa de mais sólido e de mais indiscutível ainda: o testemu-

---

13. Atos, IX, 1-9.

nho de Paulo. Querendo explicar aos coríntios a razão de sua fé e a base do Evangelho que prega, ele enumera, por ordem, seis aparições sucessivas de Jesus: a Pedro, aos onze, aos quinhentos, "cuja maior parte, diz ele, ainda está viva", a Tiago, aos apóstolos reunidos e, finalmente, sua própria visão na estrada de Damasco.[14] Ora, esses fatos foram comunicados a Paulo pelo próprio Pedro e por Tiago, três anos depois da morte de Jesus, logo após sua conversão, por ocasião de sua primeira viagem a Jerusalém. Ele os ouviu, pois, de testemunhas oculares. Afinal, de todas essas visões a mais incontestável não é a menos extraordinária; refiro-me à do próprio Paulo. Em suas epístolas, ele a menciona a todo momento como a fonte de sua fé. Tendo-se em vista o estado psicológico precedente de Paulo e a natureza de sua visão, ela vem de fora e não de dentro. Ela tem um caráter inesperado e fulminante, mudando o âmago de seu ser completamente. Como um batismo de fogo, tempera-o dos pés à cabeça e o reveste de uma armadura infrangível, fazendo dele, diante do mundo, o cavaleiro invencível de Cristo.

Assim, o testemunho de Paulo tem uma dupla força, enquanto ele afirma sua própria visão e corrobora as dos outros. Se duvidarmos da sinceridade de semelhantes afirmações, seria necessário rejeitar em massa todos os testemunhos históricos e renunciar a escrever a história.

Acrescente-se que, se não há história crítica sem uma pesagem exata e uma triagem racional de todos os documentos, não há história filosófica se não se concluir a grandeza dos efeitos a partir da grandeza das causas. Pode-se, com Celso, Strauss e M. Renan, não atribuir qualquer valor objetivo à ressurreição e considerá-la como um fenômeno de pura alucinação. Mas nesse caso somos forçados a fundamentar a maior revolução religiosa da humanidade sobre uma aberração dos sentidos e sobre uma quimera do espírito.[15] Ora, que ninguém se engane, a fé na ressurreição é a base do cristianismo histórico. Sem esta confirmação da doutrina de Jesus por um fato extraordinário, sua religião nem sequer teria começado.

Esse fato operou uma revolução total na alma dos apóstolos. De judaica que era, sua consciência tornou-se cristã. Para eles, o Cristo glorioso está vivo. Ele falou-lhes; o céu abriu-se, e o além entrou no aquém. A aurora da imortalidade tocou sua fronte e incendiou suas almas com um fogo que não pode mais extinguir-se. Acima do reino terrestre de Israel que desaba, eles vislumbraram, em todo o seu esplendor, o reino celeste e universal. Daí, seu elã para a luta, sua alegria no martírio. Da ressurreição de Jesus

---

14. Coríntios, XV, 1-9.
15. Strauss disse: "O fato da ressurreição só é explicável como uma manobra de charlatanismo, para uso da história universal, *ein welthistorischer Humbug*. A expressão é mais cínica do que espirituosa e não explica as visões dos apóstolos e de Paulo.

parte aquele impulso prodigioso, aquela imensa esperança que leva o Evangelho a todos os povos e vai atingir com suas ondas as últimas margens da terra. Para que o cristianismo tivesse sucesso, eram necessárias duas coisas, como o diz Fabre d'Olivet: que Jesus quisesse morrer e que ele tivesse a força de ressuscitar.

Para conceber do fato da ressurreição uma idéia racional, para compreender também o seu alcance religioso e filosófico, é preciso fixar-se apenas no fenômeno das aparições sucessivas e afastar desde o início a absurda idéia da ressurreição do corpo, um dos maiores obstáculos ao dogma cristão que, sobre esse ponto como sobre muitos outros, é absolutamente primário e infantil. A desaparição do corpo de Jesus pode se explicar por causas naturais. E deve-se notar que os corpos de vários grandes adeptos desapareceram sem deixar vestígios e de maneira também totalmente misteriosa; entre outros, o de Moisés, de Pitágoras e de Apolônio de Tiana, sem que jamais se tenha sabido o que aconteceu com eles. Pode ser que os irmãos conhecidos e desconhecidos que velavam por eles tenham destruído pelo fogo os despojos do mestre, para subtraí-los à profanação dos inimigos. Seja como for, o aspecto científico e a grandeza espiritual da ressurreição só se evidenciam quando compreendidos em seu sentido esotérico.

Entre os egípcios como entre os persas da religião masdeísta de Zoroastro, antes como depois de Jesus, em Israel como entre os cristãos dos dois primeiros séculos, a ressurreição foi compreendida de duas maneiras: uma, material e absurda; outra, espiritual e teosófica. A primeira é a idéia popular finalmente adotada pela Igreja após a repressão do agnosticismo. A segunda é a idéia profunda dos iniciados. No primeiro sentido, a ressurreição significa a volta à vida do corpo material, em uma palavra, a reconstituição do cadáver decomposto ou disperso, como se imaginava que iria acontecer com a volta do Messias ou no dia do juízo final. É inútil mencionar o materialismo grosseiro e absurdo dessa concepção. Para o iniciado a ressurreição tinha um significado muito diferente, relacionado à doutrina da constituição ternária do homem. Significava: a purificação e a regeneração do corpo sideral, etéreo e fluido, que é o próprio organismo da alma e, de certa maneira, a cápsula do espírito. Essa purificação pode ocorrer já nesta vida, pelo trabalho interior da alma e por um certo modo de existência. Mas só se realiza, para a maior parte dos homens, depois da morte, e somente para aqueles que, de uma maneira ou de outra, aspiraram ao justo e ao verdadeiro. No outro mundo a hipocrisia é impossível. Lá as almas aparecem como são na realidade. Manifestam-se fatalmente sob a forma e a cor de sua essência: tenebrosas e medonhas, se são más; radiosas e belas, se são boas.

É esta a doutrina exposta por Paulo na epístola aos Coríntios. Ele declara formalmente: "Há um corpo animal e há um corpo espiritual"[16]. Jesus

---

16. Coríntios, XV, 39-40.

anuncia-o simbolicamente, mas com mais profundidade, para quem sabe ler nas entrelinhas, na conversa secreta com Nicodemos. Ora, quanto mais uma alma está espiritualizada, maior será seu afastamento da atmosfera terrestre, mais longínqua a região cósmica que a atrai por sua lei de afinidade, mais difícil sua manifestação aos homens.

Por esse motivo as almas superiores só se manifestam ao homem no estado de sono profundo ou de êxtase. Então, estando fechados os olhos físicos, a alma semidesligada do corpo algumas vezes vê almas. Pode ocorrer, entretanto, que um grande profeta, um verdadeiro filho de Deus, manifeste-se aos seus de maneira sensível e no estado de vigília, para melhor persuadi-los atingindo seus sentidos e sua imaginação. Em tais casos, a alma desencarnada chega a dar momentaneamente a seu corpo espiritual uma aparência visível, às vezes até tangível, por meio do dinamismo particular que o espírito exerce sobre a matéria, por intermédio das forças elétricas da atmosfera e das forças magnéticas dos corpos vivos.

É o que acontece, segundo todas as aparências, com Jesus. As aparições mencionadas pelo Novo Testamento entram alternativamente em uma e em outra dessas duas categorias: visão espiritual e aparição sensível. É certo que elas tiveram, para os apóstolos, o caráter de uma realidade suprema. Eles antes teriam duvidado da existência do céu e da terra do que de sua comunhão viva com o Cristo ressuscitado, pois essas visões comoventes do Senhor eram o que havia de mais radioso em sua vida, de mais profundo em sua consciência. Não há o sobrenatural, mas há o desconhecido da natureza, sua continuação oculta no infinito e a fosforescência do invisível nos confins do visível. Em nosso estado corporal presente, nós temos dificuldade para crer e mesmo conceber a realidade do impalpável; no estado espiritual, é a matéria que nos parece irreal e não-existente. Porém a síntese da alma e da matéria, essas duas faces da substância una, encontra-se no Espírito. Pois se remontarmos aos princípios eternos, às causa finais, são as leis inatas da Inteligência que explicam o dinamismo da natureza, e é o estudo da alma pela psicologia experimental que explica as leis da vida.

A ressurreição, compreendida no seu sentido esotérico tal como acabei de indicá-lo, era pois ao mesmo tempo a conclusão necessária da vida de Jesus e o prefácio indispensável à evolução histórica do cristianismo. Conclusão necessária, porque Jesus muitas vezes anunciara-a a seus discípulos. Se ele teve o poder de aparecer-lhes, depois de sua morte, com aquele esplendor triunfante, foi graças à pureza, à força inata de sua alma, centuplicada pela grandeza do esforço e da obra realizada.

Visto de fora e do ponto de vista terrestre, o drama messiânico terminou sobre a cruz. Sublime em si, falta-lhe no entanto o cumprimento da promessa. Visto de dentro, do fundo da consciência de Jesus e do ponto de vista celeste, ele tem três atos: *A Tentação, A Transfiguração* e *A Ressurreição*, que marcam os seus pontos mais altos. Essas três fases representam, em outros termos, *a Iniciação do Cristo, a Revelação total* e *o Coroamento da obra*. Elas correspondem muito bem ao que os apóstolos e os cristãos iniciados dos primeiros séculos denominaram *os mistérios do Filho, do Pai* e *do Espírito Santo*.

Coroamento necessário, dizia eu, da vida do Cristo, e prefácio indispensável da evolução histórica do cristianismo. O navio construído na praia precisava ser lançado no oceano. A ressurreição foi, além disso, uma porta de luz aberta sobre toda a reserva esotérica de Jesus. Não é de admirar que os primeiros cristãos tenham ficado deslumbrados e ofuscados com a fulgurante irupção; que eles tenham muitas vezes entendido o ensinamento do Mestre ao pé da letra, e tenham se enganado sobre o sentido de suas palavras. Porém hoje, quando o espírito humano percorreu os tempos, as religiões e as ciências, adivinhamos o que um São Paulo, um São João, o que o próprio Jesus entendia por mistérios do Pai e do Espírito. Vemos que eles continham o que a ciência psíquica e a intuição teosófica do Oriente tinham conhecido de mais alto e de mais verdadeiro. Vemos também o novo poder de expansão que o Cristo conferiu à antiga, à eterna verdade, pela grandeza de seu amor, pela energia de sua vontade. Percebemos, enfim, o lado ao mesmo tempo metafísico e prático do cristianismo, que lhe transmite poder e vitalidade.

Os velhos teósofos da Ásia conheceram as verdades transcendentes. Os brâmanes chegaram a encontrar a chave das existências anteriores e futuras, formulando a lei orgânica da reencarnação e da alternância das existências. Mas, à força de mergulhar no além e na contemplação da Eternidade, esqueceram-se da realização terrestre: a vida individual e social. A Grécia, primitivamente iniciada nas mesmas verdades, sob formas veladas e mais antropomórficas, ligou-se, por seu gênio próprio, à vida natural e terrestre. Isto permitiu-lhe revelar, por exemplo, as leis imortais do Belo e formular os princípios das ciências de observação. Mas, desse ponto de vista, sua concepção do além se estreita e obscurece gradualmente

Jesus, por sua amplidão e universalidade, abrange os dois lados da vida. Na oração dominical que resume seu ensinamento ele diz: "Que teu reino venha *sobre a terra como no céu*". Ora, o reino do divino sobre a terra significa a execução da lei moral e social em toda a sua riqueza, em todo o esplendor do Belo, do Bem e da Verdade. Assim a magia de sua doutrina, seu poder de desenvolvimento, praticamente ilimitado, residem na unidade de sua moral e de sua metafísica, em sua fé ardente na vida eterna, e em sua necessidade de iniciá-la aqui na terra pela ação e pela caridade ativa. Cristo diz à alma sobrecarregada de todos os pesos da terra: Levanta-te, porque tua pátria está no céu. Mas, para crer nela e para alcançá-la, prova-o já aqui embaixo, por tua obra e por teu amor!

VII

A REALIZAÇÃO DA PROMESSA. O TEMPLO

"Em três dias eu destruirei o templo. Em três dias o reconstruirei". Assim falou a seus discípulos o filho de Maria, o essênio consagrado filho do Homem, isto é, o herdeiro espiritual do Verbo de Moisés, de Hermes e de todos os antigos filhos de Deus. Essa promessa audaciosa, essa palavra de iniciado e iniciador, teria ela se realizado? Sim, se considerarmos as conseqüências que o ensinamento do Cristo, confirmado por sua morte e por sua ressurreição espiritual, tiveram para a humanidade, e todas as conseqüências que sua promessa contém para um futuro ilimitado. Seu verbo e seu sacrifício lançaram os fundamentos de um templo invisível, mais sólido e mais indestrutível do que todos os templos de pedra. Mas ele só continua e se completa na medida em que cada homem e todos os séculos nele trabalhem.

Que templo será esse? O templo da humanidade regenerada. É um templo moral, social e espiritual.

O templo moral é a regeneração da alma humana, a transformação dos indivíduos pelo ideal humano, ofertado como exemplo à humanidade na pessoa de Jesus. A harmonia maravilhosa e a plenitude de suas virtudes tornam difícil sua definição. Razão equilibrada, intuição mística, simpatia humana, potência do verbo e da ação, sensibilidade até a dor, amor transbordando até o sacrifício, coragem até a morte, nada faltou nele. Havia bastante de alma em cada gota de seu sangue para fazer um herói; mas com que doçura divina! A união profunda do heroísmo e do amor, da vontade e da inteligência, do Eterno-Masculino com o Eterno-Feminino, fazem dele a flor do ideal humano.

Toda sua moral, que tem por última palavra o amor fraternal sem limite e a aliança humana universal, decorre naturalmente daquela grande personalidade. O trabalho dos dezoito séculos decorridos desde sua morte teve como resultado fazer esse ideal penetrar na consciência de todos. Pois praticamente não existe homem algum no mundo civilizado que não tenha dele uma noção mais ou menos clara. Pode-se então afirmar que o templo moral almejado por Cristo está, não acabado, mas fundado sobre bases indestrutíveis da humanidade atual.

Já não se dá o mesmo com o templo social. Este supõe o estabelecimento do reino de Deus ou da lei da Providência nas instituições orgânicas da humanidade. Todo ele ainda está para ser construído, pois a humanidade vive ainda em estado de guerra, sob o domínio da lei da Força e do Destino. A lei do Cristo que reina na consciência moral ainda não se estendeu às instituições. Só toquei incidentalmente nas questões de organização social e política, neste livro unicamente destinado a esclarecer o cerne da questão filosófica e religiosa mediante algumas das essenciais verdades esotéricas e através da vida dos grandes iniciados. Também não me ocuparei dela nesta conclusão. Ela é muito vasta e complexa e escapa demasiado à minha competência para que eu ao menos tente defini-la em algumas linhas. Direi apenas isto:

A guerra social existe em princípio em todos os países europeus, pois não há princípios econômicos, sociais e religiosos admitidos igualmente por todas as classes da sociedade. Da mesma maneira, as nações européias entre si não cessaram de viver em estado de guerra aberta ou de paz armada. Nenhum princípio federativo comum liga-as legalmente; seus interesses, suas aspirações comuns não têm recurso em nenhuma autoridade reconhecida, não têm sanção em nenhum tribunal supremo. Se a lei de Cristo penetrou nas consciências individuais e, até certo ponto, na vida social, é ainda a lei pagã e bárbara que governa nossas instituições políticas. Atualmente o poder político está constituído, em toda a parte, sobre bases insuficientes. Por um lado, ele emana do chamado direito divino dos reis, que não é outro senão a força militar; por outro, do sufrágio universal, que não passa do instinto das massas ou da inteligência não selecionada. Uma nação não é um número de valores indistintos ou de cifras adicionadas. Ela é um ser vivo composto de órgãos. Enquanto a representação nacional não for a imagem desse organismo, desde seus corpos de profissões até seus corpos docentes, não haverá representação nacional orgânica e inteligente. Enquanto os delegados de todos os corpos científicos e de todas as Igrejas cristãs não se sentarem juntos em um conselho superior, nossas sociedades serão governadas pelo instinto, pela paixão e pela força. E não existirá o templo social.

Como se explica então que, acima da Igreja, pequena demais para contê-lo inteiramente, acima da política que o nega e da ciência que só o compreende parcialmente, o Cristo esteja mais vivo do que nunca? É que sua moral sublime é o corolário de uma ciência mais sublime ainda. É que a humanidade só agora começa a pressentir o alcance de sua obra, a extensão de sua promessa. É que por trás dele vemos, ao lado e além de Moisés, toda a antiga teosofia dos iniciados da Índia, do Egito e da Grécia, da qual ele é a confirmação deslumbrante. Começamos a compreender que Jesus em sua mais alta consciência, que o Cristo transfigurado abre seus braços amantes a seus irmãos, aos outros Messias que o precederam, como ele, raios de Verbo vivo; que ele abre seus braços imensos para a Ciência integral, para a Arte divina e para a Vida completa. Mas sua promessa não pode cumprir-se sem o concurso de todas as forças vivas da humanidade.

Duas coisas principais são necessárias, hoje, para o prosseguimento da grande obra: por um lado, a abertura progressiva da ciência experimental e da filosofia intuitiva aos fatos da ordem psíquica, aos princípios intelectuais e às verdades espirituais; por outro, a ampliação do dogma cristão no sentido da tradição e da ciência esotérica, e por conseguinte uma reorganização da Igreja segundo a iniciação gradual; isto por um movimento livre e tanto mais irresistível de todas as igrejas cristãs, que são todas, igualmente e com o mesmo título, filhas de Cristo. É preciso que a ciência se torne religiosa e que a religião se torne científica. Essa dupla evolução, que já se prepara, acarretará finalmente e forçosamente uma reconciliação da Ciência e da Religião sobre o terreno esotérico.

Essa obra não se realizará sem grandes dificuldades no princípio. Mas o futuro da sociedade européia depende dela. A transformação do Cristianismo no sentido esotérico ocasionará a do judaísmo e do islamismo, assim como uma regeneração do bramanismo e do budismo no mesmo sentido. Fornecerá pois uma base religiosa à reconciliação da Ásia e da Europa.

Eis aqui o templo espiritual a ser construído. Eis o coroamento da obra intuitivamente concebida e almejada por Jesus. Poderá seu verbo de amor formar a cadeia magnética das ciências e das artes, das religiões e dos povos, e tornar-se assim o verbo universal?

Hoje, o Cristo é senhor do globo através das duas raças mais jovens e mais vigorosas, ainda cheias de fé: através da Rússia, ele tem o pé na Ásia; através da raça anglo-saxônica, ele possui o Novo Mundo. A Europa é mais velha do que a América, mas mais jovem do que a Ásia. Os que a julgam votada a uma decadência irremediável caluniam-na. No entanto, se ela continuar a se entredevorar em lugar de federalizar-se sob o comando da única autoridade válida, a autoridade científica e religiosa; se pela extinção dessa fé, que não é senão a luz do espírito alimentada pelo amor, ela continuar a preparar sua decomposição moral e social, sua civilização se arrisca a perecer, pelas desordens sociais primeiro, e em seguida pela invasão das raças mais jovens. E estas tomarão a tocha que ela terá deixado escapar de suas mãos.

A Europa teria um papel muito mais belo a desempenhar e que seria o de manter a direção do mundo, completando a obra social do Cristo, formulando seu pensamento integral, coroando, pela Ciência, pela Arte e pela Justiça, o templo espiritual do maior dos filhos de Deus.

Biblioteca "ÊXITO"

Volumes publicados:

1. *Do Fracasso ao Sucesso na Arte de Vender* — Frank Bettger
2. *As Cinco Grandes Regras do Bom Vendedor* — Percy Whiting
3. *Vença Pelo Poder Emocional* — Eugene J. Benge
4. *Sucesso na Arte de Viver* — Harold Sherman
5. *A Arte de Vender Para a Mulher* — Janet Wolf
6. *TNT — Nossa Força Interior* — H. Sherman & C. Bristol
7. *O Segredo da Eficiência Pessoal* — Donald A. Laird
8. *Realize Suas Aspirações* — Elmer Wheeler
9. *Dinamize Sua Personalidade* — Elmer Wheeler
10. *Vença Pela Força do Pensamento Positivo* — Pierre Vachet
11. *Venda Mais e Melhor* — W. K. Lewis
12. *A Chave do Sucesso* — W. G. Damroth
13. *Os Sete Segredos Que Vendem* — E. J. Hegarty
14. *Psicologia Aplicada na Arte de Vender* — Donald A. Laird
15. *Grandes Problemas e Grandes Soluções do Vendedor Moderno* — Percy H. Whiting
16. *Ajuda-te Pela Cibernética Mental* — U. S. Anderson
17. *Super-TNT — Liberte Suas Forças Interiores* — Harold Sherman
18. *O Poder da Comunicação* — J. V. Cerney
19. *O Poder da Cibernética Mental* — R. Eugene Nichols
20. *Leis Dinâmicas da Prosperidade* — Catherine Ponder
21. *Leitura Dinâmica em 7 Dias* — William S. Shaill
22. *A Psicologia da Comunicação* — Jesse S. Nirenberg
23. *Criatividade Profissional* — Eugene Von Fange
24. *O Poder Criador da Mente* — Alex F. Osborn
25. *Arte e Ciência da Criatividade* — George F. Kneller
26. *Use o Poder de Sua Mente* — David J. Schwarts
27. *Para Enriquecer Pense Como um Milionário* — Howard E. Hill

28. *Desperte Sua Força Mental* — Alex F. Osborn
29. *Criatividade — Progresso e Potencial* — Calvin W. Taylor
30. *Criatividade — Medidas, Testes e Avaliações* — E. Paul Torrance
31. *Psicologia, Técnica e Prática de Vendas* — Constantino Grecco
32. *Vença Pela Fé* — Gordon Powell
33. *Idéias Para Vencer* — Myron S. Allen
34. *A Força do Poder Interior* — J. J. McMahon
35. *O Líder — 500 Conceitos de Liderança* — Ilie Gilbert
36. *Gerência de Lojas* — Constantino Grecco
37. *O Líder — vol. II* — Ilie Gilbert
38. *Viver Agora* — Joel. S. Goldsmith
39. *O Líder — vol. III* — Ilie Gilbert
40. *Nos Bastidores da Venda* — I. R. Petarca
41. *Manual de Criatividade* — Mauro Rodrigues
42. *A Alegria do Triunfo* — Patrick Estrade
43. *Ajuda-te Pela Magia* — J. M. Nogueira
44. *Liderança Com Sucesso* — Isabel F. Furini
45. *O Poder do Subconsciente* — Marcel Rouet
46. *Otimismo em Ação* — Isabel F. Furini
47. *Como Tornar-se um Campeão de Vendas* — Celso Skrabe
48. *Os Sete Pilares do Sucesso em Vendas* — Jonathan Evetts
49. *Negociação Personalizada* — Tom Anastasi
50. *Salmos Para a Prosperidade* — Daniel G. Fischman
51. *Salmos Para a Proteção* — Daniel G. Fischman
52. *Meditando Dia-a-Dia* — Kinara Ananda
53. *Vender É uma Arte* — Terri Murphy
54. *Show de Vendas* — Sidney A. Friedman

Biblioteca "ESTUDOS BRASILEIROS"

Volumes publicados:

1. *Ensaio Histórico Sobre a Independência* — Xavier Marques
2. *Olinda Conquistada* — Pe. João Baers
3. *Diário de um Soldado da Companhia das Índias Ocidentais* — A. Richoller
4. *A Ordem de Cristo e o Brasil* — Tito Lívio Ferreira
5. *Ouro Preto do Meu Tempo* — M. Araçary Lessa
6. *Tempo de Aprendiz* — Gilberto Freyre
7. *Várzea do Açu* — M. Rodrigues de Mello
8. *Formação do Brasil e Unidade Nacional* — L. Toledo Machado
9. *A Ilusão Americana* — Eduardo Prado
10. *Retrato do Brasil* — Paulo Prado
11. *A Idéia Revolucionária do Brasil* — J. C. de Oliveira Torres
12. *Origem do Termo Samba* — Baptista Siqueira
13. *Moto Perpétuo – Autobiografia do Maestro Souza Lima* — J. Souza Lima
14. *Apontamentos Sobre os Indígenas Selvagens da Nação Coroados* — Pierre F. A. Booth Mabilde
15. *As Bandeiras* — João F. Almeida Prado
16. *Rio Araguaia Corpo e Alma* — Durval Rosa Borges
17. *Dicionário das Batalhas Brasileiras* — Hernâni Donato
18. *A Linguagem Popular do Futebol* — J. M. Capinassú
19. *Gente & Fatos* — Honório de Sylos
20. *Paraíso Perdido – Euclides da Cunha – Vida e Obra* — Adelino Brandão
21. *O Marquês de Monte Alegre* — Geraldo Vidigal

Produzido sob demanda com exclusividade pela Docuprint.
Direitos desta edição reservados à Editora Ibrasa
Copyright do autor.